自己形成者の群像

新しい知性の創造のために

宮坂広作 著

東信堂

はしがき

本書は、近代日本において注目すべき知識人をとりあげて、その生涯と自己形成の過程を描くことを主な内容としている。それによって、彼らが生きた時代と社会に規定されたために、彼らの生き方にはさまざまな屈折や挫折があったこと、しかしながら環境の重い圧力に抗して、彼らが自我の拡充、知性の練磨に努めて卓越した個性を創造していったことを明らかにしようとするものである。

登場人物の多くは、戦前に生まれて、戦後も活動をおこなった人が大部分であるから、「近代日本」の知性にとどまらず、現代日本の知性であるとも言えよう。ただし、彼らは戦前に青春期を送り、そこで自我と知性の基礎をかたちづくったのだから、彼らの知的ルーツは近代日本にあった。そして、そのルーツは大学・高等教育機関であり、とくに男性のばあいは旧制高等学校の生活であったと思われる。もちろん、高い学歴をもたないにもかかわらず、すぐれた知性をもちえた知識人は存在したが、知識人といわれるような人の多くは、大学に学んだ経験をもっていた。日本の知性について問おうとすれば、日本の大学・高等教育のあり方について省察しなければならない。

筆者は東京大学を定年で辞めて、地方私大の生涯学習センター長に就任するにあたり、批判的・主体的・

実践的知性の自己形成を援助することが、センターの使命だと考えた。そこで、日本の大学が知性と教養の形成にどうかかわってきたかを、歴史的に考察することにした。これは、大学の制度や政策についての研究ではなく、大学がそこの学生に供与しえた知性や教養が、学生の卒業後どのように活用され、発展させられたかを知ろうとするものであった。それは、知識人の生涯にわたる自己形成の営みをフォローする作業となった。筆者の専攻する生涯学習論の分野でも、「生涯発達」つまり生涯にわたる自己形成過程の分析が要請されており、筆者は大学史研究と生涯発達史研究の交点で、本書所収の論文を書いてきた。

戦後、日本の新制大学は一般教養教育の尊重を喧伝して発足したが、大した成果をあげないまま、専門教育重視の政策圧力のもと、現在では教養教育が瀕死の状態にあることは、本書の序章で細叙したとおりである。しかし、良き専門人、有能なテクノクラートの根底に高く豊かな教養がなくてはならないことは、不変の真理である。こんにち、識者や大学関係者のあいだに、日本人の知性の向上、大学における教養教育の再生と充実を説く声が高くなっているのは当然である。本書がそういう声に和して、日本における知性と教養の発展にいささかでも資するところがあれば、学術出版の困難な状況の中、あえて上梓を引き受けて下さった東信堂社主、下田勝司氏の厚情に報いうるであろう。読者諸賢のご批判、ご教導を心からお願いしたい。

著者謹識

二〇〇七年一月一五日

自己形成者の群像——新しい知性の創造のために——／目次

自己形成者の群像——新しい知性の創造のために——

序章　日本における教養の死と再生

1　教養の危機

旧制一高の同窓会の理事・評議員合同会議が、平成一六（二〇〇四）年五月三一日に開かれた際、大内力副会長がおこなった挨拶の中で、つぎのようなことを述べたといわれる(1)。今年は日本の教育の大きな転換期であり、ことによると日本の高等教育がダメになる初年度になるかもしれない。国立大学が行政法人化されることに伴い、東大以外の大学では教養部がなくなり、リベラル・アーツの教育が終焉してしまい、これからの教育は、すぐ会社の役に立つ人間、すぐ実用化の研究をする人間を養成する専門職業教育のシステムになっていくだろう。自由に本を読み、議論をして友情を温め、生涯の友人をつくるという、人間形成の教育は、今年で終わることになる。

大内氏はこのテーマを、一高同窓会の最後の会誌への寄稿で、もう少し詳しく展開しているので、氏の言わんとしたことはさらによく理解できる。それは、つぎのような内容である(2)。戦後の教育改革で旧制高校が廃止されたのに対応して、新制大学に教養課程が設置され、一般教養の教育がおこなわれるようになったのだが、いろいろな理由でそれは成果をあげえなかった。七〇年代の東大紛争のあと、総長特別補佐だった大内氏たちは、大学改革の問題に取り組み、そのひとつとして教養課程の教育と専門課程の教育の統一的融合を目ざして、いわゆる「楔型」の教育システムを考案した。それは、教養科目の教育を前期二年だけに限らず、大学在学四年間の全体で学ぶようにし、他方、専門科目の教育を一年から学べるようにする、という改革であった。教養学部と専門学部のあいだで、科目・教官ともに「相互乗り入れ」をするという考え方であったが、専門学部の教官のあいだに教務の負担が増えて専門研究が妨げられることを嫌う気持ちがつよく、この案は成功したとはいえなかった。

近年の大学再編政策によって、日本全体から大学らしい大学がなくなり、真のアカデミズムの教育が消え失せようとしており、それとともに教養教育が軽視され、教養部が廃止されてしまった。唯一、教養学部が残された東京大学のばあいも、独立行政法人になった東大の役員会の構成員として教養学部の教授は不在であり、こんご教養教育が重視されることは期待できない。実用的な研究、すぐ成果の出る研究が重視され、地味な基礎研究が排除されてしまう危険がある。実用的というのは、資本主義社会では金儲けになる、ということであり、東大や各大学では、その物的・知的資産を利用してベンチャー・ビジネスをつくり、金儲けにあてようと知恵をしぼっており、そうでもしなければ大学財政がもたないようになっているらしい、というのが大内氏の見解である。

新制東大教養学部では、専門学部に進学するための予備教育ともいうべき前期課程の上に、専門学部とパラレルな後期課程（シニアー・コース）としての教養学科を設け、四年間一貫のリベラル・アーツ教育を実施した。これは、旧制高校では三年の履修期間があったのに、新制大学では一年ないし一年半しか教養課程がないので、教養的学力の低下は必至であることへの対応として考案されたものであり、「一高の遺産の継承」がうたわれていた。戦後日本の学校制度はアメリカのものを模倣したことは明らかだが、そのアメリカでは大学でリベラル・アーツを主として学び、大学院で専門教育・職業教育を受けるというのが通常である。教養学科はそのパターンにしたがったものであり、卒業生の進路は外交官やジャーナリストになった者以外は、大学院に進学した者が多かった。かくいう筆者もまさにこのコースをたどった者のひとりであり、筆者の学友たちの中には大学院を了えて教養学部の教官になった者が多くいる。

筆者は教養教育を満喫しえたし、このコースを歩んだことにしごく満足している。もちろん、このコースが理想的だと言っているわけではなく、後期課程二年間にみっちり専門の研究をおこなわなかったことのツケは、しばしば実感しているところである。しかしながら、新制大学における教養教育の不完全さについては、大学の教官になってからいろいろな機会にいたく認識するところであった。大内氏は専門学部の教官として教養学部から上がってきた学生たちを教えて、彼らが自主的にものを考えず、主体的に問題に取り組んで自分なりの解決を図ろうとする意欲が弱く、教えられたことを忠実にまる呑みすることしか能のないことに危機感をつよめた。

大内氏は当時ある雑誌に、近ごろの東大生にはステューデントがだんだん減り、ピューピル化が急速に進んでいるといったエッセイを書いたところ、多くの教授たちが賛意を表してくれた、という。大内氏は教養教育に「人間らしい人間」の形成を期待していたはずだが、氏の望ましい大学生像というのは、自主的思考能力、主体性、批判的・創造的知性といったものだから、単に人間らしい人間という水準を超えた知的能力を意味するのであろう。筆者も教官として、学生たちに同じような能力を期待していた。難解な文章の文意を正確に理解し、英文の訳読能力もすこぶる高いのに、テキストの内容についてなんの疑問も出さず、感想を述べることもなく、学友とろくな討論もできない学生たちに接して、大学教育の中心とされてきたゼミナールの不成立、大学の知的崩壊への危機感を抱いたものであった。それだからこそ、大内改革に呼応して進んで教養学部への出向授業を引き受け、学生たちに学問することへの志と問題意識を研《みが》くことの必要を訴えたのであった。

大内氏の見立てによれば、これまで不十分ながら存在した教養教育、人間らしい人間をつくるという日本の伝統的教育が、「今、音をたてて崩れつつあることは確か」だというのである。これは教養の危機、教養教育の危機である。もしそうだとすれば、これは看過してよいことではない。とくに現在大学の教職にある人びとは、事実・状況をリアルに把握し、改善策を講じるべきであろう。大内氏と同じく、いまや現場を離れてしまった筆者にとって、なしうることは少ない。近代日本の教育の中で、教養教育がどのようにおこなわれ、どんな成果をあげえたかについては、これまでささやかな探求を試みてきた[3]。そこでの遺産を、こんにちの、これからの教養教育の再生・発展に活かしたいという念願からである。ここでは、近代日本における教養論・教養教育論をいくつかとりあげ、その所説を紹介しようと思う。とりあげるべきものは多数にあるのだが、本稿の目的からすれば代表的なもの二、三にしぼれば十分であろうし、また紙幅にも余裕はない。

近代日本における教養史の研究としては、すでに注目すべき業績がいくつか出され、明治期から現代にわたる全容が見とおせるようになっている[4]。とくに筒井清忠の貢献には大きなものがあるが、彼の知見の若干について紹介すれば、以下のごとくである[5]。まず、教養は明治末期においては「修養」の中に包摂されており、大正期教養主義は修養主義から分離・自立したが、両者の分離は不十分で、エリート文化と大衆文化のエートス的中核は同質的であって、そこから差異化が困難になり、一面教養主義は脆弱であったものの、その分だけ大衆の内面的支持を得られやすかった。大正末から昭和初年にかけて、学生たちの関心は教養主義からマルクス主義へと推移するが、両者は対抗関係にあると同時に、実は相補的関係にもあったことから、日本マルクス主義は古典崇拝的・訓詁学的・文献学的傾向をもつようになり、また、マルクス主義の強烈なインパクトによって教養主義は学歴エリートの身分文化となることを阻止され、マルクス主義内部のナロードニキ主義的傾向によって、学歴エリート文化は大衆との差異化を強化する方向に歯止めがかけられた。昭和一〇年代の教養主義の「復権と完成」については、軍国主義的・全体主義的傾向に対する防波堤として学生たちに求められ、また、学生生活の具体的な指針・マニュアルが有用だったためだと説明されている。

筒井の知見については、詳細な資料によって実証されているのだから、とくに異論をさしはさむ理由はない。しかし、戦前と戦後（一九四六〜五〇年ごろ）の二回にわたる教養主義対マルクス主義の抗争では、対立関係が強烈で相補的関係が微弱だったために、日本のマルクス主義は公式主義的・機械的になって大量転向現象もうまれたり、スターリニズムの克服ができにくかったりしたのではないかと思う。このことは、マルクシズムとリベラリズムとのあいだの反ファシズム統一戦線が成立せず、権力によって各箇――逐次――に撃破されたこととともかかわっている(6)。エリート文化と大衆文化の同根性・類似性の問題については、学生の出身階層や読書傾向から実証されることであろうが、戦前日本人の大半を占めた農民や商人のばあい、カント・西田はもとより西洋文学さえも無縁であり、学生層との意識のギャップは大きく、とくにマルクス主義に対しては、政府すじの反共キャンペーンや弾圧の影響も大きかったろうが、無知であるか、あるいは敵対的な態度が一般的であった。

さて、拙稿でとりあげる教養論は、大正期教養主義のような古典的純正にまでは遡らず、それを社会的・実践的な方向で修正・発展させた後期教養主義から選んでいる(7)。つまり、昭和前期の教養論であり、戦前における教養主義の完成形態である。マルクス主義からの批判と、国家主義・国粋主義からの非難とに抗して、人格主義・ヒューマニズムを擁護しようとする教養論である。こうした教養主義のもとに戦時下の学生生活を送った学生たちが、戦後の新制大学の少壮教授となった点で、たしかに戦前教養主義は戦後にまで継承されたのであった。

2　近代日本における教養論

(1)　土田杏村の自己形成論

1)　土田杏村の徳育論

土田杏村(一八九一～一九三四)の『道徳改造論』は、「高等小学修身書」の巻一についての批判である(8)。このテキストの第24課は、「修養」をテーマとしている。第1課・第2課の「大日帝国」から第8課の「敬老」までがひとつのユニットで、国民道徳の基礎論、第9課の「至誠」から第23課の「共同」までがまたひとつのまとまりで、徳目の解説、第24課から第26課の「忠良なる臣民」までが総括で、個人的道徳をふたたび国民道徳の中に包摂しようとする構成になっている。

第24課では、修養の内容として「知能」と「徳性」が掲げられている。知能の修養が必要な理由についてテキストは、世界の文明が駸々《しんしん》として進んでいるので、学校卒業後も読書や講演の受講などをすべきだと説き、徳性の涵養については、一挙一動がおのずから道に合するという境涯に達することを期すべきものであるから、卒業後も修徳に努めなければならない、と教えている。

これに対して土田は、きわめて平々凡々の内容であり、これでは「修養」ということばの語意を説明したにすぎないものだから、ひとつも不思議な点もなければ、まちがっているわけでもなく、わざわざ批評するには及ばない、としている。ただ、徳目の総括論としてはいささかもの足りないから、修養ということについてもっと深くとらえる立論をおこなって、教師の考察の参考に供しようと、以下のような考察を提示する。

まず、知能の啓発についてテキストが、それには種々の工夫を積まねばならぬと説き、とくに単なる言語文字の記憶になってはならないと教えていることについて、土田は「けっこう」だとする。しかし、さらに必要なことは、「これらの知識は全体としての統一を持ってゐなければならない」ということだと主張する。知識を、言語文字の記憶にとどめないためには、知識の統一が必要だというのである。

土田は、「知識は道具ではない」と主張する。知識を器具のように利用して実際のことに当たるというわけのものではなく、知識は自分の頭の中に席を占めているお客さんではない、というのである。物知りというのは、知識を頭の中のお客さんにしてしまっている人のことであり、このばあい知識はあたかも各室に分けられて坐らされているという状態だと、土田は説明する。物知りになるのではなく、「賢くなる」こと、つまり知能の啓発された人になろうというのであれば、「自分の行動と知識とを身一つに合したものにすること」、つまり、「自分が知識になりきること」が必要だ、というのである。また、「知識を頭の中では無く、腹の底にしづめられ」るようにすることだとも説明されている。

土田が、バラバラな知識ではだめで、「打って一丸としたもの」にしなければならないというのは、知識の統合を主張しているのだが、知識を統合するためには、統合者の立場・見方が必要だということである。だから、統合化というのは主体化を意味するのである。一定の価値観に支えられた世界観・人生観の中に、個々の知識を組み込み、システムとして有機的に統合していくのである。

土田は、知識を統合するということから考えると、日本人の知識の範囲は狭く、ドイツ人における数学や自然科学の常識、英国人における経済学の常識に対比すると、日本の文化を特別に進めているような常識はあまり見当たらない、と述べている。民衆のあいだに常識化された知識というのは、統一され、主体化されたもの、つまり「修養」となったものでなければならない、というのである。

土田は、修身教科書が、「苟くも時勢の進歩に後れざらんことを期する者は一生を通じて知能の啓発を怠るべからず」と記述し、修養を積むことが終生的なものであると説いていることを評価する。しかし、知能を啓発することの目的・意義について、時勢に後れないようにするためだという意見には満足しない。土田の理解するところでは、智能の啓発とは、「自分が身に持って生れた能力を発達成長させること」であって、それがまさにわれわれの生活の目的なのである。知識を実業、実生活の手段として利用しようという考え方、智能を啓発してしかるのちにそれを何か生活の役に立てようとする功利主義あるいは実用主義を、土田は排斥する。

土田のみるところ、修身教科書をつらぬいて、生活の目的は何か現実的に活動することにあり、知識はそれの手段・道具として利用すべきものという考え方が出されている。これは修身教科書のみならず、世間一般にも通用している見方であるが、これは誤りで、知識を身につけること、智能の啓発それ自体が生きていることの目的なのであり、人間は終生かかってこの目的を追求しなければならないのだと、土田は説明している。

知識を貯め込むことが智能の啓発ではなく、その統合化・主体化が目ざされるのであるから、知識が人格と一体化したものとして、「見識」あるいは「社会眼」が智能の啓発の重要な内容となると、土田は指摘する。見識というのは、物事の値打ちを決め、人格的態度で処理することであり、社会眼とは物事を社会的に処理する見識のことだと土田は言い、現代社会の生活・活動においてはそれらが不可欠だと述べている。これらなくしては、完全な人格とはいえず、学者も個人主義的になったり、世間知らずになってしまう例がしばしばあることを土田に指摘する。

徳性の啓発について、土田は修身教科書が、道徳の習慣を積んで道徳的品性をつくりあげることに力点を置いている「東洋道徳」的考え方をうち出していることを論評し、それはまちがっていないものの、それでは道徳を静的に考える傾向をもちやすいとして、現在のような動的社会では道徳の内容も変化することに注意しなければならない、と述べている。そもそも修身教科書は、「古人の嘉言善行を記誦して已の志を高尚にし」と、過去について学ぶことを強調しているが、たえず変化しつつある社会生活の活事実について正しい判断をするために必要な社会眼を養うべきことは言わないと、土田は批判する。修身書であげられている善行の例には、奴隷的な道徳を鼓吹するおそれのあるものが多く、文章も古めかしく、むずかしすぎると述べている。

また、修身教科書が、喜怒哀楽の感情に動かされて、挙措度を失ってはならないと訓戒していることについて、これをまちがいとは言わないが、こうした東洋道徳はややもすれば感情の表現を極端に抑圧する傾向があり、西洋人には理解できないほどのものもあることを土田は指摘する。とくに、東洋道徳ではやたらに怒りを抑えることを教えるが、政治家の腐敗、実業家の堕落など、怒りを抑えて座視しているだけでは、社会が歪められるばかりであるから、これらに対しては敢然立って時代と闘うことが必要だ、と述べている。

2）土田杏村のプロレットカルト論

土田は、イギリスの労働者教育運動における左翼的潮流である独立労働者教育派の主張を、わが国に紹介したことで知られている[9]。つまり、ポール夫妻の「プロレットカルト」論である[10]。これはプロレタリアン・カルチャーを短縮したもので、彼らの造語である。言うまでもなく、カルチャーということばは、「文化」とともに「教養」を意味している。

土田は、ポール夫妻が英国におけるボリシェビーキだとし、その主張の大綱はマルクスの階級闘争論、とくにレーニンふうに解釈されたマルクシズムだと述べている。それ故に、コールやペンティのような独創性をもたないと言うのだが、ポール夫妻は単なる模倣の人ではない[11]。彼らは、フロイトの精神分析学に注目し、人間の行動を促す感情・情緒の力を認め、「複合」(コンプレックス)という概念を重視した。階級的連帯感というのは、種群複合 (heard complex) であって、これがプロレタリア文化を生み出す、というのである。

ポール夫妻の思想には、フロイトとともにベルグソンの影響があることを、土田は指摘している。衝動性への注目、創造的・動的なものへの評価という点に、それをみるのである。土田は、ポール夫妻の思想に影響を与えたものとして、さらにモリスやトルストイをあげ、「現代の社会思想」もまた有意・無意に影響している、と述べている。

こうなれば、ポール夫妻の思想はボリシェビーキだとは言えなくなるはずである。事実、彼らは革命の道として、①共産党の政治行動、②組織された労働者の直接行動、③独立的労働階級教育の三つがあり、その中でとくに三番目を重視したのである。ボルシェビーキなら当然一番目を優先させ、③については教育でなく、宣伝・煽動をもってきたであろう。

ポール夫妻のプロレットカルト論というのは、独立労働階級教育を意味するのだが、それはプロレタリアのための、プロレタリアによる教育のことである。つまり、大学によっておこなわれる成人教育は、ブルジョア文化を学習するものとして排撃する。政治的な立場において、保守主義はもちろんのこと、社会民主主義をも社会主義右派、つまり似而非社会主義として排撃するように、である。デモクラシーは、資本主義体制を温存するための手段となっており、自由派ブルジョアジーと右派社会主義者によって大事にされているが、プロレタリアの欲するものは、「労働者による支配」つまり「エルガトクラシイ」だというのが、ポール夫妻の主張するところである。

土田は、上記のようなプロレットカルト論に対して、つぎのような見解を示している。まず、それに賛意を表するのは、資本主義体制における教育がブルジョアカルトであるという点である。そして、独立労働階級教育派が自分たちの教育は階級闘争のためであり、社会主義の宣伝・教育をおこなっているのは、将来真に普遍的な文化を創造することを目的としているのだと主張する点についても、「いかにもと納得出来る点がある」と述べている。このように、「非常に多くの真理を含んで居る」プロレットカルト論に対して、社会思想について無知な人びとが「持ち合せの標準」にもとづいて論難するのは不当だ、と土田は批評する。

プロレットカルト論に対する土田の批判は、まずそれが学問や教育の目的をプラグマティックにみている点であり、その信奉する社会主義が正しくないという点である。土田は、哲学的立場として理想主義を支持しているのである。(12) 彼は、「人格は歴史の中に絶えず実現せられなければならぬ」こと、つまり、われわれの人格的内容は、部分的・偏局的なものから全部的・包括的なものになるよう、歴史を創造していかねばならないことを主張する。プロレットカルトは、ブルジョア文化の部分性・偏局性を克服し、さらに自らの部分性・偏局性をのりこえていかねばならない、というのである。教育の意義は、芸術と同じく、単に革命の手段たることで終わるものでなく、もっと究極的な価値を目ざすものだと考えられている。

土田は、宣伝と教育の問題について、両者のあいだに根本的な区別をしがたいことを認めつつも、プロレットカルトの内容がマルクス唯物史観・ロシア革命史・経済学・政治学・農民運動史・労働法規といったものにとどまるのは狭すぎる、と考える。その他に、宗教・文芸・哲学等の一般教養が大切で、より深いところから人間性の覚醒をおこなうものが必要だ、というのである。教育に比して、宣伝の方がより手段的なことばであり、教育ということばは、手段でなくて自律的であって、尊厳な価値を有している、とする。民衆の教育は、人格の品位、文化の価値、同胞的共同社会生活の自律性に気づかせることを理想とするもので、その結果としておのずから現今社会の欠陥を厭悪するようになり、改造への心熱を醸育するようになるのであれば、これは手段的宣伝を超越して、しかも宣伝の目的を達成したことになると、土田は言うのである。

プロレットカルト論は、革命以前と革命以後において、プロレットカルトの内容が変化する、と説いた。すなわち、以前にあっては、①資本主義との間断なき闘争、②ブルジョア文化の破壊、③社会主義的精神の宣伝、であり、以後においては、①反革命的勢力の打破、②プロレタリア文化の建設、③共産主義的教育の徹底だ、とするのである。これに対して土田は、革命の以前と以後において、プロレットカルトの実質に変化はないとし、いずれの時期にあっても、「半ブルジョア的プロレットカルト」以外にはありえないと述べている。

革命以前の教権はブルジョア国家にあるから、その国家の存立を危うくするような純粋のプロレットカルトを国家が許しておくはずはないので、この時期におけるプロレットカルトは、半ブルジョアカルトである他はありえない。革命のあと、教権はプロレタリア国家の手中に移るが、そこではまだ純粋のプロレットカルトが成立していないので、そこでの教育は半ブルジョア（半プロレタリア）カルトにならざるをえない。そのことは、ロシア革命後にレーニンが社会主義への推移におけるブルジョア的専門家の役割を認めたことで明らかだと、土田は論述する。

土田は、教育内容の社会的・歴史的性格を認めつつも、それには経済的・社会的構成とはかかわりのない部分が含まれている、と主張する。数学・物理学・動物学といった科学は、経済生活や政治的革命によって変化を受けない、というのである。また、ブルジョア的精神といわれるものにも、社会的環境によって規定されたのではない、人間の根源的な性格、または本能に根ざすものが存在して、プロレットカルトはそれらを排除することができない、とする。これは、時代を超えた、人類の永遠的・本質的な課題となる、と土田は考えている。

半ブルジョアカルトから真のプロレットカルトへと発展させるのに、プロレットカルト論者が革命後の教育はプロレタリア国家の教権によってなさるべきことを主張しているのに対し、土田は、教育が政治的教権から解放されるべきだと論じる。教育とは、人間の内奥の理性を喚び覚ます活動であり、理性が正しく発動するなら、信ずべきものはおのずから信じ、否定すべきものはおのずから否定するようになるはずである。だから、教育される人間の自律的判断を害してはならず、国家も社会も、自律的理性の判断活動の対象にされねばならない。対象となるべき国家が教権をにぎり、自らにつごうのよい教育内容を献立てし、被教育者に強制することはもってのほかだというのである。

さらに土田は、教育が自由であるべき根拠として、教育は人間の内発的要求であり、強制をまって初めて活動するようなものではないと言う。人間の要求は、経済・政治・学問・宗教・芸術などの諸活動に発現し、人間生活を複雑に、立体的に構成するが、各分野はそれぞれに自律した価値をもっており、他の分野によって決定されるべきではない。教育もまたひとつの独立した文化価値範囲であり、権力によって支配されるべきものではない、と主張している。

以上みてきたように、杏村の思想は、マルクス主義に親近感を示しつつも、新カント学派の文化哲学に依拠して、文化価値の独自性を主張し、教育活動の自由を要求している。その立場から、土田は国家教育における権力支配と、ブルジョア・イデオロギーの押しつけに反対した。反面、ソビエトにおける政府の教育支配を非とし、プロレットカルトは徹頭徹尾自由教育でなければならない、とした。ブルジョア教育のもとでも、成長の性能が成長する者の中に存在し、自律的に展開するので、理性も目覚めて、ブルジョア教育の軛を脱するようにもなる。したがって、子どもにはなるべく自由な創意心に拘束を加えず、それを発揮する機会を与えるようにすべきだと提言している。

土田は、上記のような教育論に立って、地方青年の自主的な学習活動を援助した。信州上田・飯田や、群馬県・新潟県に生まれた「自由大学」がそれである[13]。ブルジョア教権からの独立を目ざし、宣伝ならざる教育の場をつくり出すことによって、理性の自律を実現した人間を形成しようとした。それはプロレットカルト論に影響されつつ、批判することで生まれた、民衆自営の教育機関であった。そこで教授・学習された知識=教養をどうみるかが、自由大学評価の基準であり、争点となっている[14]。

(2) 三木清の教養論

戦前における教養論の中で、昭和一〇年代、つまり日中戦争から「大東亜戦争」までの時期を代表するものとして、三木清（一八九七～一九四五）の言説をとりあげることにしたい。三木が時事問題についてさかんに評論活動をおこなうようになったのは、ちょうど昭和一〇（一九三五）年からのことであり、『読売新聞』・『東京帝国大学新聞』・『文藝春秋』・『改造』・『日本評論』・『中央公論』などの諸紙・誌が発表の場となった。彼の評論活動は昭和一八（一九四三）年までおこなわれたが、実質的には大東亜戦争が始まった昭和一六（一九四一）年末には終わっていた。「戦時認識の基調」（『中央公論』一九四二年一月）を最後とし、それ以後は陸軍報道班員としての比島視察記が主なものである。彼の教養論は、評論として書かれたものであり、したがって時事と密接にかかわった内容となっている。

1） 三木自身の教養の形成

三木は、明治三〇（一八九七）年一月に兵庫県揖保郡揖西村に生まれた[15]。家は農家で、祖父は兼ねて米穀商を営んでいた。資産家だったというが、田舎の農家のことであるから、蔵書が多くあるような、知的な雰囲気をもった家庭ではなかったようである。三木は、中学の下級生のころまで、教科書以外の本を読んだことがなかったと書いている。下校すると、近所の子どもと遊ぶか、家の農作業の手つだいをするかという少年期を過ごした。「村の人々と同じに暮らして目立たないこと」が、家の生活方針で、中学校に入ってからも、三木は村の青年とつきあって、なるべく目立たないように心がけた、という。しかし、小学校の六年生のときの担任の教師がホトトギス派の俳人だったらしく、子どもたちに俳句について講釈したり、作文の時間に作句させたりした。三木の詩心は、このことによって芽生えたわけである。

中学三年生になって教わった国語の教師が、かつて文学を志したことがあるという人で、副読本に芦花の『自然と人生』を選び、三木はそれを愛好するようになり、いくつかを暗誦し、『思い出の記』などを耽読した。彼はその後、同級生の秀才で読書家として聞こえた少年と深くつきあうようになり、その影響でいろいろな書物を読むようになって、その中には永井潜の『生命論』や丘浅次郎の『進化論講話』などがあった。生命の問題に関心をもつようになったことが、のちに哲学に入る機縁となったと三木は述べている。友人の影響はそれだけでなく、多くの文学書を読み、とくに藤村の『破戒』・『春』・『家』、鴎外の『即興詩人』・『涓滴』、土井晩翠の『天地有情』、北原白秋の『邪宗門』・『思い出』、三木露風の『廃園』・『寂しき曙』、その他にもワイルドやツルゲーネフを愛読している。三木は友人たちと回覧の文芸雑誌をつくったり、若山牧水の影響を受けた和歌をよんだりした。つまり文学少年だったわけである。

三木は歴史が得意科目で、山路愛山の史伝類や『常山紀談』・『日本外史』などを愛読し、漢文でも経書より史書を好んで読み、漢文の教師を自宅に訪ねてとくに漢詩をつくる練習をした。法制経済の教師は現代思想について話したので、三木は芦花とのかかわりで蘇峰を多く読んだが、これは当時流行していた演説をやるさいの材料として利用するためで、この当時の三木にたいした思想問題への関心はなかった。こうして三木は中学時代後半、「混沌たる多読時代」を過ごし、大正三(一九一四)年に一高に入学した。

一高には中学の同窓生がおらず、東京に知人もいなかったので、三木は「孤独な田舎者」として宗教的な感傷にひたり、聖書や仏教関係の書物を読み、近角常観の『歎異鈔』講義も聴きに行った。このかん、中学時代の文学熱はしだいに冷め、校友会の文芸部や弁論部にも関心はなかった。たまたま組選のボートを漕ぐようになり、そこのつきあいで青春を謳歌するふつうの一高生生活を送るようになった。しかし、やがて内省的な生活に戻り、武蔵野を彷徨したり、宗教書や哲学書を耽読するようになった。トルストイ、ルソー、アウグスティヌス、アウレリュウス、また当時流行していた「生の哲学」者のショーペンハウエル、ニーチェを読み、和辻哲郎の『ニーチェ研究』・『ゼーレン・キェルケゴール』、阿部次郎の『三太郎の日記』を愛読した。一高時代の後半には、ダンテの『神曲』、ゲーテの『ファウスト』、ニーチェの『ツァラストラ』、漱石などを読み、また速水滉教授に依頼してヴィンデルバントの『プレルーディエン』の読書会を組織した。大学で哲学を専攻することを決めたのは、西田幾多郎の『善の研究』を読んだことによってであった。ちょうどその頃岩波の「哲学叢書」が刊行され始め、三木は紀平正義の『認識論』、宮本和吉の『哲学概論』、速水滉の『心理学』を精読し、併せてヴント、ジェームズの心理学やミルの論理学などの原書を購読した。

読書や思索、友人との対話によって自己形成する旧制高校生活が定型化したのは、大正初年のことである。かつて天下国家を論じて運動に熱中し、大酒して寮歌を高唱するような豪傑型が牛耳っていた旧制高校を、個性・人格を尊重し、哲学や文芸の探求こそが価値ありとするように変えたのは、藤村操・魚住影雄・阿部次郎・和辻哲郎らによって主導された一高の「校風論争」であった。校風の転換の成果を享受しえたのは、三木たちの世代の幸運であった。内省的・懐疑的な時代の風潮の中で、教養の観念が、主としてケーベルの影響を受けた漱石門下の人びとによって形成された、と三木は述べている。それは反政治的あるいは非政治的傾向をもち、文化主義的なもので、明治期の啓蒙思想に対する反動であったというのである。わが国における教養ということばにはそうした歴史的含蓄があり、非政治的で現実の問題に無関心であった分、古典志向的であったと三木は指摘している。

2）三木の評論活動

三木は、子どものころから俳句をつくったり、和歌や漢詩、小説を試みるなど、文章を書くディシプリンを積み重ねたこともあり、執筆者としてその名文を評価されていた(16)。とくに評論については、短いセンテンスを用いて、明確な表現をおこない、歯切れのいい文章表現をおこなっている。また、問題をとらえる感受性、その本質を見抜く鋭敏さにおいて卓抜であった。また、その論理構成の力は、哲学について本格的な研究をおこなってきた人間にのみ可能なものであった。三木はまさしく一流の評論家であった。

彼がジャーナリズムで活躍したのは、その能力を具有しており、売れっ子のライターだったことによるのだろうが、アカデミズムの中に身を置いて俗世間とかかわることなく、悠々と哲学的思惟を楽しむような境涯にはいなかったという事情によるところが大きかったであろう。いわゆる筆（文章）と舌（講演）で食うしかなかったのである。しかし、彼の執筆の動機はそれだけでなかった。社会の動きに対して発言することに責任を有する知識人として、言うべきことは言わなければならないという義務感に発するものであった。だから、彼の評論は時流・時勢に対する批判であり、いわば警世の立論なのである。時流は、戦争とファシズムへと驀進していた。いわゆる「日本主義」の国粋主義・伝統主義の反動的言説がジャーナリズムを支配しつつあった。彼の評論はそれへの批判であり、権力への抵抗であった。

ただし、その抵抗の仕方は、正面切っての批判というわけではなく、権力による弾圧を招かないように用心ぶかく配慮されたものであった。それ故に、三木の「抵抗」は戸坂潤のような率直で鮮明なやり方でなくて、妥協的で姑息なスタイルだったとみる人びともいる。それどころか、三木はけっきょく権力を援護したことになるのだという、きびしい見方もある。たしかに三木の文章は、権力に対する批判・非難というかたちではなく、忠告・助言とでもいうべき仕立て方になっている。三木が満州事変以前に満鉄の招聘で満州旅行をしたり、大東亜戦争の初期に陸軍報道班員となってフィリピンに行ったり、昭和研究会のメンバーとして近衛文麿のブレーンに加わったりと、体制や権力に接近したことを不潔とみる向きもある。

もし三木がストレートにものを言っていれば、彼はもっと早くジャーナリズムから閉め出されていたであろう。あの狂気の時代にあっては、沈黙することこそが保身のためにもっとも安全なみちであり、自分を汚さずにすむ方法である。しかし、良識をもつ知識人がみなそのみちを選んでしまえば、論壇は悪魔が支配してしまうことになる。三木があれほどの努力をしても、戦争を防ぐことはできなかったし、体制・政策を改変することもできなかった。結果論としては空しい努力だったということになろうが、結果はあらかじめ見とおすことがむずかしいし、よしんば絶望的な状況だろうと、努力せずに諦めてしまうのは倫理的と言えないであろう。三木のあえておこなった賭けを非難すべきではあるまい。

三木は、日中戦争の目的が「東亜新秩序の建設」にあると言われているのに、その秩序の内容がはっきりせず、確たる世界史的展望に欠けていることを指摘した(17)。それは自由主義（資本主義）経済における生産のアナーキー性を克服すべき経済の計画化を必要とし、また、時局認識にあたっては、認識を方法的に（秩序適合的に）おこなうことによって道徳的秩序をつくり出さねばならないと主張する。精神の秩序を維持するためには科学的知識・科学的思考が必要だ、とした。国民は戦争の現実について全面的に認識すべきであり、とくに戦争の理念に対する認識が重要だ、と論じている。危機的な歴史的現実を、世界史的立場から把握すべきことと、東亜にとどまらない世界新秩序の形成が目ざされるべきことを論じている(18)。

大東亜戦争開戦後に発表された上記論文では、さすがに時局迎合的な色合いが濃くなっている。しかし、三木は政府や体制的思想家がさかんに唱道した「新秩序」のスローガンを利用し、その内実を明確にせよ、民族戦争や帝国主義戦争とは質を異にする戦争や体制を国民・アジア諸国民に提示せよ、と要求しているのである。戦争に勝つということが唯一の目標にされ、そのためにはどんな無理でも押し通そうとする「戦時体制」に対して、合理的なシステムを創造する必要を、「秩序」の重視というかたちで提言している。

合理性・理性の尊重というのは、ファシズム批判の最大のポイントとして、三木において終始一貫していた。感性やパトスの問題は、文学論・文芸評論をしていた三木にとって、軽視すべからざることであったが、パトスとロゴスの統一という弁証法的立場が常に強調されていた。そこから、日本主義の非合理・ローマン主義が鋭く批判された。そもそも「日本主義の哲学」と称されるものが学問的に何を意味するか、当の主張者さえも明確に規定することができず、哲学ならざる神学——宗教的信条の独白——でしかなく、その理論的基礎としてもち出される全体主義は、「血と土」というような「自然神秘説」の上に主張されていることを三木は指摘する(19)。

昭和一〇年代の思想動向にあっては、政治と文化との関係において、前者を優位に立て、後者を前者に服従せしめる傾向が支配的であったが、これについて三木は文化の独自性・自律性を強調した。国民精神文化研究所ができたとき、一部の学者は自然科学分野における理化学研究所とパラレルな純粋に学問的な研究所がつくられるかと期待したのに、できてみれば思想統制・思想善導の施設になってしまった前例を引き、内務官僚と右翼大衆作家たちが共謀して「文筆報国」の機関たる「帝国文芸院」を設立しようとする動きに批判を加えた。文士の地位向上を名目に、年金や賞金の制度を設けるのは、「御用文学の保護奨励」に堕するだろうというのである(20)。

文化の独自性・自律性を大切にするということは、文化活動の自由を保証することの主張になる。三木は、文芸・美術はもとより、学問や宗教の自由をくりかえし強調した。宗教家、とくに仏教者が政府にすり寄ったり、政府が思想問題で学者を弾圧することに批判を加えている[21]。ただし、大学アカデミズムに対する批判意識のせいか、大学の自治、学問の自由に対する擁護論は、あまり切れ味鋭いものではない[22]。しかし、文化統制・思想統制の強化されつつある環境の中でも、大学は自ら自己の意志を決定し、自己の運命を断じて外部の力に委ねるべきでない、と主張している。大学がアカデミズムを失って政治の支配に委ねられようとしていることを告発し、同時に現実回避のアカデミズムを批判したのである。

3）三木清の教養論

三木は「教養」の語義について、それは「単に専門的乃至職業的知識のことでなく、人間が真に人間らしくなるために必要な知識」のことだ、と述べている[23]。どのような専門あるいは職業であろうと、まず人間であり、人間として真の人間にならねばならない以上、教養はすべての人に要求される、というのである。教養についてのこうした説明は、一般的・抽象的である。つまり、こういう説明に対してことさらに異を唱える人はいないだろうが、この程度の説明なら、とくに三木をわずらわす必要はない。

この説明のポイントは、三木も言うとおり、「教養の観念の根柢にはつねに人間の観念が含まれている」という点である。人間を離れて客観的に存在する知識のことを教養というわけではない。図書館には、あらゆる分野の知識を記載した本が備えつけられている。知識の量ということでなら、超一流の教養人の所有する知識といえども、地方の一小図書館の知識のストックに及ばないであろう。それ故に、教養としての知識というのは、その人の身についた知識であり、単に憶え込まれている知識ではなく、思考を導く指針として活用される知識を意味するのである。知識と思考力と言ったらよいであろうか。思考力・考え方といえば、当然人格だとか人間性といったことにかかわってくる。教養人というのは、高い知性と道徳性を備えた人間のことなのである。

教養についての三木の説明は、抽象的・一般的だと述べた。しかしそれは上述の部分に関する限りのことであり、三木は、教養の観念がその根底に人間の観念を含むと言ったあとで、つぎのように説明している。「各時代において人間の観念が変化するに応じて教養の観念も変化し、そこから教養の方向も内容も変化する」と。「高い知性と道徳性」の中身として何が要請されるかは、時代と社会によって異っている。教養の歴史的・社会的性格ということは、あらためて言うまでもないことである。三木はこの小論の最後を、「我々は実に、現代青年の教養に対する一般的な要求の中から、真に新しい人間の観念、従ってまた新しい倫理が確立されることを期待するものである」という一文でしめくくっている。

「人間の観念が確立されなければ教養の観念も確立されない」とし、現代的教養への要求は、いわば無意識的に新しい人間の観念の確立に対する希求をあらわしていると言う三木は、昭和一〇年代の日本社会における教養要請・人間観について、どのように考えていたのであろうか。この小論では、「例へば」ということで、「科学的教養」がもっとも現代的なものとしてとりあげられている。これについて、従来の人文主義的な教養論では、教養の中で科学に高い位置を認めず、むしろ教養的なものから除外する傾向があったこと、また当時さかんに主張された「智育偏重」論もそうした伝統的教養論、さらにはその根底にそれと照応する人間観をもっていることを、三木は指摘している。反知育主義をラディカルに批判するためには、知識の意義を力説するだけでなく、人間観の次元での批判が必要だ、というのである。

三木は「人間の再生」と題する時評の中で、国際作家会議におけるジードの演説を紹介し、彼のことばにはヒューマニズムの精神が溢れていると激賞している[24]。ジードは、自分がフランス人であると同時に国際主義者であり、コミュニズムに賛同しつつも個人主義者であり、こんにちの時代は新しい人間を獲得することがまず緊要であると述べたのである。三木はそれにかかわって、社会的とか歴史的とかいうことを強調するのは重要であるが、そのことが近年あまりに政治的・時事的なかたちで理解されていることを問題だとし、より永続的な、ヒューマニスティックな問題に注目すべきだとしている。

三木は先の論稿では、人間観の歴史的な変革の必要を説き、ここでは人間における歴史貫通的な問題の存在について注意を促している。そして、「現代ヒューマニズムの根本問題は人間再生の問題である」と述べた。人間の変革でなく、再生と言ったあたり、この文章では人間性の持続性の方を重視しているわけである。三木は、日本の社会と文化における諸弊害は、個人の人格を重んぜず、個性の意義を認めないことに起因しているばあいが多い、としている[25]。人間の人格的観念が失われているのは、封建的思想の根づよい残存に加えて、現代文化の混乱と「知性の実証主義」によってだと言う。三木は、堅持・固執・責任・不滅性などが、従来の人格観念の主要な要素であったが、それらが現代人にとっては失われていると論じている。

それでは、再生されるべき人間の像として、三木はどのようなものを考えていたのであろうか。三木は「叱られる知識階級」という文章で、知識階級が現実を直視しないとか、日和見的・非行動的だとか言われて非難されていることに対して、そもそも知性というものは、ものを客観的に、距離をおいてみることを本質としており、また、知識階級をひきつけ、行動させずにはおかないような思想が創造されていないからだと述べている[26]。他面、現代の知性は「十九世紀的な批評的立場から新世紀的な創造的立場」へと転換すべきだ、と主張する。

従来、知識階級はコスモポリタンだと国粋主義派から非難されたことについて、いまや「世界的日本人」が必要とされるに至ったことで、知識階級は日本にとって重要な意義を有することが分かってきた、と三木は述べている(27)。これは、荒木文相が世界的日本人を作れと訓示したことに乗って、日中戦争が世界的日本人の必要を感ぜしめたこと、世界的日本人がこんごますます必要になること、しかるに現実に叫ばれているところの「教育革新」論はそれと逆の方向を向いていることを指摘し、世界的思想を有する「日本的世界人」になるべきだ、と主張したのである。これまでの「大陸的人間」のようなタイプではだめで、「その知性において世界的な人間」でなければならない、と主張している(28)。

世界的日本人のあり方としては、文化的意欲をつよくもちつづけ、つとめて思想的なものに接触して摂取するような知性が必要だとし、もっとも大切なのは、東洋における日本の世界史的使命について、常に理論的な自覚をもつことだ、と三木は言う。その理論とは、三木の「東亜協同体」論のことであり、これについては当然批判的検討がなされるべきだが、それは古い「大アジア主義」とはちがって、保守主義や征服主義を清算すべきものであり、また近代的世界主義の抽象性を克服して、民族と民族とを結びうるような新しい秩序を目ざすものだと主張されている(29)。

(3) 河合栄治郎の教養論

1) 河合の自己形成

河合栄治郎(一八九一〜一九四四)は、東京の下町の酒屋の次男として生まれた(30)。彼の父母は教育といってはない人たちで、ろくろく小学校も出ていなかったが、父親は功名心がつよく、もとは九尺二間の小酒屋から始まってかなり裕福な商店にまで発展させた。栄治郎も少年時代、八、九歳のころ酒や醤油の徳利を集めに得意先を廻らされたが、これは丁稚代わりというより、修業のためという意味だったろうと河合は回想する。当時の東京の中産の商人の家と同様、河合家にも宗教とか教養の雰囲気は皆無だったが、父親は功利的な考え方からであったものの、子どもの教育には熱心であり、また地もとの問題には積極的に参加する公共心をもちあわせていた。河合はこの父から、功名心と公共心のもつれあった意識を継承したという(31)。

小学校の教員は、正しいことのためには利害を問わないという硬骨漢で、河合を大変かわいがり、師弟のあいだには終生の交遊があった。河合は私立中学の二年生のとき、病気で半年休学したことがきっかけで、府立三中に転校した。この休学中、ちょうど日露戦争の開戦前夜の時期だったので、河合は新聞を読んで開戦論に熱狂した。それとともに、日本史や古文を濫読し、名文は暗誦して、文章に対する興味をもった。三中に転校してから、ある小学校教員に英語の指導を受けることになり、この教師は漢文が得意で徳富蘇峰を愛読していたので、河合はその影響を受け、「国民叢書」を全部読んで、政治・人物評論に興味をおぼえ、文章でも蘇峰を模倣するようになった。

中学時代の河合の読書は、『十八史略』などの漢文、マコーレーの史書、高山樗牛、徳富芦花、尾崎紅葉など多数にのぼったが、それらから学んだのは、文章の形式で思想内容ではなかったと、河合は言う。思想という面では、八田三喜校長が修身講話でセシル・ローズ、ジョセフ・チェンバーレン、ルーズベルトなどを讃美するのを聴き、奮闘・努力・克己・勤勉などの美徳に感銘した。しかし、それらは何のためかについては考えることもなく、少年時代から持ち越した立身出世・功名栄達を、無意識にせよ人生の目的として、

と述べている。

孜々《しし》として倦《う》まなかったと回想し、そこに自分を転化させた何ものも見出さないことをもの足りなく感ずる、

その転化は、高校時代に訪れた。談話部の委員だった中学四年生のとき、一高弁論部から都下専門学校連合演説会に招待され、そこで当時大学一年生だった鶴見祐輔の「日本海々戦の回顧」と題する演説を聴いて深い感銘をおぼえ、どんなことをしても一高に入ろうと決心した。彼が首尾よく一高入試に合格して向陵の人となったのは、明治四一（一九〇八）年のことであるが、このときの一高は大きな転換期を迎えていた。日露戦争前から戦中にかけて、国民のあいだでは国家主義が高揚していたが、一高内では校風（寮風）のあり方について、いわゆる全体主義（伝統主義）と個人主義（人格主義）のあいだで激烈な論争が展開され、前者は運動部系、後者は文芸部が拠点だったので、言語表現に秀でた後者の方が『校友会誌』の誌上論争では優位に立ち、校風はその方向に動いていた。そこへ日露戦後、新渡戸稲造が校長として赴任してきて、近代化・国際化の方向で校風の刷新に努めた。弁論部のOBたち、前田多門・鶴見祐輔らが新渡戸を熱烈に支持し、一高の校風はしだいに人格主義・人道主義・理想主義の方向へ赴くようになった。和辻哲郎・倉田百三などに代表される哲学青年が、リーディング・フィギュアとなった。いわゆる大正教養主義の開幕の時期に、河合は一高で学びえたのである。

入学の当初、伝統主義派の立場に近く、深く考えることなしに校長に反感をもっていた河合であるが、入学半年後、三月一日の紀念祭の夜の全寮茶話会で、末弘厳太郎が口火を切った新渡戸校長弾劾演説と、そのあとの賛否両論に耳を傾け、さらに校長の所信演説に感動して、河合は回心し、脱皮した。国粋主義者・帝国主義者・全体主義者・立身出世主義者であり、――というよりおよそ主義も原理もなく環境に順応して

きた青年が、初めて自己省察をおこない、もっとも価値あるものは名誉・富・学問・事業などではなく、人格だという新渡戸の考え方を受け入れることで、河合は生まれ変わった。弁論部での交友と、新渡戸への傾倒によって、それは実現したのである。

これは自己変革ではなく、単に親や教師から植えつけられた古い意識から、新しい意識に移行しただけだとは言えない。河合は他者の意見を吟味し、省察して自分の意見をつくりあげていったのである。このようにして身につけた知識と思考力が教養であり、それが人格を形成する。河合は高校生活三年間で、教養をわがものとし、自己の人格を形成した。彼は、新渡戸や内村鑑三の生ける人格に接して学ぶとともに、多くの洋書を貪《むさぼ》り読んだ。カーライルの『サーター・レザータス』やその他の著書、マコーレーの『英国史』などさまざまな史書、カール・ヒルティ、ヒュー・ブラック、それにワーズワース、デッフォー、ディッケンズなどの英文学の作品を「無茶苦茶に」読んだ。彼はのちに高校時代をふりかえって、当時の読書が英文学に偏して他の諸国の文学に及ばなかったこと、芸術の分野に手を広げる余裕がなかったこと、自然科学の知識に欠けていたことを悔んでいるが、彼の読書は焦点が明白であり、「己れを狭めずに広げる」ことのできた、まことに実り多い三年であったと言うべきであろう(32)。

高校時代こそ黄金時代だが、大学時代は無味乾燥の灰色の時代だというのが、しばしば言われたところである。しかし、河合の大学生活は充実していた。彼は法科大学の政治学科に入ったのであるが、試験前の二、三ヵ月は試験の準備に没頭し、それ以外の期間は自由な読書にあてるという方針を立てたが、講義や試験準備をつうじて法律学に興味をもてるようになり、法律学が思考を精密にすることに役立つことを知った。そこで、法律学関係の洋書や雑誌を読み耽《ふけ》って多くのものを得た。自由な時間には、一高以来の興味の対象であった歴史関係の書物を読んだが、その中に、セリグマンの『歴史の経済的説明』があり、河合はこれによって初めて唯物史観を知って、驚異をおぼえた。

河合は歴史哲学に興味をもち、ベルンハイムの『歴史的方法の教科書』などを読み、政治学の小野塚喜平治教授のゼミに入って、「歴史哲学」をテーマとした。三年生のときのテーマは、「学問、史学、政治学」であったが、父親の大患のために報告は断念せざるをえなかった。彼は法学部の諸教授の講義をきちんと聴いてできるだけ摂取し、とくに小野塚、矢作栄蔵教授に親近して知遇を得た。こうして、大学は河合にとって学問にいそしむ「快適な場所」となったのである。

2）河合の社会思想とその生き方

大学卒業後、農商務省の官吏となった河合は、役人をしながら大学院に籍を置き、金井延教授の指導下に「工場法と労働問題」を研究テーマとした。役所でも工場法案研究を担当し、そのためにアメリカにも出張した[33]。しかし、工場法法制化をめぐって上司と衝突した河合は、東京帝大に引きとられて経済学部助教授に任ぜられ、その後イギリス留学を経て一九二六（大正一五）年に教授となった[34]。以後一九三九（昭和一四）年に大学を追われるまで、経済学部のスタッフとして研究と教育に従事し、膨大な著作と多大な教育的影響を生み出した。著書は、専門的な研究書のほかに評論の類も多く、学生のための啓蒙書もつくって、ひろく社会一般や東大以外の学校の学生にも読者・ファンを得た。

河合の社会思想は、マルクシズムとファシズムに対峙する自由主義であった[35]。昭和時代前半は、まずマルクス主義が社会の根本的な改革を主張するものとして大きな影響力をもったが、政府による徹底的な弾圧と「思想善導」によって、共産党幹部のあい次ぐ転向、大衆の反共ムードの高まりによって、マルクス主義とその運動は社会的な力を失っていった。しかしこのかん、インテリゲンチャのあいだへのマルクス主義の浸透はすさまじく、大学・高専には社会科学・社会思想の研究会がつくられてマルクス主義文献の研究がおこなわれ、これを基盤として共産主義青年同盟が組織された。それらが禁圧されると、非合法な読書会がつくられて、マルクス主義の研究がおこなわれた。労働者のあいだのマルクス主義運動が徹底的に弾圧されたあと、最後まで運動の継承を図ったのは「学生共産主義運動」であった。

マルクス主義の凋落と反比例して、日本の思想界・言論会に抬頭してきたのがファシズムである。「日本主義」と称し、日本の歴史と伝統を尊重すると主張した国粋主義であるが、思想内容としてはファシズム・全体主義にほかならなかった。ただし、日本ファシズムはイタリアやドイツとは同一でなく、天皇制イデオロギーを極端化したかたちになっていたので、従来学校や世間で支配的なイデオロギーにされていたものの延長線上にあるものと受けとられ、在郷軍人会や壮年団だけでなく、青年会や婦人会にも受け入れられていった。好戦的・排外的な考え方が戦時中につよくなるのは当然であるが、なにしろ日本は一九三一（昭和六）年から四五（昭和二〇）年まで、一五年間戦争をしつづけたのである。

マルクシズム全盛の時代に、河合がこれを批判したのは、つぎのような論理によってであった(36)。①共産主義は唯物弁証法の哲学に立っているが、理想主義の哲学が正しいこと、②共産主義者は暴力革命主義と無産者独裁主義を採るが、議会主義と言論自由主義が正しいこと、③共産主義は、生産手段のみならず消費手段をも含めて私有を廃止すべきだとするが、生産手段のみで十分であること。河合は社会民主主義に対しても、それがマルクシズムにもとづく唯物弁証法を哲学的基礎にしていれば反対するし、議会主義を採っていても、戦術的・便宜的なものでしかなければ反対であり、理想主義に立つ確固たる信念にもとづかない限り、議会主義は不抜の根柢をもちえない、と主張する。

国家主義・ファシズムへの批判としては、①国家主義を人生観にしても、国家をもって唯一最高の価値あるものとする思想では、普通一般民衆の日常生活上の諸問題を解決する指針とはなりえないこと、②国家主義は個人の内面の心情を問わず、国家のために犠牲になることを外面的に要求するのみであるから、かえって真正の道徳に背馳すること、③人格の陶冶というばあいの「人格」は、国家主義の原理からは導き出されないこと、④国家のために一身を献げるというとき、領土の拡張や富源の獲得を目的としており、打算的・功利的な性格を帯びること、⑤国家主義は個人の功利的な立身出世主義を結合すること、などの諸点を指摘した。明治維新以来、日本人多数を支配してきた終局的価値は国家主義と個人利己主義だと観る河合は、①国家主義が保守主義・弾圧的独裁主義に傾きやすいこと、②軍事力・権力の崇拝に陥ること、③個人内面に発生する道徳を抑圧すること、④モノとしての国家を至上とする物質主義が絶対化されることについて批判を加えたのである(37)。

河合の支持する自由主義とは、「第一期自由主義」(フランス革命・イギリス初期自由主義、つまり啓蒙哲学や功利主義哲学を基礎とする自由放任経済主義)や「第二期自由主義」(ミルやグリーンのような、理想主義哲学の基礎の上に立つ社会改良主義)を超えた「第三期自由主義」である。それはまず哲学において、資本主義を支える物質主義の哲学としての功利主義を排撃し、人格主義または理想主義的個人主義を原理とする。経済生活における自由放任主義は、民衆に困窮と隷属とをもたらすだけなので、資本主義の部分的改良ではだめであって、社会主義を志向しなければならないと主張する。河合は思想の自由が、真理の探求、人格の成長のために不可欠であり、また精神的創造に及ぼす影響上の意義があるとした。

こうして河合の第三期自由主義は、「自由主義的社会主義」あるいは「理想主義的社会主義」と称されることになった。これは一種の社会民主主義なのであるが、河合は先に述べたように、マルクス主義に立脚する社会民主主義には反対であり、英国労働党のイデオロギーに重なる思想であったろうが、自由党の自由主義も評価していた。こうして河合は、左のマルクス主義、右の国家主義・ファシズムと激しく抗争する戦闘的自由主義者として突出し、日本の右傾化に伴って右からの攻撃にさらされ、政府によって大学を追われ、あまつさえ法律上の罪人とされた。非転向で主義に殉じた信念の人であった。

3) 河合の教養論

教養について河合の定義は、「現実の吾々の自我をして、理想の自我たるべく自我を形成（ビルデン）すること」である(38)。「理想の自我」とは、すなわち「人格」である、としている。そこで、河合の教養論は人格主義的教養論だと言われるわけだが、人格ということばは、河合独特の意味で用いられている。河合も注記しているように、人格ということばは一義的でなく、「人格性」(Persönlichkeit) という意味のこともあれば、「人格の主体たる個人」(Person) をさすばあいもある。こんにちでは、①人がら、人品、②ある個体の認識的・感情的・意志的および身体的な諸特徴の体制化された総体、③道徳的行為の主体としての個人、④法律関係、とくに権利・義務が帰属しうる主体、といった、さまざまな意味で使われているが、河合の用語法は人格性あるいは上記の③に近い(39)。

河合の定義では、「自我」がキーワードになっているが、この概念にも、日常経験の「自分」の観念をはじめとして、多様な意味・解釈がある。そこで、この概念をいかに構成するか、自我と非我との対立をどう解釈するか、いっさいの経験の最高統一者とは何かといった、近代哲学の中心問題が自我をめぐって論議されてきた。河合は、「人格が各々異なる条件のもとにある人に、自己の姿を実現したものが、各人の自我」だ、と述べている。人間がなんらの制約も受けないのであれば、人格は己れの姿を完全に実現しうるであろうが、さまざまな制約のもとにある人間はその一片を実現するにすぎず、また制約条件は人によって千差万別であるので、人格の実現の仕方は多様であり、ここに各人の性格（個性）が現われることになる。

河合の人格・自我・性格（個性）といった概念が、ドイツ観念論、とくにカントの哲学に立脚していることは、彼自身が述べている。彼は認識論の問題について、感覚論（経験論）を斥けて、認識を可能ならしめる不可欠の条件としてア・プリオリな悟性の必要を認め、悟性はただに認識を可能ならしめるのみならず、認識の正誤を判断するさいの基準たる理想（「真」）を与える、とする(40)。理性の一面たる悟性の発動は、認識の場に限定されるが、理性は道徳的・芸術的な活動場面において躍動し、「善」や「美」の理想を与える。理性は、三種の活動を可能ならしめるのみならず、三種の活動を統一する活動を可能にし、真・善・美を綜合・統一する最高理想をも提示する。したがって、理性こそが自我（性格）を構成するものであり、それすなわち人格であると、河合は説明する。人格すなわち理性は、人間にのみ与えられ、かつ万人に与えられている普遍的なものであり、人格と自我とは普遍と特殊の関係に立つ、というのである。

人生の目的、人生の理想、最高の価値――これらは同じ内容であるが――、つまり「最高善」とは、自我を成長・発展させて全き人格を実現させること、換言すれば、人格が提示する「真・善・美」の理想を実現させることだと、河合は言う。最高善はまだ実現されず、可能態なのであるから、そして、理想は現実と対立し、これを批判するものであるから、最高善・理想を眼前にあるかのごとく描写することはできないが、充全なる知識、豊かな情操、広汎なる同情が、それぞれ高度であって、かつ調和した状態だ、とする。自我を人格にまで形成すること（Bildung）、自我を耕作し、培養し、成長させて（Culture）、最高善にまで至らしめようと努力することを、河合は教養だと言うのである。

最高善が人格だということを論証するのは、自然科学における法則の証明のようなやり方では不可能だが、人格・理性は自然科学を含めてすべての認識を可能ならしめるものであり、価値を付与するのも理性なのであるから、理性のみが自己自身に依存しており、無条件・最高なものと言いうるのだ、と説明されている。富や豊かさ、愛情、教育、宗教、道徳、芸術、学問、法律、国家、経済、政治、衛生、消防などの「物件」（Sache）は、すべて人格実現のための条件であり、したがってより良き条件にめぐまれるよう、それらは改善・改革されねばならない、と河合は言う。ただし、古いものの全面的否定（破壊）ではなく、合理的な改良でなければならない、とする。条件にすぎない物件を、最高善であるかのごとくに誤認させる各種のイデオロギーと、物件に誘惑されることを正当化する自己詭弁（self-sophistication）の思想に対抗しなければならないし、宿命論や必然論を批判して、最高善のためにいっさいの努力を傾注しなければならないと、河合は説く。

こうした、精神内部の悪との戦いこそが、あらゆる戦いの根本であり、それが社会改革の運動の出発点だ、と河合は言う。人格という最高の価値を与えられていることを自覚するが故に、自敬の念を抱くとともに、人格が人間に普遍的なものであるが故に、他者の人格を畏敬せざるをえない。こうして、われ・ひと共に人格の実現に協力しあうことになるが、こうした自と他との関係が「愛」だと、河合は言う。他者の人格の承認と畏敬は、家族から始まって部族、さらに種族・国民・人類へと拡大・進展し、平民・女性・プロレタリアの自己実現のための制度の改革が要請される。万人の人格の実現のための条件整備にあたって有用なのが、科学である。科学は真理探求の方法として、自己人格の実現に役立つが、他者の自己実現の条件の改善と、そもそも望ましい条件の判断とに役立つのである。何をなすべきかの判断にあたって、法律・道徳的意見・慣習などの社会制度に問題が見出されたとき、是非を決定するのは科学だと、河合は述べている。

こうして、理想主義的個人主義をわが道徳哲学だとする河合は、自分の個人主義について、それは社会からの孤立をよしとするものでも、自己の利益を優先させようとするものでもなく、最高価値は社会にあらずして人格だとするものだと説明する。全体を無視するのではなく、ただ、個人の人格実現のための条件として位置づけるものである。理想社会は、個人の人格実現によってしか実現しえない、というのである。

河合は、国家について、共通の文化・歴史・利害を有する個人の集団（共同社会・国民）という意味と、主権という命令強制の権力によって統一された社会（政治社会・国家）の二義があり、前者は国民各自が人格に成長することを目的とし、後者はそのために命令・強制の権力を行使するものだとした。そのいずれであっても、国民の人格の実現というところに道徳的存在理由があるのであって、そういう国家をまもるのは、国民の道徳的義務だと述べている。国家がわれわれの成長に必要不可欠であり、これを擁護するのがわれわれの道徳的義務なるが故に、真の教養人は国士であり、愛国者でなければならないと主張するのである(41)。

3　教養の衰退と再生

(1)　教養の衰退

大内力氏は、新制大学の教養教育が旧制高校の教育に十分代わりうるものにならなかった理由として、①寮生活がうまく機能しなかったこと、②学生数が過大になったこと――にかかわって、③ノーブレス・オブリージュの意識が失われてしまったこと、④旧制高校にたくさんいた人間的教師がいなくなり、研究業績をあげることを第一に考えるような教授に代わっていったこと、をあげている[42]。彼によれば、最大の問題は最後の項目の④であったろうという。たしかに旧制高校には、学生との人間的交流を大切にし、学生の訪問によって時間をつぶされることを厭わないような教員が存在し、学生とのあいだに親愛の良き人間関係が生まれるばあいが少なくなかった。狭い専門分野で研究を深めることよりも、自己形成・求道のための読書にうちこんで、自分の人格を深め、広げることを喜びとし、その生き方・学び方によって学生たちの生きた範となった教員が存在したのである。

旧制一高の卒業生であり、東京大学教養学部の教員だった嘉治元郎氏は、一高の教育が教養教育たりえたとすれば、それはすぐれた教員が多数いたからだと述べて、教養教育を実現しうるか否かは、教員の質にかかっている、とする[43]。そして、新制大学の教養教育が崩壊した理由として、学生は早くから専門知識を習得することを望み、また、教養科目の教育に全力を傾注しようとする教官がしだいに消えていったことをあげている。一九九一年に文部省が「設置基準の大綱化」をおこなったとき、各大学が教養課程を軽くして専門教育重点化をおこなったのは、上記のような実情に即応したものだ、とみているのである。

旧制高校の教養教育というのは、教師から学生に与えられた教育ではなく、学生たちが自主的な学習によって習得していったものだという指摘は重要である。教場の授業も、寄宿寮の生活も、高校生の自学自習を補助する手段であった、というのである。これは高校だけのことではなく、大学予科や専門学校でもそうであったと、論者はみている[44]。社会人・職業人を育成するのに、教養あるいは教養的趣味（文学・美術・音楽・演劇など）が不可欠だと教育する側が認識していたからだ、という解釈である。それに対して新制大学の教養教育は、専門教育の付属物として扱われ、大教室でマイク使用の一方通行の授業をおこなうのだから、これでは教養の育成どころか、学生のやる気を失わせるだけだったと言う。こうして、「新制大学の最大の罪悪は教養の貧困状態を結果したことにある」と論断されることになる。

教養の衰退という現象が、学校制度や教育方法の次元の問題として発生しているわけではなく、社会構造・社会システムの変化に由来するものだという指摘を、猪木武徳氏がおこなっている(45)。民主主義社会では、知識と才能は最高の資本となり、産業社会においてはそれらが富の獲得手段としてきわめて有効になる。知識を獲得し、才能を伸ばすためには、学校が有効であり、学校教育への投資がおこなわれるようになる。高等教育への投資が多くなるにつれて、回収時期が早く来るような確実な教育投資を選択する傾向がつよまり、しからざる学問分野が敬遠されるようになるのである。従来、教養の内容をなしてきた古典への関心は薄れ、「雑学」扱いされるようになり、研究者は専門分野の細かいテーマの研究で業績をあげ、就職競争での成功を求めるようになったので、教養教育の良き教師はますます得られなくなってきた。

教養教育の死によって失われたものは何か。猪木は、マニュアルにはない、非定型的判断のできる人材だ、と言う。古典は、人間と社会について、マニュアル化されぬ深い洞察を教え、いざというときの非定型の判断能力を高めてくれる。とくに、日本は欧米の高等教育の移植にあたって、西洋古典の教養も、日本古典の教養も切り捨ててしまい、もっぱらマニュアル化・専門化の方向を突っ走ってきたという欠点がある。それによって、実際的な知識と技術を産業の場で生かせる人材を育てあげ、実力主義の徹底、競争機会の拡大、効率的・合理的な人材選抜制度などを実現することができた、と猪木はそのメリットを見失わない。

しかし、その代償として、教育が「疑う能力」を育てず、「学問を修めれば修めるほど、ますます人間が単純で退屈になる」結果を生んでいることに、猪木は警告を発している。猪木の指摘は、前述した大内の現代学生論とほぼ重なっている。それはまた、東大の教官だった大森荘蔵が、教養学部はその前期・後期の教育において半世紀を経過したのに、「教養」に充実した意味を与えることができないでいるとし、「知識」ではなく「思想」としての教養が大切であり、「自然万象・人事百般についての優れた意見」をもつことが教養なのだ、と述べていることに接近するであろう[46]。マニュアル知・実用知・技術が日本を豊かにし、また、それらの所有者に高い所得と地位を与えたことで、そうした知でこと足れりとする考え方が支配的になり、所有者には自己過信を植えつけたことへの反省を、猪木はしきりに求めている。しかし、こういうタイプの知と技術こそが、グローバリズムの進行の中でわが国のサバイバルを保証するものだとして、そのさらなる向上・発展を希求するのがこんにちの政府の大学政策・技術政策であることは、大内氏らの慨嘆してやまないところであった。

加藤周一氏は、教養という考え方の後退、教養主義の臨死の理由は二つあると言う[47]。ひとつは、古典的教養、人文的・伝統的教養は進歩や実用性に欠け、それらの点で優越している自然科学に圧倒されたことであり、第二の理由は、高等教育の大衆化で、学生たちが教養よりも直接職業に関係のある能力を早く習得しようと欲するようになったことだ、とされている。加藤氏は教養の語義について、ドイツ語のBildungを踏まえ、「学び、知識を積み上げることによって人格をつくり出すこと、個性のある人間が自己実現していく過程」を意味するという、古典的定義を与えている。また、こういう考え方がヨーロッパだけでなく中国にも科挙の制度というかたちであったこと、英国のオックスフォードやケンブリッジでは、ギリシャ語・ラテン語で古典を読む教養が重視されたことを述べている。そして、いまや教養・教養主義は西欧・中国でも衰退していると、それが世界的現象であることを指摘する。

では、教養の衰退で何が問題になるのか。加藤氏は、テクノロジーの文化が教養の文化を圧倒したことが、教養衰退の主因とみているわけであるから、前者が支配的になった社会では、科学技術を使用するさいの選択・意志決定をする人間主体の能力の低下をもたらす、と言う。テクノロジーは、生産力・経済的繁栄をつくり出す手段ではあるが、社会発展の歴史的展望や、戦争か平和かといったクリティカルな選択は、テクノロジーそのものから出てこない、と加藤氏は述べている。目的の選択、方向の転換を可能にするのは教養だ、というのが加藤氏の意見である。教養の衰退の理由について加藤氏が述べていることは、決して誤りではあるまい。とくに世界史的な視点で、もっとも根本的な要因をつかみ出すとすれば、加藤氏のような認識になるのであろう。しかし、加藤氏のような言説ではいささか大ざっぱな印象があるので、もう少し日本の社会に即しての専門家の分析に学ぶことにしよう。

教養および教養主義の「没落」の必然を、歴史的・社会的な分析によって実証したのは竹内洋氏である(48)。氏は、教養を旧制高校的文化、大衆文化を新制高校的文化ととらえ、戦後の学制改革によって旧制高校から新制高校・新制大学へと切り替えられたのに、教養主義ないし「プチ教養主義」が新制大学に生き残り、それが衰退したのは七〇年代初めから八〇年代のことだったとみている。もう少し詳しく紹介すると、敗戦直後、戦時中に教養主義が弾圧されたことで「殉教者効果」にめぐまれ、教養主義は復興し、エリート学生文化として覇権をにぎり、庶民やインテリが明確な階層分化を伴って実体的に存在していた六〇年代半ばまで存続しえた。六〇年代後半、大学卒業生と新中間層が拡大し、大卒者はただのサラリーマンになりつつあったが、大学生にはまだ学歴上昇感があり、彼らの身分文化としての「中間文化」、つまり「大衆教養主義」が頂点に達していた、というのである。

しかし、六〇年代後半に至って、日本の高等教育はエリート段階からマス段階になり、大卒サラリーマンの大衆化が進み、自分たちのミゼラブルな将来に失望した学生たちは、大学紛争によって教養エリートに叛逆し、大学知・教養知の死を宣告した。そして、教養主義は七〇年代後半以降の「新中間大衆社会」への移行によって決定的に崩壊した、と竹内氏は言う。高度成長後の「階級溶解」（経済的・政治的・文化的序列の均質化）とそれに見合う新中間大衆文化（サラリーマン文化）の蔓延と覇権によって、教養主義は死滅した、というのである。大学における一般教養科目は、いまや学生にとって「パンキョウ」となって軽視され、学生の興味はビデオ、漫画、友人とのつきあいと、ひたすら大衆文化へ同化する現実適応主義の方向に向いている、と説明されている。

竹内氏の所説は、教養主義の没落の理由を解明するものとして、教養主義のインフラ、社会構造や支援文化の変化の次元まで掘り下げている点で興味ぶかい。しかし、「旧制高校的教養主義」・「教養主義」・「マルクス主義的教養主義」などの概念やその異同についての説明は必ずしも明確でないように思われる。そもそも竹内氏が問題にしたのは、「教養そのものよりも教養主義と教養主義者の有為転変」であり、とくに「有為転変」の解明の方に関心がある。さまざまな教養主義の異同についてはもちろん説明されているが、共通性の方が目立つ説明になっていて、歴史的性格のちがいが軽視されているように思われる。オリジナル（純正）教養主義は、阿部次郎・安倍能成・和辻哲郎らに代表される大正教養主義である(49)。それを継承しつつマルクス主義の人間学を提唱した三木清は、マルクス主義的教養主義の典型であろう。しかし、昭和初期に赤化した学生・知識人は、古典的教養主義とマルクス主義的教養主義の観念性・非実践性を批判して、純正マルクス主義に赴いたのであって、彼らは教養主義的マルクス主義ではない。戸坂潤に代表されるような、「教養あるマルクス主義」である。

一九三〇年代の教養主義である河合・三木の人格主義・ヒューマニズムは、マルクス主義への強圧、国家主義・国粋主義の抬頭という状況のもとで、古典的教養主義への愛着を示しつつも、社会改革・文化創造の意欲に燃えた、批判的・実践的知性であり、純正教養主義を超克しようとするものであった(50)。戦後の純正マルクス主義は、民主主義革命や統一戦線をスローガンにしたものの、三木や河合に対しては戦前と同様にきびしい批判を投げつけた。竹内の言うところの「教養主義的マルクス主義」(「マルクス主義的教養主義」)というのは、必ずしも内容が明確ではないが、「正統派マルクス主義」・「同調派マルクス主義」・「マルクス主義への関心」など、さまざまな内容のものを総称する、かなりラフな概念ではないだろうか。

筆者の新制大学創成期における学生としての体験で言うと、大学での講義では、「市民的教養」(ブルジョア的教養に近い)の形成を目ざすものが多く、マルクス主義的なものはごくわずかであった。当時学生がマルクス主義に接近したのは、課外の学生(自治会)運動やサークル、個人読書などをつうじてであり、つまり学生文化の影響であった。マルクス主義的学生、つまり学生運動の指導者たちは、学識ある教授、教養主義、旧制高校的文化に対して批判的であった。一九四九年に新制東大に入学した学生のほとんどは、一高をはじめ全国の旧制高校の第一学年修了者であり、寄宿寮では旧制一高の三年生と同居した。旧制一高生たちは新制東大生に対して一高文化の継承を希望したのだが、東大生たちは激しく抵抗した。地方高校の出身者として、一高に対する敵意が根にあったとしても、彼らは旧制高校的文化を超克しようとしていたのである(51)。

新制東大の第二期生も半ば近くが、旧制高校一年修了者であった(52)。寄宿寮で彼らによって時どき寮歌が唱われることもあったが、より多く聞かれたのは、インターナショナルやロシア民謡であり、旧制高校文化やエリート文化は支配的でなかった。社会科学研究のサークルでは、マルクス主義の古典や武谷三男などの講読がおこなわれ、その水準はかなり高いものであったので、これをマルクス主義的教養主義と呼べば呼べるのであろうが、当事者の学生たちは、教養主義や旧制高校的文化にはむしろ敵対的であった。彼らは単にマルクス主義の学習に満足していたのではなく、学生運動・社会運動の実践者として理論的支柱を求めての探求であって、教養主義からは遠いものであった。

その後、高度経済成長による日本社会の変動に伴って、学生層の意識も変化し、学生文化の中に中間文化・大衆文化が浸透し、しだいに支配的になっていったのは、竹内氏が言うまでもなく、明らかな歴史的事実である。総合雑誌が読まれなくなり、少年マンガ誌が愛読されるようになったことを、教養主義衰退の表徴とみることはひとつの説明として成り立つだろうが、筆者のみるところでは、戦後教養主義などというものは顕在的でなく、上記のような現象は大学生における批判的知性の衰弱であり、問題意識の稀薄化である。学習目的の喪失、学習意欲の減退であり、教養主義の没落などというものではない。それは、物質的に豊かな社会における人生目標の喪失であり、社会と自己の関係を見失い、利己のうちに埋没する自我の問題である。

河合栄治郎は、かつて日本人の人生観・世界観が国家主義と功利主義であると述べた。戦後、タテマエとしての国家主義が衰微する反面、ホンネとしての功利主義が正統イデオロギーとなり、利己主義の肥大がとめどもなく進んだ。河合は、二つのイデオロギーを超克するものとして人格主義を主張し、たしかに教養主義が人格形成を目ざす勤勉で主体的な学習を動機づけたこともあった。しかし、戦後の学生の積極的な自己形成を支え、導いたものは教養主義ではなかった。教養主義は初めから死んでいたのである。そのことを前提にして、こんにちの、そしてこれからの教養の問題を考察することが必要だと思われる。

(2) 新しい教養の創造

1) 大学における教養教育の刷新

旧制高校文化の美点や、古き良き時代の教養主義を懐しんでみても、いまさら始まらないであろう。過去をそのまま復活することなど、できるはずもないし、また、望むべきものでもあるまい。竹内氏も、旧制高校的教養主義をよみがえらせようとするのは、時代錯誤だと断言する[53]。しかしながら、教養の意味や機能ということでは、旧制高校的教養主義から掬いあげるべきこともあると言って、前尾繁三郎と木川田一隆を例示している。前尾が、現実政治や官僚としての仕事を相対化し、反省するまなざし、つまり教養をもっていたこと、木川田が河合栄治郎に傾倒し、労働問題に取り組もうとして民間会社に就職しようとした若き日の「反骨」を評価するのである。

解説はしても価値判断は回避する社会学の学徒として、竹内氏が「これからの教養」について発言するのは、埒《らち》を超えたことなのであろう。前尾にとって教養というのは、差異化でも立身出世に資するものでもなく、かえって出世の邪魔になり、自分の存在を危うくする「じゃま」ものであったが、それこそが教養の意味の核心部だろうと竹内氏が言うとき、彼は解釈から価値判断に一歩進み出ている。しかしながら、これからの教養について彼が語るとき、「ひとつのヒント」を語るだけにとどめて禁欲する。それは、大正期教養主義が花開いたのは印刷媒体とともに、教師や友人などとの人的媒体(ヒューマン・メディアム)を介してであったということ、戦後の大衆教養主義が教養の人的媒体をいちじるしく稀薄化させたことへの反省に立って、教養の培われる場としての対面的人格関係を、これからの教養を考えるうえで大事にしたいという示唆である。

彼は、教養教育を含めて新しい時代の教養を考えることは、人間における矜持と高貴さ、文化における自省と超越機能の回復の道の探索である、と強調している。つまり、こうした人間観・文化論が、彼の価値判断の基準になっているわけである。彼が多くを語らない「これからの教養」について探求するためには、こうした判断基準の是非について、さらに深く検討しなければならないだろう。彼の記述は短いだけでなく、あまりにも抽象的にすぎるからである。なるほど、前尾・木川田という具象的な人物論は提示されているものの、彼らが実際にいかなる政治活動や労組対策をしたのか、彼らの政治家・経営者としてのトータルな実績と、教養との関連が明示されていないのである。相対主義的・内省的思考様式とか反骨とかでは、これからの教養の内実を語るものとして、不十分である。

そこで、これからの教養についてさらに探求を深めなければならないのだが、教養教育の構築という実践的課題に即するばあい、教養にあくまでこだわり、教養の現代的構成について考案することになる。戦後の新制大学で、教養課程や教養科目が開設されたとき、担当教員は自分の教育と研究の問題として真剣な考察をおこなわざるをえなかったはずであり、事実そういう考察の成果を提示した教員も存在した。しかし、旧制高校から横すべりした教員たちには、いままでの教育内容をそのままシフトさせた授業をする者も多く、しかも学生の質が低下したことをこぼし、旧制高校への愛着をもらす教員もいたのである。こうして、新制大学が目ざしたはずの市民的教養はなかなかものにならず、一般教養科目に対する評価は高まらなかった。

その後、大学紛争の時期に、全共闘の学生・院生たちは、大学を政治権力のエイジェントとみなし、講壇マルクス主義者は日本共産党の宣伝イデオローグであり、進歩的リベラリストは優柔不断な無能者だとでもいうように扱っていたから、教員に対していささかの敬意を払う由《よし》もなかった。しかし、それは竹内氏の言うような、特権的教養エリートと大衆的サラリーマン候補者の対立とはちがうだろう。マスコミに出ずっぱりで荒稼ぎするような教授を別にすれば、岩波族だろうと政府審議会の常連だろうと、収入の方はそんなに羨望の的になるほどではなかったはずである。それにしてもこの時期に、大学の教員、知識人・教養人の権威・信望が地に墜ちたことは確かであり、そのことは権力・保守勢力にとっても願ってもない結果であった。口うるさい抵抗勢力を封じ込めえたということで、共闘派の学生運動は彼らの力づよい援軍であった。

バブル崩壊後、日本の経済の復興はグローバリゼーションの加速によって可能になるということで、科学・技術分野の競争が激化し、学問・教育の実用主義化が進んだ。当然、教養は軽視され、教養教育は縮小された。こういう逆風に抗して、教養教育の担当者のあいだに教養と教養教育の革新・発展を志し、さまざまな努力をする教員が出てきた。教養学部の組織を維持しえた東大では、教養学部の教員の中に教養教育を抜本的に刷新し、その実をあげようとするシステマティックな動きがおこなわれるようになった。そのひとつが、知に関するテキスト、いわゆる「知の三部作」であるが、その中でもっともよく売れたのが『知の技法』であることについて、出版元の東大出版会の理事長を当時していた養老孟司氏は、「知を得るのにあたかも一定のマニュアルがあるかのような」本が「なんで売れやがるんだ」と、出版会の中で議論をしたが、他の人びとは無関心だったと書いている(54)。

このテキストはタイトルがアピールしているようなマニュアル本ではなく、学生自身に自分で考えさせるような工夫に満ちている。しかし、養老の考える「知るということ」は、ガンを告知されて、いままでの自分がすっかり変わってしまうこと、世界が変わり、見え方が変わるばあいのようなことである。知るということが、昨日と今日でガラッと変わること、激烈な自己変革であり、「豹変」だというのは、きわめて強烈な体験、まさにガン告知のようなケースで起こりうることであり、ふつうこんな劇的な認識・学習はめったに起こるものではない。本人も意識しないうちに、いつのまにか起こっていて、なにかの機会にハッと気づくというばあいもよくある。かつて旧制高校生が、『善の研究』やマルクス主義の文献を読んで、「眼から鱗が落ちた思いがする」などと言っていたのは、緩慢な自己変革の過程である。ガラッと変わるばあいよりも、時間をかけて三思四省した分だけ、緩慢な変革の方が熟成の功を積んでいるばあいが多い。

自己人格の変容をもたらすようなものが真の知性だとして、そうした変容をもたらしうるものは何か、また、その変容とはどのようなものかを問う必要がある。広く言えば経験であるが、材料としては書籍やその他の印刷物、竹内氏の言う「人的媒体」など、さまざまなものがあろう。自然もまた、登山などで臨死体験をしたばあい、ガン告知にまさるとも劣らない人間変革の契機となるであろう。小・中学校でもよく「感動を与える教育」とか、「感動をひきだす教育」などということが言われるのだが、ショック療法的な発想ではあるまい。教師の側でそんなにたやすく仕組むことのできる手法ではないはずである。養老氏が、マニュアルの伝達ですまぬことと言い、猪木氏が教養とは非マニュアル的・非定型的思考の能力だと述べていることが参照されるべきであろう。

2）新しい教養の内容

さて、残されたスペースも少ないので、これからの教養の中身について、私見を述べるべきときである。筆者は社会学の徒ではないので、自分の希望や理想について語るのに、なんの憚《はばか》りもない。しかしながら、ここで新しい教養の内容について構造的・総合的な全体像を提示できる用意はない。以下の記述は完結的な提案ではなく、内容構成にあたっての重要な視点と思われるものを四点取り出すことにする。

まず第一に、これからの教養を考えるとき、「知性」を中心的なテーマにすべきであろう。知性（Intellect）というのもなかなかむずかしいことばで、古い哲学辞典は、広狭二義のうち広義では感情および意志に対立し、感覚・知覚・直感・悟性など、いっさいの知的作用を営む性能を意味し、狭義では、知覚が与える材料を加工し、整理し、統一して認識を生ぜしめる作用としての理性・悟性を総括することばだと説明している。(55) 少し厄介なことに、叡智に対して用いられるときは、概念的能力を意味する、とされる。新しい哲学辞典でも、広義では感情・意志などに対して知る能力を意味するが、知るということの完全なかたちである思考能力をとくに知性と呼ぶことが多い、と説明されている。感覚は知性のもっとも基礎的なものであるが、思考がその最高次のものだとし、思考は感性に与えられた材料を加工することだから、感性と知性はあい対する概念になる。また、広義では理性とほぼ同じ意味であるが、悟性の意味で用いられるばあいもある、となっている。

少々ややこしいが、知性とは認識・思考を可能ならしめる理性や悟性のことだと理解すればよいであろう。といって、感覚・知覚・感性は認識の基底部分であるから、知性とまったく切断されてはいない。ゆたかな感情・感性あってこその知性である。こんにち、知性の重要性を強調しなければならないのは、環境がますます複雑になり、かつ悪化していて、こういう状況の中で何が真実かを認識し、正しく思考することがきわめて困難になっているからである。習慣・人間関係・立場・利害・情報などが、思考を妨げ、判断を誤らせる。いったんできあがった思考方式のひずみが、正しい思考を進める邪魔になる。しかも、ただひとつの語義、ただひとつの正解がないばあいも多いのである。問題は、多面的・多角的に考察されなければならない。

　昭和一〇年代の日本には、極端な国家主義、ファナティックな国粋主義が猛威を振い、それに同調しない人間を非国民と罵り、国法によって処断して、戦争遂行に国民を駆り立てた。こういう状況下にあって、河合栄治郎や三木清は、知性・理性の重要性を主張して、非合理主義を批判した。三木のばあいは、近代主義、皮相な合理主義に対する問題意識をもち、それを乗り超えようとしつつ、理性の蔑視について抗議した。現代の日本にあっては、まだ非合理主義の支配に至ってはいない。しかし、アジアの諸隣邦とのあいだの対立が目立つようになっており、国家主義・軍国主義の風潮がつよまっている。教育基本法を改正して愛国心の涵養をもりこもうとしたり、学校儀式で君が代・日の丸を強制したりする動きがある。国論を二分して、イラクに自衛隊を派遣し、アメリカの対イラク戦争を支持してきた。こうした諸問題について正しい認識・判断をすることが必要であり、いまこそ知性・理性が重要になっている。

　大森荘蔵氏は「思想としての教養」の重要性を説いたが、正しい思考方法によって真実を探求することに努めれば、正しい思想を身につけることができるはずである。しかし、実際のところ、正しい思想を習得するのは容易なことではないし、そもそも正しい思想とは何か、正邪の基準は何なのか。石原慎太郎氏が大学在学中、マルクス主義や学生運動にコミットしながら、すぐに反共・反左翼に転じたというのは、「かぶれ」とか「転向」とさえ言えぬ軽薄さであろう。戦後、旧制高校はマルクス主義で席捲され、マルクシストに非ずんば高校生にあらずと言われるような状況だったのに、その後マルクシズムを信奉して生きた人の数は少ない。日本共産党の領袖があっさり獄中転向したことについて、その信念の無さ、思想の軽さを河合は激しく非難し、マルクシズム批判のひとつの根拠としたが、当時の官憲の非人道的な、人権をまったく無視した強圧ぶりを思えば、河合の批判はいささか酷にすぎよう。

時代状況が左しようと、あるいは右しようと、終始一貫自由主義の旗幟を掲げて動揺しなかった河合の態度は、あっぱれというしかない。さらに尊崇すべきは、多年獄中にあって非転向をつらぬいた共産党員であろう。なればこそ、戦後少なくとも知識人・学生のあいだでの共産党・マルクス主義の威信は絶大だったのである。しかし、誤謬を含んだイデオロギーを絶対化し、自己批判と改造の努力を怠って自分の信条をつらぬくというのは、ほめられたことではないし、社会にとって有害でさえある。自己の思想についての徹底的な吟味を欠いて、外圧や利益誘導によって主義主張を変えるのが、転向というものだろう。

よしんば、その思想の転換が結果的に正しいものだったとしても、転換の理由・論理について明示されるのでなければ、ご都合主義という非難を免れないことになる。マルクス主義者の転向は、戦前だけのことではなく、戦後の弾圧なき社会でも生起している。かつて大学紛争の当時、正統派マルクス主義の行動部隊だった院生や学生が、体制側に転じたり、社会民主主義勢力に接近したばあいもあれば、全共闘運動の最高指導者が社会党の国会議員を経て、民主党のシャドウ・キャビネットの一員になった例を身近にみた。筆者とて、顧みて他者をあげつらえる立場ではない。青年時代、キリスト教の求道者として必死に神を追い求めたのに、ついに出会うことができず、宗教的なものから離れて久しかったとき、たまたまある人物との親交を機縁に仏教に親しむようになり、いまや熱心な仏教徒だと自認するようになっている。背教者ではないにしても、これは転向ではないのか。仏教関連の学習で知りえたことについては、いくつかの論稿を発表してきたが、自己の思想の成長ないし変転の道すじを十分明らかにするものではない。正しい思想を獲得し、発展させることがいかに至難であるかは、熟知しているところである。それだからこそ、望ましい教養の筆頭に、正しい知識と思考方法を提示したのである。

望ましい教養の第二には、実践性ということをあげたい。大正教養主義に対する批判として、観念性・非実践性がよく指摘されてきた。しかし、論文や書物が人びとに読まれ、影響を与えるようであれば、知識人が思惟し、執筆することは社会的実践である。阿部次郎や安倍能成は昭和一〇年代、河合栄治郎の学生叢書のライターとして学生たちに読まれた。学徒出陣で出征し、死に直面した青年たちの心の支えになったこともあるらしい。しかし、彼らや河合の言説、そして彼ら以上に青年たちに信奉されたという京都学派の「世界史の哲学」が、出征学徒たちに正しい指針を与えるものであったろうか。つまり、思想の生産と普及、教養は、それが人に受け入れられ、行動の動機となるようであれば、実践性をもつと言えるのだが、実践の是非を決するのは思想の正邪である。思想が実践の方向を規定するわけである。それにしても、河合栄治郎の反ファシズム実践はみごとなものであった。リベラリストの多く、マルクス主義者さえもが鳴りを潜めて、暴風の吹き去るのを待つだけだったときに、河合は全身で風圧を受けつつ果敢に闘かい抜いた。かつて河合と森戸辰男は、大学論・社会思想論で激しく論争しあったライバルであるが、戦時下の生きざまについていえば、河合の方が「実践の哲学」であるはずのマルクス主義の学徒よりも、はるかに実践的・戦闘的であった。

望ましい教養の第三としては、倫理性をあげるべきであろう。教養の前身としての修養は、明治一〇年代の教化団体の群立、教育勅語の発布、日露戦役後の戊辰詔書拝戴型平官平民的教化団体(青年団から斯民会・農会・修養団まで)に至る過程で、国家主義と封建的な色合いの濃い通俗道徳を内容にするようになった。これに対する、近代的・知的教養主義は、西洋の哲学やキリスト教を拠り所として、個の自立と内面の尊厳を主張するもので、きわめて倫理性の高いものであった。大正後期以降、大正教養主義の人格主義・理想主義からマルクス主義に移行する学生が多かったのも、階級的な搾取と差別、社会的不公正に対する義憤と、自らの特権的な地位に対するうしろめたさとが、大きな動機になっている。河合栄治郎のばあいも、トマス・ヒル・グリーンの倫理学に依拠して、知識人・学生の社会的責任を高唱した。三木清のばあいも、世界史の創造に参画し、アジア協同体の理念を現実化・具体化することを知識人に求めてやまなかった。

こうして、倫理性というのは、これまでの教養主義の中核部分を構成するものであった。これからの教養は、これを正の遺産として継承すべきであるが、現代にふさわしく、現代人が必要とする善や正義とは何かについて深く省察することが必要である。道徳とは、人間のあいだがらの筋道であり、社会におけるわれを定位せしめ、われわれの行動を律するものであるが、こんにちの社会では我欲が優先され、利己主義が横行して、人間の尊厳がふみにじられている。頻発する青少年の凶悪犯罪や、社会の中枢や権力の座にある人びとの不正や汚行の現状をみれば、道義なき社会に転落したことの悲哀を痛感する。問題発生の根が社会構造にあることは明らかであり、社会改造を放置して、道徳教育の強化や取り締まりに狂奔しても無効であることは言うまでもあるまい。ましてステロタイプな通俗道徳や伝統的・体制的イデオロギーの押しつけが逆効果にしかならないことは、つとに土田杏村が指摘しているところである。他方、道徳について憂慮し、問題にすること自体を精神主義として非難することは的はずれである。「社会主義運動の理論家」だった石堂清倫は、二〇〇〇年九月におこなった講演の中で、「新しいアソシエーション」への着目、対抗ヘゲモニーとしての「非暴力の論理」、「日本国民の自己改造」を説き、これらの根底にあるのは人類史的規模での「モラル改革の断行」であると述べた(56)。これからの教養について考察するとき、傾聴に値する提言である。

第四は、これからの教養が市民的ないし民衆的な性格をもつべきだ、という点である。日本におけるエリート文化の中核としての教養主義は、修養主義という根において、大衆文化の中核的エートスと何の差異もなかったという興味ぶかい指摘はあるものの、また他面において、大正教養主義から河合教養主義、さらには戦後のある時期まで、教養主義は学歴エリートの身分文化として差異化の機能を果たした、とされている(57)。教養主義あるいは旧制高校生文化の主たる内容は、西欧の文化・学問であったから、それらは大衆・民衆の日常生活から遠いものであり、日本の社会になじみにくいものであった。そもそも社会という概念自体が欧米のものであり、わが国では伝統的に「世間」と言ってきたのだ、という立論がある。

阿部謹也氏は、「世間」が人と人とを結びつける原基的意識形態として、近代化に対する抵抗の意志を秘めるものであり、制度外に位置していた、と言う。世間はこれまで現状維持的であったが、世間を対象化し、客観的に分析することによって、世間を変え、それをとおして社会や制度を変えていくことが可能であり、自らの生き方をつうじて周囲の人に自然に働きかけることで世間を変えていくことが教養だと言うのである(58)。阿部氏は、従来の学問のやり方では世間の研究はできず、まったく新しい手続きと形の学問が必要になり、個別科学の専門家だけでなく、さまざまな分野の技術者や芸術家、さらには一般の人びととの共同研究も必要となるので、これからの大学は生涯学習を中心として再構築しなければならない、と主張する。

阿部氏はまた、大学における生涯学習の場として公開講座を開設するとき、それは大学の学問の余滴と考えるのではなく、「生活世界」の中から学問を再構成していくという観点から設営されるべきだと提唱する。たとえば哲学のばあい、これまでのように欧米の哲学の紹介に終始するのではなく、「いかに生きるべきか」という問いを中心にして、日本や世界の各地域の人びとの生き方に焦点を当て、多様な先人、それも卓越した思想家のみでなく、農民・庶民の生き方をさぐる。民主主義・自由・平等・公共性といった基本概念については、世界各国・各地域における実態を、専門家と素人で共同調査をおこなう。また、釣りをテーマとし、さまざまな形態・釣法から歴史に及び、さらに環境問題に至るような学習が構想されている。こうした「現場主義」の勉学の好例として、一橋大学の地球社会研究専攻のケースが掲げられてもいる(59)。阿部氏は、世間研究がまったく未踏の原野であったように言うが、歴史学・文学史・社会学などの一部ですでに取り組まれたものであり、とくに柳田民俗学や「思想の科学」派によって開拓されたものと同じか、あるいはきわめて近いように思われる(60)。

3）「これからの教養」への提言

これからの教養について、本稿の最後に「識者」の提言を二、三紹介することにしよう。歴史社会学者で日本教養史論のエキスパートである筒井清忠氏が、元京大総長で神戸市立中央市民病院長の井村裕夫氏と対談しているが、その中で井村氏は、こんにちの教養課程の学生が運動部に入ってスポーツに熱中したり、何もしないでいたり、のんびりと遊ぶことに精力をつかって教養を学ぼうという気持ちがなく、専門課程に進んでもできるだけ精力を使わないで単位を取り、卒業後は良い会社に入ろうという風潮が最近二〇年から三〇年にわたってみられるのは、これからの国際社会を考えるとき心配だと述べている(61)。新しい教養はどうあるべきだと思うかという井村氏の問いに答えて、筒井氏は、「基本はやはり文理的教養の古典を大事にして、それを読むような風潮」をつくることで、それはこんごも変わらないと思う、と発言する。

古典が教養の内実だというのは、古典的教養主義の考え方であり、前にふれた猪木氏の教養論と類似している。しかし、古典学習の復活を説くのは、ほとんど実現の可能性がないアナクロニズムで、古い教養主義の衰滅過程を詳細に探求し切った筒井氏にしては、あまりに策に欠けた提言のように思われる。これに対して井村氏は、「これからの時代を考え」れば、少なくとも一の外国語、コミュニケーション能力、コンピュータ・リテラシー、グローバリゼーションにかかわる世界の歴史や文化についての知識が必要だとする。これらの「あと」に「古典などを通じて哲学する思考方法（クリティカル・シンキング）を学ば」せるべきだと井村氏は言うのだが、筒井氏の方は、むしろ「あと」の方が根本で、「人間性に対する洞察力があること」、基本的な考え方を身につけることが大切だとしつつも、「同時に」、しっかりした日本語表現能力と、その周辺で外国語、コンピュータ・リテラシーなど手段的要素の強いものを配するという教養の構造を提示し、けっきょく井村氏の考えに同調している。

それより以前の一九九五年、筒井氏は現代日本の教養のあり方について、大胆な提言をおこなっていたのである。歴史社会学は、過去についての新しい解釈を施すのが本務であり、予見は本来の仕事ではないが、「予見せんがために見る」とも言われるからという前置きのもと、過去の教養主義の権威主義的側面の克服、大衆文化との相互浸透性の遂行などの諸作業を経れば、教養主義の復権・再生は可能だという展望を示している(62)。大学の一般教育に即しては、遺伝子操作・臓器移植や環境問題など技術学・工学の進歩と細分化によって新しい倫理的諸問題を産み出しているが、その解決のために人文諸学に大きな期待がかけられていることによる諸学の再生・活性化が、また、教養一般のあり方については、教養ある内容の文化を大衆文化に浸透させていくことと、教養主義文化の中に大衆文化の良質のものを取り込むことによる教養の新生が提案されるのである(63)。後者については、教養の堕落・低俗化・商品化に対する危険がつきまとうであろう。

これからの教養のあり方について、加藤周一氏の提言するところは、さすがに当代最高の知識人・教養人の発言として、きわめて示唆的である(64)。ここにその要旨を記し、全面的な賛意を表明して拙稿を閉じようと思う。第一は、民主主義的な市民社会の前提としての、社会の中での個人の自由と責任、第二は想像力、他者の心のなかに感情移入する能力、他者に関心を抱き、共苦できる能力、第三には人種差別・民族差別・男女差別・階級差別・文化的差別などのあらゆる差別に反対する精神がそれである。加藤氏は、大正教養主義が差別と戦争に抵抗しえなかった歴史的反省に立ち、また、差別や戦争に反対した人たちのよりどころが必ずしも大正教養主義ではなかったことも踏まえて、新しい教養主義の再生を目ざさなければならない、と述べている。差別と戦争だけが教養の試金石ではなく、あらゆる非人間的なものの克服を目ざすかどうかを、教養批判の基準とすべきであろう。

〈注〉

(1) 『一高同窓会報』No.369、二〇〇四年七月一五日。

(2) 大内力「教養教育の終焉」〈『向陵』Vol.46、No.1・2、二〇〇四年一〇月〉。

(3) 拙稿「遺産として何を継承すべきか―旧制高校史論への視角」〈拙著『大学改革と生涯学習』明石書店、一九九七年〉。拙著『旧制高校史の研究―一高自治の成立と展開』信山社、二〇〇一年。

(4) 筒井清忠『日本型「教養」の運命』岩波書店、一九九五年。この本は通史ではなく、日本近代史の各発展段階における教養の歴史的位相について究明した、いくつかの研究をファイルした論文集である。各段階における教養の問題についての先行研究はいくつもあり、それらは筒井と問題意識は異っているが、それぞれすぐれた成果をあげている。たとえば宮川透は明治末期の修養主義をとりあげ、近代日本人の人間形成における基本的枠組みとなった「修養」思想は、日本人個々の「自己支配」の自律的願望にもとづいて形成されたものであること、また、その思想が天皇制国家権力の強制力のもとで、日本人個々の内面的自律性を十分に確保することなく潰え去るか、あるいは国家権力が上から他律的に課した禁欲倫理を内面的・自律的なものに転換するという形で、客観的には忠良なる臣民の形成という役割を演じたことを指摘している（宮川「日本思想史における『修養』思想」〈古田光他編『近代日本社会思想史Ⅱ』有斐閣、一九七一年。宮川『日本精神史の課題』紀伊国屋書房、一九八〇年〉）。こうした挫折・敗北の理由について宮川は、もろもろの修養思想が全体として帯びていた批評的機能の脆弱さを問題にするが、修養思想は国家権力による強制を含めて他律を排しようという姿勢のもとに形成された、自律的願望に支えられるものだったと言う。この論文では、ストイックなセルフ・ディシプリンを自らに課し、かつ他者にも勧めて、安易と形式主義に堕して枯死しつつある真宗の体制を批判しつづけ、自己の「自力の迷情を翻転」するのにも、徹底した「反観自省」とエピクテタス体読という「修養の道途に進就」するしかなかった修養の人、清沢満之をとくにとりあげている。歴史社会学的分析よりも、さらに深くディテイルに、人間内面の屈折や動揺に迫りえているように思われる。

(5)　大正期教養主義と昭和初期マルクシズムとの連続性は明らかである。典型的には河上肇がそうであり、その「抜き難き人道主義」によってマルクス主義者としては不徹底だったと評される（坂本多加雄『知識人』読売新聞社、一九九六年、一六一頁）。松田道雄は、大正自由主義時代の青年期に教養主義に憧れたが、それが生活必需品ではなく、方向感覚が欠落していることにあきたりずにいたところへマルクス主義に接し、教養主義の政治的真空状態・非現実性を批判するようになったと言う。しかし、そのマルクス主義の受容の仕方について、最初マルクス主義をヨーロッパ古典として「教養主義の文脈のなかで」受け入れたと述べて、教養主義の大家に対するコンプレックスと、左翼集団の指導者の権威に対する服従とがパラレルだったとしている（松田「昭和四、五年のころ」〈同『在野の思想家たち』岩波書店、一九七七年〉）。しかし、教養主義の受容が、真理の探求に伴う精神的苦悩を求道者たちに課したとしても、マルクス主義者を志向することは、それとは比べものにならない苦難に直面することであった。「アカイ息子を出したために父親が切腹したり、官吏や教員が辞表を提出し、母親が自殺したり発狂したり、勘当、家出、廃嫡等々……もっとも深刻な悲劇」がくりひろげられるのを覚悟しなければならなかった（杉浦民平「日本の知識人―そのあゆみ」〈小松攝郎編『日本の知識人』法律文化社、一九五七年、二二九頁〉）。松田道雄のばあい、特高警察で加えられる残虐に耐えられそうもない自分の肉体的・神経的な弱さを知り、左翼文献の読書と運動へのカンパをする「シンパ」の立場にとどまり、果敢な実践者への道に進んだ友人たちを畏敬し、卑怯者であるという劣等感に悩まされた（松田「転向と肉体」〈同『革命のなかの人間』筑摩書房、一九八〇年〉）。そもそも松田がマルクス主義に惹かれていったのは、当時の体制の俗悪さへの嫌悪からであり、そうしたもろもろの俗悪を「社会科学」が明晰に批判しきっていたからであった。エンゲルスはゲーテを俗物と罵り、松田のそばにはゲーテを崇拝する俗物がいた（松田「青春群像―「社会科学」はなやかなりし頃」〈同『革命のなかの人間』〉）。教養主義を小ブルジョア・イデオロギーとしてきびしく自己批判することによって、マルクス主義への回心はおこなわれた。しかし、マルクシスト知識人の人間性・教養をプチ・ブル性の残滓として非難するような傾向が、知識人・中間層に対する不当な軽視（「インテリ無力論」）につながったように思われる（松田道雄「知識人の役割」〈小松攝郎編、同上書〉）。

(6) 河合栄治郎のばあい、「右に保守反動と闘ひて被圧迫思想を擁護し、左に唯物論的マルクス主義思想と闘ふ我等は、右よりはマルクス主義と同一視され、左よりは保守主義と混淆されかくて左右両翼より挟撃される」ことを自由主義の使命だとしていた（木村健康「河合栄治郎の生涯と思想」〈社会思想研究会編『河合栄治郎―伝記と思想』社会思想研究会出版部、一九四八年、四〇頁〉）。河合は、マルクス主義者が過去において自由主義の攻撃に狂奔したことは、日本のみならず世界にわたるマルクス主義者の失敗だったと言うが、河合は人民戦線思想家なりという右翼の誣告に対して、自分はかねてから統一戦線論の批判者だったと弁明している（河合「一学徒の歩める道」〈『河合栄治郎全集』第二〇巻、社会思想社、一九六九年〉）。

(7) 拙稿とテーマや問題意識はやや異にするが、対象ではかなりかさなる先行研究として、渡辺かよ子『近現代日本の教養論―一九三〇年代を中心に―』（行路社、一九九七年）がある。日米二つの大学院に学んだ、一〇年にわたる研究のまとめであり、資料蒐集における徹底的な博捜ぶりは、あえてとりあげる価値もないかと思われる国民教養論にまで及んでいる。研究の過程で、「単なる知的関心の満足にとどまらない少なからぬ苦痛」、「当時の教養に関する諸資料を通じて、時代状況の中でそれらを語った人と読んだ人々の生に対面」することの「耐えがたく重」い感じに直面したという著者の述懐には、筆者もまたひとりの史家として心うたれるものがある。しかし、「綴られた魂の呻きを掘り起こし『教養』にこめられた思いに耳を傾け」ようとするスタンスからして、民族主義的教養論さえ戦争協力イデオロギーとして斬り捨てず、政治的実践的要素の強調、ファシズムに対するギリギリの抵抗、エリート主義を超える全国民的教養への志向などの点で、大正教養主義に優越するかのように評価している。

さて、渡辺氏の言説の中で特記すべきは、一九三〇年代の教養論が、戦時状況への対応として、社会変革（改造）の主体形成、実践的行動の必要、政治的教養の重要性、国民性（民族性）の尊重などの面で、大正教養主義に対立し、その克服を目ざそうとするものだったことを指摘している点である。大正教養主義と一九三〇年代の教養論とは、連続面をもってはいたが、むしろ断絶・不連続性の面が強調されている。それとは対照的に、戦時下教養論の隆盛が、戦後の新制大学における一般教育受容の道を直くしたとされて、ここでは歴史の連続性が言われている。もちろん、戦前における教養論はさまざまな歴史的・社会的制約をもち、十分熟成されないままであったために、アメリカで発達した一般教養論を正しく受けとめることができず、それが日本の大学における一般教養衰退の理由のひとつとされている。筆者は、戦前のエリート的教養論と、戦後の市民的教養論とのあいだの不連続性を重視しており、後者の衰退の原因としては、教養論の理論的水準の問題というよりも、戦後日本の社会と大学の社会的性格の変容に求めたいと考えている。

(8)　土田杏村『道徳改造論』第一書房、一九三一年。なお土田の生涯と事績については、『土田杏村全集』第一五巻（第一書房、一九三六年）の巻末に詳細な年譜が付されている。大正後期から昭和初年にかけて、代表的な文明批評家として活躍した。東京高等師範学校の出身だったことにもよろうが、教育哲学・教育評論にかんする著述が多く、教育界に与えた影響は大きかった。『道徳改造論』は「道徳論」と改題されて、『土田杏村全集』第五巻（宗教と道徳）に収録されている。

(9)　土田杏村「プロレットカルト論」〈『中央公論』一九二三年六月〉。同「ポオル氏夫妻の社会思想研究」、同「階級自由教育の新潮流」〈『文化』一九二二年一一月〉。同「プロレタリア文化及びプロレットカルトの問題」〈『文化』一九二三年

四・五月〉。以上、同『教育の革命時代』中文館書店、一九二四年。

⑽ Paul, E. and C. *Proletcult*. Parsons, 1921. 邦訳は、島中雄三・北島修一郎の共訳で、『社会思想全集』(第三六巻、平凡社、一九二九年) に収められている。なお、ポール夫妻の別著*Creative Revolution*が、「創造的革命」(島中雄三訳) として同書に収載されている。訳者の島村も、人間そのものの完成のためではなく、革命の手段と教育をみなすことに批判的であるが、当時の日本の教育が封建的・軍国主義的・ブルジョア的思想を注入するための道具になっている以上、プロレットカルトは毒に対する抗毒素という意味をもち、また、無産階級自身の教育が必要だ、と述べている (島中雄三「プロレット・カルトについて」〈『社会思想月報』第一九号、一九二九年一一月〉)。

⑾ コールやペンティについて土田は、「失業問題と景気回復」〈『土田杏村全集』第七巻 新経済理論の研究〉で、コールたちギルド社会主義者を好意的に紹介しているが、土田がもっとも高く評価したのは、M・C・H・ダグラスの信用計画論である。

⑿ 土田杏村「文化哲学入門」〈『土田杏村全集』第二巻 社会哲学及び文化哲学〉。同「マルキシズム批判」〈『土田杏村全集』第三巻 現代思想批判〉。

⒀ 自由大学運動については、土田杏村「修養技手の蜘蛛網」〈同『教育革命の時代』六三〜七一頁〉。同「我国に於ける自由大学運動に就いて」〈『土田杏村全集』第一四巻 随筆随想、三〇一〜三一〇頁〉。『文化運動』一九二三年一月。同「自由大学運動」〈同『農村問題の社会学的基礎』第一書房、一九三二年〉。拙稿「自由大学運動」〈拙著『近代日本社会教育史の研究』法政大学出版局、一九六八年〉。

⒁ 筆者は杏村の教育論・自由大学論を、大正期教養主義の人格主義・個性主義に立脚するものと理解し、また、それにもとづく長所と限界をもっていたと評価した。その「自由」とは、社会運動諸派とかかわらないことであり、その「人格」とは、職業・産業と離れた (「鍬を捨て、鎌を収めて、新しい講義を聞く」)「人間らしい人間」という抽象的存在であった。これに対して、黒沢惟昭氏は、実践 (運動) に分裂や不統一がある状況下では、実践と教育の関連は単純に結合されるべきものではなく、また、自由大学の教養は民衆が下から形成したものであり、そこで培われた「思

惟の力」は文化創造へと「はたらく教養」だったと主張する。筆者は氏の批判を受け入れていないが、ここではこれ以上の展開を控えておく（黒沢惟昭『国家・市民社会と教育の位相』御茶の水書房、二〇〇〇年、六〇一～六二一頁）。

(15)　三木清自身による自伝的回想には、「読書遍歴」〈三木清『読書と人生』新潮文庫、一九七四年〉、「友情―向陵生活回顧の一節―」〈三木清『哲学と人生』講談社文庫、一九七一年〉などがある。評伝はいくつかあるが、唐木順三『三木清』（筑摩書房、一九四七年）、宮川透『三木清』（東京大学出版会、一九五八年）、赤松常弘『三木清』（ミネルヴァ書房、一九九四年）が代表的なものであろう。

(16)　前節とのかかわりで、土田杏村の三木清評をとりあげておこう。土田は、「次代を完成する人々」（一九三二年一一月）で、思想界の少壮として三木・本多謙三・戸坂潤をあげ、「三木は身体は達者だし、果敢に実際運動へ結びついて行ったら、思想はもっと生きて行くだらうと思ふ。次代の思想は、実行運動の中で育つのだ」と書いている。「三木も本多も、もっと大衆に分る言葉を使ひ、ユウモアを含むやうになるといいな」と述べ、戸坂を含めて「アカデミイの臭気」が抜けず、現実問題の解決に十分な力をもたない、と批評している（土田杏村『思想・人物・時代』千倉書房、一九三二年、一三頁）。

(17)　三木清「新世界観への要求」（一九三八年）〈『三木清全集』第一四巻、岩波書店、一九六七年〉。同「歴史の理性」（一九三九年）〈『三木清全集』同上〉。

(18)　同「戦時認識の基調」（一九四二年）〈『三木清全集』第一五巻、一九六七年〉。

(19)　同「最近の哲学的問題」（一九三五年）〈『三木清全集』第一五巻〉。

(20)　同「文化団体の再検討」（一九三七年）〈『三木清全集』第一五巻〉。

(21)　同「時局と思想」（一九三七年）。同「時局と大学」（一九三七年）〈『三木清全集』第一五巻〉。

(22)　同「大学の固定化」（一九三七年）〈『三木清全集』第一三巻〉。同「東大経済学部の問題」（一九三九年）〈『三木清全集』第一五巻〉。

(23)　同「現代教養の困難」（一九三六年一一月）〈『三木清全集』第一六巻、一九六八年〉。

(24) 同「人間の再生」(一九三五年八月)〈『三木清全集』第一六巻〉。
(25) 同「新個人主義」(一九三六年四月)〈『三木清全集』第一六巻〉。
(26) 同「叱られる知識階級」(一九三八年三月)〈『三木清全集』第一六巻〉。
(27) 同「世界的日本人」(一九三八年六月)〈『三木清全集』第一六巻〉。
(28) 同「大陸的日本人」(一九四〇年八月)〈『三木清全集』第一六巻〉。
(29) 同「日本の場合」(一九三八年一一月)・同「廿世紀の思想」(一九三八年一二月)〈『三木清全集』第一六巻〉。
(30) 河合栄治郎の自伝的回顧としては、「(二)著者自らを語る」〈河合栄治郎『第二学生生活』日本評論社、一九三七年。『河合栄治郎全集』第一七巻、社会思想社、一九六八年〉。「一学徒の歩める道」(『中央公論』一九三八年一二月)〈『河合栄治郎全集』第二〇巻、一九六九年〉。河合栄治郎「教壇生活二十年」〈『日本評論』一九三九年四・五月号〉。評伝としては、木村健康「河合栄治郎の生涯と思想」〈社会思想研究会編『河合栄治郎 伝記と思想』社会思想研究会出版部、一九四八年〉。江上照彦『河合栄治郎伝』社会思想社、一九七一年。粕谷一希『河合栄治郎』日本経済新聞社、一九八三年。
(31) 河合の親子関係については、河合栄治郎「親子愛」〈同『学生に与ふ』日本評論社、一九四〇年〉。
(32) 河合の史書耽読については、河合栄治郎「歴史への関心」〈同編『学生と歴史』日本評論社、一九四〇年〉。
(33) 河合栄治郎「米国生活の思い出」〈『河合栄治郎全集』第二〇巻〉。
(34) 同「在欧通信」〈『河合栄治郎全集』第一七巻〉。
(35) 河合の思想については、当然前記(29)の評伝でも紹介・論評されているが、より客観的で分析的なものは、武田清子『日本リベラリズムの稜線』岩波書店、一九八七年。岩本典隆『近代日本のリベラリズム』文理閣、一九九六年。
(36) 河合栄治郎『マルキシズムとは何か』タイムス出版社、一九三二年〈『河合栄治郎全集』第一二巻、一九六八年〉。
(37) 『河合栄治郎全集』第一一巻(「ファシズム批判」一九六七年)。同、第一三巻(「社会思想と理想主義」一九六八年)。河合栄治郎『時局と自由主義』日本評論社、一九三七年。同『自由主義の擁護』白日書院、一九四六年。
(38) 河合栄治郎「教養と祖国愛」〈『河合栄治郎全集』第一九巻、一九六九年〉。

(39)　『広辞苑』第三版。
(40)　河合栄治郎「個人成長の問題」〈同編『学生と先哲』日本評論社、一九三七年〉。
(41)　同「教養と祖国愛」〈『河合栄治郎全集』第一九巻、二五九頁〉。
(42)　大内力、前掲「教養教育の終焉」。旧制高校の全寮主義教育のエートスは、①寮祭や学校対抗競技における集団的昂揚を媒介とする団結心の培養、②入学・入寮の行事を媒介とする「先輩―後輩」や「期（卒業年次）」の意識、③家庭へのノスタルジーを媒介とする「オヤジ・アニキ」の意識、④選抜試験を媒介とする「特権」や「序列」の意識、⑤修業を契機とする「籠城」の意識を特徴とするという（北川隆吉・貝沼洵『日本のエリート』大月書店、一九八五年、八七頁）。この見解は神島二郎の、旧制高校エートスが自然村秩序、つまり「ムラ」の五原理とそのまま対応しているという説に依拠しており、そのテーマ自体再検討すべきものであるが、拙稿の文脈から問題にすべきは、旧制高校の教育効果を高めたのは「エートス」であり、それは寮生活から生み出された学生文化であって、いわばヒドン・カリキュラムで、教室・授業、つまり教師の役割は無視されているということである。大内氏のあげている四項の中では、①の問題がフェイタルということになるのだが、氏は④の教師論をとくに重視している。新制大学ではもはや①はどうにもならないので、④のところでなんとかしようという提言になるのであろう。
(43)　嘉治元郎「一高と東大教養学部」〈前掲『向陵』Vol. 46、No. 1・2〉。
(44)　森川英正「一高の教養教育について」〈同上誌〉。
(45)　猪木武徳「教養衰退を呼んだ『知識の爆発』」『毎日新聞』一九九八年五月二六日。
(46)　嘉治元郎、前掲『向陵』二二五頁。
(47)　加藤周一「教養とは何か」〈『世界』No. 719、二〇〇三年一〇月〉。
(48)　竹内洋『教養主義の没落』中公新書、二〇〇三年。
(49)　大正期の思想は、激動や不安の社会状態を反映して、阿部次郎らの教養主義および白樺派の人道主義の系譜と、吉野作造の「民本主義」の方向とに「大きく分裂した」とみて、前者の発展が西田哲学、後者のそれがマルクス主義だとする見解がある（吉田傑俊『知識人の近代日本』大月書店、一九九三年）。こういう単純な二分法には問題があろうが、教養主義とマルクス主義の連続性を強調するのはいかがかと思われる。阿部次郎は、「人格主義はブルジョアジーの保守主義に塩を送るもの」であり、阿部の中立的立場について階級闘争の場における「赤十字的態度」だと批判する左翼と論争し（阿部次郎「T氏に答ふ」〈同『人格主義』岩波書店、一九二二年〉）、昭和期に入ってからの教養論でも、マルクシズムやレニニズムの曲解、非科学的な昏迷に対して批判を加えている（「文化の中心問題としての教養」〈阿部次郎『学生と語る』羽田書店、一九四八年〉）。

(50) 純正教養主義がこの時期にどんな役割を果たしたかということでは、和辻哲郎のように国家を公的共同体とし、天皇への忠誠を説くに至ったようなばあいもあるが、阿部次郎は徹底的に個人主義・リベラリズムをつらぬいている。河合の「学生叢書」のメイン・ライターは阿部だとも言え、過半の巻に論稿を寄せている。戦後の中学生としてこの叢書を愛読した粕谷一希は、阿部の「教養の問題」を「心底に徹して読みふけ」り、「たいへんな力作」と激称する（粕谷一希、前掲『河合栄治郎』一三七頁）。筆者の読後感では、大正期の純正教養主義そのままであり、日中戦争前夜の緊迫した時代に書かれたものとはとても思えない。しかし、こうした超然ぶりはある意味で時局に対する抵抗とも言えるだろうし、当時の学生にとっても「永遠の価値」への憧憬を抱かせるものになったのだろう（阿部次郎、前掲『学生と語る』）。もっともその阿部も戦後、軽度とはいえ脳溢血の病床で終戦の詔勅を聞き、「自分のやうな者でも精一杯長生して、命の限り陛下の御手傳をしなければならないと思った」（同上書、選集後記）。

(51) 新制東大生、とくにマルクス主義や学生運動に関心をもっている学生たちは、一高はもとより、旧制高校的文化に対して批判的であり、一般の学生でも、「オレたちはもう高校生ではない」という意識がつよかったように思われる。

(52) 第二期生のばあいは、旧制高校一年修了者と新制高校卒業者のあいだに顕著な文化的差異があったようにはみえない。むしろ旧制高校出身者の方に大衆文化愛好者が多かったのが、筆者の属した寮室の傾向であった。

(53) 竹内洋、前掲書、二四二頁。

(54) 養老孟司『バカの壁』新潮新書、二〇〇三年、五九〜六〇頁。

(55)　岩波『哲学小事典』一九四九年、八六五頁。岩波小辞典『哲学』一九五八年、一二九頁。

(56)　石堂清倫『二〇世紀の意味』石堂清倫氏を囲む会、二〇〇一年。田畑稔「石堂清倫氏と二一世紀の変革軸」〈『社会運動』二六三号、二〇〇二年二月〉。日本人のモラルの頽落と再建の問題については、戦後さまざまな議論が展開されてきた。松田道雄は一九六〇年代に、「金もうけ文化化」や「受験地獄」にあらわれたエゴイズムに日本のモラルの危機を感じた（松田道雄『私の幼児教育論』岩波新書、一九六五年、一九一頁）。七〇年代初めの市民運動高揚期に松田は、ひとしく人権をもち、平等な関係にある人間同士のあいだに連帯の関係をつくる必要を説いた（松田道雄『われらいかに死すべきか』暮しの手帖社、一九七一年、二〇二〜二〇三頁）。松田は、人間が誰しも連帯感をもっており、その基礎は家庭の中でつくられる寛容・自己犠牲・信頼だと述べている（同上、二〇六〜二〇七頁）。人種や国籍による差別、核兵器の保存・使用に反対することは、超越者の愛を信じることよりも、人間の理性による普遍的判断で一致しうるというのである（同上、二〇四〜二〇五頁）。

(57)　筒井清忠、前掲書、三二〜三五頁。

(58)　阿部謹也『「教養」とは何か』講談社現代新書、一九九七年、一七八〜一八〇頁。阿部氏は「世間」に注目することの必要を力説するが、世間の永続を希求する「世間主義者」ではなく、日常生活をつうじてそれを日常的に変容させるべきだという主張である。阿部氏が、日本においては近代市民社会が未成立であり、人びとが生きていくうえでの支えとし、準拠集団としているのが世間であるが、それは「差別的で排他的な本質を持っている」と述べていること（『部落問題・人権事典』解放出版社）を、吉田智弥氏が紹介している（「世間〈考〉」〈花園大学人権教育研究センター編『周縁世界の豊穣と再生』批評社、二〇〇五年〉）。吉田氏も同じく、世間の多面性・多様性、両義性、功罪を認めつつも、そこに包摂と排除の差別の構造が存在することを指摘し、世間と管理社会の補完的共存としての支配体制についても論及する。世間はいまや社会状況の変化（近代化・合理化）によって自然消滅しつつあるが、その功（民衆的倫理・生活智）の衰亡はマイナスであり、負の部分（体制への同調機能）をこそ批判すべきだという主張である。吉田氏の意見には学ぶべきものが多く、とくに新しい教養の内容としての人権（反差別）の感覚と認識について示唆される。

なお佐藤直樹（刑事法学）氏が阿部謹也氏の問題意識を踏まえて、世間を「生活世界」としてとらえる現象学的方法に拠って、世間の構造、歴史・風土・心的現象・法的現象・犯罪現象としての世間について鋭利な分析を試みている（佐藤『「世間」の現象学』青弓社、二〇〇一年）。グローバル化政策の進行のもと、弱い民衆が「強い個人」になれず、世間の息苦しさ・閉塞感がますます強まる中で、西欧近代型の「自己」ならざる、独自の自分（超越論的主観）にどうすればなれるかというシリアスな問題提起であり、単におもしろさの追求ではない。

(59) 阿部謹也『学問と「世間」』岩波新書、二〇〇一年、一五八～一六七頁。

(60) 柳田国男や宮本常一の業績に注目すべきであるが、鶴見俊輔やそのグループが取り組んだ仕事はきわめて示唆的である（思想の科学研究会編『民衆の座』河出新書、一九五五年。上原隆『「普通の人」の哲学』毎日新聞社、一九九〇年、参照）。

(61) 平井裕夫・筒井清忠「リベラルアーツはなぜ必要か」〈近代日本文化論4『知識人』岩波書店、一九九九年、二三八～二五八頁〉。

(62) 筒井清忠、前掲『日本型「教養」の運命』一一四～一一五頁。筒井氏は、大衆的教養主義の戦前における原型として菊池寛を例示している。純文学と大衆文学の中間、知識人と大衆の両方が読者となりうるようなものがイメージされていると思うが、それは新しい教養を予感させる、魅力的なものであろうか。

(63) 同上書、一七三～一八五頁。なお筒井氏は氏の著・編著（『新しい教養を求めて』中公叢書、二〇〇〇年。『新しい教養を拓く』岩波ブックレット、一九九九年）で、「新教養の構築」について構想を提示しているが、人間の叡智の蓄積の学び直しということで古典や芸術、アジア諸国を重視するマルチ・カルチュラルな教養、ヴィジュアル・メディア、ボランティア活動などが大切だとし、デモクラシー下のリーダーシップとして比較文明論や比較歴史社会学的認識と、さらにその基底である幅広い人文的教養の必要とを説いている。英語力もさることながら、それ以前に日本語に習熟することが要請されている現状に警鐘を鳴らすなど、筒井氏の主張には聞くべきものがあり、自分の専攻領域に我田引水しようなどという低次の立論ではない。

(64)　加藤周一、前掲論文。

一　近代日本における知的青春の悲劇
――立身出世主義からの脱却――

はじめに

日本の高等教育の改革にかかわる基礎的な研究の一環として、戦前日本における高等教育（大学・高等学校・専門学校）を対象とする歴史的検討をおこなってみたい。今回は、旧制高等学校に関連して、そのひとつの断面を考察することにしよう。

旧制高等学校は、戦前の日本の学校制度で、帝国大学への進学者が学ぶ学校として位置づけられていた(1)。つまり、「帝大」への予備校だったわけである。小学校→中学校→高等学校→帝国大学と進学していくのが、戦前学校階梯におけるエリート・コースであった。小学校から中学校に進学できるのは、中学校の校数が最大限になったときでさえ、同一年齢人口の約一〇％にとどまっていた。尋常小学校→高等小学校という大衆的なコースにさえ進学できない生徒がいたわけであるし、明治・大正期においては実業補習学校が、昭和期においては青年学校が、勤労青年を対象とする青年期教育の機関であった(2)。こうした一般的青年の側からみれば、中学校の優等生でなければ入学できなかった高等学校というのは、眼のくらむようなエリート・コースの特権的な学校に映じたのである。

初等教育・中等教育・高等教育という三段階が学校階梯の基本的範疇であるが、これを範型として考えると、旧制高校はむずかしいポジションになる。つまり、中等教育に属するのか、高等教育に属するのかという問題である。ここでヒントになるのは、高等学校という名称は一八九四(明治二七)年からのもので、それ以前は「高等中学」と呼ばれていたことである。これだと、まさに中等教育の上部構造ということになる(3)。

高等中学という名称は、一八八六(明治一九)年からのもので、それ以前は「大学予備門」であった。これなら高等教育付設機関というイメージになる。しかし、だからといって予備門というのは高等教育の一部だということにはならない。この時期には、大学がそこに入る学生を自前で養成しなければならないほど、学力面で信頼できる予備学校はなかったのである。つまり、大学が中等学校を抱え込んでいるかたちであった。いまの大学付設高等学校のようなものである。

高等中学校から高等学校と改称されたとき、それには専門学部と大学予科の二つのコースが設定された。この改革の推進者だった井上毅文相は、実業教育尊重論者だったので、高等学校をターミナルとする専門学部(カレッジ)を主流として設置したのである。大学予科の方は傍系であり、マイナーだったはずであるが、高校への進学者は予科の方を重視し、専門学部は人気薄であった。高校への進学者にとって、高校の存在価値は帝大への予約コースたるところにあったのである。

旧制高校は、学校制度上におけるその不安定な位置にもかかわらず、教育機関として成功したといわれている。旧制中学生、とくに学力の高い中学生は、高校への進学を熱望し、受験勉強に精を出した。中学生の憧憬の的となったことが、「成功」の第一のエヴィデンスである。第二のエヴィデンスは、旧制高校の卒業生のほとんどが、母校について深い愛着をもったということである。旧制高校が一九五〇年に消滅したということが、同窓生たちの熱い思いをいっそうかき立てているようにみえる。

卒業生を中心として、旧制高校を賛美する人びとはたくさんいる。これに対して、それはしょせん国民の中のひとにぎりのエリートにかかわる教育機関であり、国民の大部分とは無関係な存在だったと冷やかにみる人もいる。こういう二つの相対立する見方は、すでに古い時代からあったのである。ジャーナリズムは高校生をむやみに礼賛する記事を書くかと思えば、バッシングにひとしいゴシップをさかんに書いた。賛美と批判の両極端が、旧制高校をめぐって存在したし、今でもそうなのである。

評価の対立は、実態にそういう対立する両面のあったことの反映である。筆者としては結論を急ぐことなく、実態を明らかにすることに努めたい。旧制高校から帝大を出て、社会的に成功した人びとが、ひたすら旧制高校時代を懐しみ、「寮歌祭」で大騒ぎしているのは当然のことであろう。これはナルシズムとでもいうべきものである。しかし、反体制的な人生行路をたどった人びとでも、旧制高校に愛着をおぼえているばあいが少なくない。これは注目すべきことである(4)。

拙稿では、旧制高校研究のひとつのアプローチとして、旧制高校生の何人かをとりあげ、そのプロフィールを描いてみようと思う。これはあまりオーソドックスなやり方ではない。しかし、学校についての評価は、それがどのような人間をつくったかを指標とすべきものである。つまり、卒業生がどのような人材になりえたかである。旧制高校の卒業生の多くは、いずれかの帝国大学に進み、やがて官庁や企業に入り、社会の「指導的位置」に就いた。だから、彼らには明らかに大東亜戦争についての戦争責任があり、明治以後の近代日本をけっきょくそこに導いていった責任がある。旧制高校はその反面で、反体制的あるいは非体制的なイデオロギーをもち、そうした方向での生き方を選んだ人びとも生み出した。もっとも尖鋭な反体制イデオロギーとしてのマルクス主義を支持した高校生は、学校を追われることが多かったので、高級官僚や実業家になった例は少ない。その人びとの中で非転向だった者は多くないし、非転向をつらぬいた人びとが常に正しい活動をした、ともいえない。

本稿ではケース・スタディふうに、若干の高校生をとりあげ、その生きざまや考え方を記述することにしよう。さまざまな時代の、異なる人生選択をした高校生をとりあげるが、それをイデアル・ティプスとみているわけではない。あえてとりあげたのは、そのユニークな生き方に興味をもったからであるが、あくまでそれらはケースにすぎない。

ここにとりあげた人びともそうであるが、旧制高校生にはずいぶんユニークな性格の持ち主がいた。常識を逸脱した、狂気とさえみえる青年たちも少なくなかった(5)。そうした並みはずれた個性をも包含していたところに、旧制高校生の魅力があったわけだが、本質においてごく常識的な、平凡な意識をもった人間が、かたちのうえでだけ超俗的なポーズをとるばあいも多く、弊衣破帽の高校生が大学に入ると、とたんに気どった紳士になるケースが大部分であった。ここでとりあげる人びとは、そういうタイプではなかった。そこに注目して選んだ対象なのである。

1　求道と放縦――堀井梁歩――

(1)　堀井梁歩の生涯

堀井梁歩（実名、金太郎）は、一九〇六（明治三九）年に一高英法科入学、翌年退学している[6]。堀井は、一八八七年に秋田県河辺郡仁井田村に生まれた。父親は七ヘクタールの水田をはじめとしてかなり広い耕地をもつ篤農で、母親は地方名家の出身であり、「男まさりの、やり手といっていゝ」タイプであった。梁歩は高等小学校三年で秋田中学に入学したが、学校の勉強にあまり熱心でなく、成績もよくなかった。しかし、読書の量も質もものすごく、気に入った本は徹夜しても読んでしまい、秋田中学の近くの千秋公園内の図書館にこもることがしばしばあった。

中学の四、五年で英語と倫理を担当した、同志社出身の青柳有美の影響を受け、カーライル、トルストイ、ドストエフスキー、長谷川如是閑、高山樗牛、夏目漱石などを速読し、しかも要点をしっかりつかむというぐあいであった。彼が一高にストレートで合格したのは、彼の読書によってつちかった実力のたまものであろう。ときの一高校長は、新渡戸稲造であり、彼は一高伝統の偏狭固陋な國家主義と籠城主義を克服し、国際的な視野と人格の形成に努めることを生徒たちに教えた[7]。保守派の生徒や卒業生から攻撃を受ける一方で、彼は多くの学生から支持され、一部の学生からは熱烈に敬愛された。堀井もまたそのひとりであった。新渡戸の『サーター・リザータス』（カーライルの『衣装哲学』）の講義に心酔し、秋田中学時代の親友で東京高商に入学していた渡辺恒治を誘って、課外の公開講座をいっしょに聴講した。

堀井は、田中正造や木下尚江の講演会を聴きに出かけたり、内村鑑三や徳富芦花を訪ねた。読書は、トルストイ、ツルゲーネフ、エマーソン、ホイットマン、ソローに及んだ。徳富に親近したのは、彼が一九〇六年一二月一〇日に一高弁論部主催の講演会に招かれ、「勝利の悲哀」と題する講演をしたことが機縁だったと思われる。堀井は当時弁論部に「入会」していた、といわれる(8)。芦花の講演は、彼がその年の夏にトルストイを訪れたとき、ペテルスブルグの美術館で見た、雀が丘上に立つナポレオンの画像から始まった。勝利の絶頂に立つ英雄の表情には「勝の哀」が浮かんでいたこと、満州軍総参謀長の児玉源太郎将軍は、日露戦役で彼我ともに多くの戦死者が出たことに煩悶し、日露戦争に「殉死」するかのごとく急死したことにふれて、敗北も悲哀、勝利も悲哀、「あゝ、寤《さ》めよ。我愛する日本、我故国日本、眼を開いて真の己を知れよ」と叫んだ。

戦争によって、南満の支配権が手に入り、国際的には、「一等国の伍伴」に入ることができたが、国の独立を軍備の拡張にたより、国の富を国内の生糸と茶、植民地の石炭・樟脳・砂糖に求めるようでは、独立も富も危いものだと芦花は言う。大義を四海に布き、平和の光を日のごとく輝かすのが日本の使命であり、「武力を恃まずして神を恃め」と芦花は説いた。全国民あげて戦勝の美酒に酔い痴れているときに響いた、「野に叫ぶ預言者の声」であった(9)。

日露戦争に熱狂し、勝利に歓喜すること、一般国民をはるかに超え、「護国旗の下、吾死なん」と寮歌を高唱していた一高生たちは、芦花の講演に大きく揺り動かされた。文武両道において第一人者たらんとする「勝利への執念」、「天下の一高」と自負する覇権主義、国民の指導者として玉座に接近しようとする立身出世主義を痛撃されたのである。こうして、功名への憧憬を反省し、野の民、市井の無名の民として謙虚に生き、神の前に恥ずるところのない生を志向する若者たちが生まれた。何人かの一高生が向陵を辞して帰郷し、野の人となったとつたえられる(10)。

堀井が一高を中退したのも、直接か間接かに、右の芦花の講演にかかわりがあったであろう。芦花のところへ出入りするようになってから、友人にも「一高がいやになった」という話をよくしたという。一高退学後、青柳に書いた手紙では、「あまり先生方が馬鹿なことばかりいふから、愛想が尽きてやめました」と述べている。直接の引き金は、一高の千葉県下への行軍のさい、堀井が鉄砲を友人に預けて、伊香保に滞在していた芦花のところを訪ねたことで、これが問題になって、学校当局から叱責された直後に退学届を出したといわれる(11)。

退学、帰郷してから堀井は家の農業を手つだい、小学校の代用教員もしばらく勤めた。一年志願兵で軍隊に入り、怠け放題に怠けたので、除隊時は伍長であった。除隊後は村役場の書記となり、母のすすめで結婚もしたが、役場も長くはつづかず、また、離婚もしている。家のしごとを手つだい、そのかん、伊豆の稲取村に赴いて田村又吉村長の家に泊って指導を受けたり、北海道の釧路の農場で開墾の実習をしたりした。北海道での実習は、アメリカ留学の準備という意味だったかもしれない。一九一一年から計画を立て、翌一二年にイギリスに旅立ち一三年一月に渡米した。ミズーリ州立大学で農学を学んだが、卒業はしていない。乏しい学費で苦学し、行商をしたり、日本からとりよせた品を売って口銭を稼いだりしている。親友の妹と婚約し、彼女を呼びよせていっしょに学ぼうと希望したが、実現はしなかった。その後、カリフォルニアの農園で働いたが、一九一五(大正四)年に帰国した。

このアメリカ旅行で堀井が何を目的としていたか、何を得たのか、判然としない。あまり計画的な行動をする性格ではなく、また、いったん立てた計画を断乎実行するといった強靭さももちあわせていなかったようである。一高を中退して帰郷したのちも、読書を好み、ホイットマン、ソローを愛読していたというので、アメリカ行きの熱望はそれとかかわっていたと思われる。在米中、コンコードの遺蹟を訪ねてふかい感銘を受けている。アメリカに行ったことで、堀井の英語の力は増したにちがいないし、アメリカの文化に肌でふれることによって、ホイットマンやソローについての認識もさらに深まったであろう。しかし、この渡米費用は、堀井家の家産を少なからず減らすことになった。

在米中に婚約していた故郷の女性と、帰国後まもなく結婚した。秋田中学以来の親友の妹であり、かねてからの知り合いであった。妻の実家は仙北郡白岩村の旧家で、かなりの田畑・山林を所有し、父親は郡書記、県収税課長、村長などを歴任した。堀井夫妻は挙式後、半年ばかり東京の青山に住み、堀井は滞米中に書いた作品を含めて、詩と評論より成る『土の精』を出版した。一九一六（大正五）年、仁井田村の雄物川河川敷五〇ヘクタールの払い下げを受け、開墾に従事した。果樹を植えたり、乳牛を飼ったりして、新しい農業を目ざしたが、うまくいかなかった。洪水にやられたのが主な敗因で、一〇年にわたる苦闘も、けっきょく赤字だけが残り、彼は土地を売却しなければならなかった。開墾当初、青年団長、村会議員、郡農会副会長などを務め、五年目には郡農会、耕地整理組合、産業組合の幹部になるなど、地域のリーダーとして活躍した。

しかし、一九一八（大正七）年に母が、一九二〇（大正九）年には父親が死に、堀井家の経済的基盤はしだいに崩壊していったようである。父の死後、堀井は営農を放棄して農民運動を始めた。それは農民の「兄弟愛」を基調とし、「汎農民同盟」という農民の組合をつくろうというものであった。秋田市内のビルの内に農民ホールを設け、そこを拠点として農民館報を発行し、農民相談所の看板を掲げた。農民館報では協同組合について紹介し、また、英書をテキストにする学習会もおこなった。しかし、秋田の農民は堀井たちの運動にあまり関心を示さず、寄ってくるのはわずかに文学青年くらいのものであった。

なにしろ、堀井は一箇の農業経営者として誇るべき実績がなく、実利に動く農民に対する説得力がなかった。彼は右の「農民運動」を始める前、一九一九(大正八)年に、農商務省が募集した海外実業派遣生に応募し、翌年四月アメリカに渡った。しかし、一〇月に父が死んだので急ぎ帰国している。このかん、農場は一時閉鎖して、妻子は秋田市内に住まわせている。農地というのは、一年休耕すれば復活はきわめて困難である。堀井はこのとき、農場経営を実質的に断念していたのではないかと思われる。帰朝後、農会などの幹部として活動したことは前述したが、それは農業実践の放棄を意味してもいる。そのあとの「農民運動」の失敗で、堀井は農民啓発の文化運動に力を注ぐようになった。

一九二五(大正一四)年七月、堀井は月刊雑誌『大道』を刊行し始めた。彼はこれに評論や詩、ホイットマンの『草の葉』の訳詞を掲載した。この雑誌が毎号、江渡狄嶺のエッセイを載せていたのは注目すべきである。江渡狄嶺(本名、幸三郎、一八八〇〜一九四四)は、青森県五戸の呉服商の長男に生まれ、東京帝大の法科を一九一〇(明治四三)年ころに退学、それ以前大規模農場を計画して資金難で果たさず、徳富芦花の紹介で千歳船橋に家と畑を借り、以後「百姓愛道場」の経営にあたりつつ、独自の農本主義思想を形成し、著述や講演で全国各地の農民に深い影響を与えた人物である(12)。

『大道』は、堀井と江渡との「ふたりの雑誌といってよい」といわれているようなものだが、一九二五年に一号から九号まで出され、のち堀井が上京後、一九三〇〜三一年に一〇〜一三号が刊行された。堀井と江渡とが知りあったのは一九一〇(明治四三)年だという。江渡の妻のミキは秋田県花輪町の出身であり、ひとり娘だった彼女と結婚した江渡は、彼女の家産にかかわる係争の処理のために、一九〇五(明治三八)年には花輪に滞在したし、一九〇九（明治四二）年にも一時花輪に住み、前述したように大規模農場（「太陽農場」）の構想を実現しようとした。しかし、江渡が堀井を識ったのはこのかんではなく、一九一〇年だというのはどういうことであろうか。この年、堀井は村役場の書記をしていた、と思われる。同じトルストイアンとして、そして何よりも徳富芦花を媒介として、二人が出会う縁は十分存在したわけである。堀井の秋田中学以来の親友であり、アメリカでの留学生活をともに送った椎名其二も、のちに江渡と知己になった。

江渡は一九一三（大正二）年に上高井戸に移り、養鶏のほかに野菜の温室栽培をやってかなり成功したが、当初ごく粗末なフレームで始めた温室を堀井は見ているらしいが、それはいつのことか正確には不明である。一九二二年以前であることは確かであるから、一九二〇年に堀井が二回目の渡米をしたときであろうか。堀井は一九二六（大正一五）年、『農民新生の道』、『大道無学』の二著を平凡社から出版したが、一一月には大野の農場を売却し、新屋町の埋立地を数ヘクタール購入して移住したが、翌二七（昭和二）年には後援者の森川氏の屋敷内に家を新築して、そこを住居とした。

しかし、二八年には芦花全集刊行の事業に参加してたびたび上京し、一一月には東京へ転居した。秋田の農業経営にはけっきょく挫折し、家産もほとんど失ってしまったということになる。上京後の生活費は、全集刊行委員会からの手当てくらいしかなく、さらに全集完結後はそれも断たれたので、江渡に倣って養鶏したり、納豆を売ったりして苦しい生活を送った。秋田時代に一男四女をもうけ（三女は生まれてすぐ夭折）、上京後五女が生まれたので、五人の子どもを養わねばならず、雑誌の編集を手つだうくらいでは口を糊することも容易ではなかった。家計を支えたのは養鶏だったようだが、百羽の鶏の世話をしたのはほとんど妻で、子どもたちは卵の配達をして手つだった。堀井自身が卵を売ってまとまった金を手にすると、酒代にしたり、古本を買ってしまい、一家の長としては無責任な行動をしている。しかし、こういう貧窮の中で一九三一（昭和六）年、ホイットマン『草の葉』を春秋社から出版している。ウェブスターの大辞書は、その翻訳に不可欠だったのである。

東京で食いつめている堀井の一家を、秋田で文化運動をしていたころの仲間の加藤褱が、京城に呼び寄せた。養鶏場をつくって生活の便宜を提供した。堀井の妻は、長兄が総督府の役人をしており、父親の死後、母親とともにしばらく長兄の許に暮らした経験があり、義兄も総督府の技師なので、頼りにできるという期待があったであろう。一九三二年四月に朝鮮に渡ってから、半歳ほど堀井は熱心に働くが、しだいにしごとをさぼるようになり、三三年三月、六女を出産した妻は病気になって入院し、三四年には五女、長女があい次いで病死、三五年二月には妻も極寒の中に死んだ。苦労の果ての無残な死であった。

妻の死後、堀井は禅書を読んだり、深酒をしたりしたが、三五年に『ソロー伝』を不二屋書房から、三六年にはオマール・カイヤムの『ルバイヤット』を自費出版で刊行している。しかし、そのあと脳溢血で倒れ、回復したあと、知人の口ききで総督府図書館の嘱託になったが、サラリーマン生活には耐えられなかったようで、一年ちょっとで職を辞している。一九三八（昭和一三）年一月、『ルバイヤット』の改訳『異本留盃邪士』を自費出版した。前回の自費出版時に、出版記念の会が催され、それに出席した安倍能成のことばでは、「紙は上等の和紙を用ひ、表紙にも苔紙を使い、活字も大きく贅沢になって居た。そうしてこれが無一文の堀井君の自費出版である」と述べられている。改訳版は、堀井自身が、「僕も今度のはあまり旨く出来たので、最後が愈々近づいたのかと思ふ位だ」と、安倍に語ったほどの自信作であった。この年はことに暑かったが、堀井は六月末ごろから不調で、腰痛もひどく、八月に至って胃癌の診断があった。「長くて二ヵ月」といわれた余命は、九月一三日の朝に尽きた。享年五二歳であった。

(2) 堀井梁歩の教育論

堀井にはかなりまとまった教育論がある。『大道』に発表されたもので、のちに『大道無学』(平凡社、一九二六年)に再録された(13)。彼は「素人の教育論」だと謙遜しているが、教育学関係の書物もかなり読んでのうえでの立論だと思われる。彼は親たちに、教育書を買って読むようにすすめている。子孫のために美田を買ったり、子どもの教育に関心のある親でも、教育書一冊読まぬことを非難し、昔は教員以外誰も関心をもたなかった教育書であるが、いまの教育書は「人間の再生を暗示する書」であり、「今まで人間を隷属視したり、玩具扱いした旧夢から愕然として覺めしむる警鐘」だとして、なんびともそれを読まなければならない、と述べている。

彼が、「新しい教育学」は、「人間を中心として、無限の時間を縦に貫き、無限の空間を横に流るゝ原理のそれであり、書斎の机の上や、教壇と黒板の間などでいじくるべく、あまりに広大であり、深邃である。」と評し、「哲学や宗教よりも偉大」だとまで激賞している新教育学は、「人間の発見」、「児童の発見」を出発点にしている。児童を成人の標準で律しようとしてきた旧い教育に対して、新しい教育は「児童は生れ乍らにして一つの人格《パーソナリティ》だ」ということを標語《モットー》とする。児童は「生れた者」であり、われわれが創ったのではない。児童が一つの完全なものであるというのは、彼らに魂があるからである。タマシヒは児童に内在し、内発的に成長していくのであって、外部から左右されるものではない。親も教師も、児童の成長を助ける補助機関にすぎない。

ところが、これまでは「生ける魂をもつ人格」に対して、「教へ込む」教育が押しつけられてきた。知識を生徒の頭に注ぎ込もうとするヘルバルト流の教育方法が、「文部省という絶対権力者」の支持によって、長いあいだ猛威をふるってきた。ほんらい、人間の魂を束縛するものから、魂を解放することが教育の役目であるのに、かえって教育とは束縛の役割をするものだと心得ている者が多い。

詰め込み教育の結果、子どもが低能・狂人・畸形になったばあいも多い。旧い頭から新しい頭へ、「旧くさいガラクタ道具を許り与へ」られることへの不満から、新しい時代は開ける。それなのに、中学校以上の学校での教育は詰め込みと試験に終始しており、「教育所に非ずして全く教授所であり、講義所である」。ところが、学術の知識をたくさんもっているということだけで、小学校よりも中学校、中学校よりも高校、高校よりも大学の教員の方がえらいと考える偏見がある。上級学校に合格するための入試の準備に狂奔する愚かさがある。

小学教育こそが、それ以後のすべての教育の基礎であり、そこでは「人間の成長」を目標にしなければならない。小学校で基本的教育をしっかりやっておけば、中等教育以上の学術は独学でもできるはずである。教育が人間の成長に主眼を置かなくなったのは、「あまりに人間それ自身の価値や能力を見逃して、ホカのもの、社会の組織とか、階級とか、いろいろな閥とか、凡て従来の習慣に従って立身出世を唯一の目標として判断する」からである。

堀井梁歩の旧教育批判、あるべき教育論の骨子は、右に要約したようなものである。梁歩の文章は論文調ではなく、ジャーナリスティックであり、激越あるいは鋭利であり、ときにユーモラスである。すぐれたレトリックを備えているが、そのロジックは自由主義的な、ヒューマニスティックな教育論である。当時彼が親しんでいた大正期の新教育論の諸主張と軌を一にするものである。新時代の到来をよろこび、新時代を開拓する創造性を希望の源泉とみる梁歩の進歩主義は、まさに大正デモクラシーの思想である。ホイットマンを「おやぢ」と呼んで敬愛する梁歩のヒューマニズムが、教育を人間のためのものに、人間性を開発するためのものにすることを主張させている。

梁歩の教育批判と改革の提言は、前述したような骨子（＝原論）以外にも、多くの事象に言及している。いささかトリヴィアルにはなるが、それらについても紹介することにしたい。

教育に関する諸法令があって、それらが教育を妨害している。たとえば、満六歳にならねば学校に入学させないという、学齢に関する規定は、就学以前の教育の重要性を人びとが無視することをもたらしている。子どもによって発達に遅速があるのに、子どもを一律にみる見方を押しつけている。教育は、教育を受ける者が求めるものを与えなければならない。初めは何を求めるかがわからないから、いろいろなものを提供し、好きなものを発見したら、いくらでも与えるべきだ。子どもが注意を集中し、没頭できるものを与えなくては教育にならないが、そのためには子どもが興味を感じなくてはならない。従来の教育が興味ということを二の次にして、義務・努力を要求し、せっかくの個性を画一的標準のために蹂躙したのは誤りである。

児童の個性を見出すためには、児童を観察しなければならないが、それには児童に自由を与えなければ、個性は自然に流露しえない。ところが、教師の心に余裕がなく、ために観察眼をもちえない。その点、親、とくに母親が児童観察の好位置にある。母親こそが児童の境遇をつくり、境遇をいかすことができるのである。学校に入る前から、子どもの成長要求を受けとめ、知覚を発達させ、読み書きの能力を発達させることができるし、子どもが要求するのであれば、それを助長すべきであって、なにも入学時までしいて抑えつけておく必要はない。

幼年期に、算術についての興味が内発することはあまりない。無理に教えようとすると、強制的な教え込みになりやすく、学習はだめになってしまう。最初は、まず算術に対する興味を起こさせるようにすべきである。生徒個々の条件のちがいを無視して、学校で一斉教授をし、分かる者の進歩を抑制し、できない者を置き去りにしている。小学校を学年制にせず、二期各三年間くらいに区分し、生徒の個性にしたがっての発達を考慮すべきである。一科目ができないから落第などという過酷な処置をするべきではない。

小学校では、児童の頭を苦しめるような教育をやるべきでなく、楽しませ、眼を輝かしてするようにさせねばならない。「清新と快活とは児童の大きな徳である」。それなのに、教科書が無味乾燥でつまらない。教科書の唯一のメリットは、「試験勉強の盲目的暗誦に役立つ」だけである。教師にとってつごうがよいというにすぎない。

近代的で西洋風の学校は、むしろ昔の寺子屋にも及ばない面がある。義務教育六ヵ年の成果は、かつての論語の教育以下である。日本語を学ぶということでは、昔の方が効率的であった。いまの教育は、真剣味が足りないのである。最近、新教育の名のもとに、昔の教育の長所が再評価されてきた。ダルトン案の分団式というのは、かつての輪講に近く、デンマークの国民高等学校は昔の私塾にほかならない。

教育界が、師範学校出身の教員を偏重し、それ以外の教師を排除したことによって、教育に全身全力で取り組み、学問研究に誠実だった旧い教員を駆逐してしまった。教師たらんとする意欲や情熱をもたないのに、学資がいらないという理由だけで師範に入学する者がいる。他方、「アレもやり、コレもやってみたが、その純眞な気質や無差別に人を愛したい気持ちや苛棘な競争場裡に立てない性質から、将又、何をやっても徹底しない、何をやっても幻滅が来る。そして苦しみ抜き考へ抜いた揚句の果に、一番恒久的な、一番生命的な仕事は教育にあると沁々と思ひ付いても」、教育界が師範出で固められているために、せっかく「社会の鉄砂で真珠の如く分泌された真成の教育家」も、教育にたずさわることができないのは、この上もない社会の損失である。

小学教育は国民必須の教育であり、これだけは国家が無料でやらなければならぬ「最大の投資事業」であり、「国民の義務であるよりも国家の義務」なのである。ところが、教育費の支出面で小学教育は、もっとも安上がりに扱われている。教育に支出される国費は、恩金年金額の何分の一にしかすぎない。近来教育費の漸増によって町村財政は破綻しつつあるが、軍備拡張には金を出す政府は、教育への支出にはすこぶる消極的である。

文部大臣といえば、「伴食」と決まっており、内閣更迭のたびに交替させられている。文部省という「事務的吏僚の府が一国文教の総本山として強権を揮ふ」ような国であるのに、文部大臣の地位が低いのは、矛盾である。教育については、強権があってはならない。教育家・思想家・哲人といった部類に入れることのできない人物が、文部大臣となって、全国の学校に号令を下しているような国では、創造性をもった学校は生まれえない。文部省の干渉をもっとゆるやかにすれば、多様な、個性的な学校が生まれるであろう。試験に終始する学校ではなく、教師の人格を慕い、学を愛する故に人が集まる学塾ができることが期待される。

自らの疑問を自分で解こうとする心が、学問への最勝の道であり、知識は他から伝えられるものではなく、自分の衷に発酵させるべきものである。試験のために無理に記憶させることは、子どもの心と頭脳をダメにしてしまう。高等教育を受けようとするものには、自主的に進んで学ぼうとする態度が不可欠なのに、高等教育を受けるためには、試験から試験へと難関を突破しなければならない。世人は、学校を出世の手段と考え、学校に子どもを出すことに熱中し、学校に人間の成長も英知の発達も求めない。学校に進めなかった者の絶望ははなはだしいが、学校を卒業しても就職できないという問題が生じて、学校に対する幻滅があらわれつつある。

学校に幻滅することが、教育に幻滅することであってはならない。教育の道を自ら開拓すべきである。自ら学び、自ら究めることが大切である。飢えたる者が食を思うように、学ぶことに対して飢えを感じることが、教育の根元の出発点である。自ら志を起こし、自ら楽しみを発見し、自ら一歩一歩築き上げるという、「徹頭徹尾自学自習」にしむけることが、幼児であれ、「低能児」であれ、基本なのである。自学自習の教育の二つの大きな窓は、読書と観察である。ほんものの、良い本を提供し、子どもに選ばせたらよい。

「学ぶことが遊びであり楽しみである」ような教育方法を工夫することは、教育家のしごとである。画一的な強制訓練によって個性をスポイルするのではなく、自由な環境を与えるようにすべきである。五〇年の人生の中の半ばを学校生活に費すような浪費をせず、早く個性を発見して、職業技能を教授した方が、経済的に有効である。「社会は大学校なり」だから、社会生活の中で学ぶべきであり、国は大学よりも図書館や博物館のような施設の充実に努めるべきである。

以上、堀井の教育論の骨子を要約した。彼の叙述の順序によらず、前後を適宜とりまとめて、なるべく簡潔に仕立て直して要旨を記してみた。ために、彼の主張の中で重要な部分――たとえば帝国大学の特権性批判――を捨ててしまったかもしれない。何よりも、彼の批判的発言の鋭い表現を平板化してしまった罪を自覚している。彼の教育論は、大正期自由主義教育論の一形態であり、それも比較的良質な方に属していると思われる。格別にすぐれた、突出した見解ということではない。しかし、現代日本の教育は、大正期新教育の主張を乗り越えてはいない。二〇世紀も終末を迎えているというのに、いまごろ教育の自由化、個性・創造性の伸張などということが、文部省関係者によってしきりに叫ばれているしまつなのである。

さて、堀井はこうした教育論を単に評論として述べていたのではなく、わが子の教育について学校否定的な態度をとった。長女澄子は、初めのうち学校へやらなかった。しかし、自分でも教えなかったので、堀井の妻は心配し、しごとの合い間に勉強をみてやった。このことをあとで悔んでいた、という。堀井は友人に、学校は「人を画一的に育てるだけで、徳性も知性も駄目になるだけなんだ。オレは、自分で教育しているよ」と語っている。実際には、家庭教育を熱心にやったわけではないであろう。子どもたちは温和な性格で、仲が良く、両親に愛情を抱いていた。朝鮮では子どもたちは学校に通い、加藤の援助もあって、二女爽は女学校、長男野生夫は京城公立工業学校（のち京城工業専門学校、帰国後に明治工業専門学校）、四女道子は京城第二高女をそれぞれ卒業した。

2　宗教的農本主義――和合恒男――

地方の高等学校の学生で、妹尾義郎が組織した日蓮主義青年団運動(14)に参加した和合恒男についてとりあげたい。

和合は信州の出身で、松本中学・松本高校を経て一九二五（大正一四）年に東京帝大の印度哲学を卒業した(15)。彼は松高在学中の一九二〇（大正九）年一〇月、東京の妹尾を訪ね、鎌倉・伊東と日蓮の足跡を訪ねた。「父なる御仏を見ねば止まれない」という気もち、「外物に支配されて、己が心中に決定した見仏の念がない」という想いを抱いて、この旅に出立したのであった。妹尾はあたたかく歓迎し、和合は「その優しいえくぼ。……この美しい人情に触れた時、私の眼には御仏の姿が映じた。何といふ嬉しさだろう。家にゐて不思議に思つた種々の疑雲は忽ち消えて、仏の光は私をすつかり包んでくださる」という心境になった。

一九二一年正月に、和合は統一閣で正月をすごした。若人社は代々木にあって、「この愛の溢れた家」で、夕食後みんなで歌を歌ったり、夜半にお勤めをしたりした。そのあと、「火燵を囲んで、若者共が、兄弟の様な親しさで、しんみりと話したり罪もなく笑つたりする」、「この家の美しい気に触れて私の人格がすくすくと伸びるのを覚え」た、と書いている。和合は前年の暮から松本で一軒家を借りて独り住まいをしていたが、中学の後輩たちがときどき訪ねてきて、和合の話を聞いて帰った。「夕暮れの薄ら明りのただよふ障子や、沈黙を守る悠然たる外景を見てゐたら、自づとお自我偈が出てきた。そして海の様な法悦が湧いた」という生活であった。

その年九月、和合はインターハイで京都に出かけるが、テニスにあえなく敗け、松本駅に着くと、「敗けて帰つたといふ感じが予想外に強く起つて、街を見歩くのに何となく気がひけ」たが、あたかも妹尾が来松して日蓮主義講習会を開催した。妹尾に会いに行った和合は、妹尾の笑顔に接した「その瞬間の心持はどうしても書き現はせない。この春お目に掛った時より少しやつれた様ではあるが本質的な表情は相変らず柔和質直と光明に生きる大きな力とを示し」ていると感じた。「矢張りすべてを超えて絶大な働きをなす永遠の光は人格だとの歓喜に充ちた信念」が、和合の心中に湧きあがってきた。翌日、妹尾の「思想問題と日蓮主義」と題する講話を聴き、「一個の人間を通じて大宇宙の囁きをきく悦びを味わつた」。

日ごろ和合の指導を受けている中学生を含む数人が日蓮主義青年団に加入することを申し出、支部をつくることが決まった。和合は「自分の弱い弱い性格の為に」、直接後輩たちに入団を勧誘することをせず、支部結成の議が出たときも積極的にそれを主張することをしなかった。そうなってほしいと祈るだけで、自分の無力をひそかに泣き、望みのとおりの結果になると、「私は余りに祝福されすぎる。私は何も出来ないのに皆はどうしてかうもよくしてくれるのだらう。あゝ、どうあつても私は仏陀とならねばならない！」と書き記している。

その翌日は、妹尾、和合が伊那に赴き、聴衆は少なかったが、そのうちのひとりが農学校の生徒だったらしく、夜仲間を四、五〇人つれて妹尾たちの宿を訪問してきた。さらにその翌日は早朝に起きて二人は松本へ戻り、青年団にこんど入った中学生など数人で日本アルプスに登山した。数日後、妹尾を松本駅に送った和合は、「よし、私は強く生きる。たとへ途中で死なうとも、仏陀の域をめがけて進まう」と決心した。

一九二二（大正一一）年に東京帝大へ進学し、若人社に寄宿した和合は、大学の授業にも出かけるが、「何だか大学の授業に蝕ませる生命が惜しくなることがあるのです。屈竟な若者がはかない智識の城に閉籠つて三年も暮らすのが勿体なくてたまらないのです」と、故郷の姉に書き送っている。根底のぐらついた文化生活にはたして真の幸福が得られるかを疑い、真実の人間として大地の間に徹底した生活がしてみたい、と述べている。現代の世の中には無駄があまりにも多く、隙だらけだと批判し、「名だの利だの権だのにあこがれる青年の少くないのにはびつくりしてしまう」と感じ、妹尾とともに「さびしいなァ」と嘆声をもらし、行脚に出よう、と話しあった。

和合は、大学を去って「黙つて百姓の仕事でも何でも手伝はせて貰ふつもり」だったが、郷里の貧しく、年とった、病身の父のことを思うと、それを捨てることができなかった。忍耐し、学業にも精進しようと思い直し、哲学の学習に努めるとともに、金持ちで人格の高い人物に出あって、その家の店員十数名の夜間教育を引き受けたり、ある男爵家の家庭教師になったりした。華族の家庭に人間性がないことを知りながら、それをどうすることもできず、一ヵ月もたたないうちに引き払った。男爵家の華やかな舞踏会の夜、和合はソローの『森の家』を読みふけり、『雲水良寛』を読んで泣き、太陽の下で土にまみれて働きつつ、魂の悦びにひたりたいと願った。

秋になり、成仏道のうえに一新生面を展こうと思って、和合は伊那の山寺に寄宿し、妹尾らが心配して上京を促すのだが、彼は『若人』に文章を書くことより、稲刈などの農作業の「動三昧」に入る方を望んだ。伊那に入る前の九月に、和合は江渡狄嶺を訪ねて、「大学を出て百姓を初めたけれど農事は皆目知らず、食ふものもなくて、鶏にやるふすまを半年ほど食べ続けたりした話」、百姓の自給自足の困難さ、子どもを学校へやらずに自分で教育していることなどを聞き、「境地に於て慊らない所もあるが、とにかく私の考へてゐる問題に一度は頭を突込んだ人だからうれしい。天香さんに慊らずしてこの人に充たされる所が大分ある」と、和合は書いている。その夜、可愛御堂にとめてもらい、江渡の家族とも親しくして、その足で伊那に向かったのであった。

一九二三(大正一二)年、長野県佐久の中学校の教員となり、中学生と同居して自炊生活をした。その後、一九二七(昭和二)年三月まで同地方で教員生活をしている。このかん、青年団員としての活動もおこない、法華経信仰も深まっていった。ガンジーについての文章を『若人』に寄稿してもいる。教師としては、「単なる受験準備のための頭の教育をさけて腹の力を養ひたい」と考え、「一切のことは『真人間になる為』に帰結されない限り」だめだと主張している。しかし、同僚の教師たちは「先生の体面」・「学校の体面」にこだわったり、校長は博士号や外面的なものにとらわれ、試験の準備ばかりやらせようとする。和合は、「試験合格の花に眩惑された近視的な努力よりも、毎日の勉強をぢみに続けることによつて人格の根底を培ふ方がよつぽど実力を増す」と主張し、「とにかく先生は先生の思ふやうにやつて見なさるがいゝ。私は私の信ずる所をやつて見て、この話を解決しませう」と決裂した。

その後の和合の人生について略述すると、一九二七年三月に結婚し、この年二月に新設された友部の日本国民高等学校の職員になった。職員といっても、加藤完治校長の指導のもと、生徒たちといっしょになって講義を聴き、実習に従事した。教えた科目は歴史と国語であった。加藤の説く「惟神の道」は、日蓮主義の愛国精神とまったく同じではないが、「いきいきしてゐてこゝろよい」と和合は記している。一一月には、修学旅行として鮮満を訪れ、日本精神を堅持して植民に出かけ、「日満合併」の実をあげようと、『若人』の読者たちに呼びかけた。

一九二八（昭和三）年正月に郷里に戻り、松本市郊外の波多村に入って帰農した。「仏道に即した農道を確立する」ことが理想であった。一九三〇年には「行学運動」として、瑞穂精舎・瑞穂行学舎という塾風教育を創始した。「心身健全なる真人間となり、健全なる農村を基礎とする健全なる国家健全なる世界を創設せむ」とするのが趣旨であった。一九三一年には「農民自治主義」を唱道して、「農民運動」を展開している。これは権藤成卿の皇民自治主義の影響下に、経済・政治・文化の全面で農村自治を確立しようというものであった。反資本主義・反都会主義の姿勢をとるのは、農本主義イデオロギーの特色である。

一九三四（昭和九）年末の修学旅行のさいには、東京で江渡を訪れている。このときは朝鮮・満州にまで及ぶ約二ヵ月の長旅であった。舎生の多くがこの旅の経験によって、「将来満州開拓の人柱になる決心をした」と記されている。この年、和合は木喰と良寛について長い文章を書いた。一九三五年には農作業に舎生とともに没頭した。農作業即修養という考え方であった。しかし、重労働の無理のためであろう、前年くらいから和合の健康に障害を生じ、三五年秋から病床に就くようになった。瑞穂精舎は財団法人になっており、和合はそこから最低必要な一家の家計費を支給されることになっていたので、精舎からは療養費も出せなかった。友人知己が転地療養費を得るために、和合の旧稿を編集して『和合文叢』を刊行した。

3 マルクス主義と社会運動――塙英夫――

大正時代の中期から、大学生で社会主義・共産主義に関心をもつ者があらわれ、まず東京帝大の学生たちが新人会をつくり、社会思想の研究をおこなうようになった。彼らは、出身の高校の後輩たちに働きかけ、各高校に社会科学・社会思想の研究サークルが組織された(16)。昭和期に入ると、文部省は大学生・高校生がグループで社会主義文献を読み合って研究することを禁止し、特高警察が学生の動きを監視し、些細なことで検挙するようになった。それもふだん登校しない社会主義的傾向の高校生が学年末試験で登校するときを狙って検挙し、卒業寸前に処分される高校生がかなりいた。高校生で「左傾」する者はきわめて多く、「思想問題」は昭和初期の教育界で大問題となった。「郷党」の期待を担っていた優秀な学生たち、将来の立身出世がほぼ約束されていた青年たちが、どうして国禁の書を耽読し、国法を犯してまで主義に殉ずるのか、親や教師には理解しがたかったのである(17)。

塙英夫《はなわふさお》著『みとせの春』(鳥影社、一九八八年)という本がある。著者の本名は塙正といい、一九一二(大正二)年に東京に生まれ、一九二九(昭和四)年に千葉県の匝瑳中学から四年修了で、一高の文甲に入学した。一九三二(昭和七)年一月に警察に留置され、二月一日の記念祭の夜、密告したと思われた級友を殴り、卒業寸前に退学処分になった。彼は文芸部委員であった(18)。

退学後、佐藤大四郎(一九二七年一高入学、のち退学)に誘われて渡満し、興農合作社運動にたずさわったが、一九四一(昭和一六)年一一月に検挙された。この年の二月号の『中央公論』に発表された、彼の「アルカリ地帯」が、芥川賞候補にあげられた。しかし、戦後の文学活動にみるべきものなく、死の病床で妻に未発表作品を焼くように指示した、という。一高同級生の三井為友が遺作の刊行を計画し、最初に出版したのが右の作品である。塙は題を付けていなかったが、寮歌の「みとせの春は過ぎ易し」(一九一一年朶寮)から題を付けたのは三井である。

三井も二年の修了時に本富士警察に留置され、ひどい拷問を受けたことが原因で、肋膜炎で一年休学するという体験をもっている。彼の休学中に出された一高校友会雑誌に、塙が「肺を喰う箱」という作品を書いて、警察の「ブタ箱」について描写した。末尾に三井への献辞が記されており、作中の拷問場面は三井の体験を書いたように信ぜられたが、これは塙の想像にすぎず、三井は何も語っていないとのことである。

『みとせの春』の主人公である一高生、「相馬円」は、塙の自画像だと思われるが、もとより小説であるから、どこまでが事実で、どこからがフィクションなのか、テキスト・クリティークを厳密にやらなければ分からない。登場人物は、伊藤律のように実名のままで出てくるばあいもあるが、ほとんどは仮名である。ドイツ語の「井沢教授」というのは、立沢剛のことであろう。文芸部長だったから、塙とは交流があったはずである。

明寮八番の同室生は文甲科一組の同室生のほか、理科生が二、三名いた。同級生は、音楽にくわしく、演劇に興味をもっている北原、四年修了で入学したが実家は下谷の貧民街に在る東、種ケ島出身で故郷に恋人のいる才所などである。相馬は、同じ四修の東と親しくなり、寮の寝室などでしばしば角力に興じたり、ふざけあったりする。相馬は同室生と猥談をしたり、ボートの遠漕をしたり、寮の行事にも授業にもかなりまじめに参加している。読書傾向は西洋文学が主で、本人も文学青年を自任している。相馬らが一年生のときの三年生の文芸部委員には中島敦がいて、校友会雑誌に作品を発表していた。また、三年の弁論部委員には土屋清がいて、その雄弁で鳴らしていた。ちなみにこのときの三年生には相原茂・江口朴郎（文甲）、氷上英廣（文乙）、周郷博（文丙）がいる。

一年上級、つまり二年では市古貞次（文甲）・宇野清一（文乙）・前川春雄（文丙）、同級生では高橋幸八郎・外山茂・林健太郎（文甲）、大谷光照（文乙）がいた。相馬はまだR・S（社会科学研究会または読書会）のことも知らないうぶな一年生であった。この年、アメリカのウォール街の株の暴落に発する世界大恐慌が起こったのに、相馬はまったく無関心であった。彼の次兄は商業学校出で、兜町の株式仲買店の店員だということになっているから、この無関心は不可解である。社会のできごとに無とんちゃくな高校生だった、ということであろうか。

中学生時代、教師の話や新聞記事で、社会主義者への反感や恐怖心をもたされていた相馬は、社会主義者に対する国家権力の弾圧・迫害を恐怖するようになっていた。北原は記念祭後、退学して地方劇団に参加した。夏休み中その劇団の巡業に加わり、団員の女性と恋仲になっていたのである。思いとどまらせようとする相馬に、北原は「いや、考えぬいた結果なんだから止めてくれるな。一高—東大の出世コースはほくには向かないし、学費の問題もある。銀行の取付け騒ぎで、親父が残してくれた貯金がパーになったのさ。しかしそれだけでなく、もともと底辺の民衆の一人になりたい気持が強かった」と答えている。

　学年末には、放校・退学・停学の処分を受けた十数名の掲示が張り出された。文部省から派遣された生徒主事が、生徒の「思想善導」にあたり、配属将校は反共・反ロシアの演説をしきりにした。二年生になると、対三高戦の応援団廃止提案が寮の総代会に出され、大激論の末、提案者の才所が短刀をもって揉み合ったことから、停学処分となった。相馬は東ら進歩派の友人に頼まれたこともあって、外人教授のコクランや井沢教授を訪ねて、才所の助命嘆願をした。才所は翌年復学する。二学年のクラスには、前年の停学者が四人復学し、相馬はその中のRS関係者、土師と親しくつきあうようになった。相馬の実家の経済状態がうまくなく、相馬は家庭教師をしたり、土師の世話で左翼文献の翻訳のアルバイトをしたりする。このかん、土師たちがR・Sを再建し、東も全協の行動隊に参加して、アジビラを貼りに工場地帯に出かけるようになる。相馬はR・Sへの加入を東から誘われるが、ことわる。東の勧誘のことばは、「ぼくは自分だけの幸福、立身出世を目ざす一高生であることが苦痛になった。実はぼくの家はプロレタリアなんだ。プロレタリアの子はやはりプロレタリアに返るべきだ」であった。

　これに対して、相馬は「東ひとりが力んでも、世の中が変わるわけではあるまい。アジビラなど撒いただけで捕まり、一高を首になったら阿呆らしい」と思う。東は社会科学を勉強した結果よりも、少年時代に観た西部劇やチャンバラ映画の影響を無意識に受けての左傾ではないか、と考えもする。相馬は少し知っているマルクス主義の諸テーゼについて疑問をもっており、「とにかくもう少し勉強してみる必要がある」と考えることで、心を落ちつかせる。その後、土師がベーベル、レーニン、カール・ラデック、クララ・ツェトキン、コロンタイなどの革命的恋愛論のアンソロジーを、相馬にアルバイトとして翻訳することを依頼し、また、『家族、私有財産、国家』を読むことを勧めた。相馬は翻訳をしあげ、この夏エンゲルスのほかに『資本論』第一巻を読みあげた。

夏休み中に、土師、東らが警察につかまり、一〇月には彼らR・S関係者一〇名ばかりが処分され、退学にされた土師は産業労働調査所に入り、東は相馬に「一高内の後を引き継いでもらいたい」と語り、相馬の「少し考えさせてくれ」という答に「もう革命は迫っているんだ。大学までいってサロン・マルキストになっても仕方がないだろう。」と説く。相馬はこの年の記念祭の全寮晩餐会で、井沢教授の感話——キリスト教入信の体験談——に対して、無神論を述べ立て、そのために生徒主事に呼び出されて自重を求められた。井沢教授に謝罪に行くと、教授はきわめて寛容で、相馬の進学問題を心配してくれた。

春休みから相馬は、土師に依頼されたアルバイトの翻訳で、コミンテルン機関誌、『レーバー・マンスリー』(イギリス共産党機関誌)、『ニュー・マッセズ』(アメリカ共産党機関誌)を読み、土師とは毎週一回会っていた。土師は以前、相馬に『帝国主義論』を読むことを勧め、また、『国家と革命』の英語版を手渡した。こういう読書の結果、二年生末の記念祭のさいの井沢教授批判の演説に対して、「赤だ」という野次を受けたのであろう。三年生になった相馬に、土師はスターリンの『レーニン主義の基礎』の英語本を勧めた。相馬は自分でもレーニンの『哲学ノート』・『三月革命から一〇月革命まで』、ピアトニッキー『ボリシェビキの手記』などを古本屋で購入している。この左翼文献専門店に出入りしたことから、相馬は見知らぬ東大生に、一高の共青づくりを持ちかけられる。相馬はそれをことわるが、一高には伊藤律をキャップとする共青が組織されて、それに勧誘され、拒絶する。「大した活動もしないのに次々と学校を追われることにどんな意義があるというのか？　大学に上れば弾圧もそれほど厳しくないし、特に学外の運動では首にならないそうなのに。が、そのように自分を合理化すればするほど、危険を冒して細胞を作った伊藤やデレ公に後ろめたい思いを禁じられなかった」と、説明されている。

五月初めに、土師と会って、彼が共産党関係の非合法運動に入ったことを知り、こんごはアルバイトでなく、運動への知的協力として翻訳をおこなうことを決心した。土師は相馬に学内の共青には入らないように言い、『第二無産者新聞』や『赤旗』を与えた。また、ヘーゲルの弁証法を学ぶように勧めた。相馬は、土師の指示にもかかわらず、一高共青の連中とつきあい、国際情勢について話してやったり、学外で共産党関係の活動をしていることをほのめかして尊敬されたりしている。

相馬は「翻訳班」のメンバーとして、他の翻訳担当者とも「連絡」し、女子大をR・Sで追われ、兄は共青の「えらい人」だという女性の協力者と性的関係をもった。中学生時代、女学生と性行為をしたという相馬には、自分は異常に性欲がつよいという自覚があり、このたびの協力者との性関係も、愛情というより肉欲的な要素がつよかったように書かれている。神田の呉服屋の二階を借りて「アジト」にしたのは、運動のためよりも性行為をしたいからではないかという反省もあった、という。また、相手から尊敬されようとして、『赤旗』を読ませている。これは自分が読んだら速やかに焼き捨てるように、土師から指示されていたものである。

この呉服屋は特高警察とつながっており、貸し室はアカを誘き寄せるワナであった。相馬は一〇月、アジトで警察に捕えられ、長いあいだ留置された。元警察官だった父親の必死の働きもあって、起訴留保となり、記念祭前夜に釈放されたが、教授たちの審問では釈明も懇願もせず、退学処分を甘受した。塙の留置は数日間だったと三井が記しているので、相馬のブタ箱生活の話はフィクションということになろう。

4　キリスト教徒平和主義——川西瑞夫——

川西瑞夫は一九二二（大正一一）年に、スイスのジュネーブで生まれた[19]。父親の川西実三が当時、国際労働会議の日本政府代表の随員として、そこに駐在していたのである。母親は三谷隆正の妹であり、川西と三谷は一高で同級（一九一〇年、英法科卆業）[20]であった。瑞夫には兄が二人いたが、いずれも幼児期に死んでいる。三週間も早く産まれたこの子は、スイス（瑞西）で生まれたことを記念して、瑞夫と命名されたのであった。

満二歳になると幼稚園に入り、フランス語中心の言語生活を送った。一九二六年に、父親に帰朝命令が出て、瑞夫も帰国した。健康に恵まれず、両親は彼の健康回復のために逗子に住むことにし、彼はそこの小学校に入学した。入学後もつぎつぎと病み、体操は不得意だった。外見は女の子のように優しく、感受性がつよく、また、意志堅固であった。一九三四（昭和九）年に東京府立一中に入学し、朝五時一〇分前に起床して通学した。冷水摩擦し、着物を着更え、洗面・食事をすませて家を出るのは五時二〇分ごろだった。九時に就寝する習慣であったが、ときには宿題のために就寝が遅くなるので、本人が嫌がるのを母親が無理に手つだったこともあった。

一年一学期の成績は学年で二番だった。「このことは一中四年間のよい励みとはなったでしょうが、同時にまた、一度得た名誉は落したくないという、大きな重荷になった」とされる。夏休みくらいから考え込むようになり、勉強や人生の目的、何が善であり、真であるかについて、母親と真剣な問答をすることもあった。「一中の勉強は手段や方法ばかりで何ら本質的な、第一義的なものを教えてくれない」という不満も洩らしている。まさに早すぎる青年期の煩悶であった。中学二年の秋に両親と三人で伊豆めぐりの旅をし、その美しい自然にふれて、「厭世的な人生観を畏敬と讃美との人生観に」代えることができた。

女子学院で英語を学んだ母親が、第一学年の修了時の春休みから、瑞夫といっしょにLittle Lord Fauntleroy（『小公子』）を読むことを提案すると、瑞夫はよろこんで賛成したが、春休みには一頁を読めただけで、全巻を読了したのは、のちに一高一年の夏休みのときであった。一九三六（昭和一一）年四月に父親が埼玉県知事に任命されたので、一家は浦和に移り、瑞夫の通学はらくになった。父親は官舎のテニスコートを利用して、瑞夫にテニスを教え込んだ。スキーも楽しむようになった。

四年修了で一高を受験したが、第一次に合格、第二次で落ちた。五年に進み、級長となって張り切っていた四月一三日に、教頭の三谷隆正から電話があり、教授会で瑞夫の補欠合格が決まった旨を知らされた。本人は補欠入学を嫌がり、来年堂々と入ると主張したが、一中の教師たちの説得によって不承不承知し、入学手続きを取った。瑞夫は家族にも不満を洩らしたが、父親から、「一番で入学することも大したことではないし、補欠で入ったって恥ではない、要するにこれから真面目に勉強するかどうかが大事なことだ」と諭されて、やっと納得した。その三日後、父親が長崎県知事に転任したので、瑞夫は入寮することになった。それまで母と子のあいだで信仰の話が出たことはなかったが、瑞夫は聖書をもって駒場寮に赴いた。

入寮後の第二信で、川西は母親に「一高にはいろいろ意外なことがありますが、僕は真面目に、正しく、清く、純真に、唯々一筋に学問と修養の道を邁進します。……たとい大勢に反抗する結果となろうとも、また一高のいわゆる熱血に逆行しても、専心に人格の陶冶に全力を注ぎます」と書いた。五月、ボートの組選で舵手となり、レースに惨敗し、高熱を発して倒れた。回復後、聖書を毎日読み、かつ学課の勉強を勤勉におこなった。よく蒲団を干し、部屋を掃除して、衛生に努力した。一中の先輩たちが主宰する一高キリスト教青年会に参加し、三谷教授からブラウニングの詩の講義を受け、また信仰について語りあった。週末には必ず三鷹の三谷教授の家を訪れ、心づくしの食事を食べ、休息することができた。一年の夏休みは長崎の家族とともに過ごし、二学期が始まって帰寮すると、信仰を保ち、純潔を守るために、きびしく生きた。野球の試合のとき、組全体が授業を休んで応援に行ったのに、川西がひとりだけ教室に居残ったということで、皆から鉄拳制裁を受けようとした事件もあった。冬休みをふたたび長崎で過ごして三学期に帰寮すると、友人から宗教批判の発言があり、川西は「頼むべき根本を否定され、そうして自己の中に疑う気持が起って、底知れぬ深みに落とされたように感じ」、母親に長い手紙を書いて教えを乞うた。

一年から二年への春休み、長崎で家族とともに旅行したり、弟妹たちと親しみながら、川西は科学の価値、生命・自然・自己の価値について疑惑を深めていた。アンドレ・ジイドの『狭き門』さえ読んだことがなく、友人から「君は何も知らないから、ぜひ読んでみたまえ」と言われて本を貸してもらうような若者が、より本質的なところで深い思索をしていたのである。母親と読み始めたテニソンの『イン・メモリアム』や、聖書によって平安を得た。

一年の学年末成績は一番で、二年になると組の総代、室総代、共済部委員、キリスト教青年会委員を兼ね、多忙だが充実した生活を送った。夏休みに山中湖畔で開催された矢内原忠雄の聖書講習会への参加を許された。ここでヨブ記について学び、以後、矢内原とのあいだに深い師弟関係が生じた。秋からは、先輩たちとともに自由ケ丘の日曜集会に出席するようになって、矢内原の講話に感銘し、信従するようになった(21)。三年になって共済部委員のしごとから解放されると、ギリシャ語を学び始め、夏休みには矢内原の山中の集会に参加した。秋に帰寮してから、信仰についての疑問に悩みつつ、一高の最終学年を過ごした。一月に父親が京都府知事から東京府知事に転任し、一家は芝公園の中の官舎に住むこととなった。川西は豪壮な官舎の中に一〇畳の書斎を与えられたが、「向陵生活の最後を惜しんで」主に寮で寝起きした。

東大の理学部物理学科に進学し、物理の勉強に熱中するかたわら、ギリシャ語の勉強をつづけ、矢内原の集会にも参加した。母親にフランス語の指導も受けた。食事と風呂は家族との団欒の時間であった。物理学科の後期では実験で帰宅が遅くなったときも、深夜まで勉強した。一九四三（昭和一八）年一月二六日、発病して、高熱が長くつづき、二月五日に東大分院に入院したが、一三日に死去した。病気は腸チフスであった。

5　国粋主義──田所広泰──

リベラリズムが主流だった旧制高校にも、国粋主義的な考え方の学生グループが存在した。一高のばあいには、一九二五（大正一四）年に一年生の有志数人によって提唱され、翌年に発足した「瑞穂会」が、「右翼の会」とみなされることが多かった。事実、その創立趣意書には「皇国千古一貫の生命たる日本精神の正しき把持」が主張されていた。この文章は、会の指導者だった沼波武夫教授の執筆にかかるという。夏休みには会員を全亜細亜民族連盟民族会議に派遣し、アジア諸民族の独立運動についての講演会を実施してもいる(22)。

一九二八（昭和三）年には黒上正一郎の聖徳太子講話をおこない、これを機に翌年、よりラディカルな国粋主義グループである「昭信会」が生まれた(23)。瑞穂会はその後、ロシア革命、アジア民族の独立運動、満蒙問題、ファシズム運動など時事問題についての講演会を実施したが、一方で古事記（沢登哲一）、日本文化史（松本彦次郎）、万葉集講義・伝習録講義（鈴木直治）、ツァラツストラ（立沢剛）、ディルタイ『世界観の研究』・『哲学の本質』

(同)、万葉のこころ(五味智英)、フィヒテ『独逸国民に告ぐ』(木村健康)などの連講や輪議がおこなわれた。

瑞穂会は「時代の混迷に乗じて雨後の筍の如くひょこりひょこりと出て来た安っぽい日本精神を根本信条とする団体」とは異質で、「学究の徒として」、「日本文化を中心として広く世界の文化を研究し、歴史を通して日本及び世界の思潮を研究する、一高が有する唯一の思想文化研究団体」だと、一九四〇年の新入生への入会勧誘の文章は述べている(24)。大東亜戦争中の一九四二年におこなわれた立沢剛の連講は、日本神道はアニミズムだと述べ、普遍性をもった世界観の確立を説いた。また、五味智英の万葉集連講はきわめてアカデミックなもので、歴史的背景、天皇家のからんだ激烈な権力闘争などについてもはばからずふれ、とくに各歌人の心情を浮き彫りにして聴講者の多くに強烈な印象を与えた。

昭信会の方は一九二九年二月に正式に発足し、寮内で黒上正一郎の「聖徳太子の信仰思想と日本文化」と題する講義を聴いた。翌年九月、黒上が結核で死に、昭信会の精神的主柱は田所広泰の担うところとなった(25)。一高の駒場移転にさいして「向ケ岡神社」建立運動を起こして成らず、一九三四年には機関誌『伊都之男建』を発刊した。北寮二八番が昭信会の部屋で、毎週一回、寮生と先輩で例会を開き、聖徳太子の遺作や明治天皇御詩の研究や時事問題の討論をした。

こうした会合でとりあげられたテーマは、「日本文化比較論」・「分析的論証の総合生命化過程」・「文献文化史的研究の重要性」・「国基の史論」・「国民文学の再建」・「吉田松陰と朱子学」などであり、文献としては記紀・万葉集・金槐和歌集・歎異抄・教行信証・正法眼藏などであった。

昭信会は「東西文化の融合」や「西欧文化の攝取」を唱えていたので、シェクスピア、ゲーテ、ホイットマン、ブラウニング、エマーソン、カーライルなども研究していた、という。一九三七年から、春・夏の年二回、各地の神社や寺院で合宿をするようになり、一高生の他に日本学生協会の会員が全国の高専・大学から参加した。一九四〇年から主催者が日本学生協会になり、夏の菅平合宿には四〇〇名の参加者があった。大東亜戦争に突入した四一年一二月、機関誌は発行中止となり、四三年二月に田所らが憲兵隊に逮捕される事件があり、会の日常活動はそのころに停止した。

田所は終戦後まもなく疎開先で病死するが、昭信会の中心メンバーだった小田村寅二郎らによって、一九五六年に「国民文化研究会」が組織され、「祖国再建の真正な方途を究明し、主として学生・青年層に対して『正しい』国民同胞感を把握させ、国家社会における国民的協力活動の基盤の確立」を目ざしている。同会は毎年夏に九州で合宿をおこない、黒上正一郎の聖徳太子研究と明治天皇御集にもとづく学習、マルクス・レーニンの批判、西欧思想に対する「研究」をおこなっている。

昭信会の中心人物だった田所は、一九一〇(明治四三)年に生まれ、出生と同時に生母の義兄である海軍中将、田所広海の子として届出され、学習院初等科・府立一中を経て、一九二八(昭和三)年に一高の文甲に入学した。入学後まもなく瑞穂会の主宰した黒上正一郎の講演を聴き、翌年五月に昭信会をつくった。八月には黒上の郷里の徳島県の海岸で最初の合宿をおこない、以後、春と夏の休みに合宿をおこなったことは前述のとおりである。田所は一九三八年に一高を卒業し、東京帝大の法学部に進学するが、秋には結核を発病し、自宅で療養生活に入った。一九二九年に昭信会員の東大生が結核で死んで以来、三〇年九月の黒上、三二年一月には二人の会員が結核で死亡している。親睦旅行や合宿が感染の機会だった可能性はつよい。田所は結局一九三八(昭和一三)年にようやく大学を卒業している。

このかん田所は『伊都之男建』に和歌や論稿を寄せ、体調のよいときには会員たちと旅をしている。会員とのあいだに文通連絡をおこない、同志の結束をはかった。大学卒業後、末次信正内相の秘書官である海軍大佐の補佐となり、三九年一月には文書課調査係に移ったが、九月にその職を辞した。この時期に田所は「東大精神科学研究会」の設立を支援し、また学外団体である「東大文科科学研究会」を設立して代表者となった。後者の会は雑誌『学生生活』を創刊し、全国の大学・高専のオルグをおこなった。また全国学生の合同合宿をおこなったり、「全国学生攘英大会」を開催したりしている。

三九年九月に、元公使の伊藤述史が「日本学研究所」を設立すると、田所はすでにそれぞれ職に就いている元一高昭信会員たちを説いて辞職させ、右研究所員にするとともに、自身も所員となった。一九四〇年五月、近衛文麿らを顧問として「日本学生協会」を設立し、理事長となった。六月に創立記念大講演会を開催し、七月の菅平合同合宿に四〇〇名の学生を集め、彼らは合宿後上京して「報告演説会」をおこなった。一一月、伊藤述史が情報局総裁に就任する話が出て「日本学研究所」が解散したので、田所は、「精神科学研究所」を設立して理事長となった。『学生生活』を『新指導者』と改題し、発行所を日本学生協会から精神科学研究所に移した。

太平洋戦争開戦前後、合同合宿、「世界観大学講座」などが実施されたが、四三年二月、東條英機首相が精神科学研究所の活動を忌み、東京憲兵隊に命じて田所ら約一〇名を逮捕した。六月、精神科学研究所・日本学生協会の自発的解散を条件にして田所らは釈放された。しかし田所は翌年一〇月、同志との文通活動の嫌疑で憲兵隊に拘置され、まもなく釈放されたが、ひどく健康を害し、福島から岩手へと再疎開したが、戦後の物資欠乏の中で病勢が進み、四六年六月に病没した。享年三六歳であった。

『伊都之男建』の第七巻第一〜三号（一九三八年一月〜三月）をみれば、第一号の四つの文章・詩のうちの二つ、第二号の五つのうちの二つ、第三号の五つのうちの二つが、田所の作品である。田所の個人雑誌といってもよいような内容構成である。分量的には「しきしまのみち」という、同人たちの和歌がかなりの紙数で、あたかも歌誌のような観がある。「明治天皇御集研究」を三井甲之その他が寄稿しており、「分析的論証の総合生命化過程」(田所広泰、第三号)というもったいぶった論稿の内容も、御製の「てにをは」をとりあげて「大御歌の大御調の万分の一」でもいただきまつりたいという歌論なのである。

田所の遺稿集が、後輩の小田村寅二郎によって刊行されている。多くを紹介するまでもないが、教育批判の部分だけ引用すると、「分裂せる学課内容と継ぎ合はされた知識の断片、暗記強制・秀才教育と非能動的・消極的知識階級の性格、実験演習を用ひぬ講義偏依教育と思想的無批判、宗教・芸術ことに詩的教育の欠如と人間の機械化、これらが西洋文明を攝取しなければならなかった時代の痼疾的文化遺物」であり、これに徹底的批判を加えねばならない、と述べている(26)。

田所が新潟高校生に与えた小論、「学術的迷信から正信へ」では、弁証法の迷信が「近代人の思想的能力を極度に鈍化せしめた」という主張がおこなわれている。これによってすべての矛盾は「何らの実質的調和なしに」突如として調和総合されてしまうので、日本の固有文化とは異質な外国文化が容易に輸入されてしまったという意見らしい。「弁証法は思想世界の共産党である」と言い、「構成の論理を廃して、自然の叙述に帰せしめよ」と主張している。田所は聖書(マタイ伝)からも学ぼうとしているし、外国文化排撃論者というわけではない。戦時下の統制経済政策をマルクス主義の偽装とみて攻撃するような、原理主義的な反共主義者であった。純情な熱血漢だったのであろうが、マルクス主義を徹底的に研究したうえでそれを超克しようとしたわけではなく、真摯な学究だったと言うことはできない。

〈注〉

(1) 黒田・土館『明治学制沿革史』金港堂、一九〇六年。筧田知義『旧制高等学校教育の成立』ミネルヴァ書房、一九七五年。

(2) 「軍国時代の青年学校」についての回想によれば、毎日軍事訓練をし、座学の国語・社会・農業は有益だったという。農業で、「上農は草を見ずして草を取る、中農は草を見て草を取る、下農は草を見て草を取らず」と教わり、おおいに反省して現在でも座右の銘にしている、と述べている。この老人は、「明日《（ママ）》の土を喜び踏みて、勤の暇に集う学舎、若き命我等睦み、遥けき希望ここに謳へば、力は伸びて業たのし、重き使命青年学校」という校歌を時折心の中で口ずさむことがあるという。老いた自分は、あしたの土を踏むこともなく、希望も別にないのに、である。それを亡き友とともに、ひたむきな気持ちで歌った懐かしさで口ずさむのである。大衆にとっての青年期教育がいかにミゼラブルなものであったかを示すと同時に、このような体験でさえも懐しく回想されるのが青年時代というものであろう（増沢武「青年学校エレジー」〈『岡谷市民新聞』一九九六年七月二〇日〉）。

(3) 心理学者として京都帝大・東京帝大の教授となった松本亦太郎は、大学予備門が高等中学校に改編された一八八六年に、京都府立中学の高等科一年から第一高等中学の予科二年に編入された。この改編で校長と教頭が更迭されたが、村岡範為馳（物理学）はドイツから新たに帰って教頭に就任した。彼はドイツの古典中学校であるギムナジウムに倣って教務を運営した。文科生の松本が在学四年間に学んだ学科は、数学（代数・三角術・幾何・解析幾何）、英語（訳読・文章分解・修辞学・会話・作文・文学）、国語、漢文、論理学、心理学、統計学、経済学、西洋史、ドイツ語、ラテン語、植物学、動物学、物理学、化学、地質学、天文学、画学、体操という広範な科目にわたっている。ヨーロッパの中等教育を範型としていたことがわかる（松本亦太郎『遊学行路の記』第一公論社、一九三九年）。

(4) 「日本寮歌振興会委員長」の神津康雄（山形高）は、旧制高校の美点をつぎのように要約している。「選り抜かれた粒よりの教授陣と、全国レベルの難関を突破した俊秀による手作りの少数精鋭教育、バカになりハダカになり、若い魂が四六時中ぶつかり合って切磋琢磨した寮生活の人間形成。「勝つ」というただ一点に青春の全エネルギーを燃焼させた運動部生活。寮祭、遠征応援など各種の行事で繰り展げられた寮歌の咆哮乱舞、ストームの爆発。沈潜黙思、山野を逍遥しての哲学的思索。徹宵して激論を交わした友との語らい」(『白線帽の青春 東日本篇』国書刊行会、一九八九年、序)。旧制高校・帝大と進んで首尾よく指導者層に加わった人びとが、登竜門としての高校に愛着を感じるのは当然だと言えよう。しかし、反体制的な傾向の人びとさえも、旧制高校を懐かしむ例がしばしばである。銀林浩(数学者・明治大学教授、一高理科甲類、一九四八年卆)は、こんにち中学生がいかに自由と余裕を切望しているかを明らかにしたのち、「実は日本でもそうした学校がなかったわけではない。かつての旧制高等学校(第一高等学校)は幾分かはそういうものだった」と述べている(『教育と文化』№4、一九九六年七月、三一〜三二頁)。また、筆者が日本消費者連盟の指導者だった竹内直一とある会でいっしょになったとき、彼は母校である三高がいかに自由な学校であったかを礼賛する話をした。ただし、彼に言わせると、一高は権力主義志向の官僚を生み出した悪い学校だ、ということになる。

(5) 熊井啓(松本高文科、一九四九年一年修了)は、ある級友が在学中一度も床屋に行かないので長髪が肩まで垂れ、雪の日でも裸足で歩くという奇行の持ち主で、形式主義を徹底的に排す青年らしいロマンチシストであり、すがすがしさを漂わせていたことを回想している(熊井啓「私の松高時代」〈前掲、『白線帽の青春 東日本篇』九八頁〉)。

(6) 柳沢七郎編『堀井梁歩の面影』いずみ苑、一九六五年。月館金治「昌益思想の後継者―江渡狄嶺・武田武雄・堀井梁歩をめぐって」〈『自然と人間を結ぶ』増刊号、「昌益思想の継承と地域社会の再生」一九九六年四月〉。

(7)「自治寮略史」〈『向陵誌』第一高等学校寄宿寮、一九三七年、三四頁〉。

(8) 弁論部は部員制ではなく、委員制であったが、一九〇六年度の委員は金井清・芹田均・大井静雄、一九〇七年度の委員は黒田欽哉・稲垣平太郎・三村起一であり、弁論部部史には堀井の弁論についての記録はない(『向陵誌』一一三〜一一七頁)。

(9) 中野好夫『徳富芦花』第二部、筑摩書房、一九七二年、三四七〜三五三頁。「其の熱烈鬼神も為に感動し、かくの如く聴衆の衷心を動かせる演説は一高演壇未だ他に見ざる處と称せらる」(「弁論部史」〈『向陵誌』一一五頁〉)。

(10) 藻岩豊平（本荘可宗）『一高魂物語』第一高等学校第一三六回寄宿寮委員、一九三五年、八一～八五頁。

(11) 一九〇七年の行軍は一〇月二二日におこなわれたが、場所は記されていない（「自治寮略史附録年表」〈『向陵誌』二七五頁〉）。

(12) 和田耕作『江渡狄嶺』甲陽書房、一九九四年。

(13) 『大道』第七号（一九二五年一月）・第八号（同年二月）。

(14) 妹尾義郎については、妹尾義郎『光を慕ひて』若人社、一九二五年。『妹尾義郎日記』国書刊行会、第一巻～第六巻、一九七四年、第七巻、一九七五年。稲垣真美『仏陀を背負いて街頭に』岩波新書、一九七七年。拙著『大学改革と生涯学習』明石書店、一九九七年。

(15) 和合恒男『和合文叢』瑞穂精舎、一九三六年。

(16) 東京大学新聞社編集部『灰色の青春―学生社会運動史の一側面―』東京大学新聞社出版部、一九四八年。河合栄治郎・蝋山政道『学生思想問題』岩波書店、一九三二年。

(17) 大島卓『人生は旅、人は旅人―大島清追憶文集』校倉書房、一九八五年。林健太郎『歴史と体験』文藝春秋社、一九七二年、二八一～二八二頁。同『昭和史と私』文藝春秋社、一九九二年、七四～八九頁。

(18) 塙の友人が塙について回想したのが、河合徹『回想録―一五年戦争の中の青春』（トレビ文庫、一九八八年）である。三井為友「教育こそわが人生」〈『来し方の記』2、信濃毎日新聞社、一九八二年〉。杉浦明平『三とせの春は過ぎやすし』河出書房新聞社、一九七四年。

(19) 川西瑞夫『みつばさのかげに』みすず書房、一九六五年。

(20) 三谷隆正は六高の教授を経て、一九二七年から一九三九年まで一高の教壇に立った。法制・ドイツ語・英語を担当し、その深い学識と高潔な人格で、多くの一高生から尊敬された。

(21) 戦時下、矢内原忠雄は当局から危険人物とみなされていたので、その門下に入るということ自体、きわめて勇気を要することであった。秋山宗三（一高文乙・一九三五年卆）は、帝国大学入学後、矢内原忠雄に師事し入信したが、自由ケ丘の日曜集会に出席しないように母親から懇願され、悩んだ末に出席を断念した。のち軍隊に召集された彼は、矢内原に手紙を送って、人を殺すことはできないと気持ちを訴えた。一九四二年、ガダルカナル島で戦死した（昭十向陵会『再び語ることやある』一九八五年、一三五～一三七頁）。

(22)「瑞穂会記事」〈『向陵誌』一三三一～一三五〇頁〉。

(23)「第一高等学校昭信会記事」〈『向陵誌』一三六五～一四〇五頁〉。

(24) 伊藤律（一九三〇年、一高入学）は、瑞穂会や聖心《（ママ）》会とかいう国粋団体が「陰に陽にわれわれ左翼を圧迫し、学校当局と気脈を通じた」としている。また、これらの会の出身者が入った右翼団体が戦争中に細川嘉六（一九一三年、一高英法卆）の書いた論文（「世界史の動向と日本」）を告発し、細川を投獄させたことにもふれている（伊藤律「人生の学舎」〈『若き心の映像』学生書房、一九五〇年〉）。

(25) 小田村寅二郎編『憂国の光と影―田所広泰遺稿集―』国民文化研究会、一九七〇年。河合徹は、田所・新井ら昭信会のリーダーは、学問的探究よりも行者的修行によって信仰集団を確立しようとしていた、とみている。坐禅の修行にも似た一種の緊張感が、青年を引きつける原因にもなったろうと解釈している。田所については、「若くして老成した風格、内にこもり情熱を抑制しつゝ祖国の危機を語る予言者的なことば、後輩に対するこまやかな配慮」を記している（河合徹『回想録』七八～八一頁）。

(26) 小田村寅二郎編、同上書、二七五頁。

二　ファシズム前期における大学自治論
――河合栄治郎・森戸辰男の「大学顛落」論争――

はじめに――テーマとモティフ――

まず、筆者が昨秋から日本の高等教育の歴史的再検討という作業に着手したのは、現在、日本の大学が「存亡の危機」といわれるような深刻な問題に当面しており、課題の正確な認識にもとづいて解決の方向を探るためには、戦前にまで遡って高等教育の歴史的性格を解明することが必要だと考えたためである。

こんにちわれわれが直面している大学問題は、二〇世紀の最終局面という時代状況の中で生まれたものである。問題の認識のためには、その歴史的性格を把握することが必要である。客観的条件で言えば、バブル経済の崩壊後、政治・経済・社会の諸方面で深刻な問題状況があらわれてきている。大学に直接かかわる事柄としては、入学年齢人口の減少に伴う応募者数の低下、青年たちの意識・行動様式の変容、長びく経済不況による家庭の経済事情の悪化や卒業生の就職難等々、現在の社会に固有な諸問題がわれわれに迫ってきている。

諸問題、諸課題はこの時代と社会の刻印を帯びてあらわれているのであるから、その現代的性格を把握することが、解決策を考案するための前提条件である。現代的性格の把握をおこなうには、過去の歴史的性格と対比することが有効である。現代的問題を過去の問題と比べ、共通性――もし、あるのであれば――や異質性を探ることが、現代的特質を浮き彫りにする。

そのように考えて筆者は、近代日本の高等教育のいくつかの断面に注目し、その歴史的検討をおこなうことにしたのである。現代のさし迫った課題を解決するための方法としては、あまりに迂遠であり、効率的でないという批判はありうるであろう。歴史的アプローチは、問題解決のための唯一の方法ではない。より端的な、より直接的なやり方もあるはずである。しかし、問題解決の本格的な方法のひとつとして、筆者はあえてこの方法を採用することにしたのである。教育史研究を重要な専攻分野のひとつにしてきた筆者としては、こういうアプローチに親近感がもてる。もちろんそんな個人的な好みや趣味を超えて、歴史的性格を明らかにするのは歴史的研究の本来の責任である。

それにしても、なぜ「ファシズム期」を問題にしなければならないのか。ファシズム期の大学は、大正時代に獲得した自治権、学問研究の自由を剥奪された。すべての自治と自由を喪失したわけではないが、ほとんど形骸化された状況となった。ファシズム期は大学にとって深刻な危機の時代であり、ある意味で「存亡の危機」であった。

それは現在の大学が直面している存亡の危機とは性質を異にするものである。過去のものは、右翼勢力・軍部・反動的政治家グループなどの策動に発し、ファッショ体制下の政治権力・司法権力によってもたらされたものである。こんにちのものはそうした外圧からではなく、社会的・経済的変動によって大学の存立基盤が揺らいでいるのである。いま、大学をまもることは、かつてのばあいよりもはるかに困難である。外敵からまもるという戦いではなく、状況の変化にいかに適応できるかという知恵が要求されるからである。しかし、この「適応」の仕方によっては、大学の自治、学問の自由は危険な状態に陥りかねないのである。権力からの外的圧力が目に見えるかたちで存在しないにせよ、社会変動に無条件・無原則に随順する方向で大学の「改革」をおこなおうとすれば、自ら大学の自治、学問の自由を放棄し、「時代と社会の要求する」（と想定される）人材（より妥当な表現では「労働力」）を効率的に形成し、市場に送り出すことで自足してしまうことになりかねないからである(1)。

大学、つまりそれを構成し、学問の研究と教授を担っている人びとの集団が、こんにちの社会と時代が要請している真の人材とはどのような学力と実践力を備えた人物なのか、そういう青年を形成するためにはどうしたらよいかについて、いまこそ真摯に探究することが必要である。現在、われわれはファシズム期のような危機意識をもって、大学の行く末を眺めるわけではない。そうした状況の差異は、われわれにとっての幸いである。しかし、そのことはまたわれわれをして偸安の堕落に赴かしめやすいのである。ファシズム期の大学の運命について回顧することによって、われわれは緊張感を蘇えらせることができる。

河合栄治郎をとりあげる理由は、彼が強大な外圧のもとにあって、ほとんど孤立した状態で大学の自治、学問の自由をまもるべく闘いぬいただけでなく、学生の教育という問題についての省察を深める努力をつづけたからである。当時、大学の自治、学問の自由のために戦った人びとは、河合のほかにも——河合のように公然と、真正面からの戦いをしたのではないが——少なからず存在した。しかし、河合のように学生の教育の問題に深い関心を抱き、学生たちに直接語りかけた大学人は他に見あたらない。彼のこうした姿勢、その言説からわれわれは多くを学びうるし、最大限に学ぶように努めるべきである。

テーマについての説明は以上で終わる。モティフについて述べようとすれば、私的な部分に踏み込まざるをえない。モティフはテーマの前提であり、両者は切り放すことが困難なくらい融合しているばあいが少なくない。そのことを明らかにする意味もあるので、以下にモティフの生成に至る過程について記述しておきたい。

筆者が河合の存在について初めて識ったのは、旧制中学の三年生のころ、一九四六年のことであるから、すでに半世紀の昔ということになる。その前年が太平洋戦争（大東亜戦争）の終結の年であり、日本の敗色の濃厚だった時期に、筆者は海軍の学校への入学を決意しつつあった。「悠久の大義」のために、「護国の鬼」たらんと覚悟していた少年が、日本の敗戦と戦後の混乱に直面して、人生の新しい目標を発見すべくさまざまな彷徨をつづけて一年、ふとした機縁で河合栄治郎編集の「学生叢書」にめぐりあったのである(2)。

母の実家に、筆者より一〇歳ばかり年長の従兄がいた。彼は昭和一〇年代の中ごろに東京のある私大を卒業して、軍隊に召集され、ビルマ戦線で地獄の体験をし、幸運にも生還でき、家族の愛情によって心身を癒しつつあった。筆者がその家を訪ねた折、彼の書架にこの叢書が並んでいるのを発見し、パラパラとめくって魅了され、従兄に全巻を貸してくれるように懇請した。彼は寛大に筆者の希望を容れてくれたので、その後数年間、筆者はそれに親しむことになった。

筆者はそれをくりかえし耽読することによってアイデンティティの危機を克服することができ、「人格の完成」を目ざして学問にうち込むことを決意し、上級学校に進学しようとする意欲をつよくもつようになった。その当時、河合が自分の思想を堅持し、大学の自治と学問の自由をまもるために、一身を賭して権力と抗争したことも、昭和初年にはマルクス主義者と対立して理論（思想）闘争を展開したことも知るところがなかった。学生叢書は彼が法廷闘争をおこなっている過程と、その後の過酷な言論・出版の弾圧のもとで刊行されたので、反マルクス主義・反権力の思想を公然とうち出してはいなかったのである。

そもそもこの叢書は、時代や世相に追従するところがあまりなく、いわば「永遠の相下」で人間の自己形成の意義を説いている。時流を超える「教養」の価値を強調する点が、この叢書のメリットでもあり、またデメリットでもあった。世俗への迎合をしなかったからこそ、この叢書は多くの学生から支持されたのであろう。学生たちは、大正期に確立された学生文化である教養主義・人格主義に依然として憧憬を抱くばあいが多かったのである。学生の伝統文化に対する河合の保守主義は、反ミリタリズム・超俗的スタンスのインプリケーションにおいて学生たちの共感をかちえたと言えよう。

しかし、日中戦争・太平洋戦争下の学生たち――まもなく戦地に引き出されて戦闘に従事しなければならぬことが必至である――に、学問することの意味を教え、死生の問題について考えさせようとするガイド・ブックとして、この叢書の内容は迂遠にすぎ、まさに時代離れしすぎている。戦争の社会的・歴史的な原因、戦争の帰結、さらには戦争を回避すべきことについて河合はかつて大胆に、率直に論述した(3)。それらの書物を発禁処分され、さらに出版法違反で有罪――罰金刑ではあったものの――を宣告された河合は、この学生叢書でそうした所信を再説することが不可能であった。

この叢書は、学生たちに戦争への積極的な参加を勧奨しないことで、良心的な出版物でありえた。しかし、「時局」に対して真正面から対決しえなかったことで、リアリティに欠けた内容になったことを否めない。筆者がそれを読んだのは、幸いなことに戦後の平時であった。さらに、社会科学を学習する前の、観念的な思考様式に傾いていたころの読書である。この叢書に深く影響され、それによって積極的に生きるための力を与えられた。この叢書との出会いがなければ、研究者であり、大学教員である筆者の存在はなかったであろう。そういう点では、筆者は河合に対して恩義を感じるべきである(4)。

筆者が大学進学にあたって、西洋史を志向した理由のひとつは、右の叢書、なかんずく「学生と歴史」からの影響であったろう。ただし、教養学部の文科二年の生活ののち、文学部西洋史学科ではなく、新設された教養学科のイギリス分科に進学したのは、河合の影響によってではない。教養学科は、「旧制高校の理念であると共に、河合栄治郎の終生説いた理念」である「教養」を教育目標とし、教育的価値としており、その創設に奮闘したのは、河合のもっとも忠実な弟子であり、河合の裁判で特別弁護人として共闘した木村健康教授であった(5)。

筆者にとって、これはたしかに浅からぬひとつの因縁である。しかし、教養学科進学の時点で、筆者はもはや河合イズムを脱却しえていると自認していた。イギリス科主任教授となった木村教授に対しても、格別に親近感を抱いたわけではなく、経済学部と兼任だった同教授から経済学を教えてもらった記憶もない。「イギリスの経済」という必修科目が設けられていたが、担当したのは木村教授ではなかった。木村教授は教養学科創設については「身を挺した」のであろうが、イギリス分科の経営についてはどの程度の労力と時間を提供したのであろう。在学科二年のあいだに、筆者は木村教授の謦咳に接したことはほとんどなく、教授が恩師の河合のスタイルに模して、自宅で面会日に学生たちを歓迎していたかどうかも知らない。

のちに筆者が一九六〇年代の初めにお茶の水女子大学に就職したさいの学長は、蝋山政道であった。河合が「平賀粛学」によって東大から追放されたとき、その処分の手続きが大学自治・学部自治の慣行に違反していることを批判し、法学部教授を辞職したのは蝋山であった。筆者はこのオールド・リベラリスト、ソーシアル・デモクラットとして聞こえた高名な政治学者から新任の辞令を交付され、「本学の特色を踏まえた上でおおいに精励していただきたい」という趣旨の励まし(訓戒)を受けた日のことを忘れがたい。しかし、筆者はここでも蝋山に個人的に接近して親しく指導を受けようと思ったことはなく、まして「社会思想研究会」や「民主社会主義研究会議」にかかわりをもとうとしたこともない。政治は筆者にとって鬼門であり、自分の専攻している教育学の研究だけで手いっぱいだったのである。

しかし、のちにイギリス成人教育史研究に精力を注ぐようになって、河合のイギリス社会思想史・社会主義思想史研究の遺産から、少なからぬ教授を受ける仕儀となった。河合は二回目の外遊(一九二二〈大正一一〉年~一九二五〈大正一四〉年)のさいに主として英国に滞在したが、そのとき彼が宿泊したウッドブルック・カレッジというのは、イギリスの成人教育施設(レジデンシャル・カレッジ)のひとつである(6)。河合はしばしばアーノルド・トインビーにふれ、また彼の岳父である金井延が青年時代にロンドンのトインビー・ホールに宿泊し、帰朝後トインビーへの賛辞をくりかえしたことを紹介している(7)。河合の主著は、『トーマス・ヒル・グリーンの思想体系』であるが、トインビーはグリーンの思想的影響下に、労働者の福祉と教育に献身したのであった(8)。

筆者は教養学部文科在学中に、河合の自由主義論や大学生活・学生生活に関する著書を読んだことで、もはや河合イズムは卒業できたと思い、彼の全著書を丹念に精読しなかったことを後悔せざるをえない。彼の全著作を網羅した全集が刊行(一九六七年九月~六九年七月)されたころ、筆者はイギリス成人教育史以外のテーマの研究に没頭していたために、それに関心をもつ余裕がなかった。河合の著作のすべてにわたる本格的研究をおこなっていないために、筆者のイギリス成人教育史研究に関する著作は、河合の研究成果について当然リファーすべきところでそれを欠いてしまってはいはしないかとおそれる。

この小論も、河合の全貌を解明することを目的とせず、大学自治論のテーマ分野に限定しての記述である。河合についてのトルソであり、それもごく小さな部分の取り出しである。意識的に矮小化したり、デフォルメする意図などは毛頭ないが、結果として細部への注目がバランスを失した認識となることに十分留意すべきであろう。

1　河合栄治郎の生涯と学蹟

小論のテーマに進入する前に、河合の生涯と事蹟——とくに学蹟——について、ごく簡略な記述をしておきたい[(9)]。河合については、すでに三種類の伝記が刊行されている。それぞれが特色をもった、すぐれた伝記であり、本稿のような小論が、わざわざ伝記的記述をおこなう必要はないかもしれない。しかし、拙稿は専門研究者のみでなく、学生諸君にも読んでもらいたいのである[(10)]。また、専門外の研究者が読者になってくれる可能性もあろう。そういう人たちには、既刊の伝記を紹介して、「できればそちらを参照していただきたい」とお願いしておけばすむことかもしれない。けれども、河合の既刊の伝記をわざわざ読もうとする積極性を読者に要請することは非現実的だろうし、ここで若干のスペースを伝記的記述に割くことには意味があると思われる。以下の記述には、筆者の生涯発達史研究者的関心にもとづいて、既刊の伝記とは異なる視点や事実も入れたいと考える。

河合栄治郎は一八九一（明治二四）年、東京千住のかなり裕かな酒屋の子に生まれた[(11)]。彼の祖父は三河の出身であり、父親が精励して店を繁昌させた。町会議員になり、公共のことにも尽力した。堅実な商人であり、奮闘努力の人であった。河合はこの父親のことをのちのちまで深く尊敬した。河合はこの父親から戦闘性・克己性・計画性・自己顕示欲といった性格を継承したといわれ、またそうしたものの根は祖先の三河人気質だろうとも伝記作者は述べている(12)。

彼の両親は学問・学歴のない人たちであったが、河合の進学については理解があり、酒店の後つぎにすることを望まなかった。彼は少年らしい功名心と勤勉な学習によってよい成績を収め、府立三中から第一高等学校に進学した。中学生時代、一高の弁論大会に招かれ、一高生や先輩たちの雄弁を聴いたことからつよく一高に憧れ、入学できたことに歓喜した(13)。一九〇八(明治四一)年に英法科に入学した七二名の中には、賀屋興宣・神川彦松・河上丈太郎・高木八尺・矢代幸雄・江原万里などの名がある。同年の独法科に小野清一郎・田中耕太郎、仏法科に柳沢健がいる。一年上級の英法科には、川西実三・関口泰・南原繁・廣瀬久忠・真野毅・森戸辰男・吉植庄亮・三谷隆正らがおり、さらに二年上級の英法には白鳥敏夫・日野水忠作が、また文科には天野貞佑・戸田貞三・和辻哲郎・岩下壮一・久鬼周造・児島喜久雄・立沢剛がいた(14)。

これらの俊才たちに深い影響を与えた校長が新渡戸稲造であり、一高のエートスが伝統的な国家主義・覇権主義・立身出世主義から、教養主義・人格主義・理想主義へと大きく転換する時期に、河合は一高の寮生活を体験した。当時の寄宿寮の生活と生徒の意識の状況については、河合と同期に英法科に入学し、のち病気のために中退した妹尾義郎が遺した日記によって、かなりの細部まで理解することができる(15)。河合は弁論部委員として活躍し、新渡戸を崇敬する。その影響下に、少年時代からの国家主義・立身出世主義の人生観が揺らぎ、内面の問題を自覚するようになった。しかし、哲学や思想の探究に没頭したわけでも、キリスト教に回心したわけでもなく、理想主義的・人格主義的傾向をつよめたという程度にとどまった。読書は英国人の書いた史書を原書で読むことが中心であった。

一高の先輩で兄事していた那須皓のあっせんで、東大法学部教授の矢作栄藏と知りあい、法学部の学生として小野塚喜平次のゼミに参加し、歴史哲学・歴史学方法論について研究した。成績はきわめて優秀であり、高文に合格して農商務省に入った。当時、長いあいだ棚ざらしにされていた工場法が、実施のための準備の段階に入っていたことで、河合はその仕事に忙殺された。工場監督官補として全国の工場を視察し、関連法の制定・改正について苦労をかさねた。

一九一八(大正七)年に、河合は工場法・労働問題の研究を目的に渡米を命ぜられ、九ヵ月間の渡米中にJ・ホプキンス大学で学んだり、ニューヨークなどで工場や労働組合の見学・視察をおこなった。J・ホプキンス大学のスロニムスキー教授からグリーンの存在を知らされ、労働問題の女流作家ハザノウィッチと深交する機会をもつことができた(16)。帰国すると、農商務省が国際労働会議への準備を急いでいたので、報告書の作成、派遣代表の人選などの仕事を中心になって担った。しかし、河合の用意した報告書等は進歩的すぎるとして採用されず、労働側代表として彼の熱心に推した東大教授、高野岩三郎も、友愛会側の反対で高野の辞退という経過になった。こうして深い挫折感を味わった河合は、農商務省を辞職し、「官を辞するに際して」(『朝日新聞』一九一九年)で、政府の保守的姿勢と官僚の無責任・無定見をきびしく論難した(17)。

ジャーナリズムに勧誘されて、ひとたびは心を動かされた河合であるが、矢作らの諫止によって断念し、小野塚らの努力によって東大経済学部助教授となった。ただし、これは前任者の森戸辰男助教授がクロポトキンの研究を経済学部機関誌の『経済学研究』に発表したことから筆禍事件となって、東大を追われた(18)あとを埋める人事であった。のちに河合と森戸のあいだで、大学自治をめぐる激烈な論争がおこなわれることになった伏線は、この時点での二人の交代だったとも言えるであろう。マルクシストに代わって、より穏健なソシアル・デモクラットが後を襲ったという結果になったのである。

ただし、河合イズムが形成されていったのは、河合のその後のすさまじい研学の努力によってである。東大への就職にさいし、河合は『労働問題研究』(岩波書店、一九二〇年)を処女作として提示しえたが、これは宮吏在職中に発表したレポートや論評を集めたものであり、本格的な学術書とは言えない(19)。東大への就任後、たまたま在外研究に出かけていた舞出長五郎のピンチヒッターとして担当した「経済学史」のノートづくりの中から、『社会思想史研究』(岩波書店、一九二三年)がまとまり、その後五〜六年を要して『トーマス・H・グリーンの思想体系』上・下(日本評論社、一九三〇年)を世に問い、その翌年、担当科目の概論のテキストとしての『社会政策原理』(日本評論社、一九三一年)がようやく陽の目をみるに至った。河合の主たる学問的業績は、右の三つの著作だったといってよいであろう。彼の著作は生前に一六冊を算えたが、東大を追われてのちに書いた『金井延の生涯と学蹟』(日本評論社、一九三九年)を除けば、大学論・学生論、時事評論、随想など、あまりアカデミックな性格のものはない。『社会思想家評伝』(日本評論社、一九三六年)のように、専門にかかわる啓蒙書として、きわめてできのよいものもあるが、河合の著作はジャーナリスティックな性格の濃いものが多く、また、そういう種類のものとしてきわめてすぐれていると思われる。

大学の教授として、河合は研究と教育に熱心に従事し、かなりな成果をあげた。経済学部の先輩や同僚の教授と比べても、彼の研究生産性は高かったと言えるし、ジャーナリズムにおける評論活動もきわめて活ぱつであった。大学論・大学教育論は、アカデミックな業績ではないけれども、大学に籍があり、学生を教育する職責を有する者として、そうしたテーマについて発言することは評価されるべきである。

学者・評論家としての河合は、昭和零年代には左翼のマルクス主義者と論争し、昭和一〇年代には右翼ファシストと戦闘的に対峙した。マルクス主義の方は反体制的思想として権力から迫害されていたわけであるから、河合がたとえ論理の戦いを挑んだとしても、彼は弱きを挫いたことになる。もっとも、大学の内部だけで言えばマルクス主義は学生たちの多くに支持されていたのだから、河合の反マルクス主義の思想闘争は、権力のうしろ楯で相手を圧服できるようなイージーなものではなかった。

河合が自由主義者として、マルクス主義を含めて思想の自由を大学内では認めるべきだとして、左翼的な言論を研究上の活動に限定してであったが、承認していたにせよ、学部内マルクス派との人間関係は良好なものではなかった。それに学部の政治の次元で、河合は反マルクシスト派と組んでいたのだから、マルクス派から警戒され、ときに憎まれたのは当然のことである。のちに大学内外のファシズムが力を得て、横暴なふるまいをするようになると、河合は自由の擁護のためにマルクシストと反ファシズム統一戦線をつくるような志向をみせるのであるが、反マルクス主義戦闘時代につくられた人間関係のひずみを修正することは不可能であった。第一、マルクス派は大学からすでに追われてしまっていたのである。河合は自由擁護のための闘争を孤立しておこなわざるをえなかった。

一九三八(昭和一三)年一〇月、河合の四著、『改正社会政策原理』(一九三五年)・『ファシズム批判』(一九三四年)・『時局と自由主義』(一九三七年)・『第二学生生活』(一九三七年)が、内務省によって発禁処分とされた。おそらく文部省からの河合処分の要求によるものであろうが、大学当局は河合の思想の教授適格性についての審査委員会を設け、思想は不適格でないが、辞句は若干不穏当な点があるという結論を出した。大学は河合に自発的辞職を再三求めたが、河合はこれを拒否、発禁著書についての警視庁・地方検事局の取り調べ中、つまり起訴以前の一九三九(昭和一四)年一月三一日、東大当局(平賀譲総長)は河合を休職処分に付した。いわゆる「平賀粛学」で、同時に右翼「革新」派の土方成美教授が、喧嘩両成敗ふうに休職処分となった。河合門下の教官と土方派の教官が連袂辞職したのに対して、大学は助教授以下の教官の復帰を勧誘した。河合の弟子の大河内一男助教授・安井琢磨助手が辞任の意思を翻し、土方派の若手は全員が残留した。

河合は起訴され、一九四〇年四月から第一回公判が始まり、「安寧秩序を害するおそれ」を名目に傍聴禁止となったが、石坂修一裁判長は比較的誠実な態度で公判を指揮した。河合の思想について検事局は、①多元的国家論が国家軽視をもたらすこと、②個人主義の主張が日本国家の精神的基礎を成す国家主義と背反すること、③国際的組織の樹立を提唱して国家主権の絶対性を否認し、神聖な天皇大権を冒涜したこと、④天皇の統帥大権を縮小すべしと説いて、帝国憲法の改正を私議したこと、⑤言論の自由を強調し、共産主義思想にも発表の自由を与えよと主張して、共産主義思想を擁護したこと、⑥河合のいわゆる「第三期自由主義は一種の社会主義であり、私有財産制の撤廃を主張する点で共産主義と同一である」、と告発した。

河合は海野晋吉弁護人らに援助されつつ、全力をあげて裁判闘争をおこなった。いかに生来負けず嫌いであり、論争を好み、「裁判向きの人」と評されるような性格だったとしても、二〇回に及ぶ公判への対応は、河合の精魂をつかい果たさせた。一審は無罪になったが、一九四一年四月から始まった控訴院(小中弘毅裁判長)では罰金三百円という判決が出た。河合は大審院に上告したが、一九四三年春の審決は上告毀却であった。控訴審中、体調が悪化して糖尿病と診断された河合は、のちバセドウ氏病と告知され、静養を命ぜられたが猛烈な勉強をつづけ、一九四四(昭和一九)年二月一五日、心臓麻痺で急死した。享年五三歳であった。

2　一九二〇〜三〇年代の大学自治問題

河合は大学問題について五冊の著作、『大学生活の反省』（日本評論社、一九三一年）・『学生思想問題』（蝋山政道との共著、岩波書店、一九三二年）・『学生生活』（のち、『第一学生生活』日本評論社、一九三五年）・『第二学生生活』（日本評論社、一九三七年）・『学生に与ふ』（日本評論社、一九四〇年）を遺している。それ以外にも、「学生叢書」のシリーズを刊行して、河合は昭和初年から一〇年代において、学生層にもっとも広く、かつ深い影響を与えたライターだった。木村健康に言わせれば、河合は「学者であり警世家であるとともに卓越した教育者であった」(20)。昭和初期から一〇年くらいまでなら、河合の理想主義・人格主義は学生たちの生きる力たりえたであろう。

しかし、日中戦争開始以降の戦時体制下にあって、戦地に赴くような若者たちにとって、河合の著書はどれほどの指針たりえたであろうか。東大を辞職したのち、晩年の河合はカントとともに西田幾多郎および京都学派の著作を系統的に読み進めて、自らの理想主義哲学体系再構築の準備を怠らなかった。出陣する学徒は、西田や田辺元の絶対無や弁証法にすがって「無理に自己自身を説得した」のだが、まさに木村健康の言うように、「これらの研究を通じて学生たちが、戦火の現実のなかに何らかのレゾンを見出しえたか否かは甚だ疑問」であった(21)。

河合の大学論・学生論は、学生に対して反戦のアピールをすることはできず、一旦緩急あれば義勇公に奉じて、勇ましく、男らしく戦うことを勧めていた。平賀粛学における、河合の敵役を演じた土方成美が、「河合君も満州事変を否定していなかった」、「支那事変は、防共の観点から意義があると語っていた」と証言していることについて、河合派の粕谷一希は、それが確証をもたず、「河合の真意を掴んでいない」と抗弁する[22]。さらに河合が幻の遺書『国民に愬ふ』（一九四一年三月印刷・製本、内閣情報局により発禁）で、われわれには祖国防衛の義務があり、国難のもとにあって祖国日本のために毅然たる態度を国民に要望せざるをえない、と書いたことについて、「なんという男らしさか！　河合栄治郎は自らを罰した〝ファッショ勢力〟が進めている戦争に対して、日本人は共同の責任がある、として、自ら責任を引き受けようとしたのである」と嘆賞している[23]。

しかし、これは身びいきにすぎる。反戦を叫ばなかったにせよ、終始きびしく非戦の態度をつらぬいた矢内原忠雄の毅然たる姿勢[24]と対比するとき、河合の態度は「明治生まれ」の愛国者の残滓にまといつかれている。天皇、「国体の精華」について書いたくだりでも、河合は「明治生まれの天皇主義者」という体質を露呈している[25]。河合のばあい、「奴隷のことば」をやむなく使わざるをえなかったのだという弁明は成り立たない。自由のための殉教者は、卑屈な言辞を絶対に吐いてはならないはずだからである。河合の学生論や時事評論には感銘に値いするものが多々あるけれども、たとえその時代の背景をカウントするにせよ、冷厳な批判と評価を加えるべきものなしとしない。しかし、小論の主題は大学自治をめぐる論争である。そして、粕谷はなぜかこの問題についてほとんど関心を示していないのである。

河合と森戸のあいだに「大学の顚落」をめぐる論争が展開されたのは、一九二九（昭和四）年〜三〇年である。論争内容の理解を助けるものとして、一九二〇年代における大学問題の動向について略述することにしたい。

まず、論争の一方の当事者である森戸が、大学を逐われた「森戸事件」からスタートしよう。一九二〇（大正九）年一月、東京帝大経済学部の学術雑誌『経済学研究』創刊号に、森戸助教授の論文、「クロポトキンの社会思想の研究」が掲載されたのに対し、検事局は新聞紙法違反としてこれを起訴した。一審判決は、同論文が「我国存立の基本たる統治権及び我憲法に於て保障せられ我社会組織の根柢たる所有権の廃止を主張」しているのは明らかであるが、理想の実現の方法として暴力・不法の手段をもってすべしとは言っていないので、新聞紙法第四二条の「朝憲紊乱の罪」には該当せず、同法第四一条に言う「安寧秩序を紊した」罪にあたるものと認定した。しかし、二審はこれを覆して朝憲紊乱の罪に相当するものとし、三審もこの論文が無政府共産主義社会の実現にあたって、過激の手段をとることを避け、平静穏和の手段に拠るべきことを慫慂しているものの、所論の主義主張が「我国家の存立を危殆ならしむる」おそれがある以上、新聞紙法四二条に該当すると判決を下した(26)。こうして、森戸は禁錮三ヵ月の刑に処せられた。これより先、森戸がまだ起訴されないうちに、経済学部教授会は彼の休職を決議している。

この事件の当初、検事局は雑誌の発売頒布を禁止する処置をとらず、発行者に回収するように求めた。大学当局は雑誌を本郷の店頭から買い戻す一方、山川総長が森戸に謝罪するように説得したが、森戸はこれに応ぜず、大学当局はただ狼狽するのみであった。このかん、一九二〇年一月一六日、経済学部学友会(経友会)の大会が開かれ、大会は森戸助教授を休職処分にした大学の責任を問う決議をおこなった(27)。翌一七日には法学部の学生大会が開かれたが、大学当局を問責する態度は強烈ではなかった。

経友会の大会開催は、新人会の動きによって実現したといわれるが、新人会員の山崎一雄は法学部学生大会で、「我々はブルジョアの大学なんか何うでもよいのだ。騒ぐだけ馬鹿気てゐる」といった意味の発言をして、学生たちの反感を買った、といわれている(28)。新人会は二月二七日に宣伝演説会を東大で開き、新人会創立者のひとりで、大学卒業後弁護士になった石渡春雄や河西太一郎、さらに阿部次郎が「大学の独立」について論じた(29)。ところが、新人会には「本会は今更言論や思想の自由そのものの為の運動には熱中しない主旨である」とか、「プロレタリアは大学の醜態を見てほとんど愛想を尽かしてゐる。やはり大学は特権階級の御用学校に過ぎず、むしろ無産者の敵である事実を暴露したものと見てゐる」といった姿勢が存在した(30)。

東京帝大の法・経学部の学友会は、一九二〇年につくられたものだが、従来あった運動会が文芸・講演・音楽などの文化活動にまで進出したもので、大学の機関という性格がつよかった。同年五月ごろから、これとは別に学生会という学生の自治組織をつくろうとする動きがあらわれた。それは「学生自治」の確立をつうじて「大学自治」を想望するものであり、末弘厳太郎助教授らの助言を得て、「大学の解放」・「大学の研究の自由」を主張していた。それは「森戸事件の余燼を止めて」いるものとされている(31)。

一九二二(大正一一)年一一月七日、ロシア革命五周年記念日に「学生連合会」の発会式が東大でおこなわれ、全国の大学・高専の社会科学研究組織の連携が実現し、これが学生の社会運動の中心勢力となった。早大では文化同盟が学園軍国主義化に対決する闘争を一九二三年に展開したが、それを契機に「第一次共産党検挙事件」が起こり、早大教授の佐野学・猪俣津南雄らの研究室が臨検された。これに対し、早大弁論部を中心とする「大学擁護運動」が起こり、学生連合会がその推進を担った。学生連合会は一九二四年九月に、第一回の全国協議会を東京で開き、学生として可能な範囲で実際運動に参加することを決定した(32)。

しかし、この年の高等学校長会議で、高校の社会科学研究会の禁止が申し合わされ、二三年から二四年にかけてつぎつぎと解散を命じられた(33)。第一回全国協議会で「学生社会科学連合会」と改称された学連は、一九二五年京都で第二回大会を開き、学生社会運動は無産階級運動の一翼であるとして、理論闘争に奮闘する方針をうち出した。同年末、警察当局は京大生を中心とする関西の学生を検束し、翌二六年一月、さらに京大生二〇名をはじめとして全国の学生を検挙した。河上肇教授らの家宅も捜索を受けた。いわゆる「京都学連事件」である(34)。

一九二八(昭和三)年三月には、最初の普選による国会選挙がおこなわれたが、三月一五日に第二次共産党事件(三・一五事件)、ついで労働農民党など三団体の結社禁止(四・一〇事件)が起き、被検挙者千余名の中には多くの学生がおり、学連関係者も四〇名にのぼった。これに関連して河上肇が京大を辞職し、ついで東大経済学部の大森義太郎助教授、九大の向坂逸郎・石浜知行・佐々弘雄の三教授が辞職した。東大の新人会、京大の社会科学研究会をはじめ、各大学の社会科学研究団体が文部省の意向を受けた学校当局によって解散させられた。各大学の学生団体はそれぞれ「暴圧」に反対する声明を出し、反対運動を組織した。四月二七日に開かれた東大の学生大会は、要求の中に大森助教授の復職を掲げた。もちろん、すべての要求は大学当局によって拒否された。

一九三〇(昭和五)年には、東大法学部の平野義太郎、経済学部の山田盛太郎の両助教授が、「共産党シンパ事件」に連座して検挙された。山田は学生時代から河合にその人物と学才を評価され、河合は山田が研究者になることを援助したという(35)。先に大森が辞職したのは、自分が辞職を拒否してがんばれば、累を平野・山田に及ぼすことを配慮してのことだったといわれるが、けっきょくそれも空しかったわけである(36)。山田はまったくの学究であったのに、大学から追われてしまった。

二九年以降の学生運動は、非合法とされつつ高揚し、犠牲者もふえていった。運動の頂点は一九三二(昭和七)年だったといわれる(37)。同年末、京大の瀧川幸辰教授の刑罰論について文部省から総長宛てに注意があり、翌三三年には総長の具申なしで文部省が瀧川を休職処分にした。宮本法学部長をはじめ法学部の全教員が辞表を出し、最終的には六人の教授が大学を去った。

その後一九三五年、美濃部達吉東大名誉教授の「天皇機関説」が貴族院で激しく攻撃され、憲法に関する三冊の著書が発禁となった。起訴は猶予となったが、美濃部は貴族院の勅選議員を辞した(38)。三七年には矢内原忠雄東大教授の論文が反戦的だとして攻撃を受け、年末彼は辞職せざるをえなくなった(39)。三八年二月、東大の大内兵衛教授、有沢広巳・脇村義太郎の両助教授が検挙され、大内の休職問題について経済学部の教授会は意見が分裂し、学部の意思決定が困難な状態になった(40)。このころから、右翼の思想家と貴族院の反動的勢力による河合栄治郎攻撃が激化し(41)、文部省は河合の辞職を東大に要求した。一〇月、河合の四著書が発禁処分となり、一二月には大内・脇村が起訴され、休職処分となった。

河合はあくまで辞職を受け入れず、抵抗をつづけたが、三九年一月、平賀総長は河合と土方成美の二人を休職処分にすることで強権的な処理をした。これは田中耕太郎法学部長の献策によるものだといわれるが、東大ほかの帝大は、三八年七月以来文部省とのあいだで大学自治の慣行の改廃についてきびしい折衝をおこなっていた(42)。総長の選任、教授の任免の権利を文部省の手中に収めようとする要求に対して、田中らは必死の抵抗をつづけていたのである(42)。土方は権力に与して大学自治、学問の自由を破壊する獅子身中の虫として、河合は自治と自由のために戦闘的に戦い抜こうとすることで大学を危機に陥れるハネアガリとして、左右を一挙に粛清しようとする政略であった。右翼からは河合の同類として、田中や横田喜三郎・末弘厳太郎らに対して激烈な攻撃がなされていた(43)。河合はそれらの教授が生き残るためのスケープ・ゴートになったということであろう(44)。

3　大学自治をめぐる河合・森戸の論争

(1)　論争に関する文献

大学自治は確立したのか、逆に「頽落」しつつあるのかという論争が、河合栄治郎と森戸とのあいだで激烈に展開されている。一九二七（昭和二）年ごろから、大学の問題がジャーナリズムにとりあげられるようになり、翌二八年から三〇年にかけて論壇の中心テーマになった。大学論は従来にもあったが、それは大学案内や「赤門教授評判記」のようなゴシップ的なものが多かった。いまや、大学についての「社会的・文化的観点からの根本的検討」、「大学の全姿」に対する抜本的な批判が登場してきたのである(45)。

河合・森戸論争がどのような論稿によっておこなわれたかを把握するのに便なように、最初にそれを表示しておくことにする。二人が同一の表題で書いているものもあって紛らわしいので、二人の論稿には①②③……の番号を付してみた。表の上段には河合・森戸の論稿を並べ、下段の方にはこの論争に関連のある他の人びとの論稿を記入している。これら周辺の論稿で、河合・森戸の議論に直接関係のあったものには、頭に○を付けておく。

一九二七〜三一年の大学問題をめぐる主要文献一覧

一九二七（昭和二）年

①森戸辰男「彼等の『大学の自由』——社会科学暴圧策の発展——」（『我等』三月号）	
	長谷川万次郎「学術の機能と学術機関の独立性——大学の独立性の獲得と喪失——」（『我等』三月号）

一九二八（昭和三）年

②河合栄治郎「大学々園に於ける自由主義の使命」（『改造』六月号）

③河合「大学に於ける自由」（『帝国大学新聞』一二月三・一〇日）

蝋山政道「大学の自治に就て」（『帝国大学新聞』五月七日）

○大森義太郎「大学の没落」（『改造』六月号）

長谷川万次郎「大学＝国家の機関？　社会の機関？――『宗教裁判』と『思想警察』」（『改造』九月号）

一九二九（昭和四）年

④森戸「大学の頽落」（『改造』八月号）

⑤河合「嫌悪すべき学界の傾向」（『改造』一〇月号）

⑥森戸「大学の運命と使命――矢内原・河合両教授の大学に関する論文にふれて――」（『帝国大学新聞』第三一一号、一〇月一四日）

⑦河合「大学の運命と使命――森戸辰男氏に答ふ――」（『帝国大学新聞、第三一八・三一九号、一一月二・九日）

○ＦＬＭ他「当世学者気質」（『文藝春秋』四―一〇月号）

室伏高信「大学無用論」（『中央公論』七月号）

○矢内原忠雄「大学の使命」（『帝国大学新聞』第三〇六号、九月九日）

青野季吉「東京帝国大学論」（『改造』一〇月号）

一九三〇（昭和五）年

⑧森戸「大学の復興――河合教授に答へつつ――」（『帝国大学新聞』第三二四・三二五・三二六・三二七号、一月二七日、二月三・一〇・一七日）

⑨河合「大学の運命と使命――再び森戸辰男氏に答ふ――」（『帝国大学新聞』、二月二四日、三月三・一〇・一七日）

⑩森戸著『大学の頽落』（同人社、五月一五日発行）

⑪森戸「反マルクス主義者の論陣――『大学の頽落』に対する河合教授の批判に答ふ――」（『批判』九月号）

⑫東京帝国大学新聞編集部編『大学の運命と使命』（千倉書房、一一月二五日発行）

⑬河合「大学の自由とは何か」（『中央公論』一一月号）

青野季吉「大学工場から社会市場へ」（『改造』四月号）

金子馬治「大学論」（『大朝』四月一三～一七日）

青野季吉「学生製造株式会社論」（『中央公論』五月号）

長谷川万次郎「所謂『学生思想問題』の歴史的考察――近代国家としての日本の教育観念の変遷――」（『我等』一〇月号）

井口孝親「社会的自由の一範疇としての大学の自由――『乞食』から『大学の自由』まで（三完）」（『我等』一〇月号）

一九三一（昭和六）年

⑭河合著『大学生活の反省』（日本評論社、一二月一五日発行）

(2) 論争の序曲――隠然たる論争

前記文献表の冒頭に位置する森戸の論稿①こそは、河合・森戸論争の発火点だったと言えるであろう。森戸はそこで、第五一議会も残りわずかになった一九二六年三月に、「野党」政友会の院内総務である東代議士が京都事件（学連事件）をとりあげ、新人会などの学生団体を解散させ、また、学生たちの「不穏行動」の原因になっている「不良教授」を徹底的に処分せよと、岡田文相に迫ったことから稿を起こしている。文相はこの発言を歓迎・感謝し、「徹底的の手段」をとるつもりだと答弁した。森戸はその後、文部省が高専においては学生の社会科学研究を、集団のみならず個人においても禁止し、大学においては社会科学研究団体の設置に教授の指導監督を条件とし、団体の会員・役員の届出と承認などを強制したことを記している。他面、岡田文相といえども、大学が社会科学の研究をおこなう自由は認めざるをえず、ただそれは「純然たる学究的な研究」にとどめるべきで、宣伝や実際行動にわたるときは厳重に禁止するという政策をうち出していることを、森戸は皮肉たっぷりに描き出している。

森戸の筆はさらに進んで、各大学の首脳部――京大の荒木総長、東大の美濃部法学部長――が学生におこなった訓示や講演の内容が、岡田文相のいう「大学の自由」とほとんど同じものであり、「許されたる」・「取締られたる」社会科学研究の自由であることを指摘する。ところが、これでは研究者が真摯で厳密な研究の結果真理に到達したとしても、それが真実であることを力説・強調すれば、研究の範囲を超えて普及・宣伝をおこなった者として、左傾教授は大学から追放されることになると、森戸は批判を加える。

彼ら——政府と大学首脳部——は、左傾教授の「回避」(=監視と追放)という消極策のほかに、それを補足し、カムフラージュするための積極策として、「中立教授」を動員し、その言論活動を奨励するようになったことを森戸は指摘する。「厳正なる研究態度を持しつゝある学才兼備」で、「正義の士であり、真理の愛好者」である中立教授が、自己の学問的信念にもとづいて、右の保守主義、左のマルクシズムと闘うということになれば、官僚閥と有産階級は利益を得、片やマルクシストの側は腹背に敵の攻撃を受けることになる。森戸は、「我等マルクシストも亦多事にして多幸なるかな」と、迎撃の武者ぶるいを記している。

この「中立教授」の代表格として河合が、「東大の弁論部長にして学界に令名ある新進教授」として名ざされ、「更に親しく教授の学殖と雄弁を知る」森戸から、高田・小泉・土方らの陣営に河合が加わったことについて、「更にこの有為なる河合教授をも我等の敵に加へばならぬに至った」と宣戦布告されたのである。森戸に言わせれば、真正の自由主義者——ミルやウェーバーのごとき——ならば、思想・言論の自由のためにまず徹底的に闘うべきであり、支配階級の特権的利益のための志願兵として、「純正なる社会科学」のための「自由の戦士」として、ドンキホーテの役割を演ずべきでないと痛罵したのである。

右の森戸論文を当然目にしていたであろう河合が、一九二八年に書いた二論稿(②・③)はポレミッシュではない。河合は一九二五(大正一四)年に在外研究から帰国してのち、「時事問題に筆を執る意志は少しもなかった。たとへ学究的の論文以外に筆を執るとしても、かくまでに大学を主題としやうとは私の留学前にも留学後にも予期しない所であった」と書いている(47)。帰朝後は担当科目の講義ノートづくりとグリーンの研究に追われていたのだから、大学問題で論争をかまえる余裕はないはずであった。その河合が一九二七年三月に「大学々園に於ける自由主義の使命」を執筆した動機は、法学部の平野助教授の留学が文部省の容喙によって一時停頓したときであったが、問題がすぐ解決したので発表されず、二八年一月に東大の連合演説会での講演として発表された。それについての『帝大新聞』(二月一四日)の紹介記事――左右両翼と戦うという河合の揚言は「満場をかうこつたらしめた」――を読んで、森戸は先の論文を執筆したのであった。河合の講演は六月号の『改造』に発表されたのだが、思想・言論の世界において自由主義は妥当であり、自由主義がもっとも妥当な場所は、真理を究める大学であり、そこでは思想が単に研究であり信条であり発表たるに止まるならば、絶対に自由を許し、いささかも強制を加えてはならない、と主張している。そして自由主義の敵として、絶対主義・結果主義・暴力主義・団体主義・安逸主義の五つをあげ、保守主義とマルクス主義の両者を自由の敵対者と断罪しつつも、学園で思想の迫害の実行者たるおそれのある者は依然として保守主義であり、マルクス主義を思想として自由を認めつつ理論的に抗争するべきと述べたのである。

ついで一二月、『帝大新聞』に載せた論稿③では、大学での真理探求は特定の階級の利害を念とするものであってはならず、特定の社会組織を不動の前提として研究をその範囲内に限定すべきではない、とする。部分社会としての大学の使命が、他の部分社会たる国家の安寧秩序と衝突するばあいは、それぞれの使命の根本を損せざる限りで協定の路を求めるべきだ、というのである。大学の学徒は研究の自由という特権をもつが、行動においては一般市民以上の特権はなんらもたず、教授も学生も研究上の必要という名分で、社会秩序の変革にかかわる権利を有しないとして、河合は学生たちに真理探求への沈潜を説いている。

(3) 森戸の大学顛落論

河合・森戸の直接的な論争は、森戸の「大学の顛落」(文献④) から始まった。彼は京都帝大講演部から依頼されて、一九二九年六月二九日に京大学生を対象として講演をおこなった。三・一五事件にかかわって河上肇が京大を追われてのち初めての講演ということで、少なからぬ制約がある講演だったと森戸はコメントしている[(48)]。論文には「講演の面影」が多分に残っていると、森戸は述べている。森戸は冒頭で、六年前にここで講演をしたときに紹介者を務めたのが河上だったことにふれ、河上の辞職は「我国における階級闘争の進展に伴うて益々激化し来つた支配階級の弾圧政策が、大学の学園において産出しつつある一連の諸事象のシムボル」だと指摘した。学生社会科学運動に対する迫害がおこなわれるようになってから、全国で多くの学生とかなりの数の教授が大学を追われたが、そのことによって大学の文化史的地位が動揺し、大学は顛落したと森戸は言う。

森戸は、わが国の大学、とくに帝国大学が久しいあいだ「最高学府として我国文化の指導的位置を占め」てきたこと、それは大学と資本主義的・軍国主義的国家と社会とのあいだに密接不離な関係があったが故に可能だったこと、そしていま資本主義の彼方の新しい世界・文化・理想が啓かれようとしているとき、大学はもはや文化の指導者という意味での最高学府たりえないことを指摘する。

森戸は、大学が新たな局面に処してなお在来の文化史上の指導的地位を保とうと思うなら、新しい世界・文化・思惟に門戸を開放しなければならず、もしこれまでの地位に執着するのであれば、資本主義とその学問的最高機関たる大学の権威を脅かしている新しいものに対して闘争しなければならない、とする。しかし、大学は資本主義社会とそれを代表する国家によって規定されているので、右のような二者択一を自由意志にしたがっておこなうことはできない、と森戸は言う。

森戸は、日本の大学がマルクス主義という新思想・新文化を克服するための機関となった、と主張する。根拠は、支配階級が「思想国難」の克服のために「思想善導」政策をうち出し、大学が易々としてその一機関に身を堕したことである。

森戸は、思想善導が「唯物主義」を排撃して「精神主義」を強調していることについて、資本主義の頽廃期にあってブルジョアジーの唯物的傾向が限度にまで来ており、これに対して無産階級運動がより高い賃銀、より短い労働時間、より良い生活条件を要求するその唯物的傾向こそは文化史上の「偉大と公明」だと述べる。倫理的見地からすれば、わが国では、唯物主義者が多くのばあい理想主義的であり、理想主義者は――そう名のることが保身のみちであるがゆえに――唯物主義の排撃と精神主義の提唱によって物質的利益を取り込んでいる唯物的・利己的存在だと森戸は批判する。

森戸は、支配階級が理想主義を遵奉するのは、それがマルクス主義に対立し、マルクス主義の浸透を防止する精神的手段として利用できるからであり、理想主義・精神主義は搾取と圧制、思想・政治・宗教・道徳の腐敗と堕落をもたらす資本主義とそのイデオロギーを支持・擁護する役割を果たしている、と攻撃する。

思想善導の第二のスローガンである「外来思想の排撃――日本思想又は東洋思想の振興」について森戸は、資本主義の擁護のために封建的イデオロギーを利用しようとする偽瞞的術策だと説明する。

さて森戸は、大学の頽落は事実であれ、それは総長・部長などの管理者や学生主事などの行政的な部分について言えることであり、教授たちはひたすら真理の探求と教授にしたがっているのではないかという見解に対し、人間の思想・主義とくに社会科学はその担い手の社会的存在によって規定され、階級社会にあっては社会科学も階級性を帯びることを指摘する。森戸に言わせれば、ブルジョア社会科学は本質的には誤れる社会意識であり、プロレタリア社会科学は正しい社会意識である。そして大学からは右の後者が徹底的に駆逐され、「影の薄い小市民的自由主義のつつましやかな存在を除いては、唯だ誤れる社会意識の担ひ手であるところの反動的な有産階級的社会科学の一人舞台」となっている。

森戸は、大学の頽落を阻止する勢力として、「進歩的学生大衆」をあげる。青年学徒に特有な性質と、その出身である小市民層の窮乏化を反映する社会的意識とによって、また知識階級の失業問題によっても影響されて、学生たちは反資本主義的になりつつある。しかし、大学の特権階級化、社会的諸学の御用化、思想・理想の反動化によって、けっきょく大学頽落の大勢を進歩的学生大衆も阻止しえないと森戸は説明する。

大学内の自由主義的教授には、反動に対して真実の闘争をおこない、無産階級的思想・運動に同情的な「古い型の自由主義」と、支配階級の反動主義に対しては親和的で、無産階級の運動と思想に対しては「厳正なる批判」をおこなう「新しい型の自由主義者」との二つの種類があるとみる森戸は、前者の「真摯と公正なる態度」に敬意を表する。

しかし森戸は、独占的・組織的資本主義の時代において、自由主義はもう時代遅れであり、時代錯誤になっていて、イギリスでも日本でも自由主義は思想と実際政治で凋落しつつある、とする。左右の両翼と戦うと称する自由主義はけっきょく、マルクス主義を侵撃することで反動を助けているというのが森戸の見方である。かつて官学の国家主義に対抗して、自由主義的・民主主義的な思想に拠って対峙していた私学が、反動化し、いまや官・公・私立のいずれを問わず、「唯一色の帝国主義的支配階級の大学」と化している、と森戸は主張する。(49)

森戸は聴講者の学生たちに向かって、最高の学府、最上級の文化機関といわれてきた大学に、新なる世界への思想・学問・文化・理想はもはや求めがたく、偉大な歴史的使命に対する人類の教育も期待できない以上、大学の頽落とそれを必然ならしめた社会的諸条件を認識し、自らの憂うつな感情の拠って来たるところを把握して、旧世界から「生命と力と将来とに充ちた新なる世界への salto mortale」を敢てなすこと、頽落した旧き大学の傍らに「その礎石の置かれつつある新なる無形なる大学のために」一石を寄与することを慫慂して講演を終わった。

(4) 森戸辰男の「大学の運命と使命」

森戸は一九二九年一〇月、右の表題の論稿⑥を『帝国大学新聞』に寄稿した。これは「矢内原・河合両教授の大学に関する論文にふれて」というサブタイトルを持っており、河合との論争がおこなわれる直接的契機となったものである。森戸のこの論稿は、河合の「嫌悪すべき学界の傾向」⑤が「つけたり的にではあったが、本質的には挑戦的な内容を以て」森戸論文に関説していたことに挑発され、また河合の「大学々園における自由主義の使命」②への批判を志して書かれたものである。

河合は「嫌悪すべき学界の一傾向」の末尾で、森戸らの大学頽落論にふれ、それは一大学の事実についての議論なのか、没落したから大学を向上させよという政策論なのかを問うた[50]。事実論ならば、所説はマルクス主義の公式論にすぎないので、その公式を是認しない自分は結論を認めないだけであるが、大学再建についての言説であるならば、自由主義の傾向を促進するほかに道はないはずだ。しかし、これまで自由主義がマルクス主義を擁護しなかったのは、援助を躊躇させるようなマルクス主義者の所業・失態があったためであり、マルクス主義者の嫌悪すべき傾向が、自由主義者のつまずきの石になったのだと河合は主張したのである(51)。

これに対して森戸は、つぎのように所論を展開した。自分の大学顛落論は、社会事象の客観的分析であり、一定の史的事実についてマルクスの公式の真理性を明らかにしようとしたものであり、反論は史的事実にもとづいておこなわれるべきである。河合が、大学には研究と発表の自由が十分に確保されており、学徒の自由は失われていないが、学徒にあるまじき行動の自由が失われるのは当然だとしているのに対し、森戸は、無産階級的見地に立つ新興科学の研究の自由がしだいに狭められ、研究者が追放されたり、辞職をよぎなくされたのは事実だ、と主張する。

河合はかつて「大学々園における自由主義の使命」で、大学においては保守主義を敵としてマルクス主義と共同戦線を張るのが進歩・自由のためだと述べたけれども、その後自由主義は保守主義と対峙してはたして戦績をあげえたかと森戸は批判する。そうしえなかった責任を、河合がマルクス主義者の非行に求めるのは筋ちがいで、自由主義が大学において栄ええないのは、現代社会、とくにわが国社会の特殊性の故であり、自由主義は基本的に時代錯誤なのだと森戸は主張する。大学再建の唯一の道は自由主義なぞではなく、無産大衆とその立場に立つ学者・思想家だと森戸は言う。

河合がマルクス主義者の非行としてあげる、教授会の内容を外部に洩らしたことはたいした問題でなく、より重大な社会の習俗や国家の法制に抵触したとしても、自由主義者の擁護を道徳律違反の故をもって受けられないのはおかしい、と森戸は反論する。森戸はさらに、河合が旧い型の自由主義者から新しい型の自由主義者に移行(転向)しつつあるのではないかと攻撃した。そして、近く挙行される経済学部創立一〇年の祝賀式典は、高野岩三郎や大森義太郎を大学から追った傾向が示す大学顛落の葬送曲を聞くことにならないかと述べた(52)。

(5) 河合の「大学の運命と使命」

河合の反論⑦は、「大学の本質」から説き起こしている。顛落せざる大学、つまり大学の本質は学問の研究と教育の機関であるが故に、研究の自由を高唱する自由主義が導き出されるのであって、学徒の社会運動・闘争運動は抑圧されるというのが河合の見解である。彼の以後の行論は、この大学本質論を前提としている。河合は、ブルジョア社会におけるブルジョアジーの階級的利害が政治・法律・教会・大学等に表現されるとマルクス主義が言うばあいに、政治や法律と教会・大学とでは表現に差異があり、前者には直接的・積極的に、後者には間接的・消極的に表現されるという、大学の「超階級性」について言及している。ブルジョアジーも、その超階級性の影に隠れて階級利害の片影を表現しうるからだ、という説明である。

各論的な問題についての河合の主張は、以下のごとくである。

大学の現状認識については、大学の学徒の大部分は「一応の意味において」保守主義者――異端の思想に自由を認めない――である。原因は、一般的には人間性に固有な懶惰性・支配欲・個人的利害であり、特殊的には過去数十年間日本の学界を支配した実証主義――現象の因果関係のみを教えて、あるべき理想について教えることのない――であり、明治年間に養成された国家主義である。大学の大勢は保守であり、それは「必然」的であるが、自己反省によって自由となったもの、消極的・稀薄的にでも自由になったものが存在すればこそ、大学は政府の左傾教授罷免の意図に抵抗し、左傾教授が身を大学に置くことができるのである。大学の大勢・常則は保守的であるが、必然を脱却してすでに自由である。

河合は森戸に、「必然の運命」が決して脱却できないものであれば、ブルジョア階級出身の学徒が必然の運命をどうして認識できるのかと問う。その認識は、因果関係の系列の外に立つことによってのみ可能だと、「自由なる自己」の存在について森戸のイデオロギー・マルクス主義はどう説明するかを訊ねている。さらに、「必然の運命」の認識は、何の目的によるかを追及する。森戸が「大学における使命」を語ることに反対して、「必然の運命」を説くことに急なのを衝いたのである。しかし河合は、森戸が暗黙の裡に目的としているのは、けっきょく大学の頽落を防止しようとするにあると推断する。さらに、大学改革の主体は自由主義者でなくマルクス主義者であると森戸が言うのであれば、「必然の運命」の宿命論に立つ限り「主体」は成立しえず、理想を提示しえぬマルクス主義は無力であると、河合は論難する。悟性は必然の外に在って自由であり、理性によって社会改革の理想が立てられるというのが、河合の理想主義的(観念論的)認識論の立場である。

森戸の自由主義批判に対して河合は、森戸のいわゆる「古き自由主義」なるものはかつて存在したことはなく、思想言論の自由を認めえても、行動の自由になんらの束縛・強制を加えないなどということは不可能だと述べる。自由主義は無政府主義とちがって、強制を絶対に排除しない点で現実主義だというのである。ただし河合は、思想と言論の境をどうするかという問題の存在を認め、その論議を他日に送っている。

現在の東京帝大において自由主義は無力かという問題については、森戸の言うような、新興科学の研究の自由が狭められ、その研究者が追放されつつあるといった事実は存在しないと河合は主張する。これについては森戸が客観的事実をもって挙証すべきだとし、大学における研究の自由のための戦績については、自由主義の業績が大きく、マルクス主義のそれはみすぼらしい、と河合は言う。今も将来も、大学に研究の自由を確保するものは自由主義の活動だ、と河合は述べている。

森戸が批判した、河合式自由主義の変節・転向の問題については、自分は終始一貫反マルクス主義であると河合は述べ、また、教授会の秘密の暴露という問題について、マルクス主義者の道徳律は現行の道徳律とは異質だというのであれば、共通の道徳律はないことになるし、そもそも道徳という観念はマルクス主義のどこから導出されるのかと河合は詰問する。このように、河合の立論は必然と自由の関係、法則的・客観的認識と価値定立、マルクス主義と倫理の問題など、社会科学の方法論に深く切り込むものであり、戦後の主体性論争や「マルクス主義と人間」のテーマにつながるものであった。

(6)　森戸の「大学の復興」

森戸は河合論文の要点を、①理想主義哲学よりするマルクス主義哲学の論撃、②研究の自由に即してみたわが国大学の現状の認識、ならびにこれが対策にかんする所説、③河合教授式自由主義の疏明、としてまとめた。森戸の反論は右の①・③にふれつつ、主要には②を問題とする。

第一の問題点について森戸は、素人——河合と同様——の自分が哲学的論争をするのは不生産的だとしつつ、カント主義によるマルクス主義批判は俗流マルクス主義に対してのみ有効であること、最近ヨーロッパではもはや過去のものとなりつつあることを述べ、因果必然の法則の外に自由な意志の存在することは受け入れがたく、また、理想や道徳という観念をマルクス主義から導出してみせろという要求は、自分にデューリングの轍を踏め、ということになると拒否している。

第二の、わが国大学の現状といわゆる大学政策については、つぎのような反論がおこなわれている。

まず、大学の保守主義というのは、守旧主義ともいうべき一般人間性のひとつではなく、新興ブルジョアジーの思潮に対する反動として意識的に形成されたもので、大学の保守性と資本家的階級性とは必ずしも同一でなく、われわれの重点は後者に置かれている。そして、大学保守化の一因はブルジョアジーの思惟形態たる実証主義ではなく、むしろ反対に観念論の抬頭による実証主義の頓挫である。またわが国の国家主義には富国強兵主義と国体観念の二要素があり、国体観念を中心とする観念論が保守主義としてわが国大学が資本主義の最先端に立つことを妨げたのに対し、河合の言う「浅薄なる唯物論的色彩」をもつ富国強兵主義こそが、大学をしてわが国文化の指導的地位を保たしめたのだと森戸は分析する。

河合が、保守の大勢を自由ならしめたものとして「自己反省」をあげることに対して、現在のような社会層を代表する大学の教授と学生が、自己反省によって自己の階級性を超脱しうると考えるのは非現実的・観念的だと批判する。河合が現に大学は自由であり、マルクス主義者にも自由が認められており、しからずと言うのであれば挙証せよと述べていることに対して森戸は、「局外者」である自分には、「文部省の部局の裏で行はれる処置や教授諸君の胸裡深く行はれる暗黙の諒解の積極的証拠」はあげえないが、マルクス主義に立つ新進学徒で大学等の教職に就きうる者が少なく、マルクス主義の論述は一般評論界や学術雑誌に発表されることも少ないという事実をあげている。そもそも、大学における自由の有無については、マルクス主義の克服を使命とすると言う河合の証言よりも、自由の被侵害者たる大学退出者や学内マルクス主義者の「有言無言」の証言の方が信ぴょう性をもつと森戸は論じる。

大学復興のための当為という問題については、自分もまた一個の大学政策をもっており、その要領はきわめて簡明で、現在の大学を頽落に運命づけたものが一定の社会的存在である以上、大学復興の道はこの社会的存在を一定の方向に向かって変革することにある、と森戸は答える。具体的・実践的には、マルクス主義者はできるだけ学内に進出し、学内にある者は地位確保のために闘い、大学内外のマルクス主義者は大学における無産階級的科学の研究の自由のために不断に闘争せよ、と主張している。

森戸は、「必然の運命」というのは自然法則ではなく、歴史的・社会的必然性であり、社会的条件を変革する実践によって運命の呪いを破ることができる、とする。現存社会条件の変革が成就されなければ、大学頽落の運命は貫徹されることになるが、そのばあいも闘争は無意味なものにはならない。それは運命が自己貫徹する速度と態様に有利な影響を与えることができ、社会条件の根本的変革にも促進的影響を与えることができるからである。こうしてマルクス主義者は宿命論者などではなく、「いはゞ実践的理想主義者」であると森戸は言う。学内マルクス主義者の任務は、大学における研究自由の擁護と拡大のために闘争し、かつ現存社会条件を批判し、理論的にこれを克服するための理論闘争に従事することだと森戸は述べている。

第三の河合式自由主義への批判について、森戸は、行動の絶対的自由を主張する古き自由主義があったなどと言ったことはなく、また無政府主義でさえ個人の絶対的自由を要請していないことを論証しているのだから、河合の批判は的ちがいだと反駁する。河合流の「鵺的自由主義」は分類困難であるが、けっきょく一八、九世紀における経済的・社会的自由主義、いわゆる「自由放任主義」に近い、と森戸は判定する。しかし、河合は、グリーン以後の「転回した自由主義」は一九世紀の自由主義とは無関係であり、社会主義とさえ化合しうるものだと主張しており、社会的存在を下部構造とせず、階級的・社会的認識から出発せず、「理想主義」を認識論的下部構造とする河合は、虚偽意識としてのイデオロギーを唱えていると、森戸は批判する。

大学の自由のための戦績の評価について、学内マルクス主義者は用心深くふるまわなければならぬのに対して、自由主義者はより有利な条件に置かれており、また、その主義主張からして反動攻勢と激しく対立すべき立場にあるのだから、その闘争についての評価はきびしいものであって当然だ、と森戸は言う。ところが、大学の自由をまもる闘争において、マルクス主義者は敗北することで大学の社会的正体を暴露するという成果をあげたのに、自由主義者は大学の自由が存するかのごとき幻想をふりまき、かつて保守主義に対する共同戦線を説いていたのに、いまや教育反動と組んで学生の思想善導にあたろうとしているのは、その本質・正体を露呈したものだと、森戸はきびしい批判を投げつけて筆を擱く。

(7) 河合の「大学の運命と使命」再論

この論稿⑨で河合は、森戸との論争の動機について、「近時頻発する大学に関する無稽の誹謗に対する公憤」であり、「マルクス主義的思惟方法に対する検討」の要請であったと述べている(53)。テーマは一大学についての政論にとどまらず、学問研究の方法論についての根本的な論議なのだということを河合は説明する。河合の以下の行論は、マルクス主義イデオロギーの批判と自己の唱道する理想主義的自由主義の理念についての弁護である。こうした学問研究の方法論やイデオロギー論についての検討は、大学自治をめぐる論争のレビューにおいても当然要請されるところである。しかしながら、それには広汎な範囲の問題に検討を拡大しなければならず、とくに大学自治の問題にテーマを絞っている小稿にとって及びうるものではない。ここでは大学自治の問題に直接かかわる範囲に限定して、河合の所論を紹介するにとどめざるをえない。

河合は、論争の出発点で森戸が高調した「必然の運命」について、その認識はいかにして可能か、それはマルクシズムの世界観の根底である唯物論からいかにして導出されうるかについて問うたのに、森戸が素人間の不生産的論争だとして論争を避けたことを「逃避」として非難し、体系的イデオロギーであることを誇るマルクス主義の学徒が、哲学に素人だといって論争を拒むのは、もってのほかであり、それくらいなら初めから「必然の運命」を大上段にふりかざすべきではなかった、と述べる。

現在の東京帝大が頽落しているか否かという中心的争点については、森戸が自由の被侵害者たる人びとの有言無言の証言をより尊重すると述べたことを河合は攻撃し、具体的に挙証していないから、森戸の言説は根拠なき誹謗だと言い放つ。

必然と実践との関係という論点については、森戸の論理の帰結はやはり宿命論だと河合は言う。大学の頽落を必然的に運命づけるものは一定の社会的条件だとするのであれば、大学自体に対する政策も実践も存在の余地がないのであって、大学における袖手傍観以外にはありえないからである。また、社会的条件の変革というのは、学外社会への使命として、学外社会の成員としての、学外社会における実践であって、大学内部においては宿命の支配に身を委ねるほかにないことになる。

社会的条件が変革されないとしても、マルクス主義者の闘争には一定の意味があるとする森戸の意見について、河合は、「必然の運命」がもし大学に貫徹するならば、マルクス学徒は学内から総追放されるだろうから、学内における闘争の可能性はなくなる、と言う。

ここで河合は、「必然」と「実践」との関係にふたたび切り込み、森戸がマルクス主義の必然性とは、一定の社会的条件を前提として、そのもとにおいて人間の意志行為をつうじて実現される必然性だと述べていることに対して、「意志」を中間に介入させるようなら、理想主義的認識論に立つことになってしまい、『フォイエルバッハ論』以来マルクス主義者は「実践的理想主義」に反対しないと言うのだが、自然的必然性と歴史的・社会的必然性の差異、意志の自由と被規定性などの問題についての森戸の説明は「空漠にして捕捉しがたい」とする。

　このあたり、河合はまたも得意の哲学論・認識論の次元に森戸を引き込もうとしているわけだが、河合はついで理想主義における「実践」の概念について、因果必然の系列の外にあり、実践の対象の概念は社会理想によって構成されること、社会理想と概念は理性により構成されること、つまり、対象・理想・理性はいずれも自由の立場にある、とする。河合に言わせれば、マルクス主義は理想主義の認識論と道徳哲学とを借用しながら、それを認めようとしない。

　河合は自己の自由主義について、森戸が誣《し》いたような古典的自由主義（自由放任主義）でも、「転回後の自由主義」（新自由主義）でもなく、思想言論の自由を尊重しつつ私有財産制度の撤廃を主張する、政治的自由主義と並立する社会主義（英国派社会主義）であると、その立場を宣明する。自由主義と社会主義の結合を可能にするのは、下部構造としての理想主義的社会哲学だと主張している。

　河合は、文部省の思想善導施策に河合がかかわったことを森戸が非難したのに対して、自分は終始一貫反マルクス主義の立場にあり、文部省が自分を誘うのであれば、「文部省の私への妥協」であり、たとえ参加しても自分は少しも譲歩しないと言い、「私は私の思想の宣揚のためにはあらゆる機会を利用するであらう」と、正当性を主張する。また、学内における自由主義者の闘争は決してなまやさしいものではなく、少なからぬ犠牲を賭してのことだと述べている。

　最後に河合は、自由主義者は大学においてはブルジョア科学とプロレタリア科学のいずれもが平等に研究と教授がなさるべきだとし、左右のどちらだろうと圧迫・干渉・妨害・迫害を排除して、フェア・プレイのもとに理論闘争がおこなわれるべく努力するつもりだということを、一九二八年一月に起きた弁論部演説会の左右衝突、暴力事件を例にあげながら、「この国において独自の路を歩むことは荊棘に満ちた路であり、孤独の路でありそれ故に寂莫の路である」と言明している。

(8)　論争「終結」後の論争

森戸は「大学の復興」⑧の「附記」で、「この問題に関してはいふべき重要事はほゞ尽したと信ずるので、今後この問題に関して三度論陣を張る意志はない。加ふるに無産階級の政治闘争の実践は微力なる私にも応分の寄与を要求しつゝあるので、こゝに擱筆、諸方の寛恕をこふ」と述べた(54)。これに対して河合も、「私はいふべき諸点を残してゐる。然し私の攻学の予定もまたこの種の論争に永く囚はるゝを許さない。私もまたこれをもつて打切りとしたいと思ふ」⑨と応じて、論争の終結を宣言した(55)。

森戸は一九三〇年五月、自らの三篇の論文を編んで『大学の顚落』(同人社)⑩を刊行し、さらに『批判』(九月号)に「反マルクス主義者の論陣――『大学の顚落』に対する河合教授の批判に答ふ――」⑪を寄稿した。ひとたびは論争の終了を声明したのだから、このふるまいはいかがかと思われる。しかし、河合は最終論文で森戸の「答弁の回避と論点の引外し、誤解と独合点、更に多分の皮肉と嫌味」を批判し、森戸のイデオロギーの総決算を一方的におこなって、森戸を「意識の抽象的思索に習練」せずとやっつけたのだから、森戸は黙って引っ込んでいるわけにはいかなかったのであろう。

しかし、この論文における森戸は、あまり精彩を発揮していない。森戸は、大学顚落の証憑の貧弱という論点について、①学生間におけるマルクス主義研究団体の解散および圧迫、②赤化教員の退出強要、③学内における思想警官としての主事制の確立は公然周知の事実であり、いまさら挙証の必要はなく、④残留赤化教授への監督・圧迫、⑤マルクス主義者の就任の困難について改めて言うまでもない事実だと述べる。これらを否定する河合の主張は、具体的な社会事情の洞察を欠き、形式論理の適用にとどまっている、とする。研究自由の侵害・脅威には、文部当局と大学当局によって醸成された「無形の威力と重圧」をもつところの「学内の空気」といったものもあるのに、そうした空気に対する感覚が欠如しているブルジョア社会科学者の鈍感を、森戸は鋭く批判する。しかし要するに森戸の主張は、河合の有産階級的偏執のために認識能力が低下していることに尽きる。

右の森戸の論稿に対する反応と思われる、一つの長大な論稿(「大学の自由とは何か」)⑬を、河合は『中央公論』(一九三〇年一一月号)に載せた。これは大変よくまとまった文章であるが、すでに紹介してきたような論争の内容を改めて手ぎわよく整理しただけのもので、新しい論点の提起とみられるものはない。河合は、こんにちの大学論は、大学本質論・大学自由論・大学政策論という三種の内容に分けられるが、マルクス主義者は二つ目のテーマに集中し、第一のテーマは究明を怠り、第三のテーマでは顕著に弱性を曝露する、と批評する。河合の大学本質論は、大学とは学問の研究と教育をおこなう部分社会であり、資本主義経済組織とは一定の異質性をもつということを主張する。

大学はその特質からして、論理必然的に学問研究と発表の自由をもつ。河合は東京帝大の現状において、右の自由は確保されているという見解を述べ、大森義太郎の辞職の経緯を具体例に引き、それは大森の自発的な辞職であって、大学当局(小野塚総長)の圧迫によるものではなかったと証言している。河合は、また、大学の学徒は非合法の実践と共同規律の違反については、自由をもちえないという持論をくりかえす。大学における社会科学研究活動（読書会）の消滅については、名義は研究活動であっても、実態は実践に対する戦術の協議会であって、研究の自由を主張しえないうえに、消滅（自主的解散）であったと認識している。

河合は学内マルクス主義者に呼びかけ、反対思想としてのマルクス主義から多くの刺激を受けえたことを評価し、こんごも研究と発表の自由に満足して大学に永くとどまることを希望し、その自由を擁護することを誓うとともに、もしマルクス主義の学者が非合法の実践と、学内における階級闘争による秩序・規律の破壊をおこなうならば、大学の自由はそうした行動にまでは及ばない、と警告する。河合は峻厳に――あるいは意地悪く――学内マルクス主義者に、研究への沈潜による学内への残留か、教養にもとづく非合法的実践を目ざして大学を辞するかの二者択一を迫るものである。

4　結語――大学の自治（あるいは顚落）論争から何を学ぶか――

昭和初期の日本社会は、恐慌が象徴するように、日本資本主義が深刻な危機を迎えつつあった。大正末期以降高まってきていた社会運動は、大衆生活の窮乏化のもとで急速に高揚し、マルクス主義がその指導的理論の位置を獲得した。大学内外の知識人・文化人がマルクス主義に傾斜し、ほんらい「国家ノ須要ニ応シ学術技芸ヲ教授シ及其蘊奥ヲ攷究スルノ義務ヲ有ス」るとされた帝国大学の教員の中に、「左傾教授」があらわれるようになった。政府当局は、社会運動を弾圧し、社会主義・共産主義思想を禁圧することで、体制を擁護しようと努めた。

帝国大学の教員にして「危険思想」を抱くと思われた者の追放は、すでに一九二〇（大正九）年の森戸事件としてあらわれていた。これは大学における学問研究の自由に対する否定であった。しかもこのとき、森戸に対する刑事責任追及を進めつつあった政府に呼応して、東大総長や経済学部長老教授たちは、教授会の決定によって森戸を休職処分にしたのであり。手続き的には大学の自治がまもられたようにみせながら、研究者集団としての学部教授会が同僚教員の研究の自由を奪ったということである。森戸の後任として東大に就職した河合は、このことに関与しなかったにせよ、金井延経済学部長の女婿として、ことの経緯を熟知していたはずである。一高弁論部で先輩・後輩として親近したなどという関係は別にしても、森戸に対する一片の同情と好意が河合にあって当然である[56]。森戸・河合論争について、「これはマルキシズム対反マルキシズム両陣営の侍大将同士の一騎討ちの観があり、打打発止と切り結んで両々相譲らず、しかもお互い武士らしいたしなみを忘れないというふうだった」と、見物桟敷からの観戦スタイルで、しかも通俗講談調の論評[57]がなされているのだが、もっと礼儀正しく生産的な論議ができたはずである。

さて、一九二八（昭和三）年の共産党検挙は、体制側の危機意識を反映する大弾圧であったが、京大の河上肇のばあいは、政府からの要請を受けた総長が経済学部教授会に工作し、河上の辞職を承認する決議をさせ、ついで総長が河上の辞職を求めるという経緯であった。森戸のばあいと同じく、教授会の決議による自発的辞任というかたちをとることで、大学の自治は形式的にまもられることになった。河上同様、三・一五事件の余波として生じた大森義太郎の辞職は、教授会での決議によってではなく、形のうえでは自発的ということになっている。河合はこの問題の経緯についての説明で、一九二七年一〇月に大森が『改造』に発表した「マテリアリスムス・ミリタンス」で土方成美を徹底的に批判したことから、学内の一部に反大森の気分が生じ、大森に対する軽微な処分をおこなうことに河合も同意していた旨を書いている。

三・一五事件以後、田中義一政府（一九二七年組閣）が大学への攻撃を始めてから、大森問題は重要性をもつことになった。政府側は大森の他に山田盛太郎助教授や法学部の平野義太郎らについての処分を小野塚総長に要請したらしいが、小野塚はこれを断乎拒否する姿勢であった、といわれる。河合は四月三日に総長を訪ねて、総長が研究発表の自由について擁護する決意を確認し、大森や平野から協力を求められたのち、再度総長に会って、大学と政府の交渉が河合の信じていた方向で進行していることをよろこんだ。河合は、自分のために職を賭して戦ってくれと求めた大森に、君の思想のために自分は最後までやるが、職を賭するかどうかはいかなるばあいにも約束しえないと答え、また、総長の考え方をつたえて、大森に決して自ら辞職しないように語った。河合にとって大森の辞職は予想もしなかったことであり、大学当局の直接的圧迫はなかったと主張している(58)。

大森は、大学顛落論争の火つけ役となった論稿では、自分の進退について具体的にふれるところがない(59)。大学は支配階級の利益のために学問を研究する、支配階級の機関であると規定し、帝国主義段階における大学はいまや研究の自由を圧殺していると主張している。学内のブルジョア教授はマルクス主義を憎み、学生がマルクス主義を支持することをおそれているので、マルクス主義・左傾教授への弾圧に対して大学の自由のために戦おうとしないのは当然だ、と述べる。大学の自主、学問の自由のために戦う意志をもつ自由主義者は絶無ではないが、彼らは「自由主義が色褪せた童話となつてゐる帝国主義時代の今日、真に闘ふ力をもたない。彼等の多くは、たかだか、大学の自主、学問の自由の死骸を抱いて満足するにとゞまつてゐる」と批評する。文部省が直接手を下さないで、大学側が自己の発意で処分したから、大学の自主はなお保たれているとし、形式上本人が辞表を出したのだからそこになんらの圧迫がなかったと言って、「みづから慰めてゐる人があるではないか！」と、大森は自由主義者を論難している。

これは名指しこそしないが、河合に対する非難である。学問の自由のために、職を賭してでも抵抗すると明言しない日和見主義についての攻撃である。大学の自治という防衛線で、小野塚の威信によってことを収拾しようとする河合の戦略は、反動攻撃に対する戦闘的自由主義とはみえなかったのである。当時の河合は、土方と組んで反マルクス主義の学部内多数派を形成し、ときの小野塚総長と学生時代から親しかったという関係もあって、学部行政の実権を握っていたという(60)。なればこそ、大森や山田は彼の援護を求めたのであろうが、河合の態度は大森に全幅の信頼感を与えるものではなかったと思われる。大森が辞職を決意したのは、総長が文部省との関係で苦境に立っているだろうと推測した同情と、山田・平野への波及を防ごうとする意図からだったというのだが、真実ははたしてどうであったろうか(61)。

河合は、なぜ大森が辞職したかという「心理の分析に就ては、私に一応の解釈がある、然しそれは本論と関係がないから今は書くまい」と、奥歯にものがはさまったような書き方をしている(62)。大学に残って言動にきびしい監視・監督を受けているよりも、学外にあって自由な活動をした方が運動に貢献できるだろうし、大森のような才人であれば、講演・執筆で食っていけるという計算も立ってのことであろうと、河合は言いたかったのではないか。大森は山田とちがって学究タイプではなく、大学やアカデミズムをあまり重視しない傾向から、残留に執着しなかったのだというのが、河合の「解釈」だったと思われる。

大森は思想の自由のための殉教者ではなかったにしても、被害者だったことは明らかである。より良い地位や所得を求めて、勝手に辞職したわけではない。大森は在職中、政治研究会の一員だったために当局の忌諱にふれたこと、日本農民組合の夏期大学に招かれて講演したことが大きな問題になったという例をあげている(63)。片や白色教授には、選挙のさいに政友会や民政党の候補者のために運動したり、官庁のしごとをしたり、地主団体の役員として対議会運動を試みる自由があると、大森は非難する。東大経済学部で長い歴史をもつ教員の研究討論会「談話会」は、「この会における討論が相互に不愉快な感情を醸す恐れがある」という理由で解散され、また、ドイツ語経済学のテキストに『資本論』を用いたいという担任教授（矢内原）の要望は教授会で拒否された。

大森は、近年の大学の人事において、「第一の条件が、その人の学識や才幹ではなくて、たゞ、マルクシストでないこと、マルクシズムに好意をもたないことであるといふのは隠れもない事実であるとされている」と述べている。このことは森戸―河合論争でもひとつの大きな争点になったものであり、河合から森戸に具体的な挙証を迫るという場面もあった。東大経済学部に即して言えば、大森の辞職後、高橋正雄・美濃部亮吉・阿部勇というマルクシスト少数派の助手は、助教授に昇任されず、大河内一男・木村健康・安井琢磨・飯塚浩二・今野源八郎といった河合門下が助手に任命された。河合の伝記作者さえ、「多数派の盛りというより、むしろ驕れる平家にも似た栄治郎一家の花盛りが目立つと言うのも無理はない」と叙述しているような状況であった(64)。

「かたわら、前途を全く閉塞された頭領、大内以下の面々が、深く恨みを呑んで、切歯扼腕、臥薪嘗胆の心境にあったことも当然である」というのは、問題を学部内行政（権力闘争）の次元でとらえれば、そのとおりであろう。しかし、森戸―河合の大学自治（顛落）論争の次元で言えば、大学人事面でマルクス主義者が迫害・冷遇されたことは事実であり、学問の自由を主張し、自由主義は左右等距離のフェア・プレイをすることを誓った河合が、現実政治の場面では依怙ひいきの沙汰を免れていなかったことを示している。河合のばあい、その言論と行動のあいだにしばしばギャップがあったことが指摘されている(65)。矢内原忠雄は、河合の自由主義について論評した文章で、「自由主義は人格尊厳の自覚に立脚する限り、又この自覚を覚醒したる限り、人類に貢献した。従って常に抑圧者に対する反抗運動としてその本領を発揮した。然るに権力者の手にある時、自由主義は自由抑圧の武器となり得る。そは個人主義だからである」と論じた(66)。

経済学部内の「学問の自由」にかかわる、その後の問題について、河合の取った態度には一貫性が欠けていた、といわれる。大内兵衛の言を信ずれば、矢内原問題(一九三七年)のときには河合は終始沈黙をまもった(67)。大内・有沢・脇村の問題(一九三八年)のときには、舞出長五郎とともに土方学部長らの即時処分論に反対し、教授会では五対六というきわどい勝利を得た。大内に言わせれば、河合は学生思想問題で「文部省の御用」を務めたり、かと思うと政府の政策を勇敢に批判したり、「近くにいても、真意の正確にはつかめない人であった。ことほどさように、この人は政治家であった」ということになる(68)。河合の変幻な態度は、信用できない人物という評価になり、河合の「貴族主義・独善主義・英雄主義」を「いつも興味をもって遠望するという人間関係になり、学部内人民戦線はついに成らなかった(69)。

河合の理想主義的自由主義と、それに立脚する大学論は、思想それ自体として論議・評価されるべきものである。しかし、ひとつには、それが当時の大学(および社会)の実態についての正確な認識にもとづいていたかという評価と、さらにはその後の大学自治問題の歴史動向に照らして妥当性を検討するという観点を軽視することはできない。右の二つの点で、河合は不利な位置にある。すなわち、帝国大学には大学の自治、学問の自由が形式的に存在したものの、マルクス主義者が陰に陽に圧迫を受けていたことは事実である。河合はそのことを率直に認めるべきであった。そして、美濃部・瀧川問題から矢内原・大内問題、さらには河合自身が大学から追われるところまで事態は推移したのだから、「判定者としての歴史は森戸に左袒したと言うべきだろう」とは、河合伝記作者の批評である(70)。

一九三五（昭和一〇）年一〇月、東大経済学部の経友会主催の講演会に招かれた森戸は、「教学刷新と大学の自由」と題する講演で、瀧川事件・天皇機関説排撃という手順で国体明徴運動に進行してきている現在、大学に対する思想弾圧は、社会主義・マルクス主義を標的とするものから、自由主義を主対象とするものになったことを指摘し、かつて唱えた大学顛落論は的確な指摘だっただけでなく、その顛落がさらに新しい段階に入ったという考えを述べた。そして、こうした教学刷新攻撃に対する大学の抵抗としては、①顛落の現実をリアルに、謙虚に認めるべきこと、②奪われた自由の回復と、残っている自由の断乎たる擁護、③学外においての文化的任務を重視し、とくに科学的精神を擁護して、学問精神の敵である「暴力と迷信」に対して闘争すべきことを述べた。

この講演を文章化した論稿の末尾で、森戸は、「陰惨なる非常時五年の後」に、いまや民衆の中には平和とパンと自由を求める声がほのかに聞こえ始めており、こうした民衆運動に大学関係者は関心と同情をもたなければならぬ、と述べた。なぜなら、民衆・平和・パン・自由を脅かし、侵害する力は、大学の自由を侵害・脅威する力と同一であり、民衆に平和・パン・自由を確保するような社会が、学芸・文化・大学の自由の実現と発展の必須の条件だからである。森戸はそう主張して、大学と民衆解放運動は、自由の擁護・伸長において抗争すべき共同の反対勢力をもち、「成敗の運命を相共にしてゐるやうに見える」とアピールした(71)。

森戸は右の講演で、当日の司会者だった河合の孤軍奮闘に敬意を表し、支援と激励のことばを送った、という。木村健康は、「ゆかしい挿話として、その日の聴衆の永く忘れないところである」と回顧している(72)。

しかし、その数年前、労農派マルクシストの大森義太郎・向坂逸郎は、河合の自由主義論に対して激烈な批判を加え、河合もこれに応えて論争がおこなわれた(73)。リベラリズムとマルクシズムが協同してファシズムにあたるのではなく、両者の激突によってファシズムに「漁夫の利をあたえた」(74)。「このときにも腹背に敵を受けた」河合は、思想・学説である限りマルクシズムにも自由を与えるべきだとかねて主張したことを、右翼や検察当局から「容共」と非難され、前述のように講義の中で自由主義とマルクス主義は手を結んで右翼反動と共闘すべきだと述べたというかどで、「人民戦線」の組織化を画策した、と攻撃されたのである。

昭和一〇年代に入ってから、マルクス主義と自由主義が提携しようとしても、それはすでに時機が遅かった。昭和零年代にマルクス主義者が大学からつぎつぎと追放されていった当時、河合のこれに対する態度は鮮明でなかった。山田盛太郎・平野義太郎のばあいは、共産党シンパ事件に連座してのことであるから、大学の自由の限界を超えているものだとして、大学からの追放を座視した。一九三三年にドイツ留学から帰朝した河合は、ファシズムに対して果敢な闘いを開始し、瀧川事件・天皇機関説問題では学問の自由をまもるために奮闘した。大内らの問題のときには、即時処分に反対して右翼・政府をバックとする土方派に抵抗した。河合が検察から起訴されるに至る迫害を受けたのは、自由主義の筋をとおして大内らを擁護したからである。しかし、その大内は河合を人間として信用せず、ほんらいなら河合ともっとも近い位置にいたはずの矢内原からは、土方と同類――ソドム、ゴモラ――視されていた(75)。

河合の孤立は、ほんらい左右両翼と戦うという彼の自由主義の宿命であるし、また、彼の性格にも一因があったといわれている。しかし、河合がしばしば不満を洩らしたように、マルクス主義者の側がリベラリズムの階級的性格や中立的日和見性、現実社会からの遊離などを熱心に批判はしても、その積極面を評価して、協力の可能性を探ろうとしなかったことに主な理由があったと思われる(76)。とくに労農派の論客たちは、資本主義社会の分析には熱心でも、日本における国家権力の構造、天皇制の理解という点で不十分だった。森戸の大学頽落論にしても、ブルジョアジーとプロレタリアートの階級闘争の激化によって、国家権力が反動化し、大学の自治や学問の自由を剥奪するようになったという説明であった。大学自治を破壊する主敵は、ブルジョアジーではなく反動的勢力だとしていた河合の方が、むしろリアルな認識をしていたと言えよう。もっとも、大学頽落論争の時点で、河合・森戸(そして大森も)はともにファシズム・天皇制ファシズムについて予想することはできなかった。

統一戦線が形成されえなかったことの基本的な理由は、森戸や大森の大学観、頽落論立論の目的・動機にあったと解される。と言うのは、森戸らは大学の階級性を暴露し、そこでは真理探究が不可能であることをアピールし、無産階級が大学に幻想をもたぬように警告するとともに、学生たちが自主的に社会科学の学習運動をおこない、卒業あるいは退学後に社会運動に参加することを慫慂すべく、論稿を書いたと思われるからである。保守派はもとより、自由主義派を含めて、反無産階級的であることを糾弾するのに急であった。実際政治の動向の中で、中道派や社会民主主義右派の政党や政治家が反革命的であることも、「自由主義的社会主義」に対する不信の理由となった。河合が大学内で土方らと組んで学部行政の権力を握り、人事を壟断しつつあること、外では文部省の御用を勤めようとしていることを目のあたりにしては、森戸らとしては徹底的な批判の対象となければならないと考えたのも無理からぬところである。

河合から、もし大学の頽落が必然なりとするのであれば、それを防止せんとする意図、すなわち大学政策を提示せよと詰め寄られて、森戸はそれへのできるだけの抵抗を学内マルクス主義者に要請した。頽落の速度を遅くすること、また、必然の法則の実現過程を無産階級の社会運動にとって有利なようにすることを意義あり、としたわけである。しかし、階級闘争の激化に伴って、支配階級・権力と被支配階級・運動の両方の側から、大学を自分たちにとって有用なものにしようとする働きかけがなされるのが当然で、その努力において運動側が失敗するのであれば、社会変革という「必然的法則」もその分だけ実現困難となる。森戸は、大学が社会制度、それも国家制度の一部であり、そのあり方は一般社会の動向によって決定されるという、大学上部構造論をとり、大学の変革は基底的な社会制度の変革によってのみ可能となる、と論じている。大学改革そのものよりも、大学外の社会運動に参加することを重視している立場になる。国家イデオロギー装置の最重要機関——体制イデオロギーの生産と普及の場——であった大学を変革することがいかに困難かを熟知したうえでの選択ではあろうが、大学にこそ最高の知性が結集しており、知性が真理に覚醒する「自己反省」の可能性はありうる——森戸・大森自身がまさにその実証——のだから、大学の自治、学問の自由の擁護をこそ主張すべきだったのである。

大学の学問の自由というのが研究上に限定されるのは、大学の社会的位置からしてやむをえないことであり、それをまもるだけでも戦前の日本の社会と国家体制の中では困難であり、かつ重要な課題であった。それが認識できなかったのは、ブルジョア民主主義の発展に重きを置かず、天皇制国家への闘争よりも資本主義社会の変革を目標にした労農派的戦略からくる誤りだったと言えるであろう。さらには、大学の相対的独自性——河合が力説した「部分社会」論——についての認識が不十分なことから、大学改革の可能性を否定する主張となった。

さて、最後に大学顛落論争の理論的論争としてのレベルの問題についてふれて、拙稿を終わらせることにしよう。木村健康はこの論争について、「それぞれ自由主義およびマルクス主義の最も有力な代表者によって戦われたものであったために、相互の論旨も徹底的かつ痛烈であったが、両者の間には他の論争には見られなかった相互尊敬と礼儀とが守られた」と論評している(77)。戦後の学界でさえも対立する学説のあいだでまともな論争がろくにおこなわれないことを思えば、河合・森戸論争は主として論理で対決した堂々たる論争であり、かつ巧妙なレトリックの応酬があるみごとなもので、「当時のインテリと学生たちの血を湧かした」というのもうなずけるところである(78)。

ただし、「相互尊敬」と「礼儀」の点は疑わしい。「時漸く寒冷を加ふるの候、森戸氏たるもの幸に加餐自重せよ」(河合)という措辞は、ブルジョア政府の設立した大学が顛落の運命を免れえないのであれば、資本家大原孫三郎の寄付で設立された大原社研も、寒冷——政府の反動化による、研究の自由への弾圧が強化されつつある——のときにあたって、没落の心配をせよ、という冷い皮肉である(79)。それどころか、河合は森戸の哲学についての無知を嘲り、その「非学徒的悪意」・「科学的思索の不精密」を非難している(80)。これに対して森戸も、河合について「真理の山に隠棲せらるる学聖の社会的の認識不足」、「形式的論理を操つて事実の周園《ママ》を低徊」する思考方法を攻撃した(81)。両者ともに——河合の方がよりひどく——表にいんぎんを装いつつ、皮肉と嫌味をぞんぶんに言う無礼をおこなっている。両者ともに負け嫌いで鼻っ柱がつよく、ディベートの雄であった。

木村健康は、「このときの論争でいずれが正しかったかを判定することは容易でない」と述べて、勝敗の判決を回避している(82)が、木村の書いた河合の伝記は、「師への尊崇のあまり、河合栄治郎の真の性格に触れられていない」と評されるようなもの(83)なのだから、審決の回避は事実上敗北の承認とみなしうるであろう[84]。もちろん、読者以上に論争の当事者たちの方が勝敗にこだわり、相手の弱みにつけこみ、自分の弱みにはふれまいとしたので、この論争から学ぶところが少なかった。森戸は戦後に書いた、この論争についての回想で、当時の主張をそのままくりかえすだけであり、論争からも、戦前の大学史からもほとんどなにも学んでいない[85]。われわれがこの論争から学ぶべきものは、ディベート（討議）よりもディスコース（対話）の方が真理への到達のためにはより生産的だという結論であろう。唯物論であれ観念論であれ、対立するものからより高次な結論を導き出す方法としての弁証法的思考様式を身につけることが必要なのである[86]。その点、河合も森戸もともに哲学の素人だったことを遺憾とすべきであろう[87]。「大政翼賛会的議会」がいわれたり、憲法改正が日程にのぼりつつあるとも聞く昨今の政治状況が継続・悪化し、大学自治・学問自由の問題が論争テーマになるようなことがないように希望しつつ、戦前の論争から学ぼうとしたのが拙稿の意図するところであった。

〈注〉

(1) 拙著『大学改革と生涯学習』明石書店、一九九七年、一九六〜一九七頁。

(2) 「学生叢書」(日本評論社刊)は、『学生と教養』(一九三六年)から『学生と哲学』(一九四一年)にわたる一二冊のシリーズで、他のテーマは生活・先哲・社会・読書・学園・科学・歴史・日本・芸術・西洋である。これらに収録された河合の文章は、戦後に『学窓記』(『河合栄治郎全集』15、社会思想研究会出版部、一九五三年)と題して刊行され、社会思想社版の河合全集では第一八巻（一九六八年）に収められている。昭和一〇年代の日本を代表する知識人・文化人をライターとして網羅しているのは一種の壮観である。

(3) 河合栄治郎『ファシズム批判』日本評論社、一九三四年。『河合栄治郎全集』第一一巻、社会思想社、一九六八年。

(4) 筆者より一歳年長で、都立五中の生徒だった粕谷一希は、戦時中の憂国少年が戦後の精神的混乱のさなかに河合の存在を知り、学生叢書や河合の推薦図書を読み耽《ふけ》って立ち直っていったことを回想している(粕谷一希『河合栄治郎』日本経済新聞社、一九八三年)。

(5) 同上書、一四九頁。

(6) 河合栄治郎『在欧通信』〈『河合栄治郎全集』第一七巻、二七八〜三〇四頁〉。

(7) 金井延「経済学の近況と講壇社会学」〈『東洋学芸雑誌』一八九一年五月〉。河合栄治郎『金井延の生涯と学蹟』日本評論社、一九三九年、四二九〜四三〇頁。

(8) 『河合栄治郎全集』第八巻、八八〜八九頁。

(9) 前掲、粕谷の評伝がもっとも新しいものだが、ほかに社会思想研究会編(伝記部分の執筆者は木村健康)『河合栄治郎・伝記と追想』(社会思想研究会出版部、一九五二年)と、江上照彦『河合栄治郎伝』(社会思想社、一九七一年)がある。以後、三種の伝記からの引用注には木村、〇〇頁、といったぐあいに表記する。

(10) 河合栄治郎を含む下記の一〇人の文化人について、学生たちの認知の程度を確かめたところ、日本赤十字の看護専門学校の三年生四七名の全員が一〇人のうち誰も知らず、山梨学院大学の法学部行政学科の三年生四二名のばあいは、丸山眞男について八人、西田幾多郎について二人、河合栄治郎について一人という結果であった。「阿部次郎・天野貞佑・上原専祿・大塚久雄・河合栄治郎・久野収・倉田百三・西田幾多郎・日高六郎・丸山真男」。河合栄治郎について記した学生は、「経済学者」と書いただけである。

(11) 河合栄治郎「著者自らを語る」〈『第二学生生活』社会思想研究会出版部、一九四八年、二〇五〜二六六頁〉。

(12) 粕谷、三〇頁。

(13) 河合栄治郎「学生時代の回顧」〈『第二学生生活』二一三〜二一四頁〉。

(14) 一高同窓会『会員名簿』一九五二年に拠る。

(15) 前掲、拙著、一一四〜一三三頁。妹尾は一高二年の秋から病んで休学し、のちついに退学するのだが、休学中の妹尾に河合はしばしば慰問・激励の通信を送っている。友人に対して比較的冷淡だったような印象が河合にはあるけれども、病める不運な学友に対してあつい友情を示したのである（『妹尾義郎日記』図書刊行会、第一巻、一九七四年、五五、五七、五八、九三、一〇一、一二三頁など。河合は英法二年二組の総代として見舞状を出している）。

(16) 河合栄治郎『書斎の窓から』（日本評論社、一九三二年。『河合栄治郎全集』第二二巻、二八四〜二八六頁）。

(17) 河合栄治郎「官を辞するに際して」〈『第一学生生活』日本評論社、一九三五年、四二〇〜四五六頁。ただし、原文の約四分の一が削除されている〉。

(18) 森戸辰男『思想の遍歴』上、春秋社、一九七二年。

(19) 東京電力の社長だった木川田一隆（一九二五年、東大経済学部卒業）は、在学中河合の講義を聴く機会にあまりめぐまれなかったが、『労働問題研究』を愛読し、河合を「生涯の心の師父」と仰いでいた。河合の全集の刊行のために、大企業の社長などに依頼して巨額の金を集めた（土屋清『エコノミスト五十年』山手書房、一九八〇年、八八〜八九頁）。

(20) 木村健康『若き人々とともに』白日書院、一九四八年、八七頁。

(21) 同上書、九二、九五頁。

(22) 粕谷、一〇四〜一〇五頁。

(23) 同上書、一六二頁。

(24) 矢内原忠雄『国家の理想―戦時評論集』（「キリスト者の信仰」岩波書店、一九八二年）。

(25) 粕谷、一六五頁。

(26) 森戸、前掲『思想の遍歴』上。家永三郎『大学の自由の歴史』塙書房、一九六二年、五一〜五二頁。向坂逸郎編『嵐の中の百年―学問弾圧小史』勁草書房、一九五二年、一五五〜一七〇頁。

(27) 大室貞一郎『大学及大学生―その三代思想史』新文芸社、一九四七年、七七頁。

(28) 菊川忠雄『学生社会運動史』海口書店、一九四七年、一〇〇頁。

(29) 阿部次郎「大学の独立と社会理想としてのアナーキズム」〈同『人格主義』岩波書店、一九二二年〉。阿部は大学の自治、学部の自治と学問研究の自由の重要性を強調し、社会理想としてのアナーキズムは国家をverneinenしてはいるがvernichtenしてはいないので、アナーキズムの信奉者といえども国家の大学を追放される理由はない、と論じている。
(30) 菊川、前掲書、一〇〇頁。
(31) 同上書、一二九頁。
(32) 長谷川明『学生の思想運動に就いて』一九三一年、八八〜八九頁。
(33) 末弘厳太郎「社会科学研究の自由と大学」〈帝国大学新聞社編『大学の運命と使命』一九三〇年、一二二〜一二九頁〉。高桑末秀『日本学生社会運動史』青木文庫、一九五五年、一〇五〜一〇八頁。
(34) 末弘厳太郎「学生検挙事件について」〈同上書、一二六〜一二九頁〉。
(35) 木村、五二頁。河合栄治郎『教壇生活二十年』鬼怒書房、一九四八年、一二八〜一二九頁。
(36) 家永、前掲書、五三〜五四頁。
(37) 大室、前掲書、一一三頁。
(38) 向坂、前掲書、九七〜一一二頁。家永、前掲書、五七〜六三頁。瀧川幸辰「大学教授の一つの型」〈同『随想と回想』立命館出版部、一九三七年、九七〜一〇六頁〉。河合栄治郎「瀧川事件と大学自由の問題」〈『河合栄治郎全集』第一一巻、二〇五〜二一五頁〉。末川博『彼の歩んだ道』岩波新書、一九六五年、二一二〜二一四頁。
(39) 河合栄治郎「美濃部問題の批判」〈『河合栄治郎全集』第一二巻、一一〜一七頁〉。向坂、前掲書、一一二〜一三〇頁。
(40) 向坂、前掲書、一七二〜一七三頁。家永、前掲書、六三〜六四頁。
(41) 蓑田胸喜・松田福松『国家と大学』原理日本社、一九三八年、一八五、二一五頁。家永、前掲書、七〇〜七一頁。
(42) 家永、同上書、六九〜七〇頁。田中耕太郎「大学自治の合理性」〈『現代随想全集』27、創元社、一九五五年〉。
(43) 蓑田・松田、前掲書。
(44) 平賀粛学の前後における河合の率直な気持ちは、「昨今の心境」〈『河合栄治郎全集』第二〇巻〉に表白されている。

なお河合「総長への上申書」〈『河合栄治郎全集』第二〇巻〉参照。

(45) 森戸辰男『大学の顚落』同人社、一九三〇年、一頁。同「反マルクス主義者の論陣─『大学の転落』に対する河合教授の批判に答ふ─」〈『批判』第一・第二号、一九三〇年九月号、一九頁〉。

(46) 森戸の著書『大学の顚落』には森戸の三論稿、表上段の④⑥⑧が、河合の著書『大学生活の反省』には同じく②③⑤⑦⑨⑬が、帝国大学新聞編集部編『大学の運命と使命』には、上段⑥⑦⑧⑨、③と下段の蝋山・矢内原の論稿が収められている。

(47) 河合栄治郎『大学生活の反省』日本評論社、一九三一年、序文。

(48) 森戸、前掲『大学の顚落』二頁。

(49) 官学・私学の同質化、私学の自律性喪失の問題は、森戸の前出論文（①）でくわしく扱われている。

(50) 河合栄治郎「嫌悪すべき学界の一傾向」〈同『大学生活の反省』七六〜七七頁〉。

(51) 河合が嫌悪したのは、「同僚に対する悪宣伝と、揚足取りの論争と、不当なる人物評論と、教授会の曝露」の不公正であり、そうしたやり口はファシストと同じになってしまうとする（河合『大学生活の反省』七〇〜七五頁）。河合のこの憤激はＦＬＭ他「当世学者気質」〈『文藝春秋』一九二九年、四─一〇月号〉の内容に向けられたものだ、とされている。

(52) 東大経済学部教授でマルクス派の総師だった高野が東大を退職したことに、河合は深くかかわっている。第一回国際労働会議代表問題で高野の休職という事態を招いたのは、河合の責任でないが、高野の東大復帰を土方らと組んで阻止したのは河合である。大内・森戸らとの長い確執はそこから始まった（河合栄治郎、前掲『教壇生活二十年』一〇六〜一〇七、一二五〜一二七頁。土方成美『事件は遠くなりにけり』経済往来社、一九六五年、一〇四〜一〇六頁）。

(53) 河合、前掲『大学生活の反省』一〇四〜一〇五頁。

(54) 森戸、前掲『大学の顚落』一一〇頁。

(55) 河合、前掲『大学生活の反省』一四九頁。

(56) 農商務省を辞任して浪人中だった河合を森戸が訪問し、「実は自分の地位はかなり危険に瀕しているので、いつ大学を去ることになるか分からないから、多少なりとも自分に近い君が傍にいて呉れると、去るにも心強いから」と、河合の東大入りを懇請し、河合は「森戸氏の好意は身に沁みて嬉しかった」と記している（河合、前掲『教壇生活二十年』一〇四～一〇五頁）。

(57) 江上、一九四頁。

(58) 河合、前掲『大学生活の反省』一七八～一八五頁。

(59) 大森義太郎「大学の没落」〈『改造』一九二八年六月号〉。

(60) 江上、一九一頁。

(61) 家永、前掲書、五四頁。小野塚は山川や長与・平賀などとはちがって、剛直なリベラリストであり、「その純粋無私なる人格と確固たる理想と信念と、而して公明果断なる態度を以て、克く学内の秩序と統制を維持すると共に外に対しては、大学の自治を操守し、職を賭して大学の権威を守り了せた」と賛美されている〈南原繁「小野塚喜平次先生」〈同『学問・教養・信仰』近藤書店、一九四六年、一二〇頁〉〉。大森には小野塚に対する敬愛や配慮がありえたかもしれない。

(62) 河合、前掲『大学生活の反省』一八四頁。

(63) 大森、前掲論文。

(64) 江上、一九一～一九三頁。

(65) 同上書、二六八頁。

(66) 矢内原忠雄「自由と自由主義」〈『思想』第八五号、一九二九年六月号、のち『国家の理想―戦時評論集』に収録〉。

(67) 大内兵衛「矢内原教授辞職のいきさつ」〈同『一九七〇年』岩波書店、一八四頁〉。しかし、向坂逸郎は、土方の提案に対して、田辺・本位田がただちに賛成し、大内・河合が反対した、と記している（向坂、前掲書、一七二頁）。その場にいあわせた者の証言として、大内に分がある。

(68) 粕谷、九二〜九三頁。
(69) 河合栄治郎は「社会政策開講の辞に就いて」(『帝大新聞』一九三八年九月二六日)で、四月二〇日の開講において「自由主義者とマルキストが提携して、共に人民戦線として右翼に砲弾を打ちこまねばならぬ」と語ったといわれること(右翼学生の小田村寅二郎がそれを学外で言いふらした)について弁明している。講義の趣旨は、マルクス主義者がほんらい敵とすべき右翼ではなくて、自由主義者を敵としたことの非を述べたのだ、と言う。人民戦線を形成するつもりはない、と主張している(『河合栄治郎全集』第二〇巻、八五〜八六頁)。
(70) 江上、一九五頁。
(71) 森戸辰男『思想の遍歴』下、春秋社、一九七五年、二一六〜二一九頁。
(72) 木村、五四頁。
(73) 『河合栄治郎全集』第一二巻、「時局と自由主義」参照。
(74) 木村、七〇頁。
(75) 家永、前掲書、七一〜七二、七四頁。
(76) 『近代日本社会思想史Ⅱ』有斐閣、一九七一年、一七三〜一七四頁。
(77) 木村、五四頁。
(78) 江上、一九四頁。
(79) 河合、前掲『大学生活の反省』一〇三頁。
(80) 同上書、一〇五〜一一六頁。
(81) 森戸、前掲「反マルクス主義者の論陣」。
(82) 木村、五四頁。
(83) 粕谷、二五頁。
(84) 『河合栄治郎全集』第一五巻「大学生活の反省」の解説を担当した安井琢磨も、論争をたんねんに記述しながら、「そのいずれが正しかったかを判定することは読者の判断にゆだねておこう」と述べるにとどめている。しかし、資本主義が没落しなければ大学の真の復興はありえず、マルクス主義の優越は絶対的であるという森戸の主張は、おそらく本質的に修正されざるをえないであろうと付け加えている。

(85) 森戸、前掲『思想の遍歴』下、一九四〜二一九頁。森戸は論争の勝敗の「判定者としての時局」の展開は、自分の予見したとおりであった、と述べている。しかし、顚落をもたらしたものについては、「軍国主義と国体主義の抬頭によるファシズム」だと言う。また、森戸は社会変革の主体は無産階級だとしていたのに、実際は敗戦と占領政策だったことを「銘記すべきであり、残念なことであった」と書いている。これでは、森戸の理論の勝利とは言えない。それよりも、河合は社会民主主義者だったが、自分も転向してそれになったと言っているのだから、森戸の理論的敗北である（同上書、三五六〜三六四頁）。

(86) 森戸は、河合と自分との行動の食いちがいと結論の対立は、「両人の立場の相違」にあることを論争のさいに指摘した（同上書、三六一頁）。安井琢磨も、「両者の主張は結局のところ自説の開陳に終始し、触れ合うところがなかったのはむしろ当然というべきかもしれない」（『河合栄治郎全集』第一五巻、「解説」三七五頁）と言っている。江上もまた「共通の地盤の無いところ議論はどこまでも平行線をたどるほかはなかった」（江上、一九四頁）と片づけてしまう。これでは、思想・立場の対立する者のあいだの論争は無意味になる。それを克服するための生産的なコミュニケーションの方法を編み出さない限り、民主主義は不毛でる。

(87) もとより河合は「矛盾の中より、より高き統一を求める弁証法的発展」のことも、ギリシャ哲学における討議法のことも知っていた。それどころか、森戸との討論以前に論争のメリットとデメリットについての英知を示す一文を発表している。討論によって自己を反省・意識することが可能になり、自己の思想を明晰にできることの反面、勝敗にこだわったり、ギャラリーの評判を気にしすぎたりすることの問題を指摘し、少壮の学徒は論争をするよりも思想体系の確立のためにこそ努力すべきだと述べている。これほど「分かっていた」はずの河合にしても、論争のデメリットを克服することは困難であった（『河合栄治郎全集』第一五巻、二六九〜二八二頁）。

三　自性清浄
——北川省一の行学と自己形成——

はじめに——テーマとモティフ——

本稿は、社会運動の実践者であり、良寛の研究家であった北川省一（一九一一〜一九九三）の人となりとその営為について叙述するものである。

筆者は自らの生き方と教育実践とにかかわる課題の探求のうえで、示唆を与えてくれる先人に学ぼうと努めてきた。学ぶべき先達は少なくないのに、筆者の学習能力が低いために、作業が遅々として進まないのは遺憾である。北川の存在を知ったのはかなり前のことであり、彼の著書を本格的に読み始めてからすでに数年が経っている。

筆者が北川の存在に気づいたのは、二つの径路からであった。最初の出会いは、旧制高校史研究の過程であった。筆者は大学院時代から三〇歳台にかけて、青年期教育の研究を、マイナーではあるが自分の専攻領域にしていた。四〇歳台以降は心ならずもそれを中断せざるをえない学問的境遇にあったが、山梨学院時代の後期に、旧制高校史、とくに旧制一高史の研究を主たるテーマとするようになった。研究資料として一高の『校友会雑誌』が貴重かつ有用であり、筆者は数次にわたって上京し、東大教養学部図書館でそれを閲覧したが、昭和初年の誌上でさかんに活躍している執筆者のひとりに北川がいた。詩・小説・評論と、いくつかのジャンルで作品を発表しており、多才な文学少年という印象は鮮烈であった。このようなブリリアントな青年が、その後文筆の世界で名を成したのかどうか、その行末を知りたいと思ったものである。

二度目の出会いは、『漂泊の人　良寛』（朝日選書233、一九八三年）の著者としてであった。山梨学院時代の後半、筆者はたまたま良寛の詩を読んで衝撃を受け、以来細々ではあったが良寛に関する著作類を耽読していた。また、山梨良寛会の支援を得て、筆者が主宰する山梨学院生涯学習センターで、良寛研究のセミナーを開設したこともある。筆者にしてみれば、まさに六〇の手習いであったが、良寛から与えられたものはまことに大きくかつ深く、筆者のその後の生を支えてくれている。

この書物を初めて手に取ったときには、著者北川省一と一高生北川省一とがただちには重ならず、奥付の著者紹介で「旧制一高から東大に進み中退、…」とあるのを読んで、ようやくハタと思いついたという遅鈍ぶりであった。しかし、とにかく北川が文筆の人として名を成していたことを識ることができ、また、彼が良寛について研究していたことを知って、彼と関心をシェアしていることに感慨を覚えもした。

上記の書物は、北川独自の良寛論を提示していてはなはだ興味をひかれ、以後、北川の著作を蒐集して組織的に読むことにした。それによって、筆者の良寛理解は大いに深められたように思うし、また、北川という人物に魅せられるところが大であった。北川の生き方や言説で筆者が共感しうるものを、本稿で記述したいと考えている。筆者は、この先達に対する敬愛の念について、そのよってきたる所以を明らかにしようと思う。

1　北川省一の生涯

北川は一九一一（明治四四）年四月七日に、新潟県柏崎の中浜に生まれた(1)。

彼の祖父は金沢の大きな商家の長男であったが、柏崎の閻魔市を見物したさいに、土地の娘を見そめて結婚した。生家から勘当廃嫡された祖父は、京都に赴いて塗師の技を身につけ、柏崎でそれを業とした。祖母の実家は広小路にある「身上のええ家」で、祖母は「広小路小町」と呼ばれた美人であった。

祖父の職人としての腕はよく、また、経営の才もあって手堅い商売をしていたようである。この夫婦には子どもがなく、妻の実家（「広小路」）から養子をもらい、後継者にしようとした。この朔司がかやと結婚して五男二女をもうけるのであるが、省一は三男である。子どもの命名の仕方が変わっていて、ふつうとは逆になっている。省一には弟が二人おり、また、姉と妹がいた。

父、朔司はいつごろからか家を出奔し、長らく異郷に漂流して家に帰らなかった。生活に窮した一家は、柏崎の海岸近くの貧乏長屋に移り住み、母親は漁師の地引網を手つだったりしていたが、のちにはボロ布を集める仕事をして、たくさんの子どもたちを養った。次兄・次弟は、溺死・早死と夭折している。少年時代の思い出にもとづいて書かれた北川の小説『越後・柏崎・風土記』の中では、貧乏長屋に住む人びとの暮らしと人間関係が克明にリアルに描かれているが、そこでは祖母が死んでも父親は帰宅せず、葬式費用もなくて苦悩する母親のすがたが活写されている(2)。

最低の、貧困な生活であったが、母親は賢母であり、省一は良い子であった。省一の学校での成績はずば抜けて秀でており、体育以外はほとんど百点であった。長屋の人たちの走り使いをして一銭の使い賃をもらえば、飴も買わずに母親に渡し、母親はそれを子ども名義の郵便貯金にした。

省一がこういう境遇のもとで旧制柏崎中学に進学できたのは、理解しがたいことである。長兄、省三は小学校を出ると家を出て、埼玉県下で鉄道の機関士となり、のちには苦学して弁護士になった。省一は高校・大学時代にこの兄から学資の援助を受けたが、中学時代にもなにがしかの援助を受けていたのであろうか。

母親は、省一によく勉強するようにと常に勧めた。それも説教・訓戒ではなく、毎月二五日の夜に省一をつれて天神様の祠に参詣し、お賽銭をあげ、「勉強ができますように」と拝ませるのであった。風雨や、雪の激しい夜は、母親が独りでお詣りに出かけた。「勉強しろや省ちゃん」、「勉強さっしゃい」と省一によく話した母親は、「勉強してえらい人になりなさい」とも言った。学問ができれば立身できると思っていたのであろう(3)。零落し、陋巷に辛うじて糊口している身の上であってみれば、わが子が学校で良くでき、級長も務めているというのは、母親にとって大きな喜びであり、誇りであったにちがいない。

小学校の四年から卒業まで受けもった担任の教師は、教育熱心で、六年の三学期には、始業時間前に教室に来て、進学希望者のための指導をおこなった。といっても、黒板いっぱいに黙々として算術の問題を書き、生徒はそれを写し取るだけであったが、受験組の生徒だけではなく、多くの生徒が先生の熱意にあおられて早目に登校してきた、という。この教師が、良くできる省一の中学進学を母親に熱心に勧めたであろうことは容易に推測できる。

省一は、中学に首席か次席で合格し、その後、「開校以来の秀才」と評判を取るような学業成績を収め、四年修了で一高の文科丙類に合格する。ともに一高を受験した同級生は落ち、翌年合格している。「四修」

で一高に合格するというのは至難のことであり、とくに田舎の中学生にとっては奇蹟的な難事であった。省一はこの栄冠をかちとり、栄光ある人生の首途に立ったのである。

一高時代のことは、節を改めて述べることにしよう。彼は文芸部委員としてその文才を発揮し、卒業後、東京帝大の仏文科に進学するのであるが、そこを中退してしまう。マルクス主義に近づき、左翼文学運動に身を投ずるための転身だったというが、文学の道を歩もうとする者にとって学歴など無用だという思いきりで退路を断ったのであろう。文学の才についてのつよい自信にも支えられてのことであったろうし、大学の仏文学の講義のつまらなさに対する侮蔑を公然と語ってもいる。大学を中退して文学を志し、名を挙げた先輩には、尾崎紅葉・正岡子規・谷崎潤一郎がいたし、近い手本としては中野重治がいた。事実、北川は東大中退後、しばらく中野の家に寄偶していたといわれる。

北川は当時の生活について、「遊蕩と放浪の日々、地下運動と留置場の日々」と回想している。しかし、具体的にどんな運動をしていたのか、どんな弾圧を受けたのか、はっきりしない。そもそも、北川がマルクス主義の哲学や経済学について深く学んだようには思えないし、文学についても「表象派の文学運動」に傾倒したりしている。友人の中村光夫が小林秀雄の推挙を得て文壇に登場したことを模して、恋愛小説一篇を小林に送ったが、相手にされなかった。文壇雄飛の素志は実現せず、帰郷して高田で塾をやったのち、柏崎の傷痍軍人療養所で働いた。作業員のような仕事だったという。かつて郷党の与望を担った秀才だったのに、左翼くずれ、文士くずれの敗残・落魄の身を郷里に潜ませたのである。

一九三八（昭和一三）年、世話する人があって東京の新潟鉄工場に勤めることになり、北川はかつて侮蔑していたサラリーマンの生活を送り始めた。それより先、高田で弁護士を開業していた兄、省三を頼って、同地で塾をしながら文学作品を書いていた北川は、塾生の姉に結婚を申し込んでいた。定職もないような状態では、結婚もできぬと思って、傷痍軍人の療養所で働いたり、新潟鉄工に勤めたのであろう。一九四〇（昭和一五）年九月、北川は二九歳で六歳下の高子と結婚した。高子の父は、八王子の初代市長をした実業家の長男で、高田新聞の論説担当記者であった。高子の母親の方は高田の人間で、美人だったという。北川は美人の高子に惚れて、愛情を告白しながら、他の女性に対する関心を高子にぬけぬけと語っていた。

結婚後、北川は新潟鉄工を辞め、中野重治や壺井繁治、窪川鶴次郎、佐多稲子などのところに出入りするようになった。文学への志断ちがたかったのであろう。高子が結婚前に予想し、覚悟していたような、食うにも困る生活であり、質屋通いのやりくり生活であった。

ついに一九四三（昭和一八）年、大阪のプレス製作所に勤め、建設部長として働くようになったが、すぐ兵隊にとられ、千島のマツワ島、ウルップ島で輜重特務兵の勤務に就いた(4)。

戦後の四六年、高田の実家に身を寄せていた妻子のもとに復員した北川は、共産党に入党し、農民運動・労働運動に従事した。高田市長選挙や県議・市議選に立候補したこともある。生業としては貸本屋や新刊書あっせんを経営し、いくつかの分店を設けるとともに、自身が自転車に本を積んで配本活動をおこなった。映画会社の相談役になって資金を注ぎ込んだが、うまくいかないということもあった。党活動一〇年で、北川は除名処分になっている。北川がなぜ党活動をやめたのか、「共産党では、おれは救われないと思い離党」したとしか書いていないので、詳細は不明である(5)。彼が戦後もつきあっていた中野重治が、共産党から除名されたのは一九六四年であり、北川はそれよりずっと前に除名されている。当時、党の路線に対して懐疑し、酒を飲んで党員と議論していた、という。まだ小さい子どもだったのに、父親につれられて他の党員との議論につきあわされた、北川の子息フラムは、もともと父は文学者的で政治家向きではなかったと、筆者に語った。組織的な活動には向かない、どこかアナーキーなところがあった、という意味のようである。

党を離れた虚脱感の中で、北川はこともあろうに証券会社の常務となり、四年後には倒産したので、家を売って借金を返済させられるという破目になる。田中角栄にすがって、なんとか倒産を免れようと画策したが、失敗している。生計の道を求めて、妻に煙草店をやらせるべく、その許可を得るために、一高時代の旧友である主計局次長を訪ねたこともある。自らが青年時代に唾棄した権力者に膝を屈することは、北川のようにプライドの高い人間にとって、大きな苦痛であったろう。党を離れてから深酒をすることがしばしばだったというが、心中うっ屈するものがあったにちがいない。

しかし、こうした精神的苦悩・絶望感の中で、北川は良寛にめぐり合う。一九六〇年代の初め、一高卒業から三〇年後における、良寛との出会いである。ときに北川は五一歳、以後の三〇年間、一九九三(平成五)年一月五日に死去するまで、北川は実に精力的な良寛研究者として、多くの著作を世に送り、NHKラジオをはじめとして新潟の内外で講演をおこなった。良寛に心酔し、良寛によって精神的にも救われたと自認する北川の良寛論は、多くの読者に感銘を与えた。かく言う筆者も、まさにそのひとりである。北川によって、良寛を完全に理解しえたなどと言うつもりはない。浅学菲才な筆者にとって、良寛は依然として謎である。しかし、北川の諸著を読むことがなかったら、良寛はまったく理解を超える存在であったろう。筆者は、すぐれた良寛案内人としての北川に深謝する。筆者がもう少し早く旧制高校史研究か良寛探求を始めていたら、生前の北川と面語することができたであろう。フラムは、「あなたと会っていたら、父は自分と類似なものを見出して喜んだろうに」と語った。筆者の資質は遠く彼に及ばず、没後私淑の弟子などと潜称するつもりはない。しかし、筆者のような頑愚でも、彼から多く学びうるものがあることを深謝し、北川をわが師兄として敬愛している。

2　向陵時代の北川省一

北川に『石ノ詩』という作品がある。これには三つの版があって、一九六一（昭和三六）年、北川が五一歳のときに刊行されたものは、彼の処女詩集であり、最初の出版物である。ついで一九八四（昭和五九）年、北川七四歳のときに木版詩集五〇部が発行され、さらに一九九一（平成三）年八〇歳で『石ノ詩　ああ向陵よ、向陵よ』と題されて出版された。死に先き立つこと、一年半歳である。

九一年の改訂増補版には、前半の「石ノ詩」とともに後半に「ああ向陵よ、向陵よ」が「合祀」されている。後半部分は、「石ノ詩」よりも前に書かれ、一高・帝大時代を「回顧、哀悼した散文詩」である。篋底に長く秘匿され、焼却されるべき運命にあったというこれらの詩篇が、なぜ「恥を忍んで急遽」発表されたのか。北川は、放蕩無頼であった良寛が、突然寺に入ったような勇気は自分にないとして、読者がこの両詩篇を読むことで、「良寛天上への長い、長い梯子の裾に取り組った筆者の、危なく、可笑し気な、しかも何やら眞剣な後姿を見て」もらいたかったのだと釈明している。

第二次大戦直後、逗子の海で自死した一高生、原口統三は、それまで自分の生命をかけて苦吟した詩篇の多くを焼却しようとしたという。己れの創作能力への絶望だったか、あるいは生も死もともに空無だとする達観であったか。北川は、自己の青春について、悲劇もそこでは喜劇の歯車で回る、悲しく、かつ、滑稽なシーンの数々を綴っている。断乎として捨て去ったはずの「滔々たる赤い血潮」が鮮やかに蘇ってくるのをとどめかねた、懐古の慕情が、しかし恥じらいと苦味で描かれている。まっしぐらに出世の階段を駆け登っていった世俗の英雄たちと、酒であれ思想であれ、階段を踏みはずして資生艱難のうちに呻吟する敗残の弱者と、しかも両者のあいだの消えやらぬ友情の残映が描き出されているのである。

そもそも、「ああ向陵よ、向陵よ」は、歴代の一高生に愛唱された寮歌の一節である。その歌を、北川は二〇年ぶりに訪れた旧友のYの家で、酒をふるまわれ、Yの細君に靴下とネクタイをプレゼントされた敷居の低さ「否、高さ」に、東京をみることをおそれ、昔の仲間に逢うことを恥じて帰郷する夜汽車で口ずさむのである。右の拳でいつも顎を支えていた、一高生時代のYの癖は、美貌で勤勉な妻と結婚したあと、消えてしまっていた。いかに懐旧の情で寮歌を唱おうとも、過ぎ去ったものは二度と戻らないのだ。

しかし、現世でたどりついた身分が何であろうと、その貴賤を超えて、向ヶ丘で袖すりあっただけの友人が、なぜこうも懐しまれるのかと、北川はいぶかる。軍隊の戦友、党での同志に対しては、面をそむけ、そむけられるのに、この懐かしさは何かと。青春の血潮が混ざり合って消え失せぬのか、あるいは向陵の伝統の魔法にコロリとかかってしまったのかと、北川は自分の青春懐旧の情念を、自分自身でもはかりかねている。

北川は、一九三〇(昭和五)年度の文芸部委員に、中村耕平・湯浅隆宗・秋元寿恵夫とともに就任した(6)。前年度の委員、四名の中には、氷上英廣と中島敦がいる。新年度の委員は、前年度の委員が推薦する習慣だったが、北川は氷上の知遇をとくに得ていたように思われる。北川は氷上について後年、「氷上は母ひとりの懐にはぐくまれていたが、この猛禽の雛の黄色い嘴は、ドイツ語の本を貪るようについばんで引きちぎった」と書いている。

北川の作品が初めて『校友会雑誌』に載ったのは、三二五号（一九三〇年一月）の詩、二篇である。「自分」では、未熟な漁夫が、貧弱で哀れな海魚（「自分」）を釣りあげて食べる悲惨をうたい、「風の唄」では、「どこか、雪に埋もれた見知らぬ野原」や「盲ひた公園の落葉松の林」に、迷い込んだように悲しく吹いては、夢の棲み家に帰っていく、孤独寂寥の風の告白が綴られている。青春の憂愁と悲哀の詩である。

次号、三二六号には、「安神するまでの過程――己の心に言い聴かせる――」が載せられた。それはエッセイで、フランス語の書き取りが苦手なためにひどく不安になり、劣等感にさいなまれた作者が、耳の悪いためで知能の低いせいではないのだと考えてひとまず安心しようとする。しかし、耳の悪くない人との対比でひがみを覚え、過去の思い出によって慰められ、耳の良い悪いを問わず、ありのままにそれを肯定するという立場に立つことによって不安を克服するのである。

過去の思い出としては、留守番を言いつけて母親が外出したあと、とくに嵐の吹く夜などには淋しい気持ちになり、久しく経ったのち、母親が帰ったともしらず、台所から物音が聞こえてきたのを、おそろしくて行って見る気にもなれず、ようやく障子をあけて母親を見出したときの嬉しさを書いている。また、「錆び果てた古銅器のように、暗褐色に反射する天蓋の下に、文明に取残されたままの、どす黒い家と街道とがある」北国の町の、「裏長屋の貧民窟」の風景が描かれている。トタン板の色と香りがしみ込んでいる過去の思い出の中にも、貴い宝石のような、生きるうえでの杖にもなるようなものがあることを述べている。

文芸部委員になってから、北川はほとんど毎号に小説・詩・評論を発表した。『生贄』（三二七号）は、一高生たちが好意と関心を寄せていたレストランの給仕の少女を主人公とする。この少女は、一高生の南太が住んでいる下宿の母屋に、かつて女中として住み込んでいたのだが、そこに出入りしていた妻子持ちの男に犯され、妊娠して邸を出、給仕になった。南太は、彼女に同情しながら、救うことのできぬ、無力で臆病な自分に涙する。社会的弱者に対して涙する北川の本領が窺える。

三二八号に載った詩、三篇のうち、「蜘蛛の巣」は、慾念のクモの巣に夜をこめて餌も掛からず、朝風に吹き破られようとする空しさを歌い、「肉慾」は、肉慾の焔にあおられて夜獣のような淫夢にのたうつ妄想が描かれている。明治末〜大正初期であれば、鉄拳制裁を食ったであろう軟派調の詩である。しかし、「憂愁の石」では、粛々と降る愁雨によって、深く埋もれた石の白蘚が剥げ落ち、石も露わにされて、また憂愁を唄うと、萩原朔太郎ふうの表現で深き憂いを表出している。

三三〇号（一九三五年一一月）に載った「酒場なる女におくる詩」は、「みどりなす髪をもつ女」への愛情がはたして真の愛かと懐疑し、理性を否定しても理性の苛責に悩まされ、肉の愛を超え出る彼方を想いつつ、女性にあいふれんとする想いを詠っている。北川の鋭い感性や耽美的表現の才能はなかなかのものだったと言うべきであろうが、『生贄』にみられた社会派的な視点はどこにいったのか。二二九号で、「自由連盟の歌」や「共同制作論」を発表した後の作品だけに、北川の心境は理解しがたい。「自由連盟の歌」が立沢剛文芸部長から咎められ、自主撤回したことから来る韜晦だったわけではないだろう。

「共同制作論」は、「芸術派」と「プロレタリア派」それぞれの共同制作作品がほとんど同じ時期に発表されたことを踏まえて、共同制作の可能性と問題点について論じている。そのさい、『文芸戦線』に載せられた「共同制作に関するテーゼ」が参照され、北川の言説はそれを単に起論のスプリング・ボードとして便宜的に利用するだけでなく、終始それに依拠して展開されている。共同制作は、芸術派にとって必然的な要請でなく、新規な制作形態への好奇心に発するものであり、個人主義的経験に執着しつつ「協調」によって総合の効果を生み出そうとしているが、ブルジョア的に描出された装飾画になっており、退屈な類型がモンタージュ的構成に救いを求めているにすぎない、と北川は冷評する。

これに反し、プロレタリア文学の共同制作は、ほんらいプロレタリア文芸運動が集団を中心として発展するものであり、創作活動の主体は運動そのもので個々の作家ではなく、対象・観念の焦点は大衆であるが故に、必然的な要請から生まれた創作形態である、と北川は認定している。ただし、『文芸戦線』で共同制作テーゼが発表された動機は、ジャーナリズムからの注文に応ずるための組織的代作を弁護し、合理化するためのものではないかと疑問を呈し、またその具体的作品（鶴田知也他「工場閉鎖」〈『読売新聞』〉）の描写が不十分・不満足な点を有するとも批評している。共同者が世界観（イデオロギー）を共有し、少なくとも題材の芸術上の認識に積極的に参加することが必要だとしている。

北川の所論に対する立沢剛文芸部長の批評は、「まことに聰明、批判的な文」と誉めあげ、国民の総意が単一性に統合されたホメロスのばあいのように、意識の統一、信念の単一化がおこなわれれば共同制作は評価されるべきであるが、そのような統一は至難であり、ラショナリズムの文学論では普遍妥当性を主張するが故に共同制作も可能であろうが、印象主義・表徴主義・個人主義ではまったく不可能だろうと論じている(7)。社会意識の共通性に依拠しつつ、有機的結合としての作品をつくることはきわめてむずかしく、自然に任せれば個々作品の陳列になり、人工的に按配すれば退屈な類型になってしまうだろうと、北川の所説に賛成する。

立沢は、「兎に角、白かつか赤かつか、高見に見物してゐる筆者の態度は賢明でもあり批判的、正しいと思ひます」と批評している。しかし、上述したように、北川は赤の方に軍配をあげていたのである。ただし、

「文芸戦線」派に対立する「戦旗」派の存在を十分意識し、鹿地亘の文戦批判に便乗して、文戦の共同制作論発表の動機を疑っている。文戦派の立脚する社民的イデオロギーよりも、戦旗派の共産主義に好意をもち、それが将来生み出すべき共同制作作品にひそかな期待を抱いているように思われる。

文芸部委員として『校友会雑誌』の編集にあたった北川は、掲載を否定した投稿について批評を加えて、木村栄に対しては、浪漫的感傷を悪魔に売ってしまい、その描写力と底力で現実をみよと叱り、小出栄一には、寸劇としてはちょっとおもしろいかもしれないが味がなく、もう一段の奮励が必要だと突き放している。宮本忍には、その信仰が甘く、苦悩は地についていないと酷評し、もう一度清算せよ、と要求している。彼らは、北川の言うところの「小さくって可愛らしい三人の友」のうちの二人であろう。文芸部の講演会に講師として招いた小林秀雄のことばを引いて、「苦しんだ奴でなくては人生は分からない」と北川は書き、教科書を拝読することで楽天家となり、サラリーマン根性になってしまっている多数派学生に、まず人格を鍛えるべきだと叱咤している(8)。

一高時代の北川は、まさに文芸派であって理論派ではなかった。昭和初年から、立沢剛は『校友会雑誌』にほとんど毎号マルクシズム批判を書いた。学生たちが当世流行のイデオロギーに安易に同調するのではなく、深く徹底的に検討することを求めたのであり、単なる思想善導ではない。これに対して、稲村晴一・佐藤大四郎らが堂々たる批判の論文を執筆した。こうした師弟論争こそは、当時の一高生の精神的緊張を明示するものである。しかし、北川は当時立沢の諸論文をほとんど読まなかったという。前出の「共同制作論」にしても、たいして理論的なものではない。新しいトピックに敏感に反応しただけの、ジャーナリスティックなセンスを示しているにすぎない。彼は『校友会雑誌』の編集にあたって、文芸的作品を酷評して斥けながら、「法隆寺の再建論と非再建論に就いて」、「A List of Phanerogamous Plants from Dai-Ichi-Kotogakko」を採用し、「学術的滲透が地を掃った一高生には得難いものだ。薄っぺらな理論とか坐談にたけるよりも一挺の鍬こそ貴重だ」と評価している。これは、己に欠けるものへの憧れではなかったか。

北川は、剣道部員で豪快、典型的な一高生である原純夫たちのあとについて、本郷通りを寮歌を唱いつつ闊歩した日々のことを、後年懐かしく回想している。落魄の身で寝がての夜ごとの夢にもその光景が、また、原と二人だけでめぐった山中湖・芦の湖の旅のシーンが蘇ってくるというのである。青春のたわいのない思い出が、人生のはずみ車となって回転すると述べて、しきりに懐古の情に浸っている。あるいは、深酒で資産もわが身も飲み潰してしまった旧友のことにふれ、その呑み癖をつけたのは自分だったと懺悔し、当時酒の終わりにはいつも「ああ玉杯」を歌うのが常であったが、「浩然として寮歌を歌う時、酒を酒以外の何ものかと化し、私たち酒呑みを酒呑み以外の何ものかと化した」と書いている。

つまり、北川は理論的なマルクス主義者でもなかったし、青年共産同盟の組織員でもなく、文芸こそが命と思い込み、小林秀雄や横光利一の才能を羨望し、居傲のポーズを取った、出世前の文学青年であった。それは、後年の良寛研究者の像に直結するものではない。しかし、良寛に銀鞍白馬の青春時代があったように、北川にもまた順風に得意満面、天下制覇の野望に酔いしれた青年期、「紅の陵の夢」の時代があったのである。(9)

3　北川の良寛論

良寛についての研究や論稿は、北川以前にもすでに数多く刊行されている。『漂泊の人　良寛』のあとがきで、北川はとくに参照した先行研究として、大島花束『良寛全集』、唐木順三『良寛』、竹村牧男『良寛の詩と道元禅』、石附勝龍『良寛和尚の宗教』、石田吉貞『良寛―その全貌と原像』、宮栄二『良寛』などをあげている。いずれも定評のある書物で、北川の勉強ぶりは篤実である。

北川が良寛について書いた本は、前後で一五冊ほどに達する。六六歳で初めてそれを刊行してから、八一歳で没するまでの、たった一五年間の晩年の著作として、一年一冊の勘定になる多産ぶりである。ただし、改訂版を「定本」として出したり、本の題名を変えて他の出版社から刊行したりしたものがある。出世作『良寛遊戯』の改訂版が、三年後に『良寛その大愚の生涯』となり、さらにその五年後には『大愚良寛の生涯』となる。他の研究者の研究成果を踏まえ、自己の思索を加味して、北川は良寛像を発展させていった。

北川における良寛研究のスタンス、つまり彼独自の研究スタイルは、「越後土着の貧しい糊口を通して、私自身の言葉で、わが越後人良寛を理解して納得し」ようとするものであった[10]。彼は、良寛を学問や知識の対象とするつもりがなく、日々の生きざまを問うべき師父・善友とみなしていた[11]。北川は、良寛から日々学びとることのできた彼の生活原理・信條を「貧道」と称び、己の実践の指標とすべく努めたのである。貧道からすべての仏教臭を洗い去り、現代を生きる生き方のひとつとして明示しようというのである[12]。良寛の実像、その実在を彫り出すべく、時代と風土の中に良寛を据えて、ともに遊び、ともに泣いた。良寛という謎多き人物について、謎を一つずつつぶそうとして、北川はつぎつぎに書物を書いた。良寛の「愚」の本質について、あるいは良寛と宗門との関係について、良寛と幕府権力との関係について、北川の謎解きは展開されていった[13]。

北川の良寛関係書の最初のもので、彼が良寛研究者の列に加えられることになった、記念すべき力作、『良寛遊戯』では、唐木順三・大島花束・大場南北・長谷川洋三・東郷豊治・福永光司・宮栄二・谷川敏朗・加藤信一・飯田利行・上田三四二などの所説が引用され、ときには論争の相手にしている。彼はこれらの書物の大部分を図書館から借用し、毎朝四時に起床し、仕事に取りかかる前の三時間集中的に学習していた。仕事は店番であるが、孫を二年間にわたって預かるという、きわめて多忙な中での執筆であった。もともと、子息のフラムが発行していた小冊子、『天界航路』に三年間にわたり連載していたものをのちに一本にまとめたのである。

先行研究者に対して、北川の良寛論はどこに独自性があるのか。彼自身は、「洋の東西古今に原型《良寛》を捜し求め」たことだと述べている。すなわち、良寛を主として荘子とニーチェによって解釈し、エピクロスやフランチェスコを引き合いに出した。北川はこれを「前人未踏の知的冒険」と称し、ほぼ成功した、と自讃している。この点はたしかに本書の斬新な方法であり、読者の視野を時空で拡大させるものである。

北川の独自性は、それだけでない。テーマを立て、それに解答を与えるという叙述で、問題解決への思考過程の明晰な点が、読者にはフォローしやすい。たとえば、第一章は良寛の愚の解釈について、大場南北の北川批判に対して反批判をおこなっているが、争点は、北川が俗に言う「バカみたい」と同じととらえたのに対し、大場は禅門で用いる「愚」には、『論語』を踏まえた称揚の意味があるとしたことである。北川は、自分の立場を俗人とし、俗人にとっては良寛の愚事奇行こそが楽しみであり、喜びであると反論している。立場のちがいからする解釈のちがいということになってしまうが、自己の立場を明確にしつつもの言うところに、北川の言説の歯切れの良さがある。

第二章、「その念仏傾斜について」も、良寛解釈では大きな争点になってきたものである。とくに禅門の人びとにとっては、禅僧、良寛の転向とされるのは由々しき大事なのであろう。大場南北は、元来良寛が黄檗宗の法系で修行した僧であり、初めから終わりまで念仏禅だったと解釈する。北川は、良寛が『正法眼蔵』に逢着して黄檗禅からの脱出を志向し、行脚辛苦して古道に復帰しようとして敗北し、道元禅からも脱出して念仏者に至ったのだとしている。つまり、良寛を黄檗禅一色でとらえる大場や道元禅一筋とみる唐木とはちがって、北川は「矛盾撞着した異質なものの連続」を良寛の実存と解したのである。

その実存の内実を、北川は荘子のいわゆる「混沌」だとする。三章から五章まで、良寛の考え方や言動に深い影響を与えた荘子の世界について描出している。荘子は良寛の裏教養であり、ほんねだったというのである。荘子的思想は良寛の裸身であり、彼はそれを墨染の衣で覆ったのだとまで言っている。良寛ははにかみ屋だったが故に、わが裸身である荘子に心酔していることを公言できなかったという説明が付されている。良寛が寒山詩に親しみ、その文言を直接借りることがあったのは、よく知られているところである。ふつうの理解では、寒山の方が荘子よりも良寛の詩想を養ったということになろう。

北川は、荘子の時代、つまり戦国時代と、良寛の時代の越後とを対比し、その相似性を指摘する。北川の研究の大きな特色は、良寛の生きた時代の越後の社会について、その歴史的・風土的特色をリアルにとらえようとした点である。つまり、徳川幕藩体制末期の、冬長く雪の深い、河川の氾濫による被害のはなはだしい、飢饉と騒擾の頻発した土地柄についての具体的な記述がおこなわれている。とくに第九章「越後の大地物語」が、その作業にあてられている。「幾つかの具体的例証による素描にとどまらねばならぬのが残念」だと北川は述べているが、抽象的ならざる記述であることによって衝迫力が大きい。泥田の「ヘロ」（蛭）に襲われる苛酷な労働、あい次ぐ洪水の被害、ゴゼや米つき・角兵衛獅子の出稼ぎ、娘の身売りといった惨状を、北川は「くどき」や民謡を引用してみごとに描出する。

さて、そうした酷薄無惨な状況のただ中に生きる乞食僧として、良寛は何を考え、何をしたのであろうか。北川は、良寛が幕藩体制に組み込まれ、権力の手先に成り下がった寺院仏教の堕落を痛憤し、そのような腐敗を是正すべき宗教改革に立ち上がらぬ己の無力を思い識っていた、とする。良寛の父や弟の死について、そこになんらかの政治的・思想的問題があったが故に、良寛はその真相を語らず、黙秘したのだと、北川は書いている。帰郷に際して良寛が自宅の前を素通りしたのも、弟妹たちをめんどうにまき込むまいとする配慮からだったかもしれないし、良寛の死後出雲崎代官が良寛の遺稿の検閲をおこなったのも、良寛が危険思想の持ち主であることが疑われてのことだとする。北川は、良寛を勤皇家としてうち出した西郡久吾に同調したわけではないが、良寛の反幕精神をおおいに強調している。

良寛の出自である山本家が神官であり、国学・和歌についての素養のある家柄で、交際圏にもその方面の人びととの交流があった。そうした教養は、良寛を反幕的でないにしても、体制とそのイデオロギーに対して相対的にみる眼を与えたであろう。北川は、良寛における「反骨」性、つまり反体制的性格を強調する。良寛の激烈とも言うべき宗門・僧侶批判の詩は、まさにその表象である。北川は、良寛こそ慨世の英雄であり、越後の生んだ真の豪傑だとする西郡の評価に讃辞を呈しつつ、英雄豪傑・抵抗精神の内実が問題だとする。北川の出した解答は、例の荘子的コスモスである。

こうした北川の良寛解釈からして、良寛が民衆の中で民衆とともに生きた民衆性に、北川が注目するのは当然である。良寛は伊勢を道中して、長雨に苦しむ農民に同情し、「寛政甲子夏」では風雨と洪水に叩きのめされている農民の苦悩を共有している。そうした農民に食を乞わなければならないわが身の上について、良寛に苦悩と謙遜があった。知りあった行政官には、民草（「みたから」）を大切に慈しんでもらいたいと注文をつけ、もし自分が豊かだったら、憂き世の民を救済できるのにと詠った良寛を、北川は民衆の友と見立てるのである。

北川の良寛解釈は、つまるところ良寛を「遊戯者」とみなすのである。良寛を「優游」の人とみるのは、同時代人のあいだで一致している。その遊戯の本質について、北川は一貫して問いつづけた。北川は、世間の制約や世間への思惑があれば遊戯にはならず、天眞・自由な精神によってこそ遊戯三昧になりうるのだ、とする。坐禅さえも孤独で宗教的な「独遊」だったとみる。北川は、それの源は寒山詩、さらに遡って荘子に発すると言う。荘子の一切肯定と無私の随順の裏には、強烈な自我意識、権威・権力に対する否定、きびしい反俗精神があったと、北川は指摘する。「物化」の中で、与えられた現実を楽しく消遙すればよいというのが荘子の遊の哲学であり、良寛は自然と人間を愛慕し、それと同化する遊の達人だった、というのである。

良寛の遊心とは、良寛がそこにいただけでまわりの人びとが和気あいあいとなるような、純白な、小児のように自然な心だと、北川は説明する。死病のときの下痢にはばからず泣き言を吐き、親友を喪っては慟哭してやまない。良寛が貞心尼や知りあいの女性たちに対して恋愛感情をもっており、それこそ彼の「優遊」、つまり淳真な人間性だとする北川の所説は、いささか通俗的で、我田引水の感はあるものの、人恋しい寂寥が遊戯者の心情だというのは理解できる。

4 「今良寛」の晩年とその終焉

北川の年譜は、その遺稿集に初めて載せられ、ほとんど同じものが伝記の末尾にも掲げられている(14)。一九七三年から九三年までの二〇年間を、彼の晩年としてよいであろう。北川が良寛研究を始めたのは、証券会社が破産し、共産党から脱党した一九六七年ごろからである。彼は、この孤独にして資生艱難な時期、良寛を唯一の友とし、良寛を一条の光、黎明の光明とすることで生きることができた(15)。

『良寛遊戯』のもとになったのは前述したように、『天界航路』に連載した文章であるが、それを書いた三年間、北川は長女の子どもたち、つまり二人の孫を妻とともに養育した。学者である夫とともに外国へ留学して勉強に没頭している娘の長男を、分娩後半年で引き取り、約二年間預かった。ついで、その妹を分娩三ヵ月後に引き取り、店番をしながら養育している。四六時中乳呑児の世話をするのは、老人にとって心身ともに相当な労働だ、と北川は記している(16)。良寛論を書きながら、北川は幼孫のおむつを取り換え、哺乳したのである。北川は、「人間の子を育てるという実りある仕事」から、改めて人間というものについて多くのことを学びえた、と述べている(17)。先行世代から子どもたちに、生命の流れが受けつがれ、新たに蘇っていくことを確認して喜んだのである。

孫娘は小学校四年生になると、夏休みにひとりで高田にやってきた。北川の妻は、「ままごと学校」を発案し、毎日三〇分間箸の持ち方・使い方の特訓をおこなった。課外学習として、返事は必ず「ハイ」という癖をつけること、「ありがとう」とすらすら言うことを躾けた。北川は、孫の顔が見られるのは、老人に与えられた最大の天啓であろうとしながら、孫たちにとっては人生行路におけるはるかな遠景にすぎないかもしれないと醒めている(18)。

北川は、一九六六年ごろから、高田の図書館で毎月一回、子どもたちに「お話」をするようになり、これは二〇年もつづいた。最初は『義経物語』で、主役は弁慶だったので、北川は「弁慶のおじさん」と子どもたちから呼ばれた。つぎは『一休とんち話』が一年、さらにアンデルセン、日本昔ばなし、良寛さばなし、宮沢賢治の童話などと変化していった(19)。

一九八〇年代に入ると、北川は良寛研究者として知られるようになり、全国各地から講演に招かれるようになった。熊本市(八一年九月「出会いと別れ」)、群馬県安中市公民館・松井田小学校(八三年一〇月)、東京良寛会勉強会(八四年三月)、青森市(八八年九月)、新潟市(全国高等学校書道科大会、八九年一一月)などである(20)。北川は松井田、安中をたびたび訪れている。七三年七月、彼がＮＨＫのラジオの「人生読本」で良寛について語ったのを聞いた、松井田中学校長の関口が、北川を招いて生徒たちに講演させた。関口は学校退職後、磯部の公民館長をやり、公職を去ってからも社会教育や平和運動に尽力した。関口との友情で、北川はこの地をしばしば訪れ、関口が用意した公民宿舎で、教員たちと教育談義をした。談義は、すぐれた教員ほど校長になれないこと、突っぱり・落ちこぼれと言われる生徒たちの中にはほんとうの人間性が生きていること、トマトの苗は鉢の中で枯死寸前にまでいじめつけられると畑に下ろしてから強く立派な木になる、等々である。北川は、この談義には収穫があった、と書いている(21)。

群馬よりも、長野の方が高田に近い。北川は、長野市の教員を中心とする良寛研究グループの招きで、八〇年一二月から毎月一回良寛講座を開き、九二年の一一月二九日の講座の前日、須坂の公民館で「良寛の心」と題する講演をおこない、これが彼の最終講演となった。この講演で彼は、「支那事変」で戦死した弟で、戦没学徒だった省吾のことをとりあげ、敵を撃つまいと決意し、中国人と仲良くつきあい、戦争を否定していた弟こそは隣にいた良寛だと語っている。

自分もまた「今良寛」と呼ばれていることについて、自分は世間で言われているような「変わりもん」でなく、「ばか」は「ばか」なりきに、自分のばかさ加減を役立たせようと、ここまでやってきた、と述べている。そこに集まった八〇人の聴衆だけでも、自分の気持ちをいくらかでもわかってくれればうれしいと語って話は終わった。ときどき声はかすれ、途中一回休憩のために中断しなければならなかったが、気力のこもった話し方であり、聴衆からの質問にも誠実・懇切に対応している(22)。

この講演の少し前から、北川は貧血状態になり、輸血を受けてようやく長野を訪れることができたのであった。須坂の講演を終えた日の夜、長野市の講座の世話人である須田哲雄の宅に泊まった北川は、ほとんど何も食べることができず、好きな酒もわずかしか飲めなかったという。胃癌がかなり進行していたのである。高田へ戻ってまもなく病院に入り、一ヵ月後には死去した。かねて新潟大学医学部に献体の手続きをしていたので、その遺体は献体車に載せられた。北川は、かつて、自分の死後魂は何も残らず、空中のそらとなる、と書いた。形あるものが空に帰するときは、形なきものもまた空に帰すると。しかし、土に落ちた枯れ葉が肥料となるように、人の血は肉親をつうじて永遠に伝えられ、血が涸れてもその人の記憶は残り、後人に伝えられる、と述べている(23)。「文章は畢竟百年の香り」という良寛のことばを引用しているのは、記憶に遺ってもたかだか百年という空しさを言うのか、はたまた、文筆の人としての自負を洩らすものであろうか。

晩年の北川は、講演や文章の中で時事の批評をおこない、社会評論家としての側面をみせた。そもそも彼の良寛論は、良寛を現代にひきつけて読む社会評論だったと言えるであろう。北川は、一九七四年の年賀状に「人類滅亡前九八年」と書いた。「公害は山野にあふれ、大洋をふさぎ、天をおおって止まるところを知らない」危機的状況に警鐘を鳴らしたのである。人類を滅亡から救うことが役目である政治家が、ただ票集めをしているだけであることを憂えて、「無明の年を迎えた」とも書いた。

八六年の年賀状では、日本の政治が再び戦争という危険な道を歩んでおり、他国の核の傘下（核戦力の仲間）に入れてもらおうと躍起になっていると批判した。かつて宮沢賢治が政治家どもは「ひとりで腐って　ひとりで雨に流される」と書いたことを引き、「われわれは再び黒い雨に流されぬように自戒せねばなりません」と訴えている。しかし、彼自身は、「政治では、絶対に人を救うことができないとわかって」、政治運動から足を洗った人間である。彼は聴衆に向かって、人類を滅亡から救済するのは、政治家や大資本ではなく、「われわれは、ただ、だきあい、ほほえみをかわすことによってのみ救われる」と述べた(24)。民衆の相互敬愛と共生の意義を、常不軽の菩薩行への追懐や孫を育てた体験にもとづいて語ったのである。

北川は、『信濃毎日新聞』に、一九八六年四月から一年間、「潮風山風」と題する随想を週一回連載した。その中で、柏崎の原発のことにふれ、田中角栄が荒浜の砂山を電力会社に売り渡したときから、反対をつづけてきたと書いている。柏崎でおこなわれた原発反対の集会では、加藤登紀子と組んで二回も出演し、また、新潟の「非核宣言都市をすすめる県民の会」の代表の一人でもあった。長野県下の反核集会にも招かれている。北川は、原発という最大の危険物を子孫の代にまで背負わせる不条理を許したのは、われわれの責任だと述べ、長野県の人びとが核のない古い信濃をいつまでもまもりつづけてほしいと要請した(25)。

北川は、わが家の狭い敷地の庭に雑草が生い茂って、近所の人たちに見苦しいと言われても、他人様の迷惑にならなければいいではないかと放置し、公共施設や神社・寺などがやたらに除草薬を撒布することに異議を申し立てている。花と緑の街づくりをスローガンにしている自治体が、枯れ葉剤を使って生命が宿る緑の葉を亡ぼすこと、虫たちにもご精霊様が宿っているはずなのに、虫の住み家である雑草を排除する寺の坊主は言語道断であることを北川は書いた(26)。後年、良寛の「愛語」の戒しめをまもって、誰の悪口も言わなかったという北川であるが、さような坊主たちは「仏罰が当たって真っ先に地獄に堕ちるでしょう」とまで激語しているのである。

一九八六年の年頭のエッセイでは、昨年七月の衆参同時選挙で圧勝した自民党政府が、選挙公約に反して売上税を新設しようとしており、また非課税貯蓄制度を廃止し、防衛費の対国民総生産比一％の枠を突破するなどの措置をつぎつぎと実施していることに読者の注意を喚起した(27)。核戦争・軍拡への道が手放しになること、国家秘密法まで強行制定されたら戦前に逆戻りすることを憂えたのである。年賀状でこの年を「無明の年」と呼んだ北川は、対抗勢力としての労働組合が解体・寸断されようとしていることと思い合わせて、国民の自覚を求めた。彼は前年秋、心筋梗塞で二ヵ月間入院した。そのかん、チェルノブイリの原発事故の記憶さえ一度も念頭に浮かんでこなかったことを恥じ、咽喉もとすぎれば熱さを忘れる「おめでたい人間」になってはならないと、自他を戒めるのであった。

九三年一二月二日、入院手術することになったが一九日までに退院できれば長野市の講座に出講できると、須田宛てに連絡した北川であったが、四日、来年三月までは休講にせざるをえないこと、「春になったら又お目にかかりたい」旨、書き送った。しかし、彼は再び起きず、彼の遺志で葬儀はおこなわれず、「お別れ会」に臨んだ北川フラムは、「父は自分の選んだ道をよく歩いたのだと思えます。美しいものへの憧れ、弱いものへの共感、貧しく生きる覚悟は父の根底に深く流れていた」と書き、「何よりも人間に対する興味と、人生への愛着をもっていた父」への告別をおこなった(28)。会には二〇〇人が集まって献花したが、良寛の葬儀に何千人もの参列者があったことを良寛の名誉と観じた北川は、己の死を悼む人びとの数を算えたかどうか(29)。

しかし、北川は死者の霊の存在を信じてはいなかったろう。故人への懐いがある限り、死者はこの世に存在すると考えていたはずである。

九一年七月に発表された、北川の『明日の死』覚悟しつつ生きた良寛さん」は、彼の絶筆とも言うべきものであるが、「老来多病僧」だった良寛は、常住、明日の死を覚悟していた反面、明日への健康の配慮を自分にも周囲にも怠らなかったことを記している(30)。この文の末尾で北川は、自分が三年前に心筋梗塞を病み、いつ命が尽きるか分からないことを、淡々と書いた。北川はこのときの発作でショックを受け、これを天刑・天啓として受け取りながら、絶対安静の二週間が終わると、すぐ執筆活動を再開し、退院後も酒・たばこ・コーヒーをやめなかった。覚悟の死ということになるであろうが、「明日を必要としない者」ではなかったろう。

この年二月、フラムとともに北川の足跡を新潟に訪ねた朝日新聞の記者、小野塚一也に、新潟市内にあった「北川先生を囲む会」の世話人だった加治フミは、北川の良寛研究には北川の生き方が投影されており、うち込む姿が周囲の心をとらえたと語った(31)。長野市の良寛講座の初期の幹事役だった石川利江も、東京から長野に帰ってもがいていた時期に北川の話を聞き、彼の「激しい良寛への思い」に出会い、救われた。北川の、人間に対する深い理解と愛情に感銘を受けたのである。

北川の一周忌の集いが九四年一月九日、高田で開かれ、四〇人の参会者の中には、長野・群馬・熊本から来た人もいた。北川の評伝『貧道豊かなり』が一周忌に間に合うように刊行され、著者の坂本龍彦は、「本当の人間が生きているなあと感じさせる人だった。心やさしい反逆者の最後のひとりとして節をまっとうされた」と述べた(32)。

北川について、フラムは、「人は、一回きりの人生をひたすら間違いながら生きている。習慣や価値観があっても、一人ひとりにはすべてが孤独な実験だ。生きることは、だから尊い」というのがその人生観であったろうと推測している(33)。北川が脱党し、家族とさえ口も利かず、良寛に傾倒することで辛うじて生を保っていた「左派の無頼」時代に少青年期を過ごしたフラムは、父に反抗的であった。しかし、父親が世間の目に迎合せず、内なる声にしたがってわが道を生きたことを認めていた。人間本然の性は清浄であり、その本性にしたがって生きようとする限り、仏性の現成は必然であることを、北川の生涯と行履はみごとに検証している、と言えるであろう。

おわりに――自己形成と生涯学習――

「生涯学習」とは生涯にわたって学習を継続することだと通念されているが、このばあいの「学習」とは、意識的・自覚的な学習活動に限定されず、ひろく生活過程一般で新しい経験をおこない、それらが無意識のうちでさえストックされて、本人の発達になんらかの力となっていくことをも含んでいる。ことばを換えれば、社会的影響によって人間がつくられていく過程を意味する「社会化」ないし「形成」と、意識的な学習活動によって可能となる「自己形成」との二つが生涯学習だということである。つまり、生涯即学習という考え方である。こういうとらえ方ではあまり茫漠としていて、学習概念が拡散してしまうという批判もありえよう。

たしかに受動的な形成過程まで学習に含めることは、経験即学習ということになって、それでは心理学的学習概念にはあてはまるが、教育学的概念からは外れてしまうだろう。しかしながら、人格の発達を全体として問題にし、また生涯にわたる人間形成の全過程を視野に収める生涯学習論的アプローチは、従来の教育学の狭隘な視点・視野を超えるものである。個々の人間における学習と学習活動の集積・総量をその人の生涯学習というのである。生涯学習研究の重要な分野のひとつとして、具体的な個人のライフ・ヒストリーと、その生活経験・学習活動の総過程を明らかにするしごとが必要になる。こうした個人発達史研究には、伝記的手法とでも呼ぶべき独自の方法をつくり出さなければならないだろう。拙稿はそうした問題意識にもとづいて執筆にとりかかったのであるが、方法としてはまだ確立しえてはいない。こんごいくつかのモノグラフィを書いてみて、ようやく問題意識の焦点が定まるという水準であろう。

本稿の主人公である北川省一は、きわめてユニークな人生を送り、くっきりしたプロフィールを遺している点で、筆者の問題意識からすれば魅力的な人物である。貧窮の家に生まれ、学業成績抜群で最高の学歴を取得する可能性に恵まれながらそれを放棄し、念願だった文学の分野で名を成すことができず、なかなか定職にもつけず、下級兵士として出征し、戦後は左翼の政治運動に挫折し、会社の経営でも失敗した屈折の人生であった。絶望・失意の中で良寛にめぐり会い、良寛を耽読することで励まされ、良寛研究者として社会的評価を得た。良寛についての解釈は、彼の人生体験に根ざすばあいが多く、彼の懐いが良寛に投射されている。

彼の人生には挫折が多く、文学への初志はつらぬかれたと言えるだろうが、あまりにも迂路をとおってようやく実現したものであり、良寛との邂逅によって辛うじて救われたのであった。この偶然の出会いなかりせば、あるいは、彼が六〇歳台半ばで死去していたら、彼の人生はどうだったろうかと想えば、慄然とする。才能や志をもちながら、その一部さえ実現しえずみまかった先人は、算え切れないほどいる。偶然の出会いとは言いながら、彼が新潟の生まれでそこに居住し、図書館にも良寛関係の蔵書が多かったこと、彼に良寛の作品を理解・鑑賞できる学力・文学的才能があったことなどの客観的・主体的條件があり、また何よりも彼の病み、渇いた精神の渇仰がこの出会いを意味あらしめたのである。六五歳までの資生艱難の痛苦な体験なしには、良寛に感動し、深く傾倒することもなかったであろう。人生は客観（環境）と主体と、必然と偶然との織り成す、謎多き一巻の書である。それを繙《ひもと》き、人間形成の要因を解析することは容易ではなく、それに比べればヒトゲノムの解読の方が、コンピュータを利用できる分だけ有利に思われる。親やきょうだいとの関係、学校や近隣の子どもたちとの関係、学校生活、会社や軍隊での生活、党活動や文化活動での経験など、北川を形成していった諸因子が彼自身の筆で描き出されているが、それらはもちろんテキスト・クリティークを必要とする。そうした能力の開発こそ、筆者の課題である。

生涯発達史研究にあたってとりあげることのできる対象が、資料を比較的多く遺している人物に限られてしまうのはやむをえまい。故人に近かった人びとへのヒヤリングという方法はあるが、補助的資料として有益だけれども、隔靴掻痒のもどかしさを免れない。資料を山のように遺してくれた有名人については、すでにたくさんの伝記や人物研究がなされており、それらの糟粕を嘗めること必定なしごとへの意欲は湧くべくもない。ここ数年来の旧制高校史研究の中で、まったく無名というわけではないが、ひろく知名とは言えない、個性的で魅力的な人物にめぐりあう機会がしばしばあった。ECCE HOMO（この人を見よ）の想いで、そのプロフィールを、人間形成のせめて断片なりとも描き出してみたいと考え、細ぼそとその作業を進めている次第である。

〈注〉

(1) 北川の評伝は、坂本龍彦『貧道豊かなり』(恒文社、一九九四年)である。坂本は、朝日新聞記者で、新潟在勤中北川と知りあった。

(2) 北川の少年期については、つぎの文献に拠るところが大きい。北川省一『越後・柏崎・風土記』(現代企画室、一九八一年)。

(3) 北川省一『永遠の人 良寛』考古堂書店、一九九四年、七三頁。

(4) 北川省一『三儲軍談』現代企画室、一九八四年。

(5) 前掲、『永遠の人 良寛』、八五頁。

(6) 稲垣眞美「一高文芸部とその周辺(二)」〈『向陵』第四二巻一号、二〇〇〇年四月〉。

(7) 立沢剛「傾向文学に就て—今号所載文章について感想二三」〈『校友会雑誌』第一二三—三号、一九三〇年一〇月〉。

(8) 北川省一「編集後記」〈『校友会雑誌』第一〇二~三号、一九三〇年一一月〉。

(9) 一高寄宿寮には『寮報』という刊行物があり、これは一九二二(大正一一)年、『校友会雑誌』が文芸作品中心となり軟派化したという排斥運動がおこなわれた結果、寮生の投稿によって校風振興を図るべく、『向陵時報』が発行されたが、まもなく廃刊となり、後『寮報』が再刊された。これには主として寮自治の運営に関する問題がとりあげられ、しばしば激しい誌上論争がおこなわれた。北川省一は、入寮した一九二八年の秋、「思想断片 居城軍治兄に捧ぐ」を『寮報』に投稿した(第二〇号、二八年一一月二〇日)。居城は中堅会批判など、寮の悪しき伝統に対して改革を主張していた論客である。北川は、自分が伝統と革命との二つの潮流のあいだに漂流している哀れな動揺分子であることを自認しつつ、伝統の刷新と再生を主張している。対三高戦を対校戦でなく部活動にして高額な応援費の徴収や応援の強制を廃止しようと説く「刷新会」を評価しつつも、それが伝統を完全に廃絶せしめてしまう破壊者であることを批判し、彼らの理性は運動部の「体験」にまで下降し、魂によって思索すべきだと論じている。彼は、一高生があまりに消極的エゴイストになってしまっていることを歎き、「大我の拡張による自己の飛躍を悟る積極的エゴイスト」になるべきだと提唱する。

「つれづれに語る」(『寮報』第二四号、二九年五月二〇日)では、夏服に着更えて新緑の郊外に出ようと呼びかけ、新入生が上級生の真似をして寮歌の練習をしている姿や、コンパのさいの上級生の見苦しい振舞いやを描き、向陵生活一年をふりかえって、口の人間ではなく、行いをして語らせる本然の自己として、裸一貫で人間の道を歩まなければならないと自戒している。

北川の詩「君に―向陵一年の日の作」(『寮報』二九年一〇月五日)では、「神を認ってゐる」人の詩集を読むことで自信などもてるだろうかという不安を書いている。二九年一二月、寮報責任者の宮本泰は、紙面の刷新を図って、北川ら五名の寮生と相談して編集委員会をつくり、紙名を『向陵時報』と改めた。北川が委員にならなかったのは、文芸部の委員になったからであろう。北川は『時報』にも「籠城主義のことなど」(三〇年五月二七日)、「或る憂鬱なる日に」(三〇年六月二六日)などを載せているが、あまり精彩はない。

当時の一高は、対三高戦問題を中心に伝統主義批判の論議が沸騰しており、校内には無産青年同盟・無産新聞・モップル・読書会などの左翼非合法組織が活動していた。これに対して警察当局は二九年三月、三〇年三月に大量の生徒を検挙し、学校当局もこれを処罰した。こうした弾圧の嵐の中で北川は逮捕もされず、左翼的言辞も弄していない。向陵三年、北川は文学青年として終始したように思われる(『向陵誌』第一巻、一高寄宿寮、一九三七年)。

(10) 北川省一『良寛游戯』アディン書房、一九七七年、八頁。
(11) 同『良寛―その大愚の生涯』東京白川書院、一九八〇年、四六〇頁。
(12) 前掲『良寛游戯』八～一〇頁。
(13) 北川省一『良寛優戯』大和書房、一九八六年、二四六頁。
(14) 北川高子未亡人の作成にかかる。前掲『永遠の人　良寛』二三〇～二三六頁。前掲『貧道豊かなり』二七三～二七九頁。
(15) 前掲『良寛游戯』七頁。
(16) 同上書、八頁。

(17) 同上書、八〜九頁。
(18) 前掲『永遠の人 良寛』一三六〜一三七頁。
(19) 同上書、九三頁。
(20) この他にも、下記のように出講している。長野県富士見(「貧道」七二年)・長野(「良寛の精髄」長野県退職教員互助組合長水支部、八五年一一月)・伊那市(八六年一一月)・長野市(長野南無の会、八七年四月)・新潟県水原町(八八年七月)・新潟県分水町(九〇年二月)。
(21) 前掲『永遠の人 良寛』一一四〜一一五頁。
(22) この講演の筆記が、上記の『永遠の人 良寛』に収録されている(七九〜九六頁)。講演のテープを筆録した小林勝郎氏からテープを借してもらって聴いたが、情熱のこもった話しぶりである。
(23) 前掲『永遠の人 良寛』一九三頁。
(24) 同上書、七八頁。
(25) 同上書(「百年の後、緑と虫は…」)、一一六〜一一七頁。
(26) 同上書(「消えていく雀のお宿」)、一三八〜一三九頁。
(27) 同上書(「危険な年に突入」)、一六八〜一六九頁。
(28) 「お別れ会」参加者に配られた、北川フラムの謝辞。
(29) 『信濃毎日新聞』一九九三年一月一一日(増田正昭「『今良寛』最後の別れ」)。
(30) 「四五人の提言—若き消化器外科医たちへ」筑波大学臨床医学系、一九九一年七月一〇日。
(31) 『朝日新聞』一九九三年二月一六日(「『北川良寛』の足跡を訪ねて」)。
(32) 『朝日新聞』一九九四年四月一〇日。
(33) 『朝日新聞』一九九三年六月七日。

《謝辞》
本稿執筆にさいして下記の方々（敬称略）のお世話になった。深甚な謝意を表したい。
東京大学教養学部図書館・北川フラム・原蜜・須田哲雄・小林勝郎・山梨県良寛会・諏訪市立図書館。

四　倶会一処、往還一如

——林霊法の行学と実践——

無常なればこそ生きゆく一日の生活にも全人生の意義を観じて相愛互恵のよろこびを十二分に味わおうと欲することをもって霊魂の正しい自覚と観ずべきだ。そして、この要求を妨ぐる不合理なる社会組織の改造運動のごときは、相愛の理想にめざめた魂のやむにやまれぬ必然的行動であることを承知しうるのだ。

——妹尾義郎——

1　林霊法という人——テーマとモティフ——

(1)　なぜ林霊法か

林霊法(一九〇七～二〇〇〇)は、浄土宗の僧侶であった。浄土宗本山、百万遍知恩院の法主になったのだから、宗門きっての高僧として仰がれた人である。それ以前、彼は浄土宗系の東海学園で、東海高校長、同女子高校長、同女子短大副学長を歴任した。教育者・学校経営者でもあったわけである。戦前、彼は妹尾義郎が主宰する新興仏教青年同盟(新仏青)に参加し、その中心的リーダーになり、ために検挙されて長く未決の獄中に拘束された。その前半生は、挫折・辛苦の不遇・波瀾のうちに送られた。

筆者と林との出会いは、二つの筋みちからである。ひとつは、筆者が若いころのことで、当時筆者は青年期教育・青年運動の歴史についての研究を、マイナーではあるが専攻分野にしていた。そこからの関心として、新仏青に関する文献を読みあさったことがある。それらの中には、当然「林霊法」の名が出てきた。しかし、筆者の不勉強のために、林自身が書いた新興仏教青年同盟史を読まなかったが故に、林にはあまり関心をもたなかった。新仏青についても、その宗教改革運動としての面――おそらく、それが運動の本質であったろう――よりも、青年運動・社会運動としての側面に関心が集まった。この側面ではあまり高い評価を与えることができず、関心は論文のかたちで結実しないままになった。

つぎの機縁は、東京の明福寺住職の福井豊信師からのご教示である。同師とは日本仏教保育協会で知り合い、仏教についても、保育のことについても懇切なご指導を受けるようになった。明福寺は浄土教の宗門に属し、福井師は林霊法と知り合いであり、筆者が林に関心をもっていることを知られると、林の著書を送って下さったりした。また、福井師の旧友であり、日本仏教保育協会における仏教保育研究の盟友であった故持田栄一教授が、「林というひとはホンモノだな」と述懐されたということも、師は話して下さった。同師のおかげで、筆者の林に対する関心は、さらに深められた。

持田先生は、東京大学教育学部の教授として、筆者が先輩の同僚として兄事した学者である。専攻は教育行政学であったが、その視野はきわめて広く、教育の原理論について深く研究し、近代教育の基本的な矛盾と、その根本的変革の必要を主張された。その変革に深い示唆を与えるものとして、仏教・仏教教育に大きな期待が寄せられ、日本仏教保育協会の要請によってその理論的指導者になられた。このテーマでの著作も何冊かあり、協会の仏教保育者に深い影響を与えられた。

持田教授が自己の理論体系の確立に苦闘されているさ中に夭折されたのち、筆者は縁あって仏教保育協会にかかわるようになった。ほんとうなら、教授の遺されたものに立脚し、それを継承してさらなる発展のために努力するべき立場であった。しかし、自分の専攻する社会教育・生涯学習論の研究に追われており、仏教や仏教保育の研究に集中することができなかった。持田教授のような資質・力量、とくに組織力やバイタリティを持ち合わせなかったことが、成果をあげえなかった最大の理由である。

林霊法について学びたいと、久しきにわたって熱望しながら、なかなかできないでいた。それがいちばんやりたいテーマであったのに、いろいろな事情で先行しなければならない作業がつぎからつぎにあらわれ、やむなく後廻しにせざるをえなかった。それでも数年前、東海学園女子短大をお訪ねし、林の足跡を窺ったことがあった。短大の仏教学担当の教員から懇切な話を承わることができ、林の蔵書が寄贈されている書庫を見せてもらい、林が自坊にリタイアしてご存命だと知った。その足でお訪ねしたいと思ったが、ご著作をまだ精読し切っていないうちにお訪ねしても失礼になるとひるみ、後ろ髪を引かれる思いで立ち戻った。その後も勤め先の短大の教務・雑務に追われ、なかなか読書がはかどらないでいるうちに、林は遷化された。これまでたびたびくりかえしてきた風樹の嘆きを、またまたしたたかに味わうことになってしまったのである。

その後、短大の職を辞してようやく閑暇を得たので、林の著作を集中的に読む機会が与えられた。年来の宿願を果たすべく、系統的な読書をおこなったのであるが、林のような深い学識をもった学僧の書いた大著であるから、一読即解というわけにはいかない。読解ははなはだ困難で遅々として進まず、苦闘の結果をまとめたのが本稿である。

林は学者に対して批判的で、学問的な分析ではなくて信仰者の態度をもって色読しなければ、法然も浄土教も真に理解することはできないと、再三述べている。「お前は信仰者として読んでいるか」と問われれば、いささかひるむところがある。筆者の家の宗旨は代々浄土宗である。わけても四代前の祖は、熱心な信者であり、「南無阿弥陀仏」と大書した巨石の碑があり、表に「念仏称名百萬遍・真読普門品三千巻」、裏面に「また元へ　帰る俤や　雪達磨」の辞世が刻まれている。また、それより前の世代に、わが家には行脚僧だった人がおり、彼が秩父参詣の折、記念としてもち帰った桂の苗が、いまは亭亭として空高く聳えている。この「千海上人」は、欣求浄土の願を立て、土中に入って自ら寂滅した。筆者は幼年時代から、石碑や上人の祠を詣でるよう、親たちに奨められた。

父の居間には、百万遍主の悦音大僧正が書するところの「南無阿弥陀仏」の小幅が掲げられており、それにしばしば香華が手向けられた。その幅は筆者が継承して、いまわが室に掲げられている。香華はめったに献げないものの、折にふれて亡父母の浄福を祈っている。こういうしだいで、筆者は生まれ落ちてから、浄土教信仰の家風の中で育てられ、薫習を受けて成長した。古稀を迎えたいまでも、ことあるごとに「南無阿弥陀仏」が口に出る。たしかに一念十念を相続しているのである。かつて交通事故に遭ったとっさのときにも思わずそれを唱え、因果関係はともかく、一命は救われた。肺癌の嫌疑でＣＴスキャンを受けざるをえなくなったときも、検査台上で無意識に称名していた。幸い、癌にあらずという診断が出て、感謝の念仏をした。

べつに現世的利益を求めての信心ではない。下意識にまでしみついた行動様式・習慣なのであろう。幼少時からの体験の積みかさねというのは、これほどの影響力をもつものなのである。それだけではなく、法然の著作や浄土三部経、浄土教史をひととおりは読んだ。独習なので、理解きわめて不十分であろう。林の著作を読みたいと念願したのには、この良き師について年来の疑問を氷解したいという思いがあったのである。

わが父母はきわめて淳朴な信者であり、父は檀徒総代などを務めて、菩提寺のために奉仕し、五重相伝を受けもした。筆者の方は、何かにつけて懐疑をもちやすい性格で、地獄・極楽もご来迎もなかなか信じることができず、「永遠の生命」といったことばにも警戒的であった。わが妄を啓かんがために、虚心林の言説に耳を傾けたいと思ったのである。

(2) 林の青年時代

林の生き方や人柄を理解するために、彼の青年時代、新興仏教青年同盟に加盟するまでについてみておくことにしよう(1)。

林は一九〇七(明治四〇)年、名古屋市内の浄土宗の寺に生まれた。小さいころ、身体があまり丈夫ではなかったので、母親は彼の健康を気づかって育てた。父母ともに子どもを愛する心の深い、穏やかな人柄であった。中学は、宗門系の東海中学である。歴史の古い伝統校であるが、暴れん坊ばかりだと、地もとの評判の良くない時期もあったという。宗門の若い僧侶たちが校風振興に努力して、成果をあげたという話もある。

林はここから、八高の文科に進んだ。当時の旧制高校生の多くがそうであったように、習いおぼえたドイツ語で、字引を引きつつ原書を読んだり、哲学書に親しんだりした。林はそれまで、小学校時代には経典を暗誦し、法要儀式にも出ていた。日曜日には、朝から晩まであちこちの法要に走らされるので、勉強するひまがなく、寸暇をぬすんで勉強するというわが境遇を泣くこともあった。林は高校に入学してからまもなく、自分の養われてきた寺院生活に対して、強い反省と疑問を抱くようになった。

つよい自我の目覚めと、合理的な思考への欲求とを特色とする一七〜八歳の知的青年として、林はこれまで盲信的・習慣的に受け入れてきた信仰について懐疑的になった。浄土・天国、神仏の存在について考察すべく、仏教経典を精査したが、彼の知性を満足させるものがなかった。経典の内容は、創作あるいは神話にすぎず、現実からまったく遊離しているように思われた。

こうして林は、まったくの無信仰の境地になったものの、現実的・科学的解釈を超えて、理想主義、理念的なものへの憧れをつよく感じていた。高校二年のとき、トルストイ全集を購読して友人たちとまわし読みをしたが、林は彼の作品の人道主義・理想主義によって、荒涼たる心中に煌々たる光をともされた。個人の利益・欲望の追求を超えて、良心の叫びに応え、宇宙の普遍的生命に目覚め、他者を愛する行為によって、神とともに生きる永生の浄福を得ることができるというトルストイの教えにふれて、林のヒューマニズムが感応したのであった。

大正末期から昭和の初年にかけて、マルクス主義が青年・学生の心をとらえ、高校生のあいだでも社会科学研究のグループが生まれた。林は講演部に属しており、マルクシストの友人たちと話しあったり、そのグループの集会にもときどき出席したが、彼らの自己陶酔とヒロイズムに同調できず、公式主義的な唯物論にあきたりないものを感じていた。彼の理想主義を左翼学生から罵倒されつつも、彼はカントの『純粋理性批判』・『実践理性批判』を読んで、その概要をつかむことができた。彼が校友会雑誌に出した卒業論文、「唯物史観より人格価値への転向」は、カント人格主義にもとづくブハーリン批判であった。

そのころ、彼は河合栄治郎の講演を名古屋市会議事堂で聴き、深い感動を与えられた。彼の立場は社会理想主義だったのである。林は、西田幾多郎・田辺元の著作をくりかえし読み、京大の学風を深く慕っていたが、東京という、時代の先端を走る空気の中で、哲学と宗教の生きた道を求めるべく、進学先に東大を選んだ。しかし、大学の授業はカントやヘーゲルを読み、新カント学派や現象学派が支配的であり、資本主義や社会主義運動とはかかわろうとしない、活気の乏しいものであった。しかし、学内では末広厳太郎法学部教授の指導するセツルメント運動に参加した学生が非合法運動に進出したり、経済学部では大森義太郎・山田盛太郎の講義に学生が集まった。

また、学外では三木清らが講壇哲学を批判して、『新興科学の旗のもとに』を刊行し、マルクス主義の研究をつぎつぎに発表していった。経済恐慌と失業者の氾濫、社会運動の発展といった世相の中で、街頭の書店にはマルクス主義関係の文献があふれた。林は、マルクス主義を本格的に研究すべきだと考え、哲学科の集会でもそのことを訴えた。桑木厳翼教授は林の発言に賛意を表したが、学生の中で林の意見に同調したのは、小松摂郎だけであった。林は大学での学習と並行して、マルクス・エンゲルス全集やプレハーノフ、レーニンを読み進めていき、『資本論』の鋭利で科学的な分析に驚嘆した。

林はこうしたマルクス主義研究の結果として、マルクスの資本主義社会批判を受け入れるとともに、社会正義への情熱に胸を打たれた。しかし、唯物弁証法的な世界観と、それにもとづく暴力革命や独裁政治を認めることができなかった。目的のためには手段を選ばずという人間性無視の考え方に納得できなかった。林は、自分が理想主義にとどまった理由として、幼児期からの宗教的・生活的環境や、高校時代のトルストイ的ヒューマニズムへの傾倒、カントやヘーゲルへの親近、それに紀平正美教授の指導による仏教経典の精読と再認識をあげている。とくに、師範であり父親だった人、「今の世にまれに見る僧侶らしい僧侶」だった人から親しく指導された生活行儀が林の人間形成の根底にあったと述べている(2)。

林の卒業論文のテーマは、「ヘーゲルにおける論理的のものと歴史的のもの」である。ヘーゲル哲学後期における汎論理主義の矛盾を明らかにし、理念の弁証法的発展という先取りされた公式論によって、生きた現実の具体的なものを定式化することで、ヘーゲルが人間の主体的な決断である意思行為を否定する結果となり、歴史に対する正しい理解を誤ったことを指摘した。さらに、マルクスがこの主知的な汎論理主義の公式論を受けついだことによって、科学ならざるユートピアのつよい残滓をもつことに論及した。

彼が卒業した一九三〇年は、ちょうど世界的な恐慌のただ中であり、大学卒業生は就職難に悩まされていた。林は指導教授のすすめで将来某私大の教職に就くべく、そこの研究室に入った。仏教思想の偉大さに目覚めていた彼は、西洋哲学の立場から仏教真理の解明をおこなおうとする構想で、宗教、とくに仏教の研究に従事することにした。当時、マルクス主義運動の一翼として、反宗教運動が展開されており、既成教団の醜い内幕が暴露されて僧侶たちが意気消沈する一方、宗教擁護の立場の学者・評論家が反宗教運動と対峙して論陣を張った。こうした状況に対して林は、反宗教運動の既成宗教・教団に対する批判は正当だと認めたが、宗教ほんらいのあり方は否定されるべきものではない、と考えていた。

真の信仰者ならば、現実社会の矛盾を明らかにし、「人道と正義の理想社会建設」に向かって努力すべきであり、排外的な民族主義・国家主義に対しても批判・抵抗することで、宗教者としての実践的なあかしを示すべきだと林は考えた。反面、宗教擁護論者たちが、反宗教運動の理論家たちと論戦をおこなうのみで、仏教の真理を体験的に、人格をとおして自証しようとはせず、また人びとに伝道しようとしないことに、林は批判的であった。林は研究室で大乗経典とともにロマン・ローランの『ジャン・クリストフ』やユーゴーの『レ・ミゼラブル』などを読み、求道的・実践的な情熱をかきたてられた。

一九三一年の秋、大学の講壇への期待をもてなくなった林は、名古屋に帰って細民街に入り、また自分の寺に拠って、伝道活動を展開した。蘇鉄町には、寺の檀家の中の貧しい人びとが住んでいたということもあり、林はそこで辻説法をおこなった。また、寺院を教化道場にし、さらにセツルメント化する必要を思い、寺で日曜学校を始め、若い僧侶たちの協力を得て、それを他の場所にも拡張した。境内に宗教情操を中心にした幼稚園をつくるというプランをもち、資金の工面に着手した。児童教化を始めると、幼童の心をつかむことのむずかしさを実感し、ペスタロッチやフレーベルの著作を学んだ。また、彼の周囲に集まってきた青年たちとともに、読書会・座談会・講演会を定期的に開くようになった。

こうした活動のさ中、林は、天台宗の僧侶で、刑務所帰りの青年たちの更生に尽力している鈴木大信に会った。彼は、夜の街路で青年たちに屑もの拾いをさせ、資金づくりをして社会復帰をさせるべく、身を挺していた。鈴木は林に、大学教育まで受けて研究能力があるのだから、古い仏教を改革して新しい仏教理論を樹立することが貴君の使命であると語った。人びとは真の宗教を求めており、この要求にこたえて林ならではできないことをすべきだ、というのである。まもなく林は、名古屋で開かれた宗教講習会で、椎尾弁匡・友松円諦とともに講壇に立ち、「反宗教運動」について語った。

そのとき、友松が仏教法政経済研究所を設立する構想を林に話し、そのいっさいのマネージメントをする主事に林を迎えたいと要望した。所長に慶応大学の滝本誠一郎を、理事に友松の他石津照璽・浅野研真・高神覚昇・増谷文雄らを招いて、東大をはじめ各大学の仏教研究の方法が観念的で、時代の指導力をもたないことに対し、研究所は社会経済的見地から仏教史を研究し、そこから得た指導理論によって日本の仏教改革を進めていこうとするものであった。

林は、名古屋での仕事が緒についたばかりであり、これから本格的な活動を展開しようとしていた矢先だし、彼を信頼して協力してくれている青年たちのことも考え、上京できないと思った。しかし、青年たちは、あとは自分たちが引き受けるからと、林の上京を勧め、父親もそれを奨めた。椎尾がそれを了解しているということもあり、林はついに一九三二年四月、友松と同道して名古屋を出立した。林は、政治・ジャーナリズムの中心点ではあっても、真の宗教の生まれる場とはなりえない東京を近い将来去り、帰名する決心であることを友人たちに話した。林のことを心配する父親は、駅迄彼を見送った。

林は上京後巣鴨に住んだが、この一戸建ての家に大正大学の学生二人を預かった。研究所は銀座にあり、東京・大正・立正など各大学の宗教学生がたくさん集まり、研究に従事し、演習でさかんに討論した。旧仏教の批判、新仏教の提唱を内容とする出版物がつぎつぎと発行され、また地方指導の講演会に各理事や林が出講した。マルクス主義の反宗教闘争に対峙する仏教復興のセンターとして、仏教界からの期待が寄せられ、地方から指導を求められた。もちろん、マルクス主義者たちからは批判のターゲットとされ、唯物論研究会のメンバーが研究所を訪れ、調査研究をおこなったり、林たちと論争することもあった。

こうして、研究所の活動は順調に発展していったが、林には納得できないものが生まれた。時代を指導しうるような新しい仏教精神の樹立を求めていたのだが、研究所では仏教史の唯物史観的研究が中心で、仏教の指導原理や実践的活動については消極的ないし否定的であった。林は、そもそも唯物史観を方法論として採用することが、マルクス主義の亜流に甘んじていることであり、宗教者として仏教真理に生きようとする者のとるべき立場ではない、と考えた。

この研究所で実践運動をすることが避けられたのは、実際のところそれが困難だということからも来ていたが、学者として堕落だという正当化がおこなわれた。しかし林は、ただ議論をしたり書物を出したりすることで、学者的な自己満足に終わっていては、生きた宗教への道は開かれないと思った。たったひとりの宗教的行為の中に生きた宗教真理を顕現することにも意味はあるが、さらに社会的な宗教的実践運動に進出すべきだと考えた。宗教学者の創出や評判の良い著作の出版ということでは満足できない林は、研究所に集まる学者や学生との距離を痛感し、あえて友人たちと別れて上京したことを後悔するようになった。

そんな心境のとき、林は妹尾の著書『光を慕ひて』を読む機会があった(3)。この本は、病のために一高を退学してから、再起を求めて成らず、一〇年間にわたって闘病し、日蓮主義の信仰によって心身回復し、新しい人生を歩み出すに至るまでの血と涙の体験を記したものである。林は妹尾の苦難の人生に涙し、彼の誠実な人柄に魅了された。林は、雑司ヶ谷の新興仏教青年同盟本部に妹尾を訪ね、妹尾の誠意あふれる話に感銘した。妹尾の面影は、四五～六歳の村夫子ふうの中年で、童顔には始終ほほえみがあった。釈迦やキリストの高貴な精神に話が及ぶと、妹尾はしばし瞑目し、深い感慨にふけりつつ、「今頃、釈迦やキリストがこの世に出てほんとうのことを説いたならば、すでに殺されているでしょうね」と語った。林が、研究所を辞し、新仏青に参加したのは、一九三二年秋のことである。

2　新興仏教青年同盟の運動

新興仏教青年同盟は、一九三一年(昭和六)年四月五日、本郷三丁目の帝大仏教青年会館で結成式をおこなった(4)。当日は朝からの曇天がしだいに雨模様となり、午後には大雨が降ってきた。午後二時からの結成式には、三〇人ばかりの参加者があり、奥山が書記長になって、議事を進行した(5)。宣言・綱領(1．我等は、人類の有する最高人格・釈迦牟尼仏を鑽仰し、同胞信愛の教綱に則って仏国土建設の実現を期す。２．我等は、全既成宗団は仏教精神を冒涜したる残骸的存在なりと認め、之を排撃して仏教の新時代的宣揚を期す。３．我等は、現資本主義経済組織は仏教精神に背反して大衆生活の福利を阻害するものと認め、これを革正して当来社会の実現を期す。）の討議では、和合恒男が第三項を筆頭にせよと主張したが、これも原案どおりとなった(6)。

式のあと、法要がおこなわれ、感想演説があって、和合がふたたび発言し、それは妹尾に感銘を残した。夕食がすんで、午後七時から創立記念大講演会がおこなわれ、佐野武次の開会の辞のあと、大野・奥山・柿沼孝任・北峰・金田・妹尾の順で講演がおこなわれた。チラシの方には北峰・金田の名はなく、栗山健吉・安達安の名があるが、何かの理由で交代したのであろう。チラシには、「仏教をブルより奪還しろ‼来れ！　新興仏教の旗の下に」という大見出しの下に、「我等の主張」として「既成教団の撲滅！　資本主義反対！　全仏教徒の大同団結！　当来仏教社会の建設へ！」といった左翼顔負けの過激な文字が並んでいる。当然警官のものものしい警備となったが、三〇〇人以上の参加者が殺到して、機関誌『新興仏教の旗の下に』は一〇〇部売れた。結成式への地方からの参加者は、和合の他には清水兄弟（静岡）・保元（福島）のみであった。役員の選任はこの日ではなく、翌日の会合で委員会を設けることが決められ、妹尾が委員長に推された。事業部を当面三つに分けることとし、講演（栗山）・編集（奥山）・会計（宮田）となった。

同盟が結成される前の経過としては、妹尾が一九一九（大正八）年に創立した大日本日蓮主義青年団と、その機関誌『若人』の活動が前史である。はじめ強烈な国家主義者であり、軍の将官の法華経信者たちと親近し、その援助を受けていた妹尾は、地方農村青年の生活の窮迫を知り、労働争議や小作争議の調停にかかわることで、地主や資本家の横暴を憎むようになり、無産者の生活改善を志向するようになった。これまでの宗教関係者たちの腐敗、教義や教化運動が民衆の生活から遊離した観念的なものであり、地主や資本家を援護するものであることを批判し、理想的な仏国土の建設を目ざすに至った。

川上肇の『貧乏物語』や山川均の『社会主義の話』などの文献を読み、さらに社会科学を学ぶことによって、社会改革の運動を支持するようになった。こうした考えは、『若人』に発表する毎号の文章の中に鮮明に表現されるようになり、青年団の内部にそれを問題にする人があらわれた。とくに、団の財政を支え、団員寮でもあった「若人社」の施設を提供していた実業家、上田辰卯や時友仙次郎らのつよい反発があった。これらのスポンサーたちと妹尾とのあいだで、論争や和解がくりかえされたのち、ついに妹尾は団の解体と同盟の設立を決断したのであった(7)。

この年一月一一日、若人社で青年団の地方支部長会議が開かれ、山梨(四名)・山形(二名)・福島(二名)・静岡・松本・東京(以上、各一名)が参集した。協議事項は、上田から要求されている若人団員寮の返還問題と、妹尾の志している新仏教運動についてで、後者についてはいろいろ異論も出た。一月一四日、本部部長会議(栗山・奥山・柿沼・岡部が出席)で、新団体名を「新興仏教青年同盟」、新機関誌名を『新興仏教の旗の下に』とすることが決定された。その後、妹尾は各地の支部の例会や研究集会に出席するたびに、新仏教運動について団員に説明したり、一般大衆への公開講演会で所信を述べた。反対論もかなり出たが、妹尾は断乎行くのみという所感を日記に書いている。

二月一四日、新興仏教運動の「街頭第一宣言」を、帝大仏教青年会館でおこなった。参加者は、青年のみの六〇名で、妹尾の講演のあと座談会がおこなわれ、いろいろな質疑応答があった。二月一六日に、妹尾は「新興仏教運動の提唱」を『読売新聞』に依頼されて書いたが、これは掲載を見送られたようである。三月七日には神田の仏教会館で「第二回新仏教運動講演会」を開催したが、聴衆三〇名だったのは、当夜の嵐のせいだったであろう。三月三〇日には幹事会（岡田・栗山・佐野・岡部・大野が出席）を開き、四月五日の結成式・講演会の準備をおこなった。機関誌の創刊号は、四月一日にできあがり、地方への発送準備をおこなったが、四月四日、結成式前日に甲府支部から退団の電報が届いた。甲府の団とは長く深いかかわりがあり、一月二〇・二一日、二月一九〜二七日、三月三〜七日、三月二一日と、年初から足しげく甲府・山梨県下で講演や話し合いをしていただけに、この「第二の故郷」との絶縁は、妹尾にとって限りない悲哀であった。妹尾は、自分の感化力の不足を反省し、さらなる精進を誓った。しかし、四月二一日には多年の盟友の和合からも退団届けが来て、六月には堅固にみえた山形支部が解散した。

こうして、退団の意思を表明する者たちが出てくる一方で、静岡・福島・金沢に動揺はなく、山梨でも佐野勝利ら一〇名で再組織がおこなわれた。一〇月には妹尾のオルグによって、福岡県行橋支部（支部長奥与三治、一五名）が組織された。

新仏青が発足してから最初の年度は、機関紙の発行と講演会による宣伝が主であり、組織活動としては、妹尾が地方を廻って支部のメンバーと座談会などで話し合いをおこなうことが中心であった。どんな活動にしても、妹尾が個人で担うばあいが多く、あまり組織的な活動はおこなわれなかった。幹事会を開いても、ほとんど人が集まらないばあいもあったし、運動の指導理念も明確とは言えなかった。

新仏青による、社会変革を目ざす政治活動への取り組みとしては、新興仏教の立場からする独自の政党の結成が考慮されていたが、まずは既発無産政党の選挙運動に協力することから始められた。しかし、一九三一年八月二一日、淀橋町の町議選で妹尾が大衆党の立候補者の応援演説をする予定であったのに、仏教宣伝の場に利用するのではないかという疑いをもたれてキャンセルされた。九月五日に妹尾は大衆党本部を訪問し、浅沼・宮崎・三輪・堺らと面談して同党に入党した。ところが、九月一二日の第一回エスペラント研究会のさいに、山本哲夫の提案による新興仏教運動の綱領・宣言・組織についての検討がおこなわれた結果、大衆党と提携するという従来の方針を清算し、仏教無産青年独自の政治運動を開始すべきことを妹尾が提案し、全会の賛成を得たということがあり、妹尾の方針の動揺がみられる(8)。このあと、機関誌一〇月号に、妹尾の「新興仏教の経験による仏教無産政党可能の私見」が発表され、独自路線が明示された。

一〇月九日、岡山で仏教無産政党準備会が開かれ、妹尾の他に一二名が集まり、出席賛成者を委員として宣言綱領をつくることになった。翌一一日に妹尾は倉敷で五、六名の同志に会い、ここでも仏教無産運動の可能性を見出した。一〇月二八日には萩の公会堂で妹尾は、仏教無産政党提唱講演会をおこない、資本主義批判の話をして、臨監の警官から「中止」を食らった。

一九三二(昭和七)年秋に、林霊法が加盟し、新仏青の運動は大きく発展した。組織としての軸ができたのである。一二月三一日の同盟幹部の会合(妹尾・浅野・林・山本・栄久庵出席)で、昭和八年度の運動方針を協議し、一月八日の大会に備えて、宣言・組織改正・機関誌改善・支部網・財政・行動綱領・役員改正などを検討した。名称も、新興仏教青年同盟から新興仏教同盟に変え、ピオニール部を設け、また、組織・調査・国際・財政・出版の各部を置くことにした。

越えて三三年一月八日、同盟第三回全国大会では、つぎに掲げるような四つの運動方針のもとに、二五ヵ條にのぼる実行項目が決定された。

1. 国際主義の精力的高揚
①仏教の平和思想の高調、②各種国際平和運動への参加とその提唱、③エスペラントの普及、④世界各国の軍備縮小と全廃への唱導

2. 資本主義改造運動の強化
①仏教固有の僧伽思想（協同社会主義）の強調、②各宗団のファッショ化と武器献納反対、③農民組合運動の支援および農民学校の開設、④労働運動の支援、⑤貧窮同胞の救援、⑥水平運動の支援

3. 反動宗教運動の徹底的排撃
①仏教各宗典の再検討による社会的仏教原理の確立と各宗の発展的統一促進、②各種新興宗教の迷信邪教の批判、③寺院のセツルメント化の指導、④進歩的仏教女性の結束化と社会運動への進出指導、⑤不殺生戒に基き死刑廃止運動、⑥警察の人権蹂躙防止運動、⑦礼拝形式の確立、⑧一村一墓地化の提唱、⑨葬式の同志による執行化

4. 個人の内面生活浄化の徹底
①約束の厳守、②時間の励行、③排酒、④貞操の純化、⑤生活の簡易化と共済化、⑥簡易なる勤行の日常実行

以上、多岐・大小にわたって多くの実践目標が提示された。単に理念を高唱するだけでなく、日常的・具体的な改革項目が並んでいる。網羅的にすぎ、同盟の実態・実力を無視した大風呂敷だと批判されても、甘受するしかなかったであろう。しかし、せいいっぱいに視野を広げて、問題としてとりあげるべきすべての

項目を逸しないように、あれもこれもと列挙しているのは、運動課題のパースペクティブを明示しようというものである。もちろん、「実践目標」とか「行動綱領」とかいうのであれば、短期的なものと長期的なもの、当面の重点項目といった区分が必要になるはずであり、もっとプログラム化されていなければならなかったであろう。

同盟が実際におこなったことをみれば、もちろん、こうした多大な項目のすべてにわたって同じウェイトで取り組みができたはずもない。それでもなお、多くのことに関与しすぎたために、同盟の力は分散されてしまい、役員、とくに妹尾・林の消耗が激しかった。とくに妹尾は家計の窮迫に耐え、一家餓死の覚悟で運動に献身した。

新仏青運動の指導原理については、妹尾が三二年一〇月一四日に、竜谷大学の機関誌のために書きあげた「仏青運動の指導原理と運動方針」を、同盟機関誌『新興仏教』一一月号に発表したものがベースになった。そこでは、宗派絶対主義・国家主義を清算し、国際主義に立ち、個人的な福音から社会的・生活的な解放運動へ進むこと、無産政党や労農運動に参加・協力するとともにその「人格的浄化」を進めること、既成教団の失った戒律の現代的実践を目ざすことが主張されている。これらの根底にあるべきものとして、「三帰依文」が掲げられた(9)。

しかし、一九三三年一月の同盟第三回大会の討議では、三帰依文の解釈の仕方、その表現の仕方をめぐって議論があり、また、唯物弁証法と仏教弁証法の異同についても問題が出され、さらなる研究の必要が認められて、研究部に付託されることになった。三三年二月七日、妹尾が執筆したパンフレット『社会革新途上の新興仏教』二〇〇〇部ができあがり、運動関係者に送付された。これは、前述「仏青運動の指導原理と運動方針」

の内容をさらに敷えん・解説したものであり、戦後の論者から、妹尾の「代表的著作」で、彼の水準がもっとも高まったときの仏教思想の「凝縮」だと評されるような論稿であった(10)。

パンフレットの内容については、すでにいくつかの文献で詳細に紹介されているので、ここには章・節の題名のみを摘記しておくことにする。それでも、かなり膨大なものになる。

第1章　緒論
1　社会は発展する
2　仏教改革の可能
3　現代社会の要求
第2章　現在科学は超人間的な神仏の実在を否定して無神論を説く
4　社会学の説く宗教の特色
5　無智が神を生む
6　経済生活も神を造る
7　疑わしき神の救済力
8　仏教は無神論なり
第3章　現代科学は死後の生活を否定して無霊魂論を説く
9　彼岸主義・霊魂不滅の意味
10　彼岸の幻想は消滅した

この論稿について、稲垣真美は、仏教学のもっとも進んだ業績に裏打ちされていたばかりではなく、社会学的に再吟味して、変革の原理として発展させえた点を評価し、井上卓治は、社会科学の方法論を取り込んで実践的仏教思想を構築しようとしたこと、仏教をはじめいっさいが社会的所産であり、仏教者は時代の要請にいかに応えるべきかという問題に全身をもって取り組んだことを評価する(11)。妹尾が提唱した問題は、戦後に至ってもなお十分に解明されたとは言えない。きわめて貴重な先駆的発言であった。

三四年八月一三日、妹尾・林・山本の三人が同盟のことで話し合ったとき、山本は友松円諦の真理運動に参加すると言い、林もやがて名古屋へ帰って新しい運動をやるという考えを語った(12)。妹尾は「同盟もここは一清算期のやうだ。考へねばならぬ」と書き、「自分の力の不足を反省して真実の仏教運動、否、仏教を大衆解放にいかに役立てるかについて大いに考慮を要することだ」と述べている。組織の危機に直面するたびに、自分の無力や不徳を反省するのは、妹尾が人格者として敬愛されたゆえんではあるが、あまり生産的・合理的な態度だとは言えない。

この年九月、妹尾は市電争議の応援に没入し、一〇月には関西災害救援に努力した。一一月には東北救農救援に奔走している。年末の所感として妹尾は、「同盟としては今年は戦ったつもりだ。めざした無産運動へ多少くひこまれた気がした」と述べ、仏教は従来無産運動を罪悪視してきたが、無産運動こそ現代運動であることを広く仏教界に知らしめる役割を担おうという決意を表明した。

三五年度には、全国農民組合に接近し、日本労働組合全国評議会・全映従業員組合にもかかわった妹尾は、『労働雑誌』の経営に力を注いだ。出版費の捻出に苦しみ、借金も容易にできず、千歳村の自宅を売却せざるをえなかった。『新興仏教』は、ほとんど毎号発禁処分を受ける中、地方へのオルグ遊説をおこなったり、九月には東北地方や京都・香川・岡山・高知の県議選の応援をおこない、一〇月中旬には岩手・福島に新興仏教の遊説があり、一一月二一日には小岩井・高津・戸坂ら左翼の反宗教論者たちとともに、「新興諸宗教批判演説会」を帝大仏青会館で開催した。一二月は、市政刷新城北地方協議会に同盟が参加し、妹尾が幹事の一人になった。東交主催の「市政刷新演説会」に三回参加し、東交自動車支部の家庭懇談会・座談会にも数回出講した。東交賃上げ闘争の支援活動であった。

一九三六（昭和一一）年一月、妹尾は千葉県議選を応援し、一月一九日に同盟の第六回大会を神田の中央仏教会館で開催した。出席者は約三〇名、林は来会せず、金沢支部も大雪で参加できず、辻本英太郎（大阪）・高田重義（岡山）らが活躍して、大会はもりあがった。妹尾は岡山の無産団体協議会から、総選挙への立候補を依頼されたが、同県のちがう選挙区から立候補する黒田寿男に県下無産団体の運動を集中させるのが正しいという判断で、妹尾は立候補をことわった。

一月下旬から二月中旬にかけて、加藤勘十の選挙運動の応援を、のどの痛みに耐えつつおこない、加藤が全国最高得点で当選したことで報われた。この選挙では、河野密・安部磯雄・浅沼稲次郎・麻生久・鈴木文治（以上、東京）・黒田寿男らが当選し、無産党候補が多数当選した。二・二六事件のあと、妹尾は一ヵ月間拘束されていた。四月には、岡山県の市議選応援に西下し、大阪で新興仏教運動の宣伝活動をした。五月、妹尾は東交城北地区から推されて、東京府議会議員選挙に立候補したが、一八六四票の第八位で落選した。妹尾はひどく落胆したが、失敗から学んで再起しようと決意し、道業二つながらの完成を誓った。この選挙活動のためであろう、妹尾は全身が衰弱し、とくに視力がひどく低下した。目の問題では、この年後半おおいに苦しんだ。

そうした状況の中でも、妹尾は新党問題や統一戦線問題にかかわり、人民戦線について研究している。自動車労働組合傘下の大バン自動車労組の争議を応援し、東交関係の労働講座にも出講して、「宗教と労働運動」について講話した。九月には東都バスの争議を応援し、中旬から下旬にかけて帰郷、実家の経済問題にかかわったのち、山県郡大朝・新庄・加計、倉敷、牛窓、大阪で講演をおこなった。一〇月初めには北陸路で遊説をおこない、福井・金沢を訪れた。一一月中〜下旬は、区議選の応援演説をおこなったが、ここでも無産派の進出という結果になった。

妹尾が検挙されたのは、一九三六(昭和一一)年一二月七日の朝である。『労働雑誌』の編集スタッフの中には、小岩井浄・内野荘児・佐和慶太郎ら、共産党関係者がいたことが理由であった。しかし、それまでに妹尾の家や旅先に、特高の刑事や憲兵がたびたび来訪してきており、妹尾の演説もしばしば「中止」を命ぜられた。妹尾は、小岩井とともに警視庁の憎悪の対象だという話を、妹尾自身が友人から聞いている。

一九三七(昭和一二)年の同盟第七回大会は、警視庁の特高刑事三〇名の臨監下に開かれ、軍備全廃を理想とする平和主義、資本主義改造、各宗団のファッショ化反対、生活改造運動を含む進歩的仏教運動、個人の内面生活の浄化など、従来の路線を進むことが確認された。林が妹尾に代わって委員長となり、八月には名古屋で「日華事変戦死者慰霊法要」と講演会が開かれた。林は九～一〇月、各地で講演をおこなっていたが、一〇月一九日、同盟本部に帰ることを求める電文を受け、翌二〇日夜幹部一二名が本部に集まったところで、全員が検束された。その後、本部・支部の幹部・同盟員・誌友など全国で二〇〇名が検挙された。

妹尾・林・山本らが起訴されたのは、一九三八年三月二六日であり、予審終結が一二月一四日であった。治安維持法と刑法違反に問われたのであるが、予審終結によって保釈出所するまで、妹尾は約二年間、林は一年余りにわたって留置されていた。林の両親はこのかんにあいついで死去し、林の悲傷はきわまりなかった。妹尾もそのことの責任は己にあるとして、留置場の片隅で法華経寿量品を読誦した。裁判は三九年五月から始まって七月に結審し、八月に判決があった。控訴審は翌年六月から始まり、九月には判決があり、林・山本は執行猶予となったが、妹尾は同年一二月九日に下獄した。

裁判の主たる争点は、新仏青が共産主義団体であるか、つまり、私有財産や天皇制を否定し、国家の覆滅を図るものであるか否かであった。

　これについては、妹尾の検挙後まもなく検挙された同盟中央委員早瀬喜久男が、特高の訊問に屈してその主張を受け入れ、この自供にもとづいて妹尾を揺さぶり、ついに妹尾を「落とし」たのであった。老練な特高のわなにはまったということであるが、妹尾がきわめて道徳的で内省の人であり、誠心誠意をもってあい対すれば相手も理解してくれるはずだという信念をもっていたことが裏目に出たといえよう。妹尾は仏教弁証法をもって唯物弁証法を包括する高次の思想だとし、反宗教論を克服することに努めた熱烈な仏教信者であり、共産党に属したこともなかった。したがって、新仏青は共産主義運動の一翼ではない。

　しかし、同盟員・幹部の中に、仏教信仰よりも社会変革の政治運動に重点を置くマルクシストあるいは同調者がいたことは十分考えられるし、妹尾自身も私有財産制の弊害や皇族のぜいたく・ふまじめさを日記中に書き記すことがあった。資本主義に対する批判には激しいものがあり、個人の思想としても同盟としても、資本主義社会の変革を志向していた。林・山本のばあいは妹尾と同じ水準ではない。妹尾とても天皇制廃止とまでは考えていなかったことは、彼が社会大衆党に加入したり、加藤勘十・杉山元治郎など社会民主主義者たちと親しくしていたことでも分かるだろう。妹尾は小岩井浄を評価していたが、それは彼の思想についてではなく、誠実な人柄についてであった。

　新仏青の指導原理たる「三帰礼」について、特高が妹尾に押しつけた拡大解釈では、「自帰依僧」を、搾取なき人格平等の共同社会から「共和政体」の意味に、「自帰依法」を、縁起・空観にもとづく私有否定・相依相関の実践的無我イズムから「私有財産否定」に、「自帰依仏」を、上記理想の体現者・指導者としての釈尊への渇仰讃美とするところはそのままにしている。要するに、国体変革・私有財産廃止を目ざす思想ということにすれば十分だったのである。

妹尾は、前述の『仏青運動の指導原理と運動方針』で、現代社会において必然的に生起・発展しつつある変革運動と歩調を合わせて、仏教革新の運動を起こすべきだとし、現代社会の根本的矛盾を解決するためには、観念的安心提唱を超えて、社会的・生活的な解放を目ざし、資本主義の改造に取り組まねばならないと主張している。ただし、彼の言うところの「変革」とは、政治的・経済的なシステムの具体的なビジョンよりも、浄仏国土としてのユートピアのイメージであった。彼は社会主義社会を、「相互扶助を実践する共同社会」ととらえ、そこでは生産機関をはじめいっさいの資本が共有となり、パンの問題は解決され、創造的共存共栄への悦びあふれる努力がなされる、と描いている(13)。きわめて楽観的な見解が示されているが、妹尾は経済組織の共同化を基本にしてこそ、人間相愛の理想社会が築かれる、と考えていたのである。

3　林霊法と新興仏教青年同盟

林が新仏青に初めてかかわったのは、一九三二年の秋だったという。『妹尾義郎日記』の記事に林が登場するのは、一〇月一〇日が最初である。しかし、同日記は三月から九月まで書かれておらず、一〇月一日からつけられている。林が新仏青に関係するようになったのは、一〇月一〇日より前のことだったと思われる(14)。

と言うのは、一〇月一〇日の条に夜六時から仏教クラブで信仰座談会例会がおこなわれ、当夜のテーマは「革命に対する仏教徒の態度」であったが、「唯物弁証法について林君の説明はあざやかであった」と批評されているからである。当日突然参加したとは思われない。「煩悩即菩提」についての武藤の主張が「純粋の観念論」として批判されているのに対し、林の発言は高く評価されているのである。哲学科の出身でもあり、論理的思考に習熟している林の意見は、グループの中で格別に光彩を放っていて当然である(15)。

一〇月二〇日、妹尾は林と協議をおこなっている。これは翌々二二日、同盟の新陣容についての会議がおこなわれるに先立って、その腹案をつくるためであった。林は妹尾から深く信頼されていたことが分かる。二二日の会議が開かれたのも、林の新加入を機として、陣容の刷新を図ろうとしたのである。この会合には山本のほかに、波岡・栗山らが参加し、研究会を設けることと、同盟員の義務を明瞭にして連帯責任を具体化することが新たに決定された。一〇月一〇日の研究会が満足できるものだったので、これを継続しておこなうようにしたのだと思われる。

第二回研究会は、一〇月二八日に仏旗寮でおこなわれた。合議制で議事を進行させ、林が唯物史観批判をおこなった。唯物弁証法・唯物史観・資本論の三項に分けての話であった。仏教イデオロギーにしたがって同盟の強化を図ることが決定され、次回から会の前半を基本原理の研究、後半を運動についての協議にあてることになった。この日の会合は、「多少緊張したものであった」と、妹尾は感想を記している。

一一月四日の例会については、浅野研真の出席が特記されているが、他の出席者についての記録がないものの、当然林は出席していたと思われる。唯物史観についてもっと研究する必要があるとしながらも、「問題は理論ではなく実践だ、その真理性も実践によってのみ証明されるのだ。同盟はいかに実践すべきか、これが問題である」と記している。研究だけしている同盟ではだめだという反省であろうが、林のような学究派に対して妹尾は、やや及ばないという感じをもったのではなかろうか。翌五日、妹尾は静岡・大阪などへのオルグ活動に出発し、林は栗山・宮田とともに東京駅で妹尾を見送った。

妹尾の帰京は一一月二三日であったが、一二月初旬には東北へのオルグ旅行をおこない、妹尾日記に林の名が出てくるのは、一二月三〇日、仏教クラブで志賀・尾川・林と話し合ったという記事である。翌三一日、妹尾は林を伴って仏教法政経済研究所を訪ね、友松円諦・山野・林・山本・栄久庵と、森永の喫茶店で昭和八年度の運動方針について協議し、一月八日の大会についても話し合った。妹尾は一二時前に帰宅したが、林も同行し、佐川・志賀とともに護国寺の除夜の鐘の音を聞き、にぎやかに話し合った。

一月七日、林は帰寮し、午前中に山本清嗣・志賀清丸(田永精一)とともに妹尾と話し合った。午後には妹尾が浅野を訪ねて語り合ったあと、二人で林を仏教思想社に訪問し、協調会館で三人の話し合いがおこなわれた。(16) 妹尾は、「同盟のスローガンの第一には〝同盟あって個人なし〟でなくてはいけぬ。新進の浅野・林君たちがのり出してくれれば、わしは背後の事務をうまく整理してやってよい。それは団体を愈々発展さす道でもある」と書いている。林に対する信頼には深いものがあったのである。

一月八日の新興仏教同盟第三回大会の翌日、浅野研真の同盟加入に友松円諦が反対している問題について、妹尾は浅野・林・山本と相談し、同盟の人事問題について話し合った。浅野は同盟の中央執行委員を引き受けていたのだが、仏教法政経済研究所との関係で、浅野の加盟は見合わせということになった。一月一三日には、妹尾・栗山・林が山水楼で夕食をとり、妹尾は林と同盟の将来について話し合った。浅野・林に期待するところ大であったのに、浅野は加盟できず、妹尾としてはますます林への依存を余儀なくされるようになった。妹尾はその後、中央執行委員を依頼するために歩きまわらねばならなかった。

一月二四~二六日、妹尾は上野不忍池畔でおこなわれていた米沢善光寺の出開帳を糾弾する活動をおこなった。抗議団の中には林もいた。妹尾は、大正大学や警視庁官房高等課に働きかけたり、豊山派宗務庁を訪ねたりしたが、どうにもならなかった。米沢善光寺の出開帳責任者の無責任ぶりに怒り、法の不備や警視庁の消極的態度を妹尾は憤慨したが、「法律も何もかも、現在は皆ブル共の御都合的に出来てゐる。この不合理を制裁することができないのだ」と述懐するしかなかった。一月二九日には、同盟の中央執行委員である山本哲夫の誕生日記念茶話会に招かれて、妹尾と林が参会した。

第三回全国大会で林は同盟の書記長に就任したのだから、同盟の諸活動の中心となり、妹尾と活動をともにするのは当然のことながら、林は同盟の仕事で繁忙をきわめた。しかし、同盟の執行部は組織として弱体であり、二月一三日の「中央執行委員会」に出席したのは、妹尾・林・栗山・志賀ら五名のみであった。当夜の議題は、第三回大会で決議された運動綱領をどう実行するかであった。三月八日の中央執行委員会の出席者も、妹尾・林・山本・志賀・栗山の五名で、ほとんど役員のみの会合であった。この会議では三陸震災救援に一〇円を同盟から送ることが決定され、他に機関紙三月号の合評、四月号の編集方針、宣伝旅行の計画などが協議された。三月一七日、妹尾は林の室を借り、アシャポワロフ著『マルクス主義への道』、中島重著『宗教とマルキシズム』を読み耽《ふけ》った。自分の家にいると、来客などにわずらわされるので、陽当たりの良い林の室にこもっての読書であったろう。

四月三日、林が帰寮して、妹尾・山本哲夫との話し合いがあった。翌四日午後、妹尾・林が同道して中部・関西方面の大伝道旅行に出発した。当日夜、静岡の柴田宅で開かれた座談会では、林が主として話し、参会者はみな得心した。これは同盟員がほとんどの集まりであった。妹尾は出発前夜からの風邪でのどが痛み、出発寸前まで床に就いていているという状態であった。

四月五日、二人は久能山を訪れ、竜華寺で高山樗牛の墓に詣でたのち、静岡を立ち、同夜は袋井の同盟員が準備した講演会で、妹尾が「なぜ、新興仏教を提唱する」、林が「宗教改革と浄土化」と題する講演をおこなった。当夜、袋井で某中将の軍事講演会がおこなわれ、同盟の講演会の方は聴衆半減であった。

翌日、同盟員宅で農村青年四人が来て座談会が開かれ、農村の窮乏と農民生活の絶望的状況が語られた。夕刻、浜松に移動し、妹尾はそこに泊まったが、林は一足先に名古屋の実家に向かった。翌七日、妹尾は林の実家の養林寺に赴き、夜そこで座談会がおこなわれた。主として浄土宗・真言宗の若い人たちが集まったが、伊藤証信も出席した。

四月八日、午後に妹尾と林は千歳劇場で「暴君ネロ」、「マルガ」という映画を観た。また、来訪した知人と話し合った。合流するはずであった山本哲夫が来ないまま、九日午後に名古屋を立って四時、京都に着いた。かねて妹尾がしばしば寄稿していた仏教系新聞の『内外新報』関係者などに迎えられ、夕刻から児童博物館で妹尾・林が講話をおこなった。梅原真隆ら一六名の参会者は、観念的な傾向がつよく、宗教を実際生活の外で考えようとするので、妹尾はがっかりした。

四月一〇日には二人で、『中外新報』の真溪を訪ねて懇談し、同誌の小谷徳永の案内で円山の桜花を見た。夕刻京都を発って大阪へ着き、本行寺で同盟大阪支部員の座談会をおこなった。来会者三〇名で、まじめな質問も出た。同盟員の家に泊まり、翌一一日に二人は大阪城にのぼり、三浦参玄洞を訪ねたが不在で会えず、天王寺・新世界から道頓堀へ廻り、新国劇を観た。

一二日、和歌山の同盟員に迎えられて、ひとつの寺で座談会をおこない、夜は中津村の淘汰寺で講演会をおこなった(17)。一三〜一四日の行動は不明だが、このかんいったん別行動をとった二人は、一五日、京都で乗り合わせて午後福井県今庄に赴き、昭和会館で講演会をおこなった。面屋竜門のあっせんによるものである(18)。翌一六日午前、昭和会館で毎日曜におこなわれている子ども会で、妹尾は「十銭金貨と一銭銅貨」という童話を話した。

午後、大聖寺に着き、夜公会堂で講演をおこなった。戦争反対の演説だったので、警官が臨席し、「注意！」を受けた。片山津の温泉に宿泊し、翌一七日の夜、片山津劇場で講演をした。一八日には金沢へ着き、夜教育会館で同盟支部主催の講演会がおこなわれた。林が「社会不安と浄土化運動」、妹尾が「新興仏教の理想と戦争問題」であった。定刻満員の状況であったが、出席を求めた各宗僧侶はひとりも来なかった。この日午後、妹尾は山本清嗣とともに県立図書館長の中田邦造を訪問し、中田の話に感銘したのであろう、翌一九日に妹尾は林とつれだって中田を再訪した。中田から、内容のすぐれたものを平易に表現すること、積極的進出よりも持続の覚悟と努力が必要だなどの忠告を受けた。一九日夕刻には金石町の公会堂で講演し、警官の「注意！」を一度受けた。

四月二〇日、福井の面屋のあっせんにより、夜公会堂で新興仏教講演会をもった。聴衆の数は少なかったが、パンフレットはよく売れた。二一日は永平寺に参詣し、多年憧れていたこの聖地が俗化していることに失望し、金津に出て東尋坊を見物し、夕刻に金沢に戻り、同志と晩餐をともにした。七時一七分、急行寝台で二人は金沢を発ち、翌二二日午前七時、帰京した。一九日間の大遊説旅行で、旅費は五五円余であった。各地で同志たちが宿舎を提供したので、これだけの旅費ですんだのである。

四月二六日、林の父親が来訪しているが、用向きについては書かれていない。五月四日、妹尾は林を訪ねたが不在で会えなかった。おそらく、翌日の「第二周年記念講演会」についての打ち合わせだったろう。これは「ファシズム批判と新興仏教講演会」と銘打っておこなわれたもので、林霊法「社会的危機と新興仏教」、安藤政吉「階級的排酒論」、戸塚松子「仏教婦人の社会的進出」、山本哲夫「唯物弁証法と仏教弁証法」、妹尾義郎「ファシズム批判と国際主義」という内容で、聴衆二〇〇名を得て、妹尾は、仏教講演会でこんなに人が集まることはないので、時局柄に適した成功だと述べている。

五月一三日に京都で開催される第三回全日本仏教青年会連盟総会に出席すべく、一二日午前一〇時の急行で、妹尾と林は西下した。夕刻名古屋に到着、林の家で伊藤証信ら数人が集まって座談会が開かれた。無我愛の提唱者である伊藤が、河上肇の求道史を披露し、妹尾は感慨を新たにした。翌日の総会については、前章で紹介しているとおりである。「指導原理確立の問題」を中心に妹尾たちはがんばったのだが、受け入れられなかった。一四日、妹尾と林は分かれたらしく、妹尾は一灯園を訪れたあと、大阪へ、さらに帰省の旅をおこない、二〇日に東京へ戻った。

五月二一日、帝大仏青会館で研究会をもち、林が全仏青の批判をおこない、山本哲夫が指導原理、妹尾が感想を述べた。六月二〇日、妹尾は林を訪ねて話し合っていたところ、自宅から電話があり、帝大仏青の柴田理事長が来訪したとのことで、妹尾は林・志賀と同道し、帰宅して会談した。全仏青が同盟を除名する見込みだが、脱退勧告を受け入れてほしいという要望であった。二一日、妹尾は林とともに浅草の山本哲夫を訪ね、全仏青から脱退することを決した。

六月二八日、機関紙七月号(仏教婦人覚醒号)の校正を、妹尾・林・山本・志賀でおこない、よいティームワークで効率をあげた。しかし、七月二〇日に妹尾は山本を訪ね、林と三人で話し合うつもりで帰寮したが、林は在寮せず、話し合いはできなかった。林はこの頃真宗への働きかけに全力を注いで、同盟の仕事をおろそかにしているように感じて、妹尾は不満だった。「苟くも同盟の書記長たる職員の人の行動として少しくわからないところだ」と述べながら、妹尾はすべてこれ自分の不徳によるところだと反省している。『新興仏教』八月号の発送準備としての封筒の宛名書きを妹尾は七月三〇日におこない、林と志賀が手つだった。この頃妹尾は貧窮のどん底で、千歳村に所有していた家を売却して急場を凌ぐありさまだった。八月二〇日、林は五円を義捐している。八月下旬、妹尾は大阪・金沢に旅行したが、帰京してまもなく、八月二九日に山本・林・志賀とともに機関誌の形態について協議した。雑誌から新聞形態に変えられたのである。三一日にも妹尾・林・山本で相談し、新興社から刊行することにした。九月六日には、『新興仏教新聞』の編集を、妹尾・山本・林でおこなった。

一〇月一三日、栗山が妹尾を晩餐に招待し、林とその友人が同席した。午後六時から時事新聞講堂で「帝都仏青発会記念講演会」が開かれ、林が開会の辞を述べ、浅野研真・倉田百三・妹尾義郎・岡本かの子・武田富四郎・江部鴨村・野依秀市会長が登壇した。

翌一四日の夜、妹尾・林・山本・松浦武雄が「心談」し、一二月一六日の研究会兼忘年会の出席者は、山井・林・須磨・青木・遠山・谷中・松浦・末吉らと妹尾であった。一二月一八日のエスペラント学習会には、林・山本・末吉・松浦・遠山・青木・妹尾が出ている。

一九三四（昭和九）年度の『妹尾義郎日記』には、一月二日〜三月二九日分の記入がなく、林の名が出てくるのは、四月五日の同盟発会記念座談会の出席者（九名）の中のひとりとしてである。五月六日に本部で開かれた研究会では、林が「仏教の平和理論」について話した。五月一二日に「戦争と国際平和問題大講演会」が開催され、会場の帝大仏青会館には二〇〇名の聴衆が集まった。司会は青木宗英で、林霊法「現代と仏教ルネッサンス」、ブリンクレー「大乗仏教の世界的使命」、山本清嗣「戦争と新聞記事」、山本哲夫「現段階における仏青運動」、高津正道「国際平和への道」、妹尾義郎「新興仏教の戦争論」という内容であった。入場料一〇銭をとっている。

ときに話し合うことはあっても、この夏妹尾と林のあいだにはほとんど交流はなかったが、一〇月五日に真宗会館で開かれた講演会は、青木宗英の開会の辞で始まり、林霊法「文明の彼岸に宗教は建つ」、加藤勘十「労働運動の意義と体験を語る」、妹尾義郎「新興仏教運動の体験」、佐藤秀順「閉会の辞」という内容であった。来聴者の数は少なかったが、緊張した、良い会だったと妹尾は感想を記している。

一〇月二〇日、林は母親の病気で名古屋に帰った。その後いつ東京へ戻ったのか、不明である。妹尾は東北地方の窮農救援にかかわって、一一月九〜一七日東北へ旅行、「西畑のおばさん」の危篤の報せで二一日に大阪に発ち、葬儀が終わって帰京したのが二七日である。東京にほとんどいなかったので、林の動静についての記述に欠けている。

一二月前半の日記が記述されておらず、後半になっても林についてはふれるところがない。一二月二五日になって、突如林の父親が上京してきて、夜、林・父親・重子とともに上野に赴いてご馳走になったこと、その後、父親と銀座へ廻ったという記事になる。二六日には父親を案内して明治神宮や乃木大将の墓と邸に行っている。二七日には林が、父親・重子とともに帰名するのを妹尾は見送った。これは一時的な帰宅ではなく、母親の病気に加えて本人も健康を害したことによるものであった。妹尾は送別の感慨を二首の歌で表している。「つやつやし　すこやかになりて　帰りゆく　君をおくりてうれしかりけり。君まさぬ　今宵はさびし　子供らと　火鉢をかこみて　うはさをばしぬ。」

一九三五（昭和一〇）年一月三日、妹尾は大阪へ旅立ったが、名古屋の林のところに泊まり、林が元気で母親も思ったより良い状態であるのに喜んだ。六日に大阪で開かれた同盟第五回全国大会には、関西方面の支部長が集まり、議案全部が議決され、なお緊急動議で林と須磨宛に病気見舞いの電報が打たれた。

四月四日、妹尾は関西遊説旅行に出発したが、五日夕刻名古屋の林の寺に赴き、夜の座談会で妹尾と林が語った。伊藤証信・金子白雪らも参加した。翌日、妹尾は林に見送られて大阪へ向かった。林はこの遊説に加わることになっていたが、妹尾が八日まで全農全国大会に出席していたので、林は後発して八日夕刻に大阪着、同盟大阪支部の花祭会に二人で出席した。来会者二二名、「林君の話もよかった」と妹尾は書いている。

四月九日は、今池の四恩学園を訪ねたのち、二人は別行動をとり、午後に社会事業協会で再会、一〇日は船着村を訪れて夜陶沙寺で講演会をおこなった。谷本重清「花より団子」、林「現代農村と宗教」、妹尾「行きつまれる社会の立直しと新興仏教」が内容である。あいにくの雨で聴衆は少なかったが、熱心に聴講した。

一一日は中川村の極楽寺で講演会をおこなった。日高川沿いの山村で一村一ヵ寺のところ、雨降りということもあって聴衆は少なかった。一二日は白浜を遊覧して温泉にも入り、道成寺の専念寺に泊まった。一三日、四貫島のキリスト教セツルメントを参観し、夜は大阪支部の有志と会食した。一四日、神戸に移動して二人は別行動をとり、林は杉山元治郎の農民福音学校を訪問した。夜に合流し、一五日朝二人で楠公神社へ詣でた。神戸から岡山に行き、妹尾は万富で開催される講演会に出講するために出かけ、そこへ泊まった。翌日午前中に妹尾は帰岡し、林と後楽園で遊んだ。そのあと妹尾は一高時代の旧友である多久県知事を訪問し、夜は禁酒会館で講演会をおこなった。内容は、矢吹啓一「開会の辞」、高田重義「九人兄弟の貧しき兄」、林「文明への宗教的闘争」、妹尾「危機的社会に於ける新仏教運動」である。終わってからの座談会に三〇名が残り、盛会であった。

一七日、岡山から牛窓に行き、本蓮寺の貫名正雄を訪れ、日蓮主義時代からの道友たちにも会い、夜小学校で高田・林・妹尾が講演し、三人は本蓮寺に泊まった。一八日午前、牛窓女学校で講演、汽船で岡山に帰り、夕刻二人と高田・藤井重行の四人で倉敷に行き、商工会館で小講演会をおこなった。一九日夜は広島の明法堂で座談会をおこない、林が新興仏教の概略を話したのち、質疑応答がおこなわれた。来会者の多くは左翼系の人たちで、話はマルクシズムの公式主義批判が中心であった。

二〇日、妹尾が鈴木知事（一高時代、一年上級）と面会したあと、夜公会堂で公開講演をおこなった。広告不十分で聴衆は多くなかったが、進歩的文化人・労働運動家が集まり、共感を示した。二一日、昨夜その家に宿泊した細川崇円らの案内で、二人は厳島に遊んだあと、呉市に赴き、夜、救世軍呉支部で講演会をおこない、聴衆多数であった(19)。

二二日、妹尾は一高時代の旧友で呉市助役の月形七郎に会い、彼我の人生のちがいに感慨を催しながら、永遠性のある今の運動に進みえたことをよろこんだ。妹尾・林・細川の三人で博覧会を見物し、林の結婚相手の話が出て、細川の案内で細川の知人宅を訪れた。倉敷に八時着、小座談会をもった。翌日午後、妹尾の故郷に赴いたが、講演会予定会場の劇場が急にふさがったので、講演会は開けなかった。翌二四日午後、妹尾は女学校で講演し、夜は女学校長や首席教諭の訪問を受けた。

二五日、親族に見送られて東城を立ち、神郷で乗りかえて米子に着き、友人に迎えられて皆生温泉に行き、入浴後海岸を散歩し、日本海の落陽を嘆賞した。妹尾にとっては初めての山陰旅行であり、途次の大山の勇姿など自然の景観は深い印象を与えた。しかし、林は病気のために帰宅することになり、この日夜行で発った。妹尾が倉吉での座談会、鳥取の講演会、身延詣でのあと帰京したのは、四月末日のことである。

五月二日の中央執行委員会(棟近・江口信順・松浦・栗山らの出席)で、妹尾は関西伝道旅行の報告をおこなったが、その夜また旅行に出発している。五月三日、高田で座談会と講演会、四日片山津で講演会、五日金沢で講演会と座談会、六日福井で座談会、七日武生高等女学校での講演と今庄啓潤会館での講演、八日に久成寺の小学校上級生と青年訓練所生に対する講演を経て、九日午後名古屋の林の寺に着いた。消費組合関係者二名の訪問があり、妹尾と林は正福寺の成瀬顕秀を往訪した。

一〇日、林の案内で日本ラインを観光し、夜は林とともに信仰座談会に出席した。既成教団に批判的な若い学士たちが集まり、仏教の可能性を認識したと語ったので妹尾はよろこんだ。一一日、養林寺で宗教問題研究会主催の講演会が開かれ、林・金子白夢(「西田哲学について」)のあと、妹尾が「宗教の本質と新興仏教運動」について話した。妹尾は翌朝名古屋を出て、静岡に下車、柴田と話し合ったあと、帰京した。

一九三六(昭和一一)年の同盟第六回大会は、一月一九日に神田仏教会館でおこなわれたが、林は参加せず、高田(岡山)・辻本(大阪)らの奮闘で大会は無事終了したが、妹尾の議長就任あいさつさえ中止を命ぜられるなど、官憲の干渉はきびしく、嵐を予感させる大会であった。

一月二一日午前、妹尾は名古屋へ向かった。林霊法の結婚を祝って、服部時計店で購入した置時計を贈呈するためであった。そのために大枚六円五〇銭を投じたのは、家計窮迫の妹尾として思い切った支出であり、林に対する気持ちがあらわれている。その夜、商工会館に集まった経済読書会の人びとと晩餐をともにし、そのあと新興諸宗教(人の道・生長の家・大本教・天理教)について説明・批判し、それらが発生する社会的意義を語った。

おそらくその翌日に帰京した妹尾は、二三日に志賀静丸(元出版部長・文芸部長)から来た同盟脱退希望の書箇を見た。それについて林は、三〇日に長い手紙で所感を述べた。推察するに林は、同盟があまりに社会運動に深入りすることをつつしみ、宗教刷新運動に主眼を置くべきだと述べたのではないか。妹尾が林の意見に聴くべきものがあるとしながら、「仏教の社会的実践」という根本的問題を再吟味しなければならないと書いていることからの推察である。

二月三日、妹尾は林に発信しているが、内容の記述はなく、林からの返信の記録もない。二月二〇日に第一九回総選挙がおこなわれて無産陣営が進出し、右翼は不振だったが、二・二六事件が起き、戒厳令がしかれ、妹尾は二月二九日から約一ヵ月間、松原とともに目白署に拘束された。留置場を出てから、妹尾は心配をかけた同志や生家へあいさつ状を送ったが、兄万郎と林にはとくに電報を打った。四月八日、妹尾は西下して静岡の柴田らを訪ねたあと、林の養林寺を訪ね、同夜は静岡出発時から同行していた和道隆とともに寺へ泊まった。翌九日早朝名古屋を発して、和と大阪に向かった。その後、妹尾と林のあいだにはほとんど交信がなく、林は同盟の運動に直接関係のない状態だったように思われる。妹尾はこの年の一二月七日、検挙された。

三七年正月早々、林は妹尾夫人とともに再三目白署に赴き、妹尾の釈放を求めたが相手にされず、警視庁に行って事件の容易ならざるを知った。同盟本部での協議によって、林が妹尾の代行として委員長になり、同盟をまもることになった。その林ら本部の幹部は一〇月二〇日に検挙され、その後地方支部の幹部もあいついで検挙され、検挙者は多数にのぼるという大事件になった。

妹尾と林は一年後の一九三八(昭和一三)年一二月に保釈出獄となり、翌年の一月二八日、林が妹尾宅を訪問した。菊屋橋署の特高が尾行する中で、林が「ますますガッチリした態度を持して、事件を妙化して」いることを妹尾は感謝した。無罪を確信し、不法逮捕を憤っている林の態度は堂々としていた。

五月三〇日の裁判では、妹尾が天皇制廃止に関する当時の心境と、第三回大会の「指導原理」問題の二点について異議を申し立てた。検事調べのさいに「ありのままに言ふ」ことを方針としていたのに、上記のことで誤りをし、ために同盟員たちに迷惑をかけたことを、妹尾は深く慚愧している。しかし、妹尾の日記では、検事が「好意をもって調べて」下さったのに申し訳ないなどと、とんちんかんなことを記している。彼自身、「自分の性格の弱さ」と認めているが、天皇制の司法権力の前に立って、妹尾の誠実はまったく裏目に出てしまった。

六月二二日の公判では、妹尾・林・山本の他に、佐藤秀順・松浦武雄が被告として顔を合わせた。八月一一日、金沢支部の判決が下り、山本清嗣らが執行猶予となり、控訴を断念した。同盟の結社罪を認めたことになり、これは林・山本にとって不利になることを、妹尾は憂慮している。八月二九日の判決で、妹尾・林・山本が実刑を受け、他の八被告には執行猶予がついた。同盟が国体変革を目的とした団体だと認定されたのは自分の供述が原因だとして、妹尾は林・山本の濡れ衣をはらすべく控訴を決意する。

一九四〇(昭和一五)年二月二二日、林は上京して妹尾・山本と三人で会食した。久しぶりの面談に妹尾はよろこんだ。六月一九日には、妹尾と林がそれぞれの弁護士たちと一堂に会して、打ち合わせをおこなった。翌二〇日、控訴公判の五回目がおこなわれ、裁判官から林・山本に対する説諭があったのを、妹尾は「ありがたい」と書いている。被告三人と弁護士四人で午餐をとった。七月二日に第六回、同四日に第七回公判がおこなわれ、後者では金沢支部の元被告と宇野円空の証言がおこなわれた。七月六日の第八回公判では被告三人他の証言がおこなわれた。妹尾は、七月七日、八日に林と話し合い、九日の第九回公判に臨んだ。この公判では検事の論告がおこなわれ、第一審と同じ主張がなされたが、三被告ともかつては熱烈な皇室中心主義者だったことや、他の共産党運動とは異なる宗教運動であったことなどを指摘して、判決に情状酌量を求める趣旨であった。一方重山弁護士の弁論は、無罪をつよく主張するものであった。妹尾・林は重山に夕餐を供し、彼が金沢に帰るのを見送った。

七月七日、妹尾は林と半日語り合った。林は、両親の死が自分への恩寵であり、信仰がさらに深められたことを感謝していると語り、妹尾は世間で不幸とすることをそのようにとらえている林の「ありがたい悟り」に感銘している。

七月一一日の第一〇回公判では、八時間にわたる弁論がおこなわれ、七月一八日の公判でもさらに弁論がなされた。七月二三日の第一二回公判、七月二五日の第一三回公判での弁論展開ののち、八月一日の最終公判では三被告の最後の陳述がおこなわれ、ここに結審をみた。翌八月二日、妹尾は林夫妻とその子どもとともに浅草の聚楽で午餐をとった。きびしい公判を闘い抜いてきた戦友としての打ち上げ式であった。

九月一六日、林が著書の原稿『懺悔の生活』を妹尾に送ってきた。同じタイトルの本が西田天香によって著作されていることから、題名は別のものにした方がよかろうというのが、妹尾の最初の印象であった。翌一七日と、さらに一八日の朝までかかって原稿を読みあげた妹尾は「文章もよい、何しろ涙の体験記だから、胸をうつものが多い。宗教界への寄与としては一傑作たるを失はない」という感想をもった。同じ意味のことがくりかえし語られていることと、理くつが多すぎて体験記というより思弁的記述という印象が与えられているのを難点だとしている。

一一月二日、小中弘毅裁判長による判決があり、妹尾は懲役三年に減刑、林と山本には執行猶予がついた。公判後、被告・弁護士が山水楼で昼食をともにしたとき、弁護士の勧めもあって、いったん上告の決心をした妹尾であるが、保釈のあと妹尾が世話になってきた更新会の小林杜人が上告に反対し、そんなことをすれば転向が疑われると言い、恭順の意を表わすように勧めた。無罪をかちとることは無理であるし、これまでの多種多様な罪業を清算するために放下服罪しようと妹尾は決心するに至った。

このさい、妹尾が最後まで気にしていたのは、林との関係であった。無罪を信じ、上告を決意している林の手前、自分だけが下獄するのはすまないと考え、一三日妹尾は心境を書き、了解を求める手紙を林に送った。林からの返信はなく、妹尾は一七日に林に電話し、林も上告をとりさげる決意をした旨を語った。妹尾が下獄するまでに一度上京して会うとも語った。しかし、一二月九日に妹尾が下獄する前に林が来訪したという記事はない。

三月八日、鉄窓の内にあって病苦に耐えている妹尾のところへ、林からの書信が届いた。妹尾が受けとる書信は、家族からのもの以外はあまり多くなかった。林の手紙には一月下旬から二月下旬にかけて風邪で寝込んだとあり、妹尾は、自由の家にいても病気になるのだから、こんな環境の中では病身の自分が発病するのは当然だと思い、病気にのまれぬ病間善処の工夫こそ大切だと、気をとり直すのであった。

三月二五日、妹尾宛てに林からたよりがあった。林は、伊勢詣りをした山本と名古屋駅で立ち話をし、妹尾のことを思いやって手紙を出したようである。四月二八日、林が下田温泉から絵葉書を妹尾に送った。妹尾は、「いつも慰問して下さって御情勿体なし、一葉の紙片にも人情のあたたかさが流露してうれしい極みだ。感謝々々」と記している。

その後、妹尾在獄中における林との通信状況を略述すれば、七月六日、妹尾が特別発信を許可されて林へ、九月一九日に林からの書簡が妹尾に届いた。前日の夜からその日の朝にかけて、妹尾はしきりに林のことを思い、とくに林の両親の死期を早めたことの罪は自己にあることを痛感して、懺悔をしていたところへ、林の手紙が着いたのを、妹尾は「かやうなことを感応といふてよいか」と感動している。林が自分のことをうらまず、もとのままに道交をつづけてくれることに、妹尾は「何といって御むくひしてよいかわからない」と述べ、林こそわが友人の求道者たちの中でも「まことの求道者」だと言いたい、と記している。

一九四二(昭和一七)年一月二一日、林より妹尾に書信。四月四日、妹尾より林へ封書発信。これは妹尾の獄内の地位が二級となったことで、月四通の発信と四回の面会が可能となったためである。四月二〇日に林から妹尾に書信があり、法然上人伝を執筆中だと知らせた。

妹尾が病気悪化のために仮出所となり、大学分院に入った七月二八日以降では、九月一日に妹尾から林へ発信、六日に林からの返信が着いた。九月一五日には、妹尾から林へ、一九日には林から妹尾への通信があった。一九日は、妹尾が退院して自宅療養になった当日である。一〇月二六日に上京すると予告した林が現われず、妹尾はがっかりしたが、二七日には来訪した。二九日に林は山本のところを訪問するというので、妹尾は同行したかったが発熱のおそれで自重した。

一九四三(昭和一八)年一月二三日、林から妹尾に通信、このころ妹尾は上田辰卯が経営する東洋乾電池会社に就職し、工員や勤労動員の生徒・学生に対して講話をおこなう仕事をするようになった。四月三日、妹尾は林に近況を伺う葉書を出した。五月二〇日には、林が著書『法然上人を憶ふ』を妹尾に贈ってよこした。妹尾がこの本を読んだという記載はなく、また礼状や書評を通信したという記録も見あたらない。山本五十六連合艦隊司令長官の戦死(五月二一日発表)、アッツ島への米軍来襲(五月二二日)と、戦局が非となり、妹尾は東洋乾電池の他に鈴木金属・巴組鉄工所などで勤労報国を促す講話をおこなっている。多忙をきわめた日々であったろう。この当時の妹尾日記は、彼の転向が重篤な状況になったことを示している。

一二月四日、妹尾は鈴鹿市の中部第一三二部隊で軍務に服していた長男の鉄太郎に金・軍刀・双眼鏡などを手渡すべく東京を発った。五日にその用事を果たしたあと、妹尾は名古屋に出て林の寺を訪ねたが、林はどこかに移転していて会えなかった。妹尾はやむなく、深夜発の列車で松本に向かい、かつての親友ですでに故人となった和合恒男への謝恩金贈呈式に列席した。和合の盟友だった日蓮主義者の丸山岩雄が「有明道場」という錬成農場を経営しており、妹尾はそこで六日・七日・八日と講話をし、九日に帰京した。

その後、一九四五年（昭和二〇）年二月一日に林から妹尾への通信があった。妹尾はこれによって、林の転居先を知ったであろう。しかし、妹尾から林への送信があったかどうかは不明である。このころ、戦局が危急を告げていることへの感想が目立ち、着・発信の記録はほとんどない。妹尾と林は音信不通に近い状態で、八・一五の敗戦の日を迎えたようである。

4　林の思想──そのいくつかの局面──

「林の思想」と題するからには、その思想の全容と構造を明らかにすべきであるし、そうしたいのはやまやまであるが、林を完全に理解し、分析することは、きわめて困難である。著作はゆたかに遺されている。主著はおおむね浩瀚な大著であり、読解には骨が折れるうえ、なにしろ宗門の頂点に立った学僧の力作である。ところが、仏教に関する当方の素養たるや、きわめて貧弱である。また、林の著書は研究書であるとともに、信仰告白の書である。同宗の信仰者で、浄土を希求する者でなくては、理解することも共感することも困難である。

筆者の力量と立場では、林の思想の全体構造を完全に把握する力はなく、その一部、こちらの多少とも理解できたと思うところを切り取ってくるしかない。こういう読み方では、林に対して非礼であるが、それを重々承知のうえで、なおかつこの偉大な先達――地湧の菩薩のひとりだと思われる――について、少しでも接近したいという願望を抑えがたい。不充分な拙稿ではあるが、この寛容・仁慈の先人の教えるところをいくつか書きとめておきたいと思う。

(1) 新興仏教運動について

戦後、新興仏教青年同盟のことを回顧し、林はいくたびか筆を執った。そのいくつかは、『妹尾義郎と新興仏教青年同盟』(百華苑、一九七六年)という一巻の書に収録されている。林はこの書物の序で、同盟の外部に立っての論評は、同盟の本質的な思想信仰の内容的な性格にまで深く切り込みえていないとし、またこの運動の遺産つまり現代にまで継承されるべき思想的課題についての解明が不十分だとしている。それが故に、その内部にあって運動を推進した直接当事者として、上記のような弱点を克服できる執筆者だという自負と責任感を表明している。一時期、妹尾と寝食をともにし、また長期にわたる遊説旅行に同伴した林のことであるから、新仏青の運動についての語り部として最適の人物であるにちがいない。

新仏青の本質について林は、妹尾の『仏青運動の指導原理と運動方針』にもとづいて、同盟の根本思想は三宝帰依の精神から出発していると述べている。「僧」とは僧形にあらずして「和合衆」であり「共同社会」であって、「搾取なく権力的な支配なき人格平等」の社会たる仏国土・浄土を意味する。それを現実から遊離した彼岸的なものとみるのではなく、この地上において実現すべく念願し、努力することが仏教者の課題だ、ということになる。

「法」とは、共同社会実現の根本となる世界観であり、「縁起」の理法のことであって、諸行無常・諸法無我が統一され、総合発展していくのが宇宙・人生の生命の実相であるという「因縁弁証法」のことだと説明されている。形而上学的な実体は存在せず、無尽の相依相関の関係によって示されるのが、現実の姿だというわけである。自性否定、無我の立場においてこそ、自己と他者とのあいだの共同関係が自覚され、真の共同社会の建設が希求されることになる、というのである。

「仏」とは、この理法を体得し、これと一体化した、無我奉仕の理想的な大人格をさしている。釈迦その人は、仏陀として衆生の救済を目ざし、人びとを正覚に導く存在となった。それ故に、われらの帰依渇仰の対象となるのだ、と説かれている。

新仏青は、仏教が浄土建設を目ざす社会的宗教だという認識に立っていた。林は、新仏青が仏教真理の立場から資本主義経済社会に対して明確に批判的立場に立っていたとする。仏教縁起論からすれば、一切万物は天地大生命の御物であり、私有することは誤りだからである。自己所有を主張すれば、独占を求めて権力支配を確立しようとする搾取が生まれざるをえない。

こうして新仏青は、社会的解放運動に参加していった。階級対立の現実を直視し、人類の歴史の方向を洞察することによって、無産階級の解放を目ざすべきだ、とした。その具体的方法として、当初は仏教無産政党の組織化を希望したが、それが時機尚早だという判断のもとに、既成の無産階級解放諸運動に参加・協力するという方策を採った。対象となったのは、合法的な無産政党・労働組合・消費生活組合であり、非合法の共産党ではなかった。新仏青の同盟員の中には、共産党員がいたかもしれないが、新仏青の運動が公式に共産党を支持したことはない。

さて、新仏青の指導者妹尾義郎は、マルクス主義の諸文献を学び、その主張の多くに賛成していたが、宗教に関する限り、自己の信仰を堅持していた。反宗教運動の主張である既成宗教教団の腐敗と反動性への批判に同調しても、真正の宗教は人間救済に不可欠なものだと考えていた。林は、マルクス主義が歴史的発展の法則性を客観主義的にとらえて、歴史的実践における人間主体の倫理性を無視したことを批判している。それなるが故に、いくたの非人間的な問題が発生したのであり、妹尾は無産階級解放運動の主体の「浄化」に貢献しようとしたのだと、林は述べている。

たしかに、当時林は、「亜流マルキスト」が、「歴史的必然性」という抽象的概念によって、「人間を盲目的必然の奴隷となし、人間の理想的意義を滅却しようとする」ことに批判を加えていた。林は、『共産党宣言』・『資本論』、とくに若きマルクスの著作の中で、マルクスの出発点が人類的な理想意識、社会正義の主張であったことを指摘している。歴史的な必然性という中に理想・理念を解消させることは不可能であるが故に、新仏青は空想的社会主義ふうのユートピア論にあらざる、現代的新理想主義を主張するものだ、というのである。

妹尾にしても、林にしても、このテーマの解明は十分でない。ただ、問題の所在については明確に述べられているし、林自身も言うように、戦後における主体性論争を先駆していたことは確かである。

林は、新仏青の運動が戦後に残した問題として、上記のようなマルクス主義的唯物史観への批判を第一にあげている。戦前、日本のマルクス主義運動に大きな影響を与えたブハーリンの唯物史観は、機械論的傾向がつよく、没主体性論であったと、林は指摘する。革命的実践における個の主体性を軽視したことによって、浅薄な人間論になってしまったという問題である。

林のあげる第二の問題は、仏教界における戦争責任の問題である。林は、祖師の教学を歪曲して戦争肯定のための教学をつくりあげた宗教者の罪は、実際に手を下して殺人をおこなった軍人のそれよりも大きいと述べている。三法興隆の太子教学は、部族や軍事的暴力によってゆがめられた国家を超克して、正法国家を建設しようとするものであった。俗権が正法の弘通を妨げようとしても不可能であることを主張した法然や親鸞、謗法の権力を断罪した日蓮などの道念を歪曲し、戦争肯定の教学を構築した昭和前期の仏教界を、林は激しく糾弾する。戦争責任という罪障への懺悔をこそ、仏教者は実行すべきだというのである。第一の問題とともに、この第二の問題も戦後の日本においてまだ解決されていないと、林はみている。新仏青の平和運動の現代的意義を、林は強調しているのである。

(2)　近代主義の批判

林は、明治以後の日本の近代化によって、物質的功利主義が支配的になったことを批判する。明治維新によって、近代西欧の文明・文化が輸入され、朝野をあげて開化に狂奔した。それによって封建制度が克服され、日本は世界先進国の仲間入りができたのであるが、反面、美しき良き日本的伝統は惜しげもなく廃棄され、物質文明を外見だけ摂取することで、日本の近代化はやがて破局に逢着することになったと、林は述べている。

日本の近代化を導いた近代西欧の文明・文化は、その内面的な精神的支柱であるべきキリスト教的ヒューマニズムを喪失していた。それ故に、日本は西欧文明の物質主義的外面だけを模倣し、無批判に受容したと、林は述べている。西欧近代の初期には、プロテスタンティズムが資本主義経済の発展をリードしており、経済生活において宗教的倫理がはたらいていた。しかし、資本主義の発展とともに営利が勤労の目的になり、経営・生産活動の合理化が進められ、世俗的欲望の充足が、人びとの生きる目的となってきた。こうして人間生活のすべては、物と資本によって支配されるに至り、人格・道徳はないがしろにされ、人間は自己の本質的なもののすべてを奪われ、自己疎外の悲運にうちひしがれるようになったというのが、林の近代史観である。

資本と労働とのあいだの矛盾が階級の対立と闘争となり、それが深刻な社会不安をもたらし、ニヒリズムという精神的危機に直面するようになるのは、神を追放した近代の必然的帰結だというのが、林の見解である(20)。もともとヨーロッパの近代文明の根本的性格は、人間中心主義の世界観であった。宗教改革は、教会制度や教会法の権力・権威という他律的規制に盲従するのではなく、個人の良心と決断によって行動を選択し、その結果について全責任を負う、内面の自由を尊重する自律的信仰者を理想的人間像とした。

一方、人間の本質を知性に求めたデカルトは、知性によって自然や社会を合理的につくりかえていく人間の能動性・創造性を尊重する哲学を提示した。カントもまた人間の知性を重視し、実践理性の優位を説き、人格の尊厳と自由を主張した。その後継であるドイツ観念論哲学は、理想主義的な実践哲学をうち樹て、ヘーゲルに至ると、人間の知性は宇宙精神にまで高揚され、絶対精神は弁証法的な無限の自己発展をおこなうものとなる。林は以上のように、近代西欧のヒューマニズムの哲学的展開をとらえている。

しかし林は、こうした知性や自我を神の座へと拡大・高揚せしめた西欧近代の哲学は、自己崩壊のみちをたどることになったと述べている。ヘーゲル哲学は、天空にそびえ立つゴティック式な壮大な論理の殿堂であったものの、実のところ、大地に立つ人間の真の主体性を喪失することによって生まれたものであり、ニーチェが予告したごとく、それはヨーロッパ的ニヒリズムの到来をつげるものだったと、林はみている。

林の思想の大きな特徴であり、その基軸のひとつになっているのが、西欧近代の哲学・思想の限界ということであり、ヒューマニズムがニヒリズムへと頽落していった過程だという認識である。それを指摘したニーチェもキルケゴールも、ニヒリズムを克服することはできず、さらには社会システムとイデオロギーの両面にわたって体制の変革を目ざしたマルクス主義もまた、ニヒリズムの罠から脱却できなかったとみるのである。

(3)　マルクス主義への批判

林によれば、マルクス主義もまた近代理性主義の哲学の継承者であり、近代人間主義の枠組みを超えることができない[21]。林は、知性的論理ではたして人間とか社会の歴史的発展の事実というものが、十分にとらえられるものであるかどうかを問題にする。人間というものが、複雑な欲望と弱点とをもっていることを無視して、絶対性・永遠性をもったもののごとくみられるならば、うぬぼれ、高慢さを生み、さまざまな人間悲劇を生むことになるだろうというのである。

林は、初期マルクス研究の成果を踏まえて、資本主義社会における自己疎外から人間の類的本質を回復せしめようとする、人間の解放こそが出発点においてマルクスの希求したものであったとしている。さらにマルクスは、「疎外された労働」を分析することで、生産物をとおしての自己疎外と労働過程における自己疎外を指摘し、疎外された労働の必然的な結晶としての私有財産制の呪縛から、人間的自由を回復する方向を提示したことを説明している。

さらに林は、マルクスの史的唯物論について、現実的・具体的な人間の本質とは、「社会的関係の総体」であると認識され、自己疎外を生み出すのは現実社会における物質的生産力と生産関係との矛盾の上に立つ階級対立であり、この矛盾はプロレタリアートを主力とする社会革命によってのみ解消されると解されていると述べる。マルクスは初期における人間学を科学的社会主義の中に止揚していったのであり、彼の「経済学批判」には人間解放への情熱が脈打っていると林は考える。

こうしてマルクス主義は、単に社会事象を客観的・対象的に探求して把握された知識の体系ではなくして、社会の歴史的発展の法則にのっとって革命的実践に取り組み、理想社会を実現しようとする特異な理論であるとされている(22)。

以上のごとくマルクス主義を理解する林は、どういう点でマルクス主義を批判するのであろうか。林は、史的唯物論において、革命的実践における主体性というものが確立されているかどうかということを問題にしている。マルクスにおいて、社会の歴史発展の根本動力は物質的生産力であるとされ、これと生産関係との矛盾によって、新しき社会構成への革命的変革が生まれるとする、社会発展の必然的法則論が主張されているが、主体の側における革命的な実践への決断、あるいは自由な意志は、どういう意味をもつのであろうかと林は問うのである。

この点、マルクス主義は、「自由とは必然の洞察の上に生まれる」として、人間主体の側における自由や決断は否定しないとするが、そのような自由は対象の制約を受けており、真の自由とは言いがたいというのが林の主張である。林は、対象化され、限定されるものは根源的な主体性ではなく、「この私自身を自由に処理しうること」こそ、人間存在の根拠としての根源的主体性だというのである。

林は、マルクス主義における自由とは、アナーキーな資本主義体制を変革し、自己疎外なき生産労働・経済行為を可能にするような経済体制を合理的に統制することを意味しているが、これでは人間存在の本質にかかわる主体性、実存的主体性は実現されえないとしている。知性というものがしょせん対象化・限定化を本質とする以上、そうした知性によってとらえられた主体性は、対象化・限定化されることを免れえない。ほんらい人間存在が、無の深淵にのぞむ虚無的存在であることを認識しなければ、人間の自由や主体性について論じることはできないというのが、林の立場である。とにかく、主体性とか自由について浅薄な把握しかできなかった公式マルクス主義者たちが、逮捕されたのち容易に転向した歴史的事実に照らしても、そこにマルクス主義の理論的欠陥があったことを証明するというのが、林のマルクス主義批判である。しかし、この議論は、妹尾のような確固たる主体性の持ち主でさえも、ファッショ的な警察権力に屈服せざるをえなかった事実を思えば、いささか苛酷にすぎる論評と言うべきであろう。

(4)　釈尊観と人生観

新仏青は、同盟の三大綱領の第一に、「われらは人類の有する最高人格、釈迦牟尼仏を鑽仰し、同胞信愛の教綱に則って仏国土建設の実現を期す」と掲げていた。宗派の対立を超え、全仏教の統一を求めていた新仏青は、釈迦への帰依で信仰上のコンセンサスを得ようとした。釈尊生誕以前に法があり、それを釈尊が悟得したのであった。それは真理の認識であったが、科学的な認識ではなく、修道の実践を経て到達した信仰的境地であった。

林は、法とは縁起の理法であり、ゴータマはこれを主体的に自覚自証したるが故に覚者（ブッダ）となったのだと言う(23)。縁起の法こそは、一切万象を貫いて生きている不滅の理法であり、華厳哲学的に言えば、天地間に独立孤在しうる存在はありえず、いかなる一物といえども、重々無尽にわたる全縁起の総合実現の姿なのである。各個は生まれ出でた生命の輝きをもち、他個と相互に相即相入し、あい映発し合いながら、新しく限りなく輝く個の実現に向かって、無窮の創造発展をつづけていく。このようにして、天地・人生は、過ぎゆくもの、生まれ出るもの、相互に生かし生かされる、総合発展していく生命の統一体だと観るのである。この理法を主体的に把握したとき自然に生まれてくるのが仏教的な知慧（真智）であり、それはおのずから慈悲行として人間生活の中に実現されざるをえないというのが、林の仏法観である(24)。

自己の存在は、無数無量の時間的・空間的な関係・條件（縁）によって可能になったものであり、全宇宙の大きないのちによって生み出され、生きえているものだと林は言う(25)。天地万物の根源的生命に対して、仏教諸宗はそれぞれちがった名称で呼んでおり、「久遠本仏」（天台・日蓮）、「空」（禅）、「阿弥陀仏」（浄土）がそれであるが、信仰対象をどう呼ぼうと、仏法の根本思想は同じことであり、いま現在の私が仏意によってここに生かされて存在しているということの主体的把握が大切なのだ、と述べている。

このような把握によってこそいま現在、あるがままの姿で、人間として生きていくことの意義と尊さを認得することができる。死を宣告された重病の患者でも、残された一週間を、いや、たった今日一日でも、感謝して生き、生を全うすることができる、と林は言う。かくして人はニヒリズムを克服し、生きがいを発見できる、というのである。人は稀有の縁によってこの世に生を得た「ありがたき」存在だという核心が、いかなる逆境の中にあっても、人に生きることへの希望と勇気を与える、というわけである。

林は、この確信は概念・理念によって思考する哲学的思惟によってではなく、情感的・人生的、すなわち宗教的に受け取られるべきものだと言っている。しかし、彼は行文の中で説得の方法のひとつとして、科学的な知識を利用してもいる。宇宙・太陽系の生成から地球の誕生、そこに生命が発生して、それが人間にまで進化・発展してきた、「気の遠くなるような」生命発展の歴史や、四二兆の細胞、一三〇億の脳細胞・赤血球・血小板などからつくられ、それらの構成要素のふしぎな機能によって生かされている人間の肉体について語るのである(26)。

林は、仏教の世界観・人生観について、人間と人間とのあいだの共生き、人間と自然との共生調和がそれだ、と述べている(27)。大乗仏教は、こういう共生調和とその向上発展を教示しているが、人類・地球の現状は、人類自らが滅亡のみちを歩みつつあり、自然破壊から地球滅亡へと進んでいくことになろうと、警告を発する。現代文明の華々しさは表面だけのものであり、一皮むけば恐るべき末法の様相を呈していて、それは原子兵器の脅威、公害問題の深刻化などに具現している、とみる。一刻もはやく、仏法の世界観・人生観に立ち返って、滅亡の渕から自己・人類・地球を救わなければならないと、林は教化者として切言する(28)。

(5)　法然浄土教

浄土宗の僧侶であり、宗門の最高指導者の座にも就いた林は、浄土宗について深い研究を積んだ学僧であり、もっとも熱烈な信仰者であった。彼の膨大な著作のほとんどは、浄土教の教義の宣明・弘通のためのものである。ここでは、その骨子について紹介することにとどめなければならない。

新仏青事件の公判闘争の中で林が書きあげ、刊行したのが『法然上人を憶ふ』である。戦時下の反動化が進み、公判の結果自分の身がどうなるかが分からず、牢獄の中にあったときの両親の願いや姿を思い、これに応える法供養の思いで書きあげたものである(29)。彼は獄中で、『法然上人全集』をくりかえし読んだ。死んでいった両親を探し求めての読書であり、法然が南都でおこなった浄土三部経の講義の草稿で、逝いた父母兄弟、親しき人びとに会いたいのであれば、まず自ら浄土の信仰に生きるのがよいと説いているのを読んで、両親はただ今浄土にありと実感した(30)。

『法然上人を憶ふ』の序文を書くように林から懇望された椎尾弁匡は、社会の唯物享楽や寺内の頽廃に対して革新に邁進しようとする運動のために拘束された著者が、「両親も憂愁の裡に逝かれ、悲壮なる死別、具さに万斛の涙想に洗はれて、遂に人生信仰に新しき光明を認めた道人」である、と紹介した。「一々に沈痛なる洞察と悲涙の洗滌とによる正信の披瀝」だ、と推せんしている。この序文で椎尾は、法然浄土教について、「但信口称南無阿弥陀仏に一向することであり、常に育て給へる無量寿無量光の裡に攝取されることであり、十悪五逆の衆生も生まれ、愚悪そのまま浄土の喜びに更生した信仰」だ、と要約する(31)。林のしごとは、この要約の敷えんであったと言えるであろう。

林は法然を「乱世の宗教者」と呼び、法然自身が幼少にして父を殺され、保元の乱、平治の乱から平家の滅亡といった、戦乱の世を生きる中で、現世に地獄を見、まさに末法の時代に在ることを痛感した。法然は、そこからさらに進んで、人間は常に末法的存在であるということ、つまり、人間は永遠に末法に直面している罪業の存在であるという宗教的自覚に達した、と林は述べている。時を超えた末法性、人間というものの徹底的な虚無性、いっさいの相対的な価値の否定が、末法の永遠性ということだと説明されている(32)。

そこから、徹底的な自己否定とも言うべき信念が法然の中に生まれたと、林は言う。亡父の遺訓を奉じての真摯なる求道の精進、経典を再三精読しての研学精励、良師を訪ねての求法の努力も、末法の世を生き抜く英知を法然に与えなかった。「我等如きはすでに戒定慧の三学の器にあらず」という絶望にうちひしがれつつ、善導和尚の『観経疏』に「一心専念弥陀名号」の文章を読み取り、往生の確認を得たのであった(33)。もちろんそれ以前の修行過程で、法然は『往生要集』を識っていたであろうし、彼一八歳にして行住した黒谷では、不断念仏の称名が唱えられてもいた。『観経疏』さえ、三度読み返してようやく「乱想の凡夫称名の行に依りて往生すべきの道理」を得たのであった(34)。

「十悪の法然房」・「愚痴の法然房」の自覚において、弥陀の本願に救い取られることを信じえたのである。それは五逆十悪の衆生といえども、一念十念によって浄土に往生するということである。「善人尚ほ以て往生す。況んや悪人をや」とは、法然のことばであった。ただし、これは用心ぶかく「口伝」とされている。林は、法然が、好んで悪をつくるのは仏の弟子ではないとか、五逆十悪をわざと犯して念仏を称えよなどと勧めてはいないとか、門弟たちを戒めている、教化の用心を評価する。法然の法語の中に、悪人正機とは逆な勧善のことばがあるのは、悪人正機説が日常的な生活次元で理解されてしまうと、破戒無残な生活の肯定になってしまうことの非を思ったが故だと説明している(35)。

『往生要集』、つまり天台浄土教における「浄土」というのは、彼岸的・詠嘆的なものとして当時の人びと、とくに貴族層に受け入れられ、この現世と同一次元たる日常性の立場の延長上に憧憬されたものであったが、法然の浄土とは、日常的現世とは次元を異にする高次の世界であったと、林は言う(36)。浄土とは「理念」でも「実体」でもなく、大悲の本願力によって支えられた絶対価値の世界であり、地上のただ今の念仏生活にいつでもどこでも実現してくるのだ、と説く。念仏は大願業力の現成であり、これによって人間生活のあらゆる場面に、絶対の命と光とが浸透され、真実生命の光被によって感動と歓びとを感得することができる、とも言われている(37)。

法然その人の言辞を読めば、死後の世界としての浄土を実体的にとらえる源信流のイメージが、なお色濃く残っているようにも思われる。死んでしまった家族や友人に再会できる「場」として描かれている記述では、そんな感じもする。しかし林は、法然浄土教が現実否定の宗教ではなく、あくまで地に生きることの意義と使命とを説くものだったと強調する(38)。この点、林は浄土の実在性を明確に否定していた妹尾と立場を同じくする。浄土宗学研究所の公式見解で浄土は、輪廻の外の世界、阿弥陀仏が救済・攝化を実現する場、永遠の平和の世界、指方立相で、功徳荘厳にみちみちた世界などと、さまざまな説明がなされているが、林のように明解な解説になってはいない(39)。

(6) 椎尾弁匡への讃仰

すでに述べたように、公判闘争中の林にとって、椎尾は良き理解者であり、判決後にも林は椎尾の教導を熱心に受けた。浄土宗僧侶としての林の復権には、不可欠な存在であった。戦後になっても、林は椎尾を師と仰ぎ、自らが経営・創設にあたった東海学園に招聘して園長とし、学生たちに講話をしてもらった。椎尾は、増上寺法主として浄土教の重鎮であり、「共生」の理念のもとに社会事業・社会運動・教育事業を展開した人物である。

仏教は人間宗教であり、人間のほんとうに生きる道を示すものであり、全仏教の根本思想は縁起の認識であるという椎尾の考え方は、そのまま林に継承されている(40)。椎尾が『雑阿含』の精読により、釈尊は正法の働きかけ、つまり阿弥陀仏の救済の本願力によって自ら救済を全うしたのだという確信をもったことを、林は、浄土教の思想的・信仰的な成立の根源を見出したものとして重視する(41)。また林は、椎尾の一刻一瞬を無駄にしない超人的な活動ぶりについて、天地の真実生命（総合縁起）に生き、その大生命を感受して、瞬間瞬間をふたたび来たらざる一期一会として生き抜こうとしたのだ、と述べている(42)。椎尾の生涯は、「大悲無倦」、人生の浄化と向上を願う弥陀の本願に協和して、使命に生きようとするものであった、というのである。

林によれば、法然が全人生を念仏の中に統摂することによって、初めて全人生・宇宙は共生浄土の具現という新しい意義づけをもつようになった、という(43)。かくして浄土は固定的・実在的・完結的に考えるべきものでなく、常に浄めゆく大人生、生々発展しゆく活動のやむことなき社会共同の大生命として体得すべきものになった。浄土を、現実的・宇宙的・発展的な活動としてとらえる見方は、椎尾の開示したものだと、林は述べている。椎尾は、阿弥陀仏を超越的存在としてだけではなく、わが身に内在するもの、ここに生き、活動している己とともに生き、働きかける存在だととらえた。自分の生かされ方、生きざまが阿弥陀の生きていることの現証だというのである。阿弥陀を、西方十万億土の極楽で往生人に説法している彼岸の仏としてではなく、大宇宙の中心に在って全宇宙を摂化指導する存在ととらえたのが善導だと椎尾は述べている(44)。椎尾は、阿弥陀に救われた自己が何をすべきかをテーマにした。法悦にひたるだけではなく、現実社会の中で仏から受け取った使命を歓喜奉行してこそ、その人の中に仏は生きているのだ、と説いた(45)。

椎尾は極楽について、人生そのもの、本当の人生に生きるところ、生きていく世界、時々刻々に清らかに進歩してやまない世界のことだと述べている[46]。椎尾は、往生についても、どこまでも生きて進んでゆくことだ、とした。さらに「還相」について、往生人は、現実に努力する子孫のうえにしっかり生きており、その発展のために働きかけているのだ、と言う[47]。「往相」とは、日々の生活に喜び勤める姿であり、還相とは、人びとの社会生活のうえに働く力のことである。林の言うように、従来の浄土教では、往相の方が重視され、現世における念仏者の活動について説かれることが少なかった[48]。実は往相においても、無数の先往生人の還相活動を受けており、雑業・助業はもちろんのこと、資生産業等の生業から社会活動のすべてが念仏の絶対価値の中に統一され、意味づけられてくる、と林は説く。往相・還相は一如だ、というのである[49]。

5　おわりに——林の教育思想と実践——

筆者は教育学の研究者である。その研究関心からすれば、林の教育論こそが重要である。この場所では、まとめか結論を書くべきところであろうが、ここで筆者はほんらいの関心事について執筆したい。戦後、林は教育界に身を置いた。妹尾や山本（壬生）のように、平和運動や社会運動に参加しなかった。念仏者としての祈りと思索、それに還相としての教育事業にうち込んだ。幅広い視野、深い教養、それに鋭い社会的関心をもつ学僧として、林は宗門の理論的指導者であるとともに、学生たちに大きな影響を与えた。彼は、宗教が知識や理論で分かるような問題ではなく、人間としてよく生きようとする求道の模索によってのみ体得する信仰の問題だと考えていた。それは彼自身の深刻な人生体験、すなわち、青年時代における仏教への絶望、寺門の伝統への批判、新仏青による宗教革新運動、獄中生活と両親の死などの経験を経て、苦悩を克服することができた悟得のみちであった。

(1)　林の教育思想

1）　憲法・教育基本法と宗教教育

林は、日本国憲法第二〇条の信教の自由、政教分離の原則、さらには国およびその機関が宗教教育その他いかなる宗教的活動をおこなうことの禁止を定めていることについて、近代国家においては当然の原則であるとしている[50]。信仰とは個人の内奥にかかわる問題であり、外部のいかなる権力によっても強制されるべき性質の問題ではない、と考えるからである。しかし、政教分離原則が形式的に受け取られて極端に走ると、国家が宗教に無関心となり、宗教の文化的・教育的価値が無視されてしまうことを林は心配する。公教育で禁止されている宗教教育とは「宗派教育」のことであるのに、人間形成の根底たるべき宗教そのものの全否定と解されている常識を、林はつよく批判している。

教育基本法第九条（宗教教育）の規定に言うところの「宗教教育」は、「特定の宗教」だとはっきり明示されており、かつ宗教に対して教育上尊重すべきことが特記されている、と林は述べている。ひろい意味の宗教情操は公教育においても尊重されるべきであり、私学教育では宗教的な人生観・世界観から、真の人間完成のための教育を徹底させるべきだと主張する。

さらに林は、教育基本法第一条（教育の目的）において、「人格の完成」が言われていることをとりあげ、それがことばとして美しく、申し分のない標語ではあるが、その根底にある人権思想は、西欧近代のキリスト教と表裏して形成されたほんらいのものとはちがって、人間の欲望や現存在をそのまま肯定する自然法的な思惟の上に構築されたものであることを指摘する。したがって、教育基本法では、「人格の完成」が、あたかも容易になされうるかのごときオプティミズムで書かれており、人間本質への深刻な自己批判に徹することによってのみ常住真実に達しうるとする宗教的人間観・人間形成観から批評すれば、まことに安易で抽象的・形式的な見方だと、林は批判する。

林は、憲法の人権、教育基本法の人格の完成を否定しようというのではない。しかし、そのカント的形式主義、甘い人間主義、進歩という安価な歴史観を克服し、自己についての実存的な洞察・反省にもとづいて、罪の子であり、煩悩具足の凡夫であることの徹底的認識にもとづき、善悪を超えた常住真実に目覚めていくことこそが、まことの人間形成だと主張するのである。教育の根底に宗教がなくてはならないとする、林の信仰的立場からの立言である。

2）教育の原点としての奈良・大和

敗戦後の日本社会の混乱、日本人の心の荒廃、占領軍の支配といった状況をみて耐えられないとき、林はしばしば奈良・大和に足を運んだ。三月堂や法隆寺に、日本人の魂のふるさとを見出そうとしたのである。月光菩薩や興福寺の阿修羅像の前に長いこと拝跪し、戦後のきびしい現実に立ち向かう青年たちの将来について思った。大和古寺は、かつての日本人が宗教的な生命の理想を表象すべく、雄大な精神的気魄をもって建設した文化遺産である。

林は、法隆寺伽藍の上に象徴された、聖徳太子の世界観・人生観に惹きつけられ、太子の教育理想に深い感銘をおぼえた。太子の『三経義疏』は、日本国を聖化久住の文化国家にしようとする太子の理想を示すものであり、人類の帰依すべき信仰の対象として、常住真実の不滅の生命を掲げ、真人の無我奉仕の行動によって万善同帰の調和と発展の国家を生み出そうとするものであった。日本教育の源流は、こうした太子の理想と実践にあると、林は自覚した。教育に従事する者は、確固たる世界観・人生観をもっていることが絶対に必要である、と林は言う。太子の世界観・人生観こそは、教育者の受け継ぐべきものであり、これあってこそ学生・生徒に人生の価値や生きがいを与え、指導もおこなうことができるからである。

3）聖徳太子の教育思想

林は、大乗仏教を一般民衆のあいだに生活化したのが、日本仏教における教育理想だとし、日本仏教の性格と方向は、聖徳太子によって定められた、とする。太子は、仏教経典の中から法華経などの三経を選び、その義疏を作ったが、太子仏教の特色は、思弁を事とする教学でなく、人間の教育・教化の根底をなすものだと、林は解する。太子仏教の教育理想は、十七条憲法の第二条に、「篤く三宝を敬え」以下の条文として示されており、三宝に帰すことが人間教育の根拠であり、またそこには法の内在、つまり人間性への深い信頼感にもとづく教育の可能性への信念が表白されていることを、林は指摘する。

仏法僧の三宝は三身一体であるが、中でも法こそが釈尊をして絶対人格たる仏陀たらしめ、万人に仏となりうる可能性を約束するものである、と林は解いている。法身の真実性と不滅性が帰依の対象だ、というのである。常住真実に帰依することによって、利他大悲の実践をおこなうことができる、と太子が説いていることを示し、倫理的な立場で善をおこなおうとしても偽善になってしまうことが多く、法の信仰によってのみ、善きことのいくばくをなさしめられるのだ、と説いている。つまり、「行善の義、もと帰依にあり」である[51]。

また林は、太子の思想信仰によって、日本人はそのきわめて素朴な自然主義的な人生観、つまり自然的・

人間的なものの即自的肯定により、限定された世界の中に幸福を見出す楽天的な態度を超克し、世界的な広さと深さを有する高次な人生観をもてるところまで高められた、と述べている(52)。大乗仏教の教えるところは、いかなる人間の中にも常住真実たる仏の絶対価値が内在すると信じ、この信頼感の上に立って、共生極楽へと人生を導こうとするものであり、教育道というのは、あらゆる人生生活をつうじて、天地の大生命たる常住法身に目覚まさせることだ、と林は言う(53)。

4) 宗教教育の進め方

林は、宗教教育をおこなっている学園の多くが、週に一時間ないし二時間、「宗教」という科目を設け、中にはその科目用のテキストを使っている学校もあることを紹介している。彼は、宗教科目で文化遺産としての宗教について解説・説明することについて一定の評価を与える。東海学園でも、釈尊や法然についての講演を聖日に実施し、教養科目の授業では人生と宗教に関する講話をおこない、月刊誌『大地』や林の著書を読むこともあった。しかし林は、宗教が教室で教えられるようなものではなく、体験をとおして学ぶべきものだと考えていた。学校における宗教行事がそれで、とくに情感的な面から直参されるべきものだとし、音楽・聖歌を重んじ、宗教儀式によって外部から宗教感情を呼び起こそうとした。

宗教教育と各教科・科目との関係について、宗教的立場を上位に置いて教科・科目を統攝するという考え方を、林はとらない。教科・科目の根底たる科学・学問にはそれぞれ独自の研究方法論や文化価値が存在し、それらは宗教とは根本的に次元が異なるのだ、と考えるのである。宗教が科学を統制したり、科学が宗教をしばるのは誤りで、宗教の本質は人間存在の根源的な窮極の問題を対象とするというのが、林の見解である。宗教的真理が人間存在の窮極的な立場において把握されるもので、無限定の立場から、主体的・人格的な角度から自証されるものであるのに対し、諸科学は人間存在の限定された立場において整理された学問知識の体系である、と林は述べている。このように、宗教と科学の次元のちがいを前提にしたとき、客観的な法則性を追求する科学の教授と宗教教育が、統制ではなくて相即していくのは、教師の宗教的人格によってだ、とされている。学校における授業・クラブ活動・諸行事・研究活動などで、教師と生徒との人間的な交流、魂と魂のふれ合いが、宗教的なものを人格的に伝えることになる、というのである(54)。

5) 学生運動の問題

林は、自らも大学・大学教育にかかわっている者として、大学問題・学制問題に深い関心をもっていた。彼は、安田講堂に立てこもった学生たちと、インドを漂流しているヒッピーたちとは、心情的に同一だと考えている。つまり、どちらも資本主義文明の行きづまり、非人間化に対して不満をもち、ほんとうの生命・生きがいを求めようとするものだ、というのである。しかし、ビートの人生哲学から離れて風俗ヒッピーとなってしまって、批判的なエートスが失われていったように、新左翼の運動もまたしだいに頽落していった、と林はみている。

林は新左翼の学生運動が、現代社会に対する理論的な拒否よりも、人間の主体的な情感の問題、つまり生きがいへの希求を問題にしていたのだ、と解する。それまでの人生で生きがいを見出せなかった若者たちが、安田講堂で、機動隊の放水を浴びせかけられ、催涙弾を投げつけられる中で、友人と助け合い、語り合うことで生きがいを実感したという述懐にふれて、林は言う。これは大変なことだ、と。これだけ豊かになり、福祉制度も充実してきた現代の繁栄社会で、生きがいをもてない人間がたくさんいる。二〇歳を過ぎるまで、親たちが物心両面にわたって真剣に育て上げてきたはずのわが子が、ヘルメットと角材にしか生きがいを感じられない、と告白しているのである。

生きがいの求め方において、ヒッピーもゲバルト学生も、ともに誤っている、と林は言う。前者は脱線・脱社会であり、逃避的・消極的であって、実は繁栄社会に依存することで、生命を維持している。片や、反乱学生の方は、視野が狭く、他者の苦悩に対する配慮に欠けている。死の宣告を受けた病人や、さまざまな不幸におしひしがれている人びとは、どこに生きがいを求めうるのか。真の生きがいをどこに求めるべきか、真摯に考察することなしにゲバ棒を振るうのは安易だ、というのである。

もちろん、仏教者である林が、真の生きがいと考えているのは、宗教的自覚である。ひとりの人間がこの世に生を受けるためには、無数無量の縁の働きがあって可能になるのであり、われわれは、天地の大きな生命によって生み出されたということを自覚し、そのことに感謝しつつ生きるべきだ、と林は考えている。家庭と学校が、こういう人生観に子ども・青年を導きえていないことが、若者の不幸でもあり、社会の欠陥だ、ということになる(55)。

6) 「全生教育」の理念と学園の伝統

林は、椎尾の全生教育論に高い評価を与えている(56)。椎尾は、仏教とはすなわち人間の保育である、という考えであった。つまり、仏教というのは、天地宇宙の大きな命が人間をあたたかく守り育てて行こうとする思想だ、というのである。椎尾の言うところの全生教育とは、人間の教育は学校教育のみならず、家庭教育や社会教育まで含む広汎なものととらえ、さらに未生時の家庭教育や社会教育時の死後の教育までが構想されている点で、こんにち言うところの生涯教育よりもさらに広い概念なのである。

椎尾の言う「死後の教育」とは、葬儀や年忌などの仏事をさしている。このばあい、浄土というものを天国に行ったきりのように考えているのではなく、逝いた人びとのほんとうの命は、後につづく人びと、現に生きている縁ある人びとの心身に生きかえり、新しい人生創造の原動力となり、さらに発展的に生きつづけて行くと考えられているのである。

生者の側から言えば、いま現在のわが心身の中に、亡き両親や師や先輩の帰り来る命（還相）の働きかけをしっかり受け取るということである。個人・一家・社会・国家といったすべての場において、先人の力を受け止め、発展に努めることを、還相の社会教育とみなすのである。葬式仏教のような形式的仏教に頽落していることについて、深い反省が必要だというのが、林のコメントである。

そこから林は、学園の歴史とか伝統とかいうことについて考えるべきだと言う。先に学園で学び、卒業していった先輩たちの命を後輩が受け止め、わが力としていくという還相の働きとして理解すべきだ、ということである。先輩たちが在学当時、誇りをもてる学校にしようと努力した奮闘を後輩たちが受け継ぎ、さらに良くするための努力をかさねていくことによって、光輝ある伝統が生まれるのである。林のこういう考え方からすれば、寄付金をさし出すことが最高の母校愛ではないということになる。

林は、人と人とのつながりのつよさ、学園への愛着のつよさ、伝統のつよさに、私学の特色を見出している。努力の継承、つみかさねということが、私学精神だというのである。そうした誇りある伝統が生まれぬようならば、「建学の理想もなしにつくられた学校屋の建物にすぎません」と言い放っている(57)。往相と還相とは、立体的・相即的・円環的関係、つまり一如だと説く人の信念のことばである。

(2) 林の教育実践

1) 明生幼稚園の開設

終戦まで謹慎の身のうえだった林は、戦時中に強制疎開させられた寺院で、疎開に行けない近所の児童四〇名ばかりを本堂に招き、学習のめんどうをみた。六学年にわたり、全教科の指導をおこなったのである。

終戦後、焼け野原の中の掘立て小屋に住む親たちは農村へ買い出しに走り、子どもたちは放置されてなすところもなく、盗みをする者もあった。名古屋の市中では、アメリカ軍の兵士が投げ与えるチョコレートや煙草の吸い殻に群がる青少年がいた。林は、この子らのために保育園をつくることを発意し、各宗の若い僧侶たちと協議して、少しでも多くの保育園・幼稚園をつくることにした。林は、蔵書や法衣などを売って資金をつくり、自坊の建物を改築し、机や腰掛は手づくりして、募集のポスターを妻とともに深夜まで貼り歩いた。四八年四月に発足した保育園には五四人の子どもが集まった。

本堂の畳まで外して子どもたちを受け入れるなど、手狭な施設をやりくりして運営したが、三年後に世相が落ち着いたこともあって幼稚園に切り替え、その後の園は長くつづいて、卒園児たちはやがて東海学園の諸校に進学するようになった。

当時、子どもたちとともに遊び、ともに楽しんだが、彼の脳裏にあってお手本になったのは、フレーベルである。林は、フレーベルが七〇歳を超えてから幼稚園を始め、子どもたちと歌をうたい、話し合って、それがドイツ再建の教育の基礎になったことを偲び、自分の晩年もかくあることを望んでいた。(58)

2) 東海高校の教育

林は、母校の東海学園で、戦時中に多くの教員が疎開したために教員数の不足に困ったことから、浄土宗寺院の若い僧侶たちが非常勤講師となったのが縁で、一九五〇年に同学園の高校長に就任した(59)。このとき、椎尾弁匡が学園長となった。以来、林は聖徳太子の教育精神、椎尾の教育理想にしたがって、学校の経営にあたった。大学進学を目ざすだけなら公立校でやっていることだから、私学独自の目的は、学生たちに正しい人生観を育てることだ、と林は考えた。とくに高校教育は、人間形成上の大切な時期であり、人生観の確立によってこそ勉強へのつよい意欲をもてる、というのである。

そのためには、教師自身が上述のような正しい人生観をもち、人格的に生き、生きがいをもつことが必要だ、と林は言う。教師は、青年期の心理を研究することが必要であり、人生論的な問題に悩む高校生に答えねばならない、とも言っている。いまの高校生が打算的であるのに追従すべきではなく、友情や母校に対する愛情を育てるようにすべきであり、そのためには教師の人生観の確立が要件だというのである。

現実には、人間形成と大学受験とのあいだには矛盾が生じやすく、悩んだ林は椎尾の教えを乞うた。椎尾は、人間教育重視を選択し、教師がわが身を正すことによって、生徒におのずから影響を与えるべきだと、林の路線に支持を与えた。

林は高校長になってから、毎月必ずＰＴＡをひらき、父母に対して一時間半教育講話をおこなった。家庭教育のあり方について話したのだが、当初六〇～七〇名だった聴講者は、三〇〇～五〇〇名に増えていった。また、三年生に対し毎週一回、合併授業で「教養科」という講話をおこなった。学問・大学・恋愛・親子関係といったテーマで、青年の悩みにこたえる話を、机を叩くような熱烈さでおこなった。テストはなく、リポートを林が読んでいちいち返答を書いて返した。問題を起こす生徒のほとんどが家庭内に原因をもつことを知り、両親の再教育のために、学外の施設を借りて月一回の学習会を開いた。親たちに正しい人生観をもってもらうための「大地の会」は、三〇年以上にわたり、三〇〇回以上も開かれた。

3）教員の研修

宗門立の学校には、当然宗門出の教師が多数勤務している。林は彼らに多く期待するが故に、反面きわめてきびしい批判をしている。林によれば、宗門大学出身の教員には、研究努力の意欲がおおいに不足している。税金のかからぬ住居に住み、小づかい稼ぎに学校へ勤めるという輩ではだめであり、むしろ彼らは他の一般教員とは人間的に異なるものをもたねばならず、誰にも譲らぬ宗教的世界観・宗教的信念をもつべきだ、と林は主張する。

「宗教」という科目がいちばんつまらないと生徒に言われるのは、教える側に宗教的道念・求道的意欲が欠けているからだ、と林は言う。宗教の言葉や概念の説明をする宗教教育はまちがいで、教員の宗教的人格が、言葉を媒介としなくても生徒に影響を及ぼすことが本筋だというのである。信念や徳は、人に教授することができない、と林は書いている。

教師自身が救済を求めて探求し、生の根源に迫る苦悩を味わうということなしに、年功序列の環境のもと、何か新しいことを企画すれば上から叩かれることを恐れて、黙って下を向いて同じことをくりかえしている無気力・無感動の教師が多くなれば、学校はだめになってしまうだろう、と林は憂える。愚痴や陰に廻っての批判ばかりするような職場にしてはならず、宗門出の教員がまず団結して、自己の宗教的信念や諸学問の研究会をやるべきだ、と述べている。林は東海高校長時代、毎月二回各回三時間、学外で「土曜会」を開き、教員が交代で報告し、皆が討議することにした。第一回には、長田新の『日本の運命と教育』をとりあげて討議し、その後、思想・宗教・科学・経済・音楽・映画・愛情など、多様なテーマについて討議をおこなった。

どんなテーマであっても、最後は東海の教育をどうすべきかという実践的な問題にしぼった。校長とヒラ教員とのあいだの差別がなく、林も批判を受けた。会終わってなお議論がつきず、三人、五人と分散してあちこちの喫茶店でつづきがおこなわれた。この会をつうじて、りっぱな中堅教員が育っていった、と林は言う。いまどきの大学を出て、少しばかりの知識をおぼえただけで、東海の教育精神も知らぬ先生に、人間教育をまかすことはできないと林は考え、常に前向きに研究していくような教員をつくりたいと願ったのである。年功序列で漫然と職に就き、先人のやったとおりに踏襲するような安易なやり方ではだめで、いま自分は何をなすべきかについてじっくり自らに問うべきだと教えたのは、椎尾であった。林はその教訓の実践者であった(60)。

4）女子教育の取り組み

一九六二年四月、東海学園は名古屋市平針台に、女子高等学校を開設した。林はこの学校の校長として、創業の苦労をつぶさに味わった。二年後に女子短期大が付設されて、学園は形のうえで発展したが、経営は苦しかった。当時辺鄙《へんぴ》な山里に立地したことで、生徒集めもらくではなく、学園内部にも女子教育への反対論が根づよかった。しかし、椎尾は女子教育に積極的であり、林は、法然が、宗教上から女性の覚醒と解放を強調したことに学び、いかなる困難にも耐える強靭な女性をつくることを目標とした。創業時の生徒は、パンとミルクだけの昼食でがまんし、自分たちの学校をつくろうという熱意で、教員と生徒が一体になった。

椎尾は、あたたかく守り育てて総合調和と進動発展をすることが宇宙・人生の実相であり、この大悲のあたたかく守り育てていく宇宙原理を、生まれながらに与えられ、身にもっているのが女性の本質だ、と考えていた。女性が、わが身に内包された宇宙の実相を自覚するように導くことが、女性教育の目的だ、とするのである。林は、男性のエゴイズム、男性支配の現実社会を批判し、世のさまざまな不幸の者をあたたかく守り、激励を与えて、起ち上がらせていく慈悲と包容力が、女性ほんらいの性格だ、と述べている。このような女性をうたいあげたものとして、林はゲーテの『ファウスト』とダンテの『神曲』を掲げた。

「永遠に女性的なもの」や「永遠の母性的なもの」を賛美し、女性には宇宙や人生を守り育てる本性があると主張する林は、いく昔か前のフェミニストにもみえるだろう。ウーマン・リブ派のラディカリストからは、嘲笑されそうである。しかし、林は、男性社会が弱肉強食主義でつらぬかれ、先端技術が戦争兵器として現れ、人類が滅亡に瀕していることを批判し、女性はその本性からして命の尊厳をまもろうとする存在だと述べている。林は、東海高校・女子高・女子短大のどこでも生徒・学生に講義する時間をもったが、林はそこでも核兵器の現状とそれへの反対について必ず話をすることにしていた。核兵器に絶対反対するのは、女性に与えられた天与の使命であるという信念からであった。その一方、短大の女子学生と東海高校の男子生徒とに永平寺で座禅などの修行を同じようにやらせている。林の女子教育に甘やかしはなかった。

5) 自然との共生教育

一九六六年、東海学園山の学寮が、三重県一志郡美杉村に開設された。大洞山麓の広い土地を村から無償で与えられたのである。林は、ドイツやイギリスの大学のキャンパスには自然が保存されているのに、日本の大学は自然に恵まれていないこと、林の娘が学んだ日本女子大学には軽井沢に山の学寮があってすぐれた教育効果をあげていることから、東海学園にも同様の施設を得たいと念願した(61)。

彼は妻とともに、各大学の山の寮を訪ねて調査をおこなったが、立地する場所によって風紀の問題が生じることを知り、東海学園のみが単独で山寮をつくれる場所を求めた。土地の提供を申し出るところもあったが、必ず利害打算の紐がついていたために応じることができなかった。たまたま、短大の教授に美杉村の出身者がおり、話がまとまった。東海高校の名声が高まり、中部地方諸県に好評だったことが幸いした。

学寮は山道に沿って二段の構造になっており、上段には五つのバンガロー、下段には百名収容の教室、宿舎と運動場が設けられた。この「二灯学舎」からは大小さまざまの山脈と雲海の景観がすばらしく、晴れた日には伊勢の海が遠く眺められた。山の学寮開設の日の記念行事に、椎尾の講演がおこなわれた。椎尾はかねてから人間と自然の共生を強調し、日本各地に植林せよと主張していた。山の学寮ではその後毎年五〇〇〇本の杉苗を植えることにした。もともと美杉村は、杉の名産地として知られたところであった。

林の将来構想では、家政科での栄養教育として、食糧品をつくる実修場や、モダーンなクラブハウスを建設することが描かれていた。植樹した杉が大きくなり、それを資材としてつくることができれば、という願いである。現代の都会は鉄とセメントの砂漠であって、緑の木も山も水もほとんど見られず、かようなところで人間性豊かな、連帯性に生きる人間が育つわけがないと述べたイギリスの詩人に同調して、林は都会生活では孤独と不安と嫉妬の中で自分の利害打算だけをまもる砂粒のような人間になってしまうと言う。女子高・短大のキャンパスは、開学時まわりに人家が一軒もない松原の中で、狸や狐が出るようなところであったが、その後開発で市街地になってしまった。林は、都会生活から逃れて人間と自然との一体調和の生活を送ることが、エコロジーの立場からも絶対に必要だとする。

6）平和教育

林が戦前に参加した新興仏教青年同盟は、平和をまもることに熱心であった。新仏青が発足した一九三一年は、満州事変が始まった年でもあり、妹尾は帝国主義戦争に反対する姿勢が明確であった。平和をまもるということでは、林のばあいもっと宗教的な立場からであった。そもそも念仏の元祖である法然が仏道に入ったのは、父親の非業の死が契機であった。敵の夜襲によって最期のときを迎えた父親は、わが子九歳の勢至丸に向かって、父の敵を討ちたいと思うだろうが、そうすればお前が敵となり、敵は敵を呼んで、殺し合いは果てるときがない故に、わが菩提を弔い、敵もお前も、衆生すべてが救われるみちを求めよと諭したと、法然伝は語っている(62)。

恩讐の執着を脱し、万人救済のみちを求めるのは、絶対平和主義である。仏教、とくに法然浄土教はその立場に徹している。怨みは怨みによって消えることなく、怨みをなくすことによってのみ怨みが消えるとは、『法句経』のつとに教えるところである。法然浄土教は、源平抗争の血なまぐさい戦乱の時代に、それを超える信仰のあり方を求めて成立した、平和欣求の信仰であった。

林は、第二次世界大戦において多くの戦死者、とくに若い人びとの犠牲者が出たことを深く哀悼した。この大規模な戦争は、科学的兵器と科学的組織による物量戦であり、人間はその中に巻き込まれ、埋没していったことを林は指摘する。ミッドウェイの敗戦以降、日本軍が敗退する中で若い命が無残に散り、グァム島では山容がまったく変貌するような猛砲撃のもとに、二万人の命が失われた。サイパン島では、非戦闘員を含めて三万五千人が玉砕した。フィリッピンから沖縄へと、悲劇はつづき、八・一五に至った。

戦後林は、南太平洋・沖縄への慰霊の旅(第一回・第四回洋上大学)に参加した。これは、日本仏教文化協会の主催で、第四回のばあいは、一行四四〇名が二〇日間の洋上旅行をおこなった。洋上大学では、山田無文・松尾博行・真継伸彦・末次一郎と林が講師を勤めた。第一回のばあいには「現代思想の批判と人生信仰の確立」をテーマとした林は、第四回に「現代の危機と仏教者の発言」を選んだ。船上、あるいは島で慰霊の法要がおこなわれ、林はモンテンルパの死刑者の墓詣でに行って涙した。

林は、大学や高校での授業で、二〇年間にわたって『きけわだつみのこえ』や『はるかなる山河に』をとりあげ、講話をおこなった。しかし、慰霊の旅に参加し、戦跡を見つめ、歩んだことで、林は深い感慨をおぼえた。南海の波涛は、戦没者の無言の声をつたえてきた。彼らは何を訴え、何を託そうとしているのか。死者がほんとうに成仏し、浄土往生をするために、自分たちは何をすべきなのか。林は各地域での慰霊のたびに代読される総理大臣の弔辞を聴き、むなしさを感じ、また、同胞戦没の地であることに無関心な新婚旅行者たちに違和感をおぼえつつ、世界と日本を共生浄土化すべく努力することが自分たちの使命だと痛感しきりであった(63)。

7) 私学の経営

東海学園は、私学、それも宗門立の私学である。すでに創立百年を超える伝統校であるが、私学の経営はむずかしい問題を抱えている。林は、百年目を迎えた年に、記念行事として、金を集めたり、建物を拡張したりすることもけっこうだが、先人たちの苦労してきた東海教育の精神を再認識するとか、将来に向かってどう進んでいくかについて、広い視野に立って検討するとかして、自覚を新たにすることが重要だ、と述べた。

すでにこの時期、近い将来に学生数が減少していく「私学の危機」が見とおされていたのである。林は、経営に行きづまって企業に身売りする私学も出るだろうし、かつて大学闘争で問題にされた「産学協同」どころか、「産官学共同」となり、「産業社会大企業家の希望する、平和産業や戦争のための軍需品生産の先端技術の研究開発のための授業や研究」を大学がするようになるだろうと展望し、大学側の責任者は真剣に大学の将来を見すえなくてはならないと、その自覚を求める。

彼は東海学園の役員の構成について、「半官半民」的になっているが、「身を切る如き重い責任」を役員がもっていないようだ、と述べる。私学というものは、その最高責任者が将来の見とおしをあらゆる点から考察して立て、その内容に十分な自信があれば、多少の反対はあろうと、「オレについて来い」という信念でリードしていかなくてはならない、と林は主張する。もちろん、この洞察は科学的におこなわれるべきもので、また、結果によってはリーダーは腹を切らねばならぬのである。責任者は右顧左眄してはならず、宗教的信念で事に当たらねばならない、と林は述べている。

私学の役員が半官半民的でなく、一族郎党でかためていれば、学園をまもる力は非常につよくなる、と林は述べている。その反面、学園の私物化がそこに生まれる危険があることを指摘する。東海のばあいは、私有化の心配がない清潔さはあるものの、真に学園のために苦言し、身を切る役員は少ない、と指摘する。学校の教育内容や社会変化についての理解をもたぬ、とも言う(64)。林は、言うべきことを言い、苦言を呈することの重要性を切言するのであるが、それは役員にのみ必要なことではなく、教職員すべてがそうでなくてはならない。役員・上司がそれに対して聴くべき耳をもっているかどうかが、大学の死命を制するのである。

(3) 擱筆の前に

林の著作における論述は、論理的におこなわれているが、けっきょくは浄土教の僧侶としての信仰告白である。法然が熱烈な信仰者であった跡を、林は追体験しようとしている。三木清は、宗教的真理が実存的真理、つまり生ける、この現実の自己を救う真理であり、親鸞がそうしたように、客観的・普遍的な教法を自己の身に引き当てて考え、真理性を自己において身証すべきものだと述べた。かくして普遍性は特殊性に転換され、そのことによって普遍性は真の普遍性になる、と言う。このような具体的普遍性の実現されていくのが、「自信教人信」の過程であり、同朋同行によって地上に仏国土を建設していく実践となる、と述べている(65)。

林は、若くしてこの過程の実践に真摯に取り組んだ。法然が古典を色読し、その人格をつうじて自証した浄土教の普遍的真理を、末法の時代の資本主義社会という機において宣明しようとした。数ある浄土教の宗門人の中に林の占める独自性は、ラディカルな社会的実践の体験を経て到達した回心であったという点である。峰島旭雄は、林の法然論の特色として、「法然と現代」をむきだしに論じていること、「人生いかに生くべきか」に答えるものとして法然人生論を展開していること、社会的実践への関心が深いことの三つをあげた(66)。

法然が到達した救い、つまり仏の大きな命に生かされて生きるという安心感の中から、自己の責任とか使命が自覚され、社会的存在としての当為が判明していくのである。これを峰島は「新しい意味でのヒューマニズム」と称した。たしかに、林は西欧近代のヒューマニズムの限界を指摘し、その克服の方向を法然浄土教に求めたのであった。

それでは、このような林の志向を、浄土教の後輩たちはどのように継承し、発展させたのであろうか。浄土宗に比べてさらにラディカルであるとみなされている真宗の場合は、現代的な諸問題への取り組みにも熱心である。たとえば菊村紀彦は、親鸞や蓮如についての著作を幾冊ももっている浄土教学の研究者であるとともに、仏教講話の啓蒙能力にすぐれた人物であるが、彼はその講話の中で、平和の問題や環境問題にふれている(67)。菊村は、法然の教えは「みなともに」平等の幸せを得ようというところにあるのだから、これは民主主義だと言い、阿弥陀仏の大慈悲はこの世の身分にかかわりなく注がれる、一切平等の愛だと述べて、それまで貴族のためのものだった仏教を庶民化したルーツは法然だと賞讃する。そして、父漆間時風の遺訓をまもって恩讐を超越した法然の「非戦の思想」を指摘している。「阿弥陀経」に「倶会一処」ということばがあり、現世で対立していた者も浄土で再会すれば仲よくむつみ合うというのは、非戦の思想であり、これこそ浄土の教えの根底なのだ、とする。

菊村は、仏教徒には宗教戦争がほとんどなかったと述べ、もともと釈尊の教えに戦いの思想はなく、血が血を洗ったキリスト教徒は根本的に異なるものがある、と述べている。釈尊は、わが祖国が侵略され、滅亡していくさまを涙とともに見ていたが、闘争を是としなかったとも言う。現代には抗争が絶えないのだが、法然上人から民主主義や非戦の思想を学ぶと、それは月光のように涼しく、澄んでいる、と菊村は書いている。菊村は、仏教徒、なかんずく浄土教の信者は、絶対非戦、無抵抗の非暴力主義をとるべきだ、とまでは言っていない。真宗らしいラディカリズムは文面にあらわれていないが、彼の所説からすれば、国際的なテロリズムの被害に逆上して、関係のない民衆まで虐殺してかえりみない大国の「リベンジ」は非だということになる。

自然の問題について菊村は、釈尊がブッダになったのも、インドの大自然の中での瞑想によってであり、「法然」とは「自然」という意味だと言い、親鸞も仏即自然ととらえている、と解説する。東洋の人びとは、自然の奥底に宗教をみて、自然の恩恵に祈りをささげることを菊村は指摘し、地球も資源も太陽系も有限であり、諸行無常であることを述べて、自然を宗教的覚醒の源泉として考えることの意義を強調する。「仏教思想を離れても、資源エネルギーを大切にしなければならない」と述べるのである。

浄土宗の宗学者も、浄土宗の教えと現代とのかかわりについて考察している(68)。現代は、法然の時代と同じく末法の世であり、われわれは、今こそ法然の教えにしたがって人びとの救済のみちを講じなければならない、というのである。法然の時代とは異なる現代の特色は、機械文明の高度な発達、公害の深刻化、経済拡張による人間性の喪失だ、とする。人びとがこうした状況を肯定し、有限な現実生活に埋没している妄想から解放し、弥陀の救済にあずからしめることが自分たちの課題だ、ということになる。

教育は干からびた知的教育が中心で、情操も感激も欠落しており、師弟が敵と呼び合う阿修羅の世界になってしまっている。宗教教団が直接政治にかかわり、宗教と政治を混同するようなふるまいをし、経済問題についても宗教が解決法をもつかのごとき主張が横行している、と批判する。政治的諸問題の中では平和問題がもっとも重要だとし、不殺生を第一の戒律とする仏教は、平和をもっとも尚ぶ宗教であり、われわれは力をつくして戦争の防止に努力すべきだ、と言う。しかし、具体的な議論としては、マルクス主義の平和論や市民の平和運動を単純・浅薄とし、観念・概念やユートピアを克服して、具体的な、きびしい現実を凝視し、その中から立ち上がっていかなくてはならない、と述べている。

ここにみられるように、どうも宗門学者たちの議論の方が、むしろ観念的・概念的であり、きびしい現実に立ち向かう具体的な指針が示されていない。この程度の理論では、当時の平和問題であった東西の対立も、南北問題も、解決不可能である。まして、現在の世界における、グローバリゼーションの進行に伴う先進国間、途上国と先進国間の矛盾の激化、パレスティナ問題、アメリカによるイラク攻撃などといったシリアスな諸問題に対する処方箋を求むべくもない。

知恩院浄土宗学研究所で宗学を研鑽した藤本浄彦は、キリスト教神学の比較研究、「仏教とターミナル・ケアの研究」をおこなってきた俊英である。彼は浄土教学の現代化の問題に取り組んでおり、控え目ながら的確な問題提起をしている(69)。「法然上人の宗教の現代的解明」、「現代の問題を法然上人の宗教の立場から解明」を志す藤本は、臓器移植と生命観や、現代的な教化者像について考察している。彼は、現代と現代人の問題として、人格的なものの物化、価値観の多様化・稀薄化、聖と俗の非区分化、「実存の開明」の困難などをあげる。

こういう問題状況に対して、法然の浄土教が時機相応の教たりうるか、万機普益の宗教として現代人の実存を真に開明しうるかを藤本は問う。彼は、かつての山崎弁栄の光明主義、椎尾弁匡の共生主義に、現代における念仏、念仏の中の現代をみることができる、としている。けっきょく、法然の教えはいつの時代をもつらぬくということになり、その現代的意義の探求はつきつめられることがない。臓器移植の問題にしても、それがこの世に一度しか起こらないできごとであり、個人の生にかかわる問題であることとさえ忘れなければ、「結論は自ずから明らかでないか」と述べるにとどまっている。自己の生において、科学と宗教の切実な出会いを自覚せざるをえない状況のただ中において、実存的な決断をすることの必要、自らの今のいのちの根源的な価値に目覚め、安心立命することの重要性を説くのであるが、決断や自覚の内容が十分開示されていないように思われる。

藤本は、仏教大学教授のかたわら東海学園女子短期大学の講師を務めたが、同短大の専任教員で「宗教」科目の担任である神谷正義は、かつて林霊法が短大創立以来掲げた法燈の継承者である。彼が仏教大学時代から孜孜として研鑽を怠らない宗学は、きわめてオーソドックスで精緻なものである(70)。たとえば初期の作品である「信機と信法」では、信機とは単に罪悪生死の凡夫たるの自覚にとどまらず、阿弥陀仏の本願力を感受すること困難な存在であることの自覚をも含み、かくして信機信法につながると説いている。また、信機と信法とは論理的前後関係でなく、決定往生の思いで口称念仏する中で信機・信法が深められていくのだ、とする。

その後、神谷が東海学園女子短大の紀要に精力的に発表した法然上人の研究も、法然の著作の解説と宗学研究文献の参照による法然理解の深化を目ざしたものであり、藤本の注目する「教化」、つまり法然教の現代的受容についての問題関心が薄い。しかし、神谷は近年発表した「共生思想考」と題する論稿では、非共生的現象が日常化してきた現実の中にあって、新たな人類の指導原理としての「共生」について、仏教思想の側からその深化を図るべきだと、と主張している(71)。異質な他者の生存を認め合い、個性を尊重し合って生き、無限の他者のいのちの連関の中で生きうる自己のいのちへの自覚の重要性を、椎尾弁匡を想起しつつ述べている。法然浄土教現代化への一試論として、こんごの研究の発展に期待したい。

〈注〉

(1) 林の自伝的な叙述があるのは、つぎの著作である。『釈尊出現の意義と浄土教―私の歩いた求道遍歴―』浄土宗宗務庁、一九八一年。

(2) 林霊法『仏との出会い』教育新潮社、一九六七年、三七頁。

(3) 妹尾義郎『光を慕ひて』中央出版、一九二一年。

(4) 新興仏教青年同盟については、林に多くの記述がある。「新興仏青運動の結成より弾圧まで」〈『妹尾義郎日記』第四巻解説〉。「戦える新興仏教青年同盟の全貌」〈林霊法『現代思想と仏教の立場』Ⅲ、百華苑、一九六二年〉。「戦前戦後を通じて仏教革新と反戦平和のために闘った妹尾義郎」(ＮＨＫラジオ放送、一九七五年一月一九日に補筆)。「仏との出会い」(ＮＨＫ「宗教の時間」一九六七年四月二三日)。以上を一巻の書にまとめたのが、『妹尾義郎と新興仏教青年同盟─社会主義と仏教の立場─』百華苑、一九七六年。他に「近代における仏教の社会的開眼とマルクス主義」〈林霊法『法然浄土教と現代の諸問題』百華苑、一九七一年〉。林霊法『仏との出会い』教育新潮社、一九六七年。「人生の出会い─法然上人と私─」〈同『法然人生論』雄渾社、一九七二年〉。林霊法『私の人生論』百華苑、一九七七年〉。前掲『釈尊出現の意義と浄土教』。「大いなる出会い─若き日の求道と遍歴─」〈林霊法『私の人生論』百華苑、一九七七年〉。

(5) 奥山道明は、山梨県の日川中学から松本高校に進み、結成式のときは東京帝大の印度哲学科二年生であった。つまり、和合恒男の高校・大学の後輩ということになる。

(6) 綱領についての質疑は第三項に関するもののみで、守田の発言の他に、「当来社会」というのは不明確だから「社会主義社会」にすべきだという提言も出され、和合は、「資本主義に対するものは社会主義とのみ考えるのは都会人の思想だ」と述べ、これに反論が続出したので、論争は他日に譲ることにして議事は進行された（稲垣真美『仏陀を背負いて街頭へ─妹尾義郎と新興仏教青年同盟─』岩波書店、一九七四年、七〜八頁）。

(7) 妹尾と上田・時友とが激しく対立するようになった直接のきっかけは、『若人』一九三〇年二月号の巻頭言で、妹尾が高松宮婚儀の奢侈について「疑惑」を表白し、また同号の論文で、金満家・資本家たちの餓鬼にもひとしい利己的物質主義とその代弁者になり下がった日蓮主義の先達を批判したことであった。時友・上田は、妹尾が共産主義にもとづく不逞の逆徒だと攻撃し、妹尾は日蓮主義青年団を退いたが、全国支部の団員の妹尾に対するつよい支持で、上田・時友も考え直して妹尾の復帰を求めた。妹尾はそれに応じたが、一一月に至ってけっきょく上田・時友の方で退団した。妹尾はここに至って、日蓮主義青年団を改組し、新しい仏教運動を立ち上げることを決意したのである（同上書、八四〜八八頁）。

(8) 山本哲夫は、山本照順（のち壬生姓）のペンネームである。彼は一九三一年五月新仏青に加盟、六月には研究部長となった。一九〇八年、長野県上伊那郡赤穂町に生まれ、一一歳のとき上京して、東京浅草で住職をしていた伯父壬生照海のもとで得度した。一九二七年大正大学仏教学科に入学し、天台学を修めた。一九三一年に大学を卒業し、研究科に進んだが、新仏青結成の講演会で妹尾の話を聞いて感銘し、同盟に参加した。妹尾の指名で研究部長となり、月に三回開かれた研究部会を主宰し、運動の指導原理確立に努力した（壬生照順「新興仏教青年同盟事件」〈小池健治他編『宗教弾圧を語る』岩波書店、一九七八年〉）。

(9)「仏青運動の指導原理と運動方針」は、妹尾が三三年二月に仏旗社から刊行した『社会変革途上の新興仏教』にも、付録として収められた（稲垣真美編『妹尾義郎宗教論集』大蔵出版、一九七五年、三八四〜三八八頁）。

(10)井上卓治『近代日本の宗教と国家—その相克の諸相—』東京図書出版会、二〇〇〇年、一六〇頁。

(11)稲垣真美、前掲『仏陀を背負いて街頭へ』一四〇頁。井上卓治、同上書、一六五頁。

(12)友松円諦は一九三四年九月、高神覚昇・松岡譲らとともに真理運動を起こし、山本は友松に誘われてその事務局に入った（前掲『宗教弾圧を語る』九五頁）。奥山道明もまた、林の去ったあとの仏教法政経済研究所の主事となった。つまり、林と奥山は入れ替わったわけである（前掲『仏陀を背負いて街頭へ』九九頁）。

(13)前掲『社会変革途上の新興仏教』25「共同社会は生活を安定する」〈前掲『妹尾義郎宗教論集』三六四〜三六六頁〉。

(14)林自身は「昭和七年の夏すぎ」（前掲『釈尊出現の意義と浄土教』三七頁）と述べ、稲垣は「秋の一日」（前掲『仏陀を背負いて街頭へ』一〇〇頁）という。稲垣は林にインタビューして書いている。

(15)本章の記述は、『妹尾義郎日記』（国書刊行会、第四巻、一九七四年）に拠っている。

(16)林は新仏青加盟後、一九三四年一二月まで、生活の糧を得るために野依秀市の主宰する仏教思想普及協会に入り、雑誌の編集長や出版事業にあたっていた。この仕事が多忙で疲労が激しい中、林は新仏青の活動に従事した（前掲『仏陀との出会い』六五頁）。

(17)日高川沿いの浄土宗西山派の寺で、住職の谷本重清は西山専門学校・日大宗教科を出たあと、一九三三年初めに同盟に加入し、日高支部を組織した（前掲『仏陀を背負いて街頭へ』一〇三〜一〇四頁）。

(18)面屋は、青年団時代に若人社に居住し、それ以来妹尾を支持していた。新仏青創立に参加し、のち福井に戻って支部をつくり活動を展開した（同上書、一〇六頁）。

(19)細川崇円は、広島県下の真宗の寺に生まれたが、無寺院仏教者となり、救世軍の広島支部主任などをし、県下の社会運動家たちと深い交流があった。新仏青には加入しなかったが、妹尾に共鳴し、新仏青運動を支持した(同上書、一〇五～一〇六頁)。

(20) 前掲『現代思想と仏教の立場』3「ニヒリズムと仏教」百華苑、一九六二年、四六～五八頁。前掲『法然浄土教と現代の諸問題』「現代の世界観と浄土教」百華苑、一九七二年、一七七、二四〇頁。

(21) 前掲『現代思想と仏教の立場』「史的唯物論の限界と仏教」七五～九八頁。前掲、『法然浄土教と現代の諸問題』「仏教とマルクス主義」二四一～二五六頁。

(22) 前掲『現代思想と仏教の立場』「若き革命家における理想主義」三〇五～三四九頁。

(23) 同上書『現代思想と仏教の立場』六一～六三頁。林霊法『椎尾弁匡先生と共生浄土教』「釈尊出現の本懐は浄土教にある」百華苑、一九八八年、四一～八八頁。

(24) 前掲『法然浄土教と現代の諸問題』一八八～一八九頁。

(25) 前掲『私の人生観』一六二～一六三頁。

(26) 同上書、一五八～一六〇頁。

(27) 同上書、一二〇頁。

(28) 林霊法『ひらけゆく選択の祖道―現代の精神的危機と法然上人信仰―』浄土宗宗務庁、一九七五年、九〇～九九頁。

(29) 前掲『現代思想と仏教の立場』二九四～二九五頁。

(30) 前掲『仏との出会い』二四五～二四六頁。

(31) 前掲『椎尾弁匡先生と共生浄土教』二五〇～二五二頁。

(32) 前掲『法然浄土教と現代の諸問題』三〇～三八頁。

(33) 同上書、二〇〇～二〇一頁。

(34) 同上書、二〇四～二〇五頁。

(35) 同上書、一六六～一六九頁。

(36) 同上書、六八～六九頁。
(37) 同上書、六九～七〇頁。
(38) 同上書、七四頁。
(39) 知恩院浄土宗学研究所編『浄土宗の教え―歴史・思想・課題―』一九七四年、一三七～一四七頁。
(40) 前掲『椎尾弁匡先生と共生浄土教』四～六頁。
(41) 同上書、二二一～二二三頁。
(42) 同上書、三九～四〇頁。
(43) 同上書、一〇二～一〇三頁。
(44) 同上書、一二一頁。
(45) 同上書、一二七～一二八頁。
(46) 同上書、一三六～一三七頁。
(47) 同上書、一四〇頁。
(48) 同上書、一四四頁。
(49) 同上書、一四五～一四八頁。
(50) 前掲『法然浄土教と現代の諸問題』三〇一～三〇四頁。
(51) 同上書、二九四～八頁。
(52) 前掲『現代思想と仏教の立場』一九八～一九九頁。
(53) 同上書、二二一頁。
(54) 前掲『法然浄土教と現代の諸問題』三一二～三三〇頁。
(55) 前掲『私の人生観』一三六～一六六頁。
(56) 前掲『椎尾弁匡先生と共生浄土教』二七五～二七九頁。

(57) 同上書、一四八頁。
(58) 同上書、二五四～二五八頁。
(59) 戦時中東海学園長だったのは稲垣真美の父親で、昭和一七、八年ころ林を西洋史担当の教諭として採用したことについて、「思想問題のうるさい時代下に、教育への官憲の干渉を排してそういう経歴の人を教師にするのは、多少勇気を要する」と父は真美に語った、という（前掲『仏陀を背負いて街頭へ』ii頁）。
(60) 前掲『椎尾弁匡先生と共生浄土教』二六九～二七四頁。
(61) 同上書、二九二～二九七頁。
(62) 佐藤春夫『掬水譚（法然上人別伝）』ぐろりあ・そさえて、一九四一年、一一頁。田村円澄『法然』吉川弘文館、一九五九年、八～一六頁。大橋俊雄『法然』一九七〇年、一一～一六頁。前掲『法然人生論』五～六頁。
(63) 林霊法『信仰復興』百華苑、一九八二年、三三五～三七五頁。
(64) 前掲『椎尾弁匡先生と共生浄土教』二六九～二七一頁。
(65) 三木清「親鸞」〈同『哲学と人生』講談社、一九七二年、五〇〇～五〇一頁〉。
(66) 峰島旭雄「現代の法然論―法然浄土教の現代的意義」〈峰島旭雄・芹田博通編『近代の法然論』みくに書房、一九八二年、二四二～二四七頁〉。
(67) 菊村紀彦『浄土の世界』勁草書房、一九八三年、一〇七～一四〇頁、一四三～一五〇頁。
(68) 知恩院浄土宗学研究所編、前掲『浄土宗の教え』一六九～二〇七頁。
(69) 藤本浄彦『法然浄土教の現在―教義と教化の接点を求めて―』四恩社、一九九二年。
(70) 神谷正義「信機と信法」〈『仏教大学文学部論集』第八一号、一九九七年三月〉。同「法然上人の信行論」〈『東海学園女子短期大学紀要』第三三号、一九九八年九月〉。同「法然上人の光明観」〈同上紀要、第三四号、一九九九年三月〉。同「法然上人の善導観」〈同上紀要、第三五号、一九九九年一〇月〉。
(71) 神谷「共生思想考(1)―他者存在の意味―」〈『印度学仏教学研究』第四八巻〉。

五　女性解放運動家の生涯と実績
――平塚らいてうの自己形成――

はじめに

本稿では、「婦人問題」の解決のために努力したひとりの女性活動家をとりあげ、その形成および自己形成について考察したい。

具体的には、平塚らいてうをとりあげる。平塚は、明治末期、日本における最初の婦人解放運動となった「青鞜社」を立ちあげ、大正期には「新婦人協会」に拠って婦人参政権獲得運動に従事し、戦後においても婦人運動の中心的存在として著名であった。日本の婦人運動史にあって、代表的・象徴的な人物として知られている。

それ故に、これまで平塚について書かれた著述は数多く、また「自伝」も前後二回にわたって刊行されている。ただし、これらは他者が平塚にインタビューしてまとめたものに、平塚が手を加えて本になったものであり、厳密には自伝とは言いがたい。しかし、このインタビューアーは婦人運動に詳しく、かつ運動にかかわった実践者でもあり、ツボをよくおさえた発問によって重要な事柄を聴き出している。純粋な自伝以上に豊かな内容をもっているように思われる。

しかし、この書物もまた、多くの自伝がそうであるように、意識されない自己弁護や自己讃美が含まれている可能性がある。インタビューアーが聴き取りの相手に対して敬愛の念を抱いていればいるほど、相手の弱点よりも長所をとりあげたくなるのは自然である。「生涯発達史研究」の立場からすれば、自伝に対しては冷静なテキスト・クリティークが不可欠である。さればといって、事実関係を克明に調査して、本人の記憶ちがいを是正するようなやり方は、歴史家や伝記作者の仕事であり、生涯発達史研究者としては、人間発達・個性形成という観点から問題点を明らかにしようとする。シニカルな冷評や暴露を好むものではない。

平塚についての著述は数多いが、その著者のほとんどが女性である。女性解放のために生涯努力したこの人物について、同性の人びとが敬愛し、渇仰するのは当然のことである。女性のことがよく分かるのは、女性自身である。婦人運動や運動家の研究は、女性学の独壇場である。筆者のように女性理解の能力に欠ける者が、この分野で発言する資格はないと考えて、長年沈黙を守ってきた。

しかし、東大退官後山梨学院大学に移り、そこの生涯学習センターを主宰することになってから、生涯学習・社会教育の現場と接触する機会が多くなり、女性の学習というテーマに取り組まざるをえなくなった。己れの不適を知りつつ、このテーマでの論述を試みるようになり、問題のむずかしさを認識するようにもなった。

筆者の生涯発達史研究としては、これまで男性しかとりあげなかったが、女性を対象とすることも必要だという自覚はあった。苦手だからといって敬遠していたのでは、いつまでも女性理解は深まらない。あえて困難に挑戦すべきだ――こう考えて、ささやかな試みを公開することにする。

1　婦人運動家研究の意義──テーマとモティフ──

本節では、本稿のテーマとモティフについて述べる。こうしたものは、本来なら前節の「はじめに」の中で扱うべきものであろう。それを、ここでわざわざ一節を立てて述べようとするのは、いささか長い因縁話になるからである。やたらに冗長にならないように留意するつもりであるが、つぎのような経緯があった。

筆者はかつて、山梨県教育委員会が設置した「婦人の学習開発委員会」のメンバーであった。この委員会は三年間にわたって開設されたが、その最終年度に筆者は「女性史の学習」にかかわる問題をとりあげた。各地の女性問題の学習で、女性史を扱うばあいがかなり多く、その内容・方法について考察する必要を感じたからである。そうした学習の場に筆者自身がなるべく参加し、そこで感じたことを文章化して、委員会の報告書に掲載した。それは批判というより、疑問の提示であり、こんご解明を要する問題点の備忘録であった。

その中のひとつの例を具体的に示すことにしよう。歴史学者で元長野県立短大学長の成沢栄寿氏が、一九九六年八月に諏訪市でおこなった講演「男女平等はどこまで実現に近づいたか──歴史家から見て──」で、氏は原田琴子・山下りん・前田卓子にふれた。これらの女性が、明治時代の家制度・家父長制の抑圧に屈することなく、自由に生きたいと願い、自分のもっている力をのばそうとした点を評価する講演であった。

彼女たちが、自由・自立を求める生き方をし、主体的・個性的な、シッカリした女性であったのに、当時は「変な人」、「おかしな人」と思われていたことを指摘し、とくに重点的にとりあげた原田琴子については、自分自身を大切にするという考え方が、他のすべての人も大切にするということになり、それはまた「平和を大切にすることにも至る」という総括がおこなわれた。このように、成沢氏の講演では、自主・自立・平等といった近代的価値がさかんに強調されたのである。

これは講演であり、また、筆者が成沢氏の講演を聴いたのはこのとき一回だけだったので、そうした貧弱な情報にもとづいて疑問を呈したのは、まことに失礼なことであった。その後、氏の著書を読むことができ、やや認識を深めえた。それは、夏目漱石の『草枕』のヒロイン、「那美」について書かれた文章である。成沢氏は一九九七年夏、所用で熊本を訪れたさい、とくに天水町の小天温泉に一泊し、往時の「那古井の温泉場」を偲んだ。

那美のモデルは、前田案山子の娘の卓子だったといわれている。成沢氏は卓子について、熊本の素封家と結婚したが、自分の意見が少しも認められないことに不満をもち、家父長的家制度を法的に確立した明治民法制定期に、離婚を成立させることができたと述べている。また、『草枕』の後半では、那美が「おかしな女性」としてではなく、「個性的な、しっかりと自分をもった人間」として描かれていることを指摘している。

さて、小説の舞台になっている明治時代の日本社会と、現代社会とでは、女性問題についてどんな変化が生じたのか。成沢氏は、昨今の経済不況が短期大学女子学生の深刻な就職難をもたらすなど、現在でも女性に対する蔑視や差別はかなり露骨なかたちでみられるものの、「那美の時代」に比べれば、女性も、言おうと思えば、かなりはっきりとものの言える状況にまで前進している、と述べている。

こうした前進をもたらしたものは、日本国憲法の言うところの「人類の多年にわたる自由獲得の努力の成果」だというのが、成沢氏の意見である。このばあいの努力とは、社会運動だけでなく、教育・行政上の取り組みのほか、「親が子の幸福を願った個人的な努力」をも含めるべきであり、こうした努力のあとについて学ぶことが、歴史研究の目的であり、意義だということになる。

筆者の生涯発達史研究の関心からすれば、いわゆる「おかしな人」、「変な女性」は、どのようにして形成されたかを問いたくなる。前田卓子のばあいは、父親が民権運動家であったこと、彼女がつよい意志の持ち主だったことを、成沢氏は指摘している。しかし、民権運動家の娘がみんな卓子のようになったわけではないだろうから、前田家の独特の家風をみなければならないだろう。また、卓子の意志の強さがどこから由来するものかを解明しなければならない。もちろん、そうしたテーマは生涯発達史研究者の課題であり、「歴史家」である成沢氏に求めるべき筋のものではない。

ただ、そのことよりももっと重要な問題は、「女性に対する蔑視・差別」が、明治時代ほどではないにせよ、こんにち依然として存在している理由は何か、ということである。「自由獲得の努力」がいまだに不十分なるが故に、成果をあげえないでいるのであろうか。こんにち女性たちに自由な発言を許さないでいるものは、いったい何なのであろうか。それは、現代社会の仕組みの問題なのか、女性の意識が低いからなのか、――それを筆者が成沢氏に問うのは、不当ではあるまい。それを解明するのは歴史家ほんらいの任務であり、とくに成沢氏は部落問題の専門家として、差別・抑圧の歴史的本質について熟知しているはずだからである。

たしかに、女子学生に対する就職差別や、女性勤労者に対する昇進・昇給差別は存在する。しかし、それは明治時代の女性差別とは、歴史的性格を異にするものではないか。こんにち、女子学生はきわめて多弁であり、口に慎みがないようにさえみえる。教室の中でもさかんに私語する。彼女らの発言を抑制する外的圧迫は見あたらない。少なくとも、女性の発言を頭から許さないような前近代的な差別システムは存在しないだろう。

就職や昇進をめぐる差別は、いうならば近代的差別ではないか。つまり、企業の労働力としての利潤獲得能力を評価するさいの格差である。女性労働力に対する企業の懸念は、妊娠や出産、育児のために職場を離脱することにかかわっている。企業でなくても、公立学校に勤務している女性教員に対して、産休への不安や不満を表明する母親たちがいる。学校というのは、それこそ教員組合婦人部の長年にわたる努力の成果として、男女平等がもっとも実現している職場である。そこでさえこういう状況なのだから、利潤追求を第一義とする企業では、女性労働力に対する危惧や警戒は顕著である。

もちろん、公然たる男女差別は許されず、新入社員の募集要項に「男性のみ」といった差別的表示をすることも、まして男女別の賃金表をつくることもできない。しかし、「結果として」男性だけが採用されたり、「能力の判定」によって男性だけが昇進したりする抜け道は残されている。形式的・法的な平等のもとで、実質的な差別がおこなわれているのである。現代の差別というのは、こういうかたちでおこなわれている。

それゆえに、女性が自主的・自立的だったとしても、こうした差別に対抗することはきわめて困難である。近代的な自我が確立された女性であっても、この種の陰険な差別にどう対処すればよいのであろうか。筆者は、女性史や女性運動家についての研究や学習は、「近代的自我を確立する必要」や、「女性の権利確立のための不断の努力の必要」を自覚するためにおこなうというより、むしろ差別の歴史的性格のちがいを認識するためにこそおこなうべきものではないか、と思うのである。

平塚らいてうの思想や実践について考察するばあいも、上述のような問題意識でみていくことにする。平塚は、戦前・戦後にわたって活動を展開している。つまり、それぞれの時代が提起する問題に対応していたわけである。本稿ではそのあたりのことをできるだけ明らかにしたい。

2　平塚らいてうについての評価――先行研究から――

平塚らいてうが目ざしたもの、そして達成したものについて、先行研究者たちはどのように判断しているのであろうか。紙幅の制約もあって、数多い研究のすべてどころか、ごくわずかしかとりあげることはできないのだが、管見の限りで有意義な問題提起になっていると思われるもの数点をあげて、その論調を追うことにしよう。

(1)　丸岡秀子のばあい

まず丸岡は、第一回の国際婦人年（一九七五年・メキシコ）に参加した日本の首席代表、藤田たきが「元始、女性は太陽であった」をあいさつの中で引用し、また婦人年の終わりの会議（一九八五年・ナイロビ）では首席代表の森山真弓が『青鞜』創刊号に載った与謝野晶子の詩（「山の動く日来る」）を朗読したことをあげて、国際婦人年は『青鞜』に遡ることで源流を見出そうとしている、と述べている。それは立場や時間を超え、場所を遠く異国に変えてでも、「日本婦人に内在する普遍的要求を表わすものだ」というのである。

らいてうは、常に新しい女たらんとして努力し、「いまこそ新しい女」として存在すると言う丸岡は、らいてうが「女性の長い課題実現のための、時間と空間を超えた存在」だったとする。このように言えば、らいてうが『青鞜』で主張したことは、戦後のこんにちでも日本女性の内在的・普遍的要求だとみなされて、らいてうの当時のテーマは即現代的課題だということになる。

しかし丸岡は、七五年前のらいてう時代と現代とは、どこがどのようにちがい、またちがわないのかを検討することが、らいてうについて学ぶばあいに必要だと述べている。これはどういうことか。七五年経っても、『青鞜』が提起した問題は現代的課題だという前記の主張と、上記の意見とは矛盾しないのであろうか。これについて丸岡は、七五年間に変化が生じたから国際婦人年ができたのか、あるいはちがわない点がたくさんあるので国際婦人年を開かねばならなかったのかを検討すべきだと説明している。この問題についての丸岡の答えは、以下のとおりである。

変化(前進)として認められるのは、女性抑圧にかかわる諸問題が掘り起こされたこと、女性が書き、討議し、グループや組織をつくり、生活のさまざまな領域から地域社会や国のあり方まで一定の影響力をもつようになったこと、農業では女性が基幹労働力となり、職場では女性の管理職や役員がいくらか増え、女性の大使もひきつづいて出てきたことなどがあげられている。

しかし、勤労婦人、農漁村の婦人など、「女の草の根、生活の底辺では、問題をたくさん抱えている」と、丸岡は指摘する。具体的には、結婚後女性の姓が変わること、結婚式で嫁のみならず仲人や出席者まで色直しをすること、結婚費用をかけすぎること、夫のことを妻が「主人」と言うことなどである。丸岡はこれらの問題を非系統的にとりあげている。

らいてうなど、『青鞜』に集まった女性たちは、封建的制度、家制度の古い秩序に反発・抵抗し、人間として自由に生きたいという叫びをあげたのだ、と丸岡は説明する。封建制と闘うために、古い意識を近代的な意識に変えるべく努力したのがらいてうたちだった、というのである。とくにらいてうは、堅固な自己確立が必要だという主張と実践をおこない、「近代の人権意識を、己れの命のなかに根づかせること、口先だけではない、それを自分の命まるごと、近代の『わたし』という、こういう一人の人間の権利意識のただなかに、それを確立することをつねに心がけて」いたと、丸岡は述べている。

そうしてみると、丸岡があげているような前記の諸問題は、現代の人びと、女性が近代的意識を十分確立しえず、古い（封建的な）意識にとらわれていることから発生すると、丸岡は理解していることになる。男女同姓のことや、主人という呼称のことや、また丸岡がエピソードとして語った、プロ野球の選手がしばしば年上の女性と結婚するのは、姉さん女房から世話してもらいたいという願望からだという話も、前近代的な意識から生まれたものという説明が成り立つであろう。

しかし、結婚式にかかわる話はどうだろうか。大金をかけ、派手な演出をする当節の結婚式は、爛熟した資本主義（大衆消費主義）の文化様式だと言うべきであろう。テレビで放映されるスターの結婚式を模倣し、一世一代の（実は離婚率が高まっているのだが）晴れ舞台を演じている新郎新婦の喜劇は、封建社会の保守的意識などとは無縁である。筆者はなにも揚げ足とりめいたことをしようというのではない。現代社会における女性問題の本質を、封建的意識の残滓のようにみる丸岡の見解に不服だということである。

らいてうについての丸岡の人物批評は、常に自己の内面を見つめる、求道という自己追求の態度が、若いときから一貫してあったこと、そのために心を育てる「静かなひとりの時間」を大切にしたこと、こうして内面を鍛えあげたことでつくられた堅い信念をくずさなかったこと、もしひとくちで言うなら「なにになるかではなくて、つねになにをするか」を自分自身に問いかけつづけた人だと、いうことになる。

らいてうが熱烈な恋愛をして奥村博と「共同生活」を送るようになっても、入籍や改姓をしなかったことを讃えたり、個人と組織との関係について、頭も心もつよい個人がグループをつくり、グループの中で自己をつよめていこうとしていたことを指摘した。要するに丸岡のらいてう観は、堅固な自我を生涯にわたって形成しつづけた近代的人間として尊崇している。

(2) 米田佐代子のばあい

丸岡よりも若い世代で、女性史研究者である米田は、「平塚らいてう生誕百年祭」の呼びかけ人のひとりとして、それが数多くの女性を集めて大盛会だったことを、らいてうが生涯をつうじて女の自立と解放を願いつづけた精神が、今なお脈々と受け継がれている証左だと述べている。「ああ、らいてうは生きているのだ」と、しみじみ感じたというのである。では、らいてうの願いとはどのような内容であり、どのように継承されている、というのか。

らいてう生誕の一八八六(明治一九)年の日本社会について、米田は、その少し前にさかんだった自由民権運動が弾圧され、やがて日本の女性が天皇制の「無知と無権利と差別の壁のなかに押しこめられて」いった時代と記述している。しかし、同じ年に甲府の製糸工場で工女たちが日本最初の工場労働者のストライキを起こしており、天皇制のもとでも抑圧の体制にひざまずかない、不合理なことは不合理と言おうとする女性たちの動きが始まろうとしていたことに、米田は注目している。

らいてうはそうした動きに同調して生き抜いた人物として、米田は追慕する。「不合理を不合理と言う」というふうに抽象化すれば、らいてうが女性の自立をさけんだのも、製糸工女がストライキをしたのも、同じ流れということになろう。しかし、らいてうは食うに困って自立をさけんだのではなく、精神の自由を求めて既成の体制に反逆したのである。かたや製糸工女の方は、階級闘争と言わんよりは、百姓一揆に近いような自然発生的反抗であったろうが、とにかく酷薄な搾取に追いつめられての抵抗だったのであり、らいてうのばあいとは同日に論じられない。

また米田は、『青鞜』発刊の年（一九一一年）に啄木が「時代閉塞の現状」を書いており、新しい時代を切り拓こうとしながら、病にたおれ、志を果たさなかった、その地点かららいてうは出立し、明日への希望を訴えた、と書いている。両者の志は同じだったのであろうか。大逆事件に憤った啄木とはちがって、『青鞜』のらいてうは大逆事件に関心をもたず、閉塞された時代状況について深く広い認識がなく、啄木ほどラディカルではない。女性に対する抑圧には憤慨しても、より貧困で抑圧されている細民・労働者・農民の女性についての憤激はない。そもそも『青鞜』は、女性の文学的才能の開発を目ざして刊行されたのであり、天分のある、恵まれた女性を世に出すための事業であった。病気と貧困に窮迫し、零落の淵に沈みつつあった啄木と、母親から出版費を易々として提供してもらったらいてうとでは、まったく立場がちがう。

らいてうが生涯語りつづけようとしたことは、次の三つだったと米田は解説する。第一は女性の自立、「なにものにも妥協せず、自己を貫きとおす自立の精神」である。第二は、他愛主義で、家族への愛にとどまらず、普遍的な、社会的なひろがりをもった愛の思想である。第三は、全人類におよぶ愛としての世界平和の思想である。この三つのテーマ、三つの基調こそが、戦後の日本と世界中の女性たちが願いつづけ、運動しつづけてきた、女性差別撤廃、男女平等、人類の貧しさからの解放、自由と民主主義の実現、平和の確立などといった目標につながり、運動をささえる精神だというのが米田の意見である。差別のない、愛と平和の世界をきずくというのは、らいてうの念願であるとともに、現代の諸運動（母親運動、原水爆禁止運動、子どもをまもる運動など）の課題であり、それ故にらいてうの志は、われわれにとって大きな励ましであり、導きになっている、というのである。

米田の意見に対してとくに異論を唱えようとするものではないが、現代の差別・平和・愛といった問題は、戦前はもちろんのこと、らいてうが活躍した戦後の時期と比べても、おそろしく複雑な様相を呈している。初心に返るということが意味をもつのであれば、過去を回顧し、先達の勇気や智恵に感銘するのはけっこうなことである。しかし、歴史的位相を異にする現代的課題に取り組むばあいに、過去の思想や実践から何を学ぶべきであろうか。らいてうの志を継承するというのは、原水爆禁止・安保条約反対などの政治的スタンスに追随するということではないであろう。

(3) 井手文子のらいてう伝

井手は、一九五七年に日本女性史研究会の結成に参加し、「青鞜と平塚らいてうに関しては、当世右に出る者のない研究家」(瀬戸内晴美)と評されるような、らいてう研究の専門家である。井手はらいてうについて、「近代婦人解放のオピニオン・リーダーとして、第一に指を折らねばならない人」と言い、「女性という枠からだけでなく、思想家としても欠くことのできない人」であるとして、その生涯のスケールの大きさを指摘する。

このように、らいてうに対して、「情熱的な敬愛と深い思想的共感」(瀬戸内晴美)を抱いている井手であるから、冷徹な批判や分析を期待することは無理であるかのようだが、さすがに研究者としての知的節度がきちんとまもられている。他のらいてう賛美者のように、らいてうの実績のうちで都合の悪いことを伏せ、耳ざわりの良いことばかり書くといったアンフェアな態度、ないし政治的評価が井手にはほとんどみられない。

井手の理解するところのらいてう像は、「大正デモクラシーの指導者であり、自由主義思想家」であって、その生涯は、「明治・大正・昭和にわたる一世紀にちかい日本の歴史、とくに日本の女性の歴史を体現」するものである。戦時中には母系的天皇制へつながる、血縁への回帰をしながらも、戦後は平和運動に老いの身をささげた、気丈さ、勇気とやさしさが、わたくしたちの心に生きつづける、と井手は書いている。

らいてうの本質が、明治生まれの大正自由主義であるという井手の見解は首肯できるところであるが、ならば彼女の思想や行動の振幅がかなり大きいことをどう理解すべきであろうか。青鞜の運動を始める以前、女子大の学生だったときに初めて参禅し、その後もしばしば打座している。塩原事件では新聞に「禅学令嬢」と報道されたゆえんである。エレン・ケイはらいてうにもっとも深い影響を与えた思想家である。アナーキズム運動に走った伊藤野枝をきびしく批判しながら、らいてうはクロポトキンの著作に感銘し、アナルコ・サンジカリスム系の労働組合をバックとする消費組合に参加している。らいてうは『婦人戦線』に創刊時から参加しているが、これはアナーキズム系の雑誌であり、その中心人物でアナーキストの高群逸枝を、らいてうは高く評価していた。

『婦人戦線』に、マルクス主義の方法・戦術、実現される社会組織形態は、自分の本性とあい容れないものがあることを感知する、と書いたらいてうは、大本教の魅力にとりつかれた。大本教は禅宗などとはまったくちがったものではあるが、らいてうは宗教的・心霊的世界への関心を持続させていたのであろう。戦時中にはほとんど発言の機会を与えられなかったらいてうであるが、戦争協力とも取れる発言をおこなっている。日本の国体のありがたさや天皇が「天照大神の生き通しの神」であると思い知ったことを文章にした。息子が幹部候補生試験を受けるのに必要だということで、博との婚姻届を出した。これは、子どものためという名分での転向である。

マルクス主義者はもとより、リベラリストまで投獄された、戦争とファシズムの時代を無傷で生きのびたらいてうは、世界連邦運動に参加したのち、一九五〇年には革新勢力の平和運動・婦人運動に「深入り」する。母親大会、婦人団体連合会、新婦人の会などの代表者や会長となり、かつてマルクス主義とは性が合わないと言ったらいてうは、共産党系とみなされている運動の看板になった。

こうした、戦後におけるらいてうの変貌について、井手はそれを前進あるいは転換と評する人びとに同意せず、「思想の幅のひろさと考えたい」と言う。らいてうの生涯の活動は、時代の潮流の中で変わってきているが、それぞれの時代の中で自分が同感できる運動を直感的に選んできた「自由な人」であった、というのである。

らいてうを、その生涯をつうじて女性の解放のために闘い抜いた、一貫した思想の持ち主として賛美するような見方とはちがって、井手は、らいてうが市川房枝のような硬さをもたず、「軽やか」であり、「思想家としてさまざまな世界の思想を逍遙した」と記述している。合理主義と非合理的世界、唯物論者のあずかり知らぬ霊の世界にまで翼をひろげた、らいてうのスケールの大きさ、深さを井手は賛嘆する。らいてうの思想の中には、理性と感性、肉体と霊、近代と半近代の二つの世界が抱え込まれており、らいてうは大正期自由主義の先駆者であるとともに、近代主義を超える部分をもっていたとまで、井手は述べている。

はたしてらいてうは、対立するもののあいだの統一、矛盾の超克をなしえていたのであろうか。たとえば、絶対主義官僚としての父親、家父長としての父親に対する反発や抵抗と、塩原事件のスキャンダルに苦悩しつつも娘を勘当することもなく庇護した父への愛慕と、らいてうはどのような折り合いをつけていたのであろうか。また、たとえば新婦人協会の活動が始まってからたった一年半後、らいてうは東京を離れて家族とともに田園に住んで夫妻の病気療養をおこない、やがて千歳烏山から砧の新居へと、「隠棲時代」を送るのだが、このかんに得たものは、らいてうの思想の発展にとってどんな意味をもったのであろうか。

米田佐代子は、この期間は婦人参政権運動を始めたときよりも後退しているような印象を与えるものの、これは家庭生活へのひきこもり・楽しみではなく、「日々の生活体験の積み重ねのうちに、新しい思想的飛躍を準備していた」と、説明する。米田のこうした「暖かい理解のしかた」について、井手は「わたくしにも納得できる」と共感している。要するに、人間の一生には、全楽器が共鳴し合う「オーケストラ」的時期と、ひとつの楽器が静かに奏でられる「銀色の笛」的時期があるというのだが、生涯の中に活動期と休息期があるという平明な事実をさすだけのことなら、筆者にも容易に納得できる。しかし、それが単なる安静・休息の時間でなく、新しい思想的発展の準備期だったというのであれば、その思想的営為の内実、思考の過程に即して何が起きていたかを知らねばならない。

しかし、この時期のらいてうの言説に、将来の飛躍を予感させるものがあるだろうか。らいてうは自然の美観を讃え、争闘・憎悪・利得・権力・陰謀・駆引を嫌悪し、清閑・孤独を愛した。婦人の社会運動を「身ぶるいするほど」嫌い、社会運動も必要だが個人の心の置き方が大切であり、「地にゐて天に生きることのできる人間の幸福」を強調した。井手は、これをらいてうの価値観の転換であり、私的世界への回帰だ、と書いている。運動を担っているときには、当然強がりをせねばならず、精神的緊張に耐えねばならないが、そうした無理な姿勢をふりすてたことによる心の軽さ、平明な日常での心の安らぎを大切にしようとしたのだ、というのである。しかし、井手はそのことに肯定的ではなく、西川祐子がらいてうの霊感の喪失と評したことに同調して、「己れの直観や願望を母性のなかで殺し」たと評し、また、日本の母性主義は「農本主義的、母なる天皇制への回帰」だと言い切る山下悦子を引用している。

らいてうのこの時期の母性保護論と、第二次大戦後の母親大会の運動とのつながりを井手は示唆しているが、母性保護のために社会改造が必要だというらいてうの戦前の主張には、実際的な改造プランが欠如していたと指摘し、生殖の自然、母性への崇拝は、らいてうの自然への憧憬とむすびついて、神秘な世界に移る気配がつよいと述べている。らいてうが現実社会の改造を断念して、超合理の世界に逃避したと評するのは言いすぎであろうが、こうしたらいてうの言説に、私生活（母として、妻としての生活）への沈潜による思想的飛躍の準備を感知させるものはない。

昭和前期における、らいてうのアナーキズムへの接近、それに戦後の一九五三年ごろ、自宅を訪れた井手にらいてうが、共産主義はあまり性にあわず、「どちらかといえばアナキストに近いといっていいでしょう」と語ったというエピソードは、らいてうを理解するうえでかなり重要なことがらであろう。らいてうは、戦前と戦後の二回にわたって、こうした発言をおこなっているのである。それにもかかわらず、戦後に共産党系の運動にコミットしたのは、どういうわけだろうか。そこには、どんな「飛躍」があったのであろうか。井手のように、らいてうの思想のスケールの幅広さを言うだけでは、不十分な説明と評さざるをえない。

3　らいてうの形成・自己形成

らいてうがきわめて個性的であり、すぐれた女性であったことは明らかである。らいてうの魅力が男性たちをひきつけ、さらに同性の敬愛や好意、後輩からの崇拝をかちとったことは、伝記の示すところである。運動や交際の中で対立したり、離反するケースはあった。らいてうは完全な人格の持ち主ではなかった。強烈な自我とつよい立場があり、主張は断固としてつらぬこうとした。聴く耳もたぬ独善や傲慢はみられなかったようだが、好き嫌いははっきりしていたし、口には出さなくても友人たちに対してそうとう辛辣な人物批評をしていた。らいてうのまわりにはあまり人がいつかないという野上弥生子のことばが想起されよう。

らいてうのような、かなり特異な人物がどうして生まれたのであろうか。生涯発達史研究の関心からすれば、これはとびつきたいような素材である。しかし、相手が大物であり、端倪すべからざる複雑さの持ち主であるだけに、その解読の作業はひどくむずかしい。男性であり、しかも凡庸な筆者などの手におえるような相手ではない。しかし、幸い自伝も二回にわたって書かれ、評伝も幾冊かあるので、資料的にはめぐまれている。一知半解にも及ばぬスケッチ、単なる問題意識のメモの提示にすぎないが、生涯発達にかかわる若干の視点を出してみたい。

(1) 家　庭

らいてうが、たいへんめぐまれた家庭環境に生まれ、育ったことは、衆目の一致するところである。らいてうの父は、らいてうが生まれたころは、会計検査院に勤めている中堅官僚であった。麹町にあった家は持ち家で、書生部屋や女中部屋のある、かなり大きな建物であった。らいてうの父親は、もともと紀州藩の士族の出身であるとはいえ、その父、つまりらいてうの祖父は維新後、婿養子に入っていた家を出て、後妻と息子・娘をつれて上京し、陸軍会計課長をしていた従兄をたより、その執事を務めてくらした。息子、定二郎はその家の玄関番から陸軍偕行社の給仕となり、地位が低くてもドイツ語ができるので重用されている同郷人を知って悟るところがあり、外国語の習得を志した。煎豆売りのアルバイトで学費を稼いだりしていたが、外国語学校に入学してドイツ語を学び、抜群の成績を収めた。父親の病気で退学に追い込まれようとしたが、その才能を惜しんだ校長が彼を教員として採用してくれた。定二郎こそは、立志して勉学に励み、洋学を身につけた力行の人、まさに自己形成の人物であった。

らいてうの母親の方は、もと紀州侯田安家の藩医で、代々江戸詰めだった家で、維新後は漢方の病院を本郷に開いていた人の三女である。父親の江戸趣味もあって、彼女は五歳のときから常磐津を習い、結婚する前に名取りとなり、三味線や踊りの稽古もした。しかし、結婚後はそうした遊芸をぷっつりやめ、夫の要望で、二人の子を生んだあと桜井女塾に通学し、まもなく女子職業学校にも学んだ。母親は夫の言いつけに従順で、家事に精励し、夫婦仲は円満で、家の中に荒いことばはきかれなかった。

らいてうの父親は、努力家で仕事熱心、たいした学歴でもないのに、最終的には会計検査院次長を勤めあげたような有能な人物であったが、特権的な高級官僚とはちがった、開明的というか、くだけた性格であった。苦学した若い日の体験からか、あるいは職場での下積み体験からか、温厚で忍耐づよく、妻子を大切にした。家には親戚の者が厄介になることがあったが、それを嫌がるようなことはなかったようである。父親は娘たちに対して寛容であり、理解のある方だった。幼い子どもたちの遊び相手になり、トランプ、五目並べをし、子どもが成長すると釣りや鉄砲打ちにつれていった。グリムやイソップを読んでもくれた。母親の方は、身だしなみ、行儀作法などきびしい躾をしたが、硬直していない良妻賢母であった。父・母ともにらいてうには寛大であり、らいてうはかなりのびのびと育つことができた。

(2) 学校教育

らいてうが受けた学校教育は、九段富士見教会付属の幼稚園（五歳）、富士見小学校、誠之小学校、東京女子師範付属高等女学校（一八九九～一九〇三年）、日本女子大学校家政科（一九〇三～〇六年）という学歴である。女性として最高学府を卒業したことになる。この点ではたいへん恵まれていたわけである。らいてうは、小学校でも女学校でも、良い成績であった。

声帯に故障があったのか、大きな声が出せなかったので、唱歌で甲が取れなかったこともあり、小学校では友だちから孤立していた。女学校では親友ができ、「海賊」五人組をつくった。修身科の授業があまりたいくつなので、黙って教室を出ていくような「反抗」を五人組の仲間はしたこともあるが、放校とか退学の処分になるような大事件は起こさず、無事に卒業している。結婚しないで何かをやっていこうと話し合った五人のうち、それを実行して生涯教職にあったのは、小林郁だけである。

女学校を卒業すると、「学問は女を不幸にする」と言って反対する父親を説得して、日本女子大学校に入学した。同校の第三期生である。成瀬仁蔵校長の担当した「実践倫理」で、西洋哲学史を聴いた。最初は成瀬に傾倒したが、人生問題に関心をもったらいてうはそれにあきたりず、内村鑑三の『聖書の研究』を講読したり、教会に牧師の説教を聴きに行ったりした。哲学書・宗教書を耽読し、とくに綱島梁川の見神論に感銘、共感した。女子大学校の友人の紹介で禅堂に行き、参禅するようになった。女子大学校の卒業論文は、家政科であるにもかかわらず、宗教史にかかわるもので、枚数もごくわずかであった。これでも卒業できたのであるから、女子大学校の教育というのは、あまり厳格なものではなかったのであろう。

らいてうは、女子大学校で寮生活を経験している。自宅から学校までの距離がやや遠かったのは事実だが、むしろ寮生活による陶冶への期待によるものであったろう。実際、女子大学校では、寮における共同生活をつうじて精神修養をさせようとする方針であった。共同生活に対する奉仕が重視され、ひんぱんに反省会が開かれ、上級生による指導がおこなわれた。旧制高等学校の寮生活でも、共同体による個への圧迫がしばしばおこなわれ、らいてうと同世代の一高生で哲学・宗教に親しんでいた文芸派の学生は、「向陵の伝統精神」への反逆をおこなった。女子大学校内で、変わりものとみなされ、利己主義者として非難されたらいてうは、そうした革新派（「個人主義」者）の一高生と同じ方向をあゆんでいたのであろう。

らいてうの学校生活についてみれば、女学校まではまずふつうの生徒であった。お茶の水の良妻賢母主義教育に対して、ささやかな抵抗を試みたとしても、それは決定的な反逆ではなかった。作法の教育がいかにきびしかったとしても、らいてうの家庭の母親のしつけと同質なものであり、らいてうはすでにそれを身につけ、習性としていたであろうから、大した違和感はなかったはずである。独身で事業をといった夢を友人たちと話し合ったというが、どこまで考え詰めてのものか、おそらく少女らしい夢であったろう。

らいてうの自己形成は、女子大学校からはっきりしてくる。成瀬への初期の同調・敬愛の念がさめ、女子大学校の校風、学生たちのあり方にも不満をもつようになったとき、らいてうは自分独自の修養のみちを歩くようになった。成瀬哲学の「実証主義」を超えて、魂の覚醒、真の自己の発見のために、孤独な研学に勉励するようになったのである。当時、文学少女ならいくらもいたろうが、哲学や宗教に関心をもち、論理を超えた霊の世界に憧れるような娘はごくまれだったにちがいない。らいてうのきわだった個性は、ここで養われたとみるべきであろう。

(3) 参禅

らいてうは、成瀬ふうのキリスト教的教養・道徳や宗教哲学に満足せず、論理・概念・観念ではない神そのものを実見しようと志した綱島梁川に共鳴した。これは、例の文芸派個人主義の一高生たちと同じこころの志向である。一高生たちはグループをつくって、梁川を師と仰いだ。孤立していたらいてうは、綱島に師事することはなく、禅に活路を見出そうとした。女子大学校で同じ寮にいた友人がもっていた、鎌倉円覚寺の管長、今北洪川の著書の一節、「大道は心に求むべく、外に求むることなかれ。我が心躰の妙用こそは、すなわち我が大道なり」ということばにいたく感銘した。外在の知識を追求するのではなく、わが内心のうちに大道を発見すべく、この道の先輩である友人の紹介で、日暮里の道場「両忘庵」に通うようになった。ここで春から夏まで参禅し、七月には「わかった」と瞬間思えるときがあった、という。らいてうが両忘庵で与えられた公案、「父母未生以前の自己本来の面目」をどう解いたのか分からないが、らいてうの参禅が大変熱心なものだったことは確かである。ただ、二〇歳そこそこのらいてうの見性がどこまで徹底したものであったか、その後一九〇八年春に起こした「塩原事件」を参照すれば、はなはだ疑わしい。

これは、帝大出の文学者、森田草平との心中未遂事件として世間で騒がれたものだが、らいてうの言うところでは性愛によるもの（新聞報道が、妻子ある男と添えないことを悲観しての情死とつたえたこと）ではなく、観念的なものだとなっていることにもかかわる。死生一如であり、死の恐怖を超越するというのは、禅の悟りの極致である。しかし、森田草平は、らいてうと悟りの境地で一致していたわけでなく、同じく死を懐ったといっても、同床異夢といった関係である。森田の虚無感・絶望感は、彼のそれまでの人生と、西洋文学の味読とから形成されたものであり、現実にまったく根をもたない観念・感情ではなかったと思われるが、らいてうの方は死についての自分の悟りのレベルと、男の気持ちが死をも辞さぬ真剣なものであるか否かを、見きわめてやろうとするシリアスな探求・実験ではなかったろうか。らいてうが後年、「無責任な茶目っ気」などと韜晦しているのは、家を出る前にしたためた遺書の、「我が生涯の体系（システム）を貫徹す。われは我がCauseに斃れしなり。他人の犯すところにあらず」という、藤村操の「華厳巌頭の辞」にも比すべき、堂々たる宣言とそぐわない。少くとも漱石の評するところの「真剣な顔をした遊戯」ていどのシンセリティはあったはずである。「人は冷酷とも不貞操とも不真面目とも云はば云へ。最早私には何等の痛痒なし」と、禅学的なふっきりを表白してはいても、自分の行動によって会計検査院課長である父がどんな窮地に陥るかが分からぬはずはないのである。「遊戯」などという自意識で踏み切れる行動ではない。死を賭して人生の真実に迫ろうとする、らいてうなりのCauseがあっての決断であったろう。結果は、森田の「絶望感」の底の浅さを露呈することになった。もともと森田の愛情告白や行動には芝居がかったところがあり、どこまで捨身の熱情があったのか疑わしい。事件後、実家にいたたまれなかったらいてうは、円覚寺境内の一軒家に住んで打座しつづけたというが、らいてうの心境は知りえない。

(4) 社会運動

らいてうが評価されているのは、女性解放のために生涯努力した活動家としてである。らいてうの力量がもっとも発現されたのは、婦人運動へのかかわりにおいてであり、また、このかかわりをつうじてらいてうの力が形成されたのであった。ともに運動に参加した女性たちとつきあうことで、らいてうの認識は深まったし、感性もみがかれた。らいてうはこのことで、組織と個人の問題、人間と人間とのかかわり方のむずかしさについて学ばせられた。

らいてうが「青鞜社」という女流文学集団をつくったのは、一九一一(明治四四)年のことであり、塩原の事件後四年のことである。らいてうは円覚寺の独居のあと、高等女学校時代の親友で松本高女の教員をしていた小林郁にあっせんしてもらい、松本近くの中山村にひっそりと住んだ。一九〇九年には実家に戻り、参禅と正則英語学校での英語学習に熱中した。このかん、塩原事件を扱った小説『煤煙』を朝日新聞に連載した森田草平と出会って一夜語り合ったり、旧知の青年禅僧とつきあって性交渉したりしている。性についての関心がうすく、森田とのつきあいでも性・性欲について観念的な議論をさかんにしたようならいてうが、性という「未知の領域」についての好奇心からの実験だったというのが伝記作家の解釈であるが、この時期、再度の「見性」で新しい法名までもらったらいてうの悟りとは何だったのか、らいてうの行動は迷蒙の暗夜彷徨としかみえない。

「青鞜」という名称を含めて、このアイデアをらいてうに吹き込んだのは、生田長江である。らいてうは、女子大学校を出てから、二松学舎で漢学、津田英学塾で英語を学んだが、津田の実用主義的英語教育にあきたりず、退学してリベラルな成美女子英語学校に通った。成美の教師の中に生田がおり、生田は成美の中に閨秀文学会という女性の文学研究グループをつくり、会員の作品で回覧雑誌をつくるように勧めた。この会の講師のひとりとして、生田とは一高文科の同級生だった森田が招かれ、らいてうと交際するようになったのである。塩原事件の「あと始末」をつけたのも、生田であった。

文学会は事件のために中絶したが、文学会の講師だった馬場狐蝶の家で数人の女性が集まり、らいてうは生田の家にもしばしば出入りしていた。らいてうとしては信頼し、尊敬していた生田の熱心な勧奨に押されての旗上げであり、自発的なものではなく、はじめは本気になれなかったと後年述べている。塩原事件で女子大学校同窓会から除名処分を受けたらいてうであるが、女子大学校時代の友人が青鞜には参加して、らいてうを支えた。らいてうを親しく知っている人たちには、らいてうの人柄や考え方が評価されていた、ということであろう。らいてうの思い切った生き方に共感するところも大きかったということである。発起人は六人のうち四人が女子大学校の出身者であり、呼びかけた相手もいきおいそういう人びとであった。女流作家たちを網羅して賛助員にするというのも、生田のアイデアであったが、与謝野晶子をはじめ、森鷗外夫人や森鷗外の妹(小金井きみ子)まで応諾している。

雑誌の反響は大きく、入社希望者・購読者があい次ぎ、新入社員の個性が魅力的で、らいてうは後年の自伝で、そのひとりひとりのプロフィールを克明に、鮮やかに描き出している。その人物批評はかなり手きびしいものであるが、らいてうは自分に人間の好き嫌いはなく、誰とでも仲良くつきあったと述べている。しかし、尾竹紅吉との同性愛的な深交と、らいてうと奥村博との恋愛による紅吉の錯乱など、人間関係の波瀾があった。らいてうの男性関係のうわさに、与謝野晶子は不快感を示し、「新しい女」たちは新聞からその放縦ぶりを攻撃された。

らいてうはエレン・ケイに興味をもち、山田わかと親しむようになって、母権主義の立場を打ち出すようになる。伊藤野枝の野性的な魅力、その生活力や実践力とのふれあいもあった。しかし、雑誌の経営では、創立同人で実務的能力の高かった保持研子が個人的事情で去ったあと、らいてうの責任となり、発行業務を引き受ける出版社との交渉がうまくいかず、けっきょく伊藤野枝に後事を託して、雑誌発行のしごとから離れてしまった。「画期的な活動を立ち上げては短期間で投げ出した人」と後人に印象づけた、最初のふるまいである。このころには、創立時代の「女流文学者」的な人びとは遠くなり、『青鞜』は婦人運動的色彩をもってきていた。伊藤野枝の編集は、この傾向をさらに進めた。雑誌経営の財政面でもいきづまったらいてうは、奥村との「小さな社会」に隠遁してしまったのである。

らいてうがふたたび社会運動に復帰したのは、市川房枝と組んだ「新婦人協会」（一九一九〜二二年）の婦人参政権運動である。青鞜社の旧会員もかなり参加していたが、女性教員の数も多く、貴族院議員を含む男性の支援者も目立った。山川菊栄は、男子の普遍選挙権のばあいとちがって、権力は女子の参政権など危険視していなかったと冷評している。

運動を始めてから発会式までの五ヵ月間、資金はらいてうが負担していたが、原稿料しか収入のないらいてうが運動を担っていたので原稿が書けず、家計に苦しんだ。市川は運動費として毎月二〇円をもらっていたが、これではとても足りるはずがなかった。発会式後は、正会員（月五〇銭）、賛助会員（月一円）・維持会員（年一〇円）の収入が得られたが、機関紙『女性同盟』の編集方針や記事執筆をめぐって、らいてうと市川の仲が悪化し、ついに市川が運動から脱退してしまった。二人のあいだの性格、ものの考え方や感性の不一致ということによるものであるが、市川からみれば、らいてうという人は組織的な運動のできる人ではなかった、ということになる。才能はあっても売れない絵かきというか、売るための絵は画かないといって、家計の責任をらいてうに押しつけている博の生き方に対する反発が、律義者で独身である市川にはあって、これもらいてうとの対立の一因であったとみられている。市川が心を許してつきあっていた、元女工の山内みなが協会事務所の留守番役として住み込んでいたが、平塚家の二人の女中にストライキを吹き込んだということがあって、らいてうと市川の仲が決裂したのである。

決裂の経過についてらいてうが、しばらくのちに雑誌に発表した。この文章について、らいてう評伝の著者たちの評価は、おおむねらいてうに批判的である。このふたりの傑出した女性が、憎み合ったというのは、女性史家にとって不快なことであり、いとわしいことであろう。しかし、井手文子が、自分の弱さ、辛さを赤裸々にえがいたらいてうの「人間的な姿勢」にむしろ感動する、と書いたのは、身びいきとはいえ考えさせられるものがある。

男であれ、女であれ、運動にかかわり、担っている者のあいだで、対立・抗争が起こり、組織の分裂や敗亡に至る悲劇は少ないことではない。戦略・戦術をめぐる意見の対立のような公的な問題が原因になることも、個人的利害、プライドや感情的食いちがいといった、私的な面での争いもある。団結、鉄の紀律を誇る政治的集団でさえ、権力闘争が展開され、敵対する勢力を陥れるために策謀がなされたこともある。「組織悪」とひとくちに言われるものであるが、それを克服するための誠実さや仲間に対する友愛・寛容が、大義のためにも必要である。

らいてうは、執筆の意図について、自分自身の内省、他の婦人運動者たちの反省、婦人団体への警告であり、そのためにあえて自分自身の愚かさや弱点を告白するのだ、と述べている。同じ女性として連帯責任をもち、しごとのうえの責任をも共有する仲間の非をあげることに良心の痛みを感じると言い、相手の迷惑や怒り、恨みを招く危険について承知しながらも、あえてするのだと、くどいように弁明している。しかし、この文章が、「単なる一婦人団体の内情の暴露」としてしか読まれない程度のものであったのは、らいてうが経験から十分学ばなかったということを意味する。アメリカに行っていて、反論もできぬ市川を槍玉にあげたのも、フェアとは言えない。

らいてうの戦後における活動では、実務はほとんど他の女性たちに任せればよかったのだから、組織運営について悩むことは少なかったであろう。しかし、それ故に、運動から学ぶという機会もなくなるわけで、「マルクス主義とは性が合わない」とかつて述懐し、組織的運動を担う能力にたけていたとは思われないらいてうが、戦後の大衆運動にどうかかわり、何を考えていたかは興味がある。若い世代の母親大会活動家は、「あなたにとってらいてうとは？」と聞かれたら、「ご先祖さまです」と答えたいと言っている。運動の創始者、象徴という意味であろうが、祖霊として祀られたイコンとして扱われたのであれば、これはらいてうの望んだすがたではあるまい。

4　らいてうの遺したもの

近代日本における婦人運動の母、戦後における婦人平和運動の象徴として尊崇するだけでなく、らいてうの行動と所説の現代的意義を学ぼうというのであれば、らいてうの母権論と母親運動にこそ注目すべきだと思われる。戦前におけるらいてうの母権論は、エレン・ケイの思想を踏まえたものであり、現状改革の方向としては母性保護論である。山田嘉吉・わか夫妻の影響もあった。奥村博と同居生活を始めたとき、子どもに対する欲望、母たらんとする欲望をまったくもっていなかったらいてうであるが、実際に自分が妊娠してみると、己のうちに母としての意識が生じてくるのを自覚した。妊娠・出産・育児といったことが、行動の自由を妨げ、仕事にも学習にもマイナスになることも、十分に体験した。らいてうのような収入で、女中を二人も置いていたのは身分不相応ということになろうが、家事や育児を二人に依存しなければ、しごとや社会運動をすることは不可能であったろう。

らいてうは、もちろん家族主義制度のもとでの母の義務を肯定しているのではない。結婚は男女の相愛によっておこなわれるべきものであるが、それは生まれてくる子どもに対する深い責任感を伴わなければならないと言い、また、貧困のために子どもが保護できないような結婚は、子どもの権利を無視した結婚であるから否定すべきだとしている。愛の故に結婚するのであるから、その愛の創造であり解答である子どもを否定することはできないという論理である。

らいてう・与謝野晶子・山田わか・山川菊栄らのあいだで、一九一五年から一九年までおこなわれた「母性保護論争」は、まずケイの母性論を晶子が批判したのに対し、らいてうがケイはなにも母性だけを尊重して他のことを無視しているわけではないと、ケイを擁護し、晶子の一方的きめつけを訂《ただ》した論争から始まった。たくさんの子どもを産み、育てながら、旺盛な創作活動をしてきた晶子からすれば、子育てを特別視して母性をあがめるぎょうぎょうしさに反発があったろう。女性がつよい自我をもち、自立して生きていくことを重視した晶子からすれば、女性が生殖的奉仕によって国家の保護を求めるのは、労働能力を失った老人や廃人が養育院の世話になるのと同じで、独立心の喪失として、賛成しがたいことであった。

これに対するらいてうの反論は、母性保護が、保護を受ける個人の幸福のために必要なだけでなく、子どもをつうじて、社会の幸福、全人類の将来のために必要だとする。子どもを生み、育てることを個人の私事とみなすのではなく、社会的・人類的な事柄だとしている。家族主義・国家主義での母性論・育児論ではない。山川菊栄がこれに対し、らいてうの論は、資本主義の自由競争の結果としての弱者の悲惨を救おうとする点で評価できるが、しょせん社会政策論にすぎず、婦人労働者が母性と職業を両立させるためには、現在の経済生活の廃滅、社会の根本的変革以外にはありえないと批判している。

母性と労働生活の両立という課題は、こんにちでも十分に解決されていない。夫がオフィスや工場で働き、妻は専業主婦として家庭で労働力の再生産にあたるという、男女役割分担制度のもとでは、女性の社会参加と社会的発達が阻害されてしまう。このシステムでは、子生み・子育ては容易であるかのように思われ、それについての社会的支援は不十分で、私事とみなされる家事・育児の責任を負わされて孤立しやすい母親は精神的不安に陥りやすい。そもそも、女性が社会的労働の場から排除されるというのは、明らかな性差別である。性別役割分担が、妻の側の希望、あるいは夫婦間の合意でおこなわれているようなばあいでも、社会システム、人間の形成と発達からいえば、きわめてひずんだものと言わざるをえない。

それ故に、結婚しても仕事をつづける女性がふえているのは当然である。しかし、家庭生活と仕事との両立は、きわめて困難なのが現実である。出産時の休暇が制度化されているが、一定期間職場を離れると、いろいろな支障が出る。大都会では、託児所・保育園が不足している。中には、預かった幼児を虐待するようなひどいところもあり、安心して子どもを預けられない。子育てを終わった女性が、パートタイマーとして働くケースが多くなったが、思春期の子どもは多くの問題を抱えており、なかなか母親卒業というわけにはいかない。そもそも、母親のパートタイマーがふえた大きな理由が、子どもの教育費を稼ぐためであり、母性実現の故に低賃金労働に従事しているのである。こうした差別的労働が、日本の経済を支えている。

現代の日本社会においては、母性も母性意識も、正負両面があるように思われる。かなりの数の女性にとって、母親であるということが、生きがい、生きることの支えになっている。女性の意識調査で、「何がいちばん大切か」と問われて、子どもだと答えたり、「何がいちばんの楽しみか」という問いに「子どもの成長」と答えたりする母親はたくさんいる。現在への充足感も将来への希望もなかなかもちにくい末法の世にあって、わずかに女性たちに生のよろこびを与えるものが母性であるとすれば、それは貴重である。

しかし現実には、子どもがよろこびをもたらしたり、生きがいになったりすることのないばあいが少なくない。子どもが親の期待どおりに育つことは、むしろ珍しい。その期待も、格別に優秀であってほしいとか、卓越した才能を示してほしいとかいった高望みではなく、人並みであってほしいとか、健康でやさしい子であってほしいとかいった、ごくつつましい願望であっても、なかなか達せられないのである。当今の社会の状況と構造からすれば、子どもたちがまともに育ちにくい多様で深刻な問題が遍在する。しかし、世論や常識は、子どものできの悪い理由を親、とくに母親の育て方に求めがちである。一般的な母性観では、育児の責任を母親に帰している。とくに専業主婦のばあい、育児は母親の全責任だとされている。

伝統的な母性観と男女役割分担制のもとでは、母性が女性にとって重圧となり、子どもへの愛憎の葛藤を生み出すことになる。夫や世間からの非難を免れようとすれば、子どもに無理な要求をし、過酷な扱いをすることにもなり、子どもたちも母性を憎み、呪うことになる。伝統的母性観は、男を家事・育児の責任から解放し、勤務先のしごとに専念させるためのイデオロギーである。妊娠・出産による戦力低下を見こして女性労働力を忌避した企業は、男性労働力をフルに消尽しようとする。

女性は生まれながらに母性をもち、わが子を愛し、慈しみ、子どものためなら自分を犠牲にすることもいとわない、というのが、伝統的母性観である。もちろんこれは母性愛の極限的形態であり、現実にはあまり存在しないフィクションである。そうした母性像をわが理想とし、そのような生きざまを自らに課している女性のばあい、自分の価値観・欲望を子どもに押しつけ、子どもを統制・支配しようとしている例は少なくない。幼少時、母親を愛しながら母親と激しく対立し、成人後の自分の人生は母親の過干渉・介入に対する自分からの反撃だったと述懐する思想家がいる。

母性の否定的側面というか、母性観のひずみを克服するためには、つぎのことに留意しなければならない。母性はすべての女性がもつ天性ではない。子育ての責任を母親にのみ押しつけるべきではない。女性を育児のためと称して家庭に縛りつけ、しごとや社会活動から遠ざけるべきではない。子育てのみが関心事となり、母子一体的な言動をして子どもと癒着する母親の態度を、母性愛などと称して賛美すべきではない。母親がしごとをつづけながら子育てができ、父親もまた育児に参加できるようにするために、労働条件や社会的サポートを改善・充実することを軽視する母性論は批判されるべきである。

歴史のうえで母性が尊重されたのは、「家」の継承者を産む者として、労働力や軍事力の生産者として、伝統的文化・体制イデオロギーの伝達者として、家父長や国家権力によって評価されたときであった。家や国家にとっての存在価値であった。こんにち「母性の復権」が言われる背景は、少子化による国家の衰運と青少年犯罪の凶悪化など教育崩壊に対する危機意識の深化である。母性の復興は、国策として唱導されているようにもみえる。しかし、子殺しや児童虐待という、子どもの人権を侵害する残酷な事件が、母親によって起こされていることも事実である。母性喪失について嘆いたり非難したりするよりも、そのような状況を生み出す社会的諸矛盾を明らかにし、その解決を目ざすべきである。母性が豊かに発揮され、親も子も幸せに生きられるような社会に転換しなければならない。

父と母とが親和し、協力して子育てにあたり、子育てによろこびを感じ、子育てから学んで自分たちの人間形成をしていけるような家庭と、それを支える社会の創造が必要である。そうした社会の創造を目ざして他の親たちと提携し、わが子を良き市民に育てていくような知性と愛情を"parenthood"と言うなら、母性は父性とともにその構成要素である。母性と父性とは、「育児性」という共通部分を多分にもちつつ、あい異なる部分、独自性を有するであろう。男・女の区別よりも、人間性という共通性においてこそ、相互理解と連帯が深まることは確かである。「男らしさ」、「女らしさ」というステロタイプから脱却すべきこともちろんである。

しかしながら、母と子のあいだには格別に深い関係があることは否定できない。子どもは出生前に一〇ヵ月も母親の胎内におり、このかんの母親の生理的・心理的状況は、胎児の発達に大きな影響を与える。出生後の母子の関係、成育の環境の重要性は言うまでもない。分娩の前後、乳児期の子どもにとって、母親との絆がちゃんとつくられるかどうかは、子どもの発達にとって決定的である。伝統的母性観は批判されるべきであるが、母親が愛情深く、かつ賢いことは、子どもを幸せにする。新しい時代にふさわしい母性としての、愛情の質や賢さの内実が探求されなければならない。

理論的なソーシャリストだった山川菊栄は、らいてうが傾倒したケイと、伊藤野枝が同調したエマ・ゴールドマンとのちがいを認めつつも、それらはいずれも一九世紀の市民的女権論への批判であり、資本主義体制化で低賃金・長時間労働に苦しみ、母性を破壊される婦人の運命に抗議したもので、そのことはすでに一九世紀から社会主義婦人論が説きつくしているところだと述べた。先進諸国の労働運動は、労働条件の改善、婦人に対する保護や社会保障の拡充を求めて、問題解決のために取り組んでいることを参照すれば、先進諸国の婦人の出発点が「青鞜」の到着点だったという歴史的落差を指摘した。山川は活動家としても、行政官（一九四七〜五一年、労働省婦人少年局長）としても、母性保護の問題に取り組んだ。

「母性保護論争」では、山川から社会変革への視点の欠如を批判されたらいてうであるが、その母性主義は高群逸枝に継承され、高群は「生殖の自然」を主張した。高群の新女性主義が戦争中に権力への協力に転落したことで、その反近代的な思想を全面否定すべきではない。西川祐子は、らいてう――高群――石牟礼道子という系譜を見出した。石牟礼は、近代化・産業化の中で踏みにじられた弱者の側に立ち、声なき犠牲者を代弁したが、自身が患者である母たちが病児をはぐくむ聖なる母性を印象深く描き出した。この母親たちは、自我を滅却して母性に生きているわけではない。個我と他者とのあいだの対立・妥協・融和という関係ではなく、体制・時流によって徹底的に絶滅させられようとする被抑圧者のあいだの連帯である。それは患者同士のあいだに、患者と石牟礼のあいだに自然に生まれてくるものである。

こうした母性は、水俣の患者家族のような人びとの中にしか見出されず、また、石牟礼のような巫女的感受性の所有者でなければ認得しえないのであろうか。なまじっか近代的自我の片鱗を抱き、エゴイズムにとらわれている人びとには共感も共有もしえぬ世界のようにも思われる。しかしながら近代化の惨苦をしたたかに味わっているわれわれにとって、決して無縁の境地ではない。石牟礼の霊性や彼女の構成する共同体の一端でも窺い知りたいと思い、わざわざ熊本まで訪ねたことのある筆者には、それが過ぎ去ったものへのノスタルジー、あるいは夢幻のユートピアとはみえないのである。

〈参考文献〉

井手文子『平塚らいてう――近代と神秘』新潮社、一九八七年。

井上輝子他『母性』(日本のフェミニズム 5) 岩波書店、一九九五年。

大日向雅美『母性愛神話の罠』日本評論社、二〇〇〇年。

櫛田ふき『二〇世紀をまるごと生きて』日本評論社、一九九八年。

香内信子編『資料母性保護論争』ドメス出版、一九八四年。

小林登美枝編『「青鞜」セレクション』人文書院、一九八七年。

小林登『こどもは未来である』岩波書店、一九九三年。

外崎光広・岡部雅子編『山川菊栄の航跡』ドメス出版、一九七九年。

成沢栄寿『人権と歴史と教育と』花伝社、一九九五年。

平塚らいてう『平塚らいてう―わたくしの歩いた道』日本図書センター、一九九四年。

平塚らいてう自伝『元始、女性は太陽であった』上・下、大月書店、一九七一年。

丸岡秀子「『青鞜』から国際婦人年へ」(『平塚らいてうと日本の近代』岩波ブックレットNo.67、一九八六年)。

六　女性社会運動家の生涯と自己形成

――近藤真柄・帯刀貞代について――

女性の社会的自覚――テーマとモティフ――

近代日本における女性の社会意識の発達には、きわめてきびしい社会的制約があった。社会意識の発達を阻む、さまざまな条件があったのである。まず、学校教育の面で言うと、大半の女性が尋常小学校卒業か、よくても高等小学校卒業の学歴であった[1]。正規の学校教育が受けられたのは、六年間か八年間にすぎなかったのである。そのあと、実業補習学校（のちに女子青年学校）というパートタイムの学校に進む可能性はあったけれども、そこで社会意識が発達するのはむずかしかった。

女子のための中等学校、つまり高等女学校や実践女学校、その他の実業系諸学校に進学できたのは、ごくわずかのめぐまれた女子であった。しかし、「良妻賢母」主義の主婦準備教育や実技偏重教育では、社会意識の発達を妨げるだけであった[2]。これらの学校では、そして実業補習学校でも、「公民」という科目はあったのだが、それは「国家公民」の教育を目ざすものであり、「市民的公民」の形成を意図するものではなかった。なにしろ、女性に選挙権をはじめとする公民的諸権利が与えられていなかった戦前のことである。市民的教養を身につけさせようとする教育的意図は、教育行政当局にも学校にもなかった。学校教育がそうだったように、社会教育にも市民的社会意識発達の機会はなかった[3]。学校卒業後の女性は、「処女会」(のちに女子青年団)に加入させられたのであるが、そこでは女学校教育の大衆版ともいうべき「婦徳」の教育がおこなわれた。主婦になると、愛国婦人会や国防婦人会に組織されて、国家主義・軍国主義のイデオロギーを吹き込まれ、「銃後活動」に動員された[4]。

筆者は一四歳になるまで、戦前の日本社会で生活していたので、当時の女性たちがどんな社会意識をもっていたかについて、それなりの体験的認識がある。もちろん、地方農村という生活環境でのことであり、祖母や母、彼女らの知り合いの女性たちという、ごく狭い範囲の経験でしかない。しかし、おしなべて言えることは、家庭生活を送っていくうえでの悩み、貧しさや人間関係の不和、が主たる関心事で、戦局がきびしくなり、敗戦の危機が迫ってきても、食糧や衣服の欠乏の方がはるかに問題であるようにふるまっていた[5]。

主婦として、家庭生活の責任を負わされていた妻・母たちが、どんな苦労をして日々の生活をやっと送っていたか、よく分かっている。成長期にあった筆者のために、母が自分の食事を節して、少しでも筆者の方に廻そうとしてくれていることは、よく分かっていた。それなのに、筆者は、母の食事や健康のことを気づかう思いやりに欠け、母が家族のことしか関心がなく、国家の運命などあまり気にかけていないようにみえることが、不審であり、不満であった。敗戦直前、筆者は海軍兵学校予科を志望して、それを制止しようとする両親と激しく争ったことがある。母の言い分は、「戦争がこんな状況のときに軍の学校に入学するのはみすみす死にに行くようなものであり、独り息子のお前が死んでしまったら、この家はだれが継いでいくのか」というものであった[6]。

「一億玉砕」が叫ばれ、この戦いに敗れれば国家は滅び、家もまた消滅するであろうに、国家よりも家の方を優先させるような思考様式は、愚かでもあり、また利己主義的であると思われ、筆者は自分の身を案じてくれる両親への感謝よりも、愛国心の欠如に怒りをおぼえたものである。明治以降の国家公民教育は、国家と家族とを統一的にとらえ、両者を連結させて同一視するように教えてきたのだが、敗戦のようなカタストロフの中では、両者は矛盾関係にあったのである。

庶民である母は、生活に根をおろしたリアリストであり、「八紘一宇」・「アジア十億の民の解放」・「悠久の大義」といった宣伝文句や、皇国主義イデオロギーの影響を、ほとんど受けていなかったようにみえる。筆者の方ははるかに観念的であり、「聖戦」の意義を信じ、「殉国」の志に燃えていたのである。筆者より少し年長の従兄は、筆者の学んでいた中学の先輩で、陸軍士官学校に進んだ(7)。爽やかな好青年であり、純真な愛国者で、筆者は彼が好きだった。彼は貧しい一家の長男として、家族、とくに母親の希望の星であった。彼が陸士に合格したとき、母親は村内を意気揚々と闊歩した。しかし、陸士を卒業して出征した彼は、南太平洋の孤島で、上陸してきた米軍と戦い、ジャングルの中で餓死した。筆者は、彼の志を継ぎ、わが命を天皇と国家のために捧げようと決心したのだが、わが母は「生命あっての物種、日本国よりも宮坂家の方が重い」と考えたのである。

結果的に言えば、母の方が正しかったのであろう。正しいと言えるかどうか、賢かったとは言えるだろう。正しかったと言えるためには、母があの戦争の意味や本質を理解していたことが必要である。アジア諸民族解放のための戦いというのは宣伝文句で、実は日本の帝国主義的拡大をもくろむギャンブル的な戦争であり、独・伊とファシズム連合を結んでの世界制覇の野望に駆られての自殺的戦争であった。そうした認識にもとづいて、あの戦争を非とし、それへの協力や参加を拒んだというのであれば、母は賢明な人であった。しかし、そんなことはまったくなかった。母は戦争の意義など考えていたとは思われない。むしろ、日米開戦時に、戦争の将来を心配していたのは父の方である。彼は、「支那との戦いでもこんなにてこずっているのに、アメリカのような大きな国と戦争をまた始めて、はたして勝てるだろうか」と言い、「今でさえこんなに物資が不足しているのに、このうえ新しい戦争をやったら、どうなるのだろう」とも言った。市井の一庶民で、さしたる学歴も教養ももち合わさぬ父でさえ、この程度の常識があったのである。母からこうした発言を聞いたおぼえはない。そして母は、婦人会の一員として、出征軍人の見送りや戦没兵士の遺骨の出迎えなど、銃後活動をまじめに勤めていたのである。

戦前、わが子が戦死しても、名誉ある戦死としてその栄光を頌え、涙など見せてはならぬことが、「軍国の母」に要求された(8)。実際、他人がいるところではそのようにふるまった「けなげな」母親を、筆者は知っている。泣きたくても泣けない、社会的規制があったのである。彼女たちがもっとホンネを表に出して行動し、戦争はいやだということを公言したら、近代日本の歴史はちがったものになっていたであろう。もちろん、明治以来の帝国主義的膨張路線以外に、日本の自立と繁栄を実現しうるオルターナティブがありえたかという、困難な問題がある。ありえたかどうか、それを問題にする前に、国民、とくに女性がそういうテーマでものを考える力と自由が存在したかということが問われねばならない。

残念なことに、それがなかった。学校教育も社会教育も、それに社会の構造と人びとの生活様式の中に、市民的社会意識を発達させる要素がなかった。むしろ、発達させないようにする力が働いていた。そうした悪条件・逆境の中で、社会意識をひそかに発達させていった女性たちは、なぜそれが可能だったのであろうか。わが祖母や母や、その知り合いの女性たちにまったく不可能だったことをなしとげた女性たちは、いかなる資質と条件のもとにそれをなしえたのであろうか。

こうした問題意識に導かれて、筆者はここに二人の女性をとりあげ、その形成・自己形成の過程をみる中で、社会意識発達の諸相をさぐりたいと考える。彼女たちの多くが、マルクシスト・社会主義者であるのは、こういった思想が、戦前日本にあってはもっとも尖鋭な社会意識であり、体制イデオロギーに正面から対抗するものであって、そうした意識を身につけるのはきわめて困難だったという事情があるからである。このもっとも困難なみちを、なぜこれらの女性はあえて選んだのであろうか。

彼女らの社会意識の内実が正しいものであったかどうかは、本稿での直接的な関心ではない。こんにち、マルクス主義や社会主義についてはきびしい批判がなされており、また、近代の日本におけるマルクス主義・社会主義の運動についてもいろいろな評価がある。彼女らの思想と運動について、すべて正しかったなどと言うことはできない。それに、ここには転向者と非転向者がとりあげられているし、また対立する意見の持ち主が登場してくる。思想内容の是非について判断しようとする意図はないし、また、筆者にその能力はない。ただ、マルクス主義・社会主義の思想と運動は、戦前の日本社会の矛盾を解明し、より良い社会に改変しようとする目標をもっていた。日本社会をより民主的な、階級的対立の少ない社会にしようとし、強烈・酷薄な弾圧のもとで実践に進出した。

彼ら・彼女らは、庶民がホンネを言える世の中をつくろうとしたし、自国民と他国の人びとを死に追いやる戦争に反対した。終戦後、こうした実践をおこなった人びとがかつていたことを知って、筆者は驚きもし、また感銘をおぼえたものであった。筆者が多少ともこうした人びとや思想について知ろうと思ったのは、軍国主義少年であり、観念的な愛国者だった自分についての反省と、恥の意識からであった。

それからすでに半世紀が経つ。日本社会は大きく変貌し、女性の社会意識の形成・発達の条件はまったく異っている。マルクス主義・社会主義の存在意義・社会的役割も、今昔の変化にはいちじるしいものがある。しかし、こんにちの爛熟した民主主義、太平の世相の中で、女性の社会意識の発達が必ずしも自由闊達におこなわれてはいないようにみえるとき、かつての苛酷な条件のもとで、緊張にみちておこなわれた女性の社会意識発達の筋みちについて、考えてみたいと思うのである。

それが単なる郷愁的回顧ではなく、現代における課題に対して多少とも参考になるものにしたいのだが、筆者の問題意識や力量に規定されて、その意図はどこまで実現されるであろうか。消閑の歴史的趣味を満足させるための執筆ではさらさらないが、実用性を誇れる論述ではない。傑女・烈女顕賞の意図もないものの、先人から謙虚に学ぼうとする構えはある。序文で長口舌をふるってしまった。何はともあれ、本文に進むということにさせていただきたい。

本稿でとりあげる二人の女性は、ともに二〇世紀の初頭、つまり明治三〇年代の半ばに生まれた、まさに同世代であったが、その家庭環境は大きくちがっていた。したがって、二人の生育史はまるっきり異っている。しかし、社会運動の経歴のうえで、二人はある時期同志であった。その期間は長くなく、異なる立場・党派に属するようになったが、二人とも「目覚めた」女性であった。これも同世代ながら、終生を土に生き、その視野は家と村とを出なかったわが母とは、まさに対照的である。いかなる契機・条件によってなのかを意識しつつ、その生涯発達史を叙述しよう。

1　近藤真柄の生涯と自己形成

(1)　堺利彦の生涯と活動

近藤真柄は、堺利彦の長女として、一九〇三(明治三六)年一月、東京の新宿で生まれた。父、堺利彦は、一八七〇(明治三)年一一月、福岡県京都郡豊津に生まれた(9)。少年時代、神童としての誉れ高く、豊津中学を首席で卒業したのち、士族仲間の中村家の養子となり、東京に遊学した(10)。小石川の同人社、神田の共立学校に学んだのち、一八八七(明治二〇)年に第一高等中学に入学した。田舎の中学を卒業した学力では、本科に入ることができず、予科の一年という最下級からのスタートであった。第一高等中学は、一八八六年に森有礼文相が実施した「学校令」により、旧大学予備門が改組されたものであり、尋常中学の卒業生は本科に進学するのがたてまえであった。ところが、学力面でレベルに達しないばあいが多かったので、尋常中学卒業生も、予科三年、本科二年を就学しなければならず、学費の面でも負担が大変であり、大学卒業時の年齢も高くなった。

堺利彦は、当時を回想して、学校はさっぱり面白くなかったとし、英語以外にはひとつも楽しみになる学科はなかった、と述べている。尋常中学ですでに習った内容を英語で教わるということであった。堺は、運動や遊戯はやらず、とくに兵式体操が嫌いであった。発足当時の第一高等中学は、森文相の方針に忠実で、兵式体操による規律の練成、寄宿舎における舎監(軍隊の下士官あがり)の厳格な統制と制裁、成績不振者の放校など、きわめて抑圧的な教育管理がおこなわれていた(11)。堺のように、自由主義的で奔放な性格の生徒には、まったく不愉快な環境であったろう。第一高等中学の寄宿寮が自治制をとり、学生の自由を保証するようになったのは、一八九〇(明治二三)年のことである。堺は、それ以前の抑圧時代に在学し、圧迫に耐えられず、まず寄宿舎を出て下宿し、『英文雑誌』の発行などをおこなったが、他校に学んでいた同郷の友人たちとの交際で、酒と女に溺れるようになり、第一学年の終了時には最低の成績でようやく第二学年に進級できたが、二年生になってますます遊蕩がひどくなり、月謝を納めずに遊ぶ金に当てたために、学校からは除名処分になった。

第一高等中学が自治制をとった後も、こうした軟派の学生に対しては、寮生同士の訓戒、ときには鉄拳制裁がおこなわれたので、堺がこのときまで在学していても、やはり追放は免れなかったであろう。しかし、この学校に学んだことは、堺にとって無意味ではなかった。彼の卓越した語学力を培ったのは、第一高等中学の高い水準の教育と、獄中における独学だったというから、堺が第一高等中学から得たものは少なくないと言えるであろう。

養家からも離縁された堺は、自活のみちを求めて、一八八九年には天王寺高等小学校の英語教師となり、一八九二年頃から文筆業に入った。小説を書いたり、新聞記者をやり、一時は毛利家歴史編纂所のしごともした。一八八九(明治三二)年、『万朝報』に入社したが、社会主義を支持するようになった。このかん、堀紫山の妹、美智と結婚した。真柄が生まれたころ、父親は『万朝報』に勤め、日露戦争の前夜、高まりゆく主戦論に抗して、非戦を唱えていたが、この年一一月にはついに新聞社を辞めざるをえなくなった。退職後、堺は幸徳秋水とともに平民社を起こし、『週刊平民新聞』を発行して、平和主義の論陣を張った。平民社が注目されるのは、それがすでに社会主義の立場に立って、帝国主義戦争に反対した、という点である。さらに注目すべきは、戦争は女性に不幸と苦しみをもたらすものとして、婦人が平和を愛する者であり、婦人こそが平和の守り手であると主張した点である。平民社は、創立まもない一九〇四年一月に「第一回社会主義婦人問題講演会」を開催し、以後毎月講演会を実施した。講師となった堺・西川光二郎・幸徳秋水・村井知至らは、日本における婦人問題研究の開拓者である。

日露戦争は一九〇四年二月に始まるが、それ以後も平和主義の論調をくずさなかった『平民新聞』に対して官憲の圧迫が加えられ、三月、堺は筆禍事件で逮捕され、軽禁錮二ヵ月の刑に処せられた。病身だった妻に真柄を託して下獄したが、出獄してみると妻はひどくやせており、堺は妻を入院させ、真柄も同じ病院の他の分院に預かってもらった。しかし、妻は九月に病死してしまい、真柄は親戚の家に引き取られた(12)。

『平民新聞』に対しては、発売禁止・罰金・検束などの弾圧が加えられ、一九〇五年一月、ついに廃刊のやむなきに至った。しかし、堺はすぐに『直言』を発行し、言論による抵抗をつづけた。堺は、真柄を引き取るためにも再婚を決意し、かねて平民社の賄婦として働いていた延岡ためと、九月に再婚した。延岡は金沢の人で、離婚の経験者であるが、『平民新聞』の読者でもあり、平民社の主張に共感するものがあったからこそ、『平民新聞』紙上の募集記事に応じてわざわざ上京し、入社後はよく働くとともに、婦人問題講演会に出席して学び、福田英子たちと交流があった女性である。

ところが、一〇月には平民社が解散することになり、翌一九〇五年二月、日本社会党が結成され、堺はその評議員となり、その一方で年初に『日刊平民新聞』を創刊したものの、四月には廃刊となるという具合に、堺の事業はうまくいかず、したがって生活難に陥っていた。一九〇七年四月、いったん真柄を静岡から引き取ったものの、一九〇八年六月には、「赤旗事件」で堺が検挙され、懲役二年の刑を受けた。五歳になった真柄は、幼児のときにめんどうをみてもらった、平民病院の加藤院長夫妻に預けられた。堺は妻が髪結いの技術を習得して生計の立つようにしたいと考え、真柄を手離すよう説得したのである。加藤夫妻が堺の思想や運動に理解をもっていたのは、真柄にとっても、堺夫妻にとっても幸いなことであった。

ためは必死の努力で髪結いの資格を得ると、さっそく真柄を手もとに引き取って、仕事をしながら養育をおこなった。平民社以来、堺とともに働き、堺に傾倒していた荒畑寒村が、同じ赤旗事件で入獄していたが、一年半の刑期だったので、一足早く出獄し、真柄をかわいがった(13)。千葉刑務所に収監されていた堺のところへ、二ヵ月に一回許される面会のために、ため・真柄の母子は通った。堺が在獄中に一九一〇年五月の「大逆事件」が起こり、堺の留守宅のめんどうをよくみていた幸徳秋水や、荒畑の前妻だった菅野須賀たちが検挙された(14)。

九月に刑期を終えて出獄できた堺は、事件のことを知って驚き、幸徳たちの身の上を案じたが何もしてやることはできず、一九一一年一月に処刑された幸徳たちの屍体を引き取り、何人かの遺骨の白い包が堺家の床の間に置かれたのを、真柄は後年まで鮮やかにおぼえていた。処刑の前日、菅野須賀が真柄に宛てて送った葉書は、幼い少女に対する愛と慈しみにあふれている。七歳の真柄は小学校にあがっていたが、近所の年長の男の子から、「お前のお父さんは天皇陛下を殺そうとしたんだぞ」といじめられた、という。また、仲間はずれにされて、遊んでもらえなかった。

大逆事件後の「冬の時代」、社会主義者にはひどい圧迫が加えられ、きびしい監視下に置かれた。堺はやむなく「売文社」を起こし、翻訳や下受け原稿の製作、大学生の卒業論文代筆などで生活費を得た(15)。卓越した語学力と文章表現能力によって、この資生艱難の時代を切り抜けた。決して「髪結いの亭主」におさまっていたわけではない。むしろ、妻の方が産婆の資格を取るべく、通学していた(16)。新しい時代の到来を待ち望んで、『へちまの花』（一九一四年）、『新社会』（一九一五年）といった雑誌をつぎつぎに発刊した(17)。『新社会』創刊号に堺は社会主義者再起の「遠大の志」をつつましく述べた「小さき旗あげ」を掲げた。立場を異にする社会主義者の大同団結を呼びかけたのである。

堺は『新社会』誌上で、明治維新と資本主義の発達、社会運動の特色などについて書き、日本資本主義の分析に着手した。もちろん、まだごく素朴な試みであったが、堺は日本の社会運動の当面の目標として、ヨーロッパ社会主義政党に学んで、改良的闘争の必要を提唱している。また、ロシアの革命に接し、堺はしだいにボルシェビズムに近づいていった。堺は大正初期にすでにカウツキーの『社会主義倫理学』を翻訳しているが、彼のマルクス主義理解は、山川均との交流をつうじても深まっていった。

このかん、売文社の同人のひとりで、『資本論』の翻訳に取り組んだり、ロシア革命の理解に努めていた高畠素之が国家社会主義に傾き、『新評論』の乗っ取りを策したので、堺はこれと袂別した。他方、大杉と連携してアナーキズムの陣営にいた荒畑寒村が、ボルシェビストに近づいてきた。一九一八（大正七）年八月の米騒動や労働争議の盛行、学生・青年の思想団体の発足などといった社会情勢のもと、堺・山川はマルクス主義の旗印を掲げ、一九一九年五月には『社会主義研究』を創刊した。これは『新社会』よりも高度な理論誌であり、外国のマルクス主義理論の紹介に努め、また『新評論』は『新社会評論』と改題して山川が編集にあたった。「共産党宣言」やエンゲルスの「空想的及び科学的社会主義」といった重要な文献が、『社会主義研究』に掲載された。この雑誌の執筆者には、大杉栄の名もあり、堺の「大同団結」路線はまだ継続している。

社会主義者・労働運動指導者の大同団結がおこなわれたのは、一九二〇年、「日本社会主義同盟」の成立である。労働組合研究会（一九一九年八月、山川・荒畑らが組織、橋浦時雄・服部浜次・吉川守邦らが中心）・旧北風会（一九一七年、大杉らが組織、和田久太郎・近藤憲二ら）・平民大学（山崎今朝弥・岩佐作太郎、一九一九年には夏季講演会を一週間にわたって実施）などの首導で同盟の組織化が準備され、山川・岩佐・山崎らの努力によって、発起人三〇名が決まった。新人会・建設者同盟や総同盟なども参加している。

一二月九日、正式に創立された同盟は二八名の執行委員を選出し、常務・雑誌・宣伝・会計の各委員を定めた。堺・山川・大杉・荒畑らは、委員外での協力をおこなうことになった。しかし、同盟は政府によって結社禁止を命じられ、ほとんど活動することなく終わった。その後、労働運動の中で、ボルシェビストとサンジカリストとのあいだで激烈な闘争がおこなわれるようになると、堺・山川は前者つまり総同盟派を支持し、大杉は後者つまり反総同盟派を声援した。

「アナ・ボル論争」がしだいに共産主義派の勝利に落ちついていったころ、日本共産党が生まれた。一九二一年八月、高津正道・近藤栄蔵・仲曽根源和ら暁民会グループが、中国のマルクシストと連絡をとって共産党を組織したが、これとは別に第三インターナショナルの連絡員である中国のマルクシストが来日して、山川・堺らと会見し、この年イルクーツクで開催される極東労働者大会に、日本代表を派遣するよう要請した。山川らはこれに応じ、高瀬清（暁民共産党）・徳田球一・高尾平兵衛ら八名を送ることにし、代表団は開催地の変更でモスクワに赴き、そこでアメリカから来た日本人社会主義者（片山潜ら）と合流した。

「極東民族大会」と改称された会議では、コミンテルン幹部と日本人代表団とのあいだの会合がもたれ、日本共産党の結成が要請された。帰国した高瀬・徳田は、その要請を堺・山川につたえ、堺・山川は暁民共産党の挫折にかんがみ、慎重な態度であったが、若手の即時結成論に押されて、一九二二年夏日本共産党が組織された。堺・山川・荒畑・吉川・橋浦・高津・徳田が委員となり、堺が委員長に就いた。その後党員の数もしだいにふえたが、党としての組織的活動もできないうちに、結党一年後の検挙で「第一次共産党」はもろくも解体された。この党については、高瀬清が入露してコミンテルンに報告し、その第四回大会で「コミンテルン日本支部」たることを承認された。暫定規約や当面の運動方針がいちおう決められていたので、コミンテルンの承認も得られたわけであるが、正式の綱領や方針を決定することができなかった。一九二二年末に、堺・山川・西雅雄・田所輝明らが発刊した『前衛』が、いちおう党の機関誌的な役割を担った。他に、『労働新聞』・『農民新聞』もあったし、各部の制度もあったが、ほとんど組織の体をなさず、それに秘密組織なので公然活動はできず、この点はコミンテルンからも非難を受けた。

結党にあたっての創立宣言ももちろんなかったが、結党後の指導理論は、山川の「無産階級の方向転換」(『前衛』一九二二年八月)で、それは前衛的少数精鋭と本隊の労働者大衆の結合を説き、無産大衆の当面する生活課題への取り組みを重視すべきだ、とするものであった。それは、五ヵ月前に山川が同じ『前衛』誌上で、日本の革命は直接社会主義を目ざすものであり、普通選挙権のような民主化闘争は無意味だとする政治的急進主義を説いたのと、論理的整合性を欠いていた。実際には、労働総同盟の現実主義路線のもとで、共産党系左派が排斥されて日本労働組合評議会の分立となった。

第一次共産党の検挙後、関東大震災、労働運動の右傾化などのきびしい条件のもとで、解党の決議がおこなわれた。コミンテルンはこれに反対し、一九二五年一月、その極東指導部は佐野学らと会合をもち、「上海テーゼ」で党再建方針を決定した。これにもとづいて、徳田球一・市川正一・渡辺政之輔・鍋山貞親らが再建活動をおこない、八月に「コミュニスト・グループ」として政治・組織のテーゼを決定した。このかん、二月には「治安維持法」が制定され、社会主義運動を禁圧する体制が整備された。共産党の再建大会は同年一二月に山形県五色温泉でおこなわれ、いわゆる「福本イズム」による宣言・綱領・規約を決定した。この大会は、コミンテルン執行委員会の支持のもとにおこなわれた。

ここに至るまでに、福本と山川のあいだで激しい論争がおこなわれ、福本イズムが多数の支持を得るようになったが、一九二七年六月にコミンテルン特別委員会は日本共産党問題について決定し、福本イズムと山川イズムの両者を批判し、「天皇制の廃止」を中心とする方針を提示した。いわゆる「二七年テーゼ」である。山川ら解党派は排除され、いわゆる「労農派」として、別の路線を歩むことになった。労働農民党内の反福本主義者勢力がこの路線に近く、同党の解散(一九二七年四月一五日)後、無産大衆党(鈴木茂三郎書記長)を結成した。しかし、これ以後無産政党や労働組合の離合集散があい次ぎ、選挙対策の面からも無産政党の統一がいくたびも提唱された。一九三〇年に戦線統一の動きである「無産党合同促進協議会」がつくられた。安部磯雄・島中雄三・河上肇・賀川豊彦・下中弥三郎らとともに、堺利彦の名がある。けっきょくこれらはうまくいかなかったが、七月、日本大衆党と全国民衆党が急拠合同して「全国大衆党」(中央委員会議長　麻生久)がつくられ、高野岩三郎・堺利彦・賀川豊彦がその顧問になった。

一九三一年二月、堺の故郷である福岡県の豊津の全国大衆党支部が開設した農民労働学校の校長として、堺を招待したので、彼と真柄は開校式に臨み、真柄は婦人運動史の講義をおこなった。犯罪人・共産主義者として長いあいだ危険人物視され、郷里にも戻れなかった堺にとって、晩年わずかに望郷の思いを満たしえたできごとであった。しかし、翌一九三二年に堺は病床に就き、長く病んだのち、一九三三年一月に死去した。数え年六四歳であった。

昭和期の堺は、普通選挙法成立後の合法無産政党の運動に身を置いた。彼は、『労農』に寄稿しつづけ、また、山川の「協同戦線党論」にもとづいて無産政党の統一に尽力した。日本大衆党の成立（一九二八年）は、その最初の成果であったが、この党に内紛が起きると分裂阻止のために奮闘した。全国大衆党も、その後の全国労農大衆党も、無産政党の協同戦線を目ざすものであった。堺の政治実践は、こうした無産政党の戦線統一と、日露戦争・シベリア出兵・対支出兵に反対する非戦運動とが中心であった。その点では終始一貫した社会主義者であった。

(2)　近藤真柄の生涯と活動

一九一五（大正四）年、築地小学校を卒業した真柄は、成女高等女学校に入学した(18)。悪名高い「主義者」の娘ということで、入れてくれる女学校がない中で、この私立女学校が門を開けてくれた。校長の宮田脩がリベラリストで、堺の同志だった石川三四郎の娘、百合子も、一学年上に学んでいた。

一九一八年、女学校四年生になっていた真柄は、「社会主義研究会」に関係するようになった。ここには浅沼稲次郎や高津正道がおり、真柄の父、堺や大杉栄もかかわっていた。真柄は、高津の妻、多代子と知り合い、二人で早大の正門や神楽坂の縁日で、社会主義のパンフレットを売る活動をおこなうようになった。ときには、社会主義に関心のありそうな学生を、研究会に誘うようなこともあった。

女学校を卒業した真柄は、タイピスト学校で英文タイプを習得し、叢文閣という出版社に勤めたが、まもなくそこを辞めている。一九二〇年に日本社会主義同盟が結成されたさい、その婦人部をつくる必要が認められたが、当時は女性が政治結社に加入することを禁止されていたので、別に婦人団体をつくろうということになった。一九二一年の二月、社会主義者の妻や妹、娘と、その友人たちが集まって相談し、四月に「赤瀾会」を発足させた(19)。趣意書には、久津見房子・橋浦はる子・秋月静枝・堺真柄の四人の名前が掲げられたが、もうひとり、仲宗根貞代も世話人であった。会員数は四〇名ばかりで、山川菊栄や伊藤野枝が顧問格で参加していた。

真柄が最年少の一八歳であったが、宣言の執筆者であった。はらからを無知と窮乏と隷属におとしいれている「一切の圧制」に断固として反対することが、高らかに宣言されていた。趣旨の方でも、「赤色婦人の会」だと名のっている。二年前の一九一九年には、平塚らいてう・市川房枝らが「新婦人協会」を設立し、治安警察法第五条の改正、花柳病男子の結婚禁止を議会に請願する運動をおこなっていた。これに対して、後発の女性団体である赤瀾会は、「レッド・ウェーブ」の名が表わすように、社会主義を志向する女性団体であった。

この会の筆頭世話人だった久津見房子は、一八九〇年に岡山で生まれ、女学生時代に、当時義兄の経営する薬屋の支店を任されていた山川均と知り合い、社会主義を知るようになって家出、上京したという女性で、高津や堺とも知り合いであった(20)。橋浦はる子は同時雄の妻、秋月静枝は中名生幸力の妻、仲宗根貞代は同源和の妻であり、主義者の「身内」集団であった。赤瀾会は、第二回メーデーに婦人集団だけで参加することを目的として、急遽つくられたといわれる。メーデーの宣伝ビラを、秋月と中名生の妹のいねが淀橋の専売局の門前で撒き、逮捕された。

メーデーには赤瀾会の会員たちが参加し、男性組合員にまもられつつ行進した。しかし、男たちとともに女性も検束され、その中に橋浦・久津見も真柄もいた。

メーデー当日検束された女性たちは、すぐ釈放されたが、宣伝活動で逮捕された二人は、罰金刑になったので、その金を工面するために六月、神田のキリスト教青年会館で講演会がおこなわれた。小川未明・秋田雨雀・山川菊栄・伊藤野枝らを講師に依頼し、真柄も初めて壇上にあがったが、話し始めてすぐ「中止」をくった。しかし、入場者は多数で、三〇銭の入場料の収入で、罰金六〇円を稼ぐことができた。

これに力を得たこともあってか、七月には五日間にわたる「婦人問題講演会」をおこなっている。堺利彦・大杉栄・岩佐作太郎・守田文治・山川菊栄・伊藤野枝が講師になった。ほんらい、会員の研修を目ざしたものではあったが、男性聴講者も認めたところ、聴講者四〇数人の約半数以上が男性であった。岩佐がゾラの『ジェルミナール』における若い人の恋愛、伊藤が「産業革命後の婦人の地位」、大杉が「社会運動に入った女性が結婚によってやめてしまうことについての意見」、堺がレスター・ウォードの『女性中心説』、ベーベルの『婦人論』、山川が「明治・大正の婦人運動の概要」のほか、堺がエンゲルスの『家族・私有財産・国家の起源』、山川が第一インターから第三インターまでの運動史、を話している。本格的な、水準の高い講座であった。

赤瀾会は、メーデーへの参加と検挙で、ジャーナリズムや世間からおおいに注目されたが、新聞のとりあげかたも「女だてらに」といった非難やからかいが目立ち、婦人運動についての理解に欠けていた。一九二一年一〇月、代々木で陸軍大演習がおこなわれたさい、民家に分宿していた兵士たちに向けて、反戦ビラが配られ、近藤栄蔵・高津正道・仲宗根源和・川崎悦行ら、曉民会・無産社の関係者が逮捕された。彼らを援助したかどで、真柄と仲宗根貞代が逮捕され、四〇数日間、未決監に収容されている。ほぼ同じ時期、高津多代子は別の事件に連座して同じ獄につながれていた。

一九二二年の正月明けに真柄は出獄するが、このかん、久津見は三田村四郎と再婚して大阪に去り、高津多代子は赤児を抱えて出獄後、夫、正道が第一次共産党事件による逮捕を免れてソ連に逃げたので、堺家に身を寄せて真柄と生活・活動をともにした。こういう困難な状況のもとで、赤瀾会は自然消滅に追い込まれてしまった。会員を労働婦人に拡大することができず、会員の思想傾向も多様で、凝集力も弱かった。夫や家族の生活を支えたうえに、活動にまで参加することは困難であった。理論的指導者であった山川菊栄は、子どもや自分の病気療養のために東京を離れたこともあって、メーデーのためのビラに檄文を書いたり、講演会に出講したりするくらいで、実践活動にほとんど参加できなかった。

一九二二年三月八日、第三インターが設定した「国際婦人デー」にあたり、山川菊栄の指導で記念集会がおこなわれた。山川夫妻の主宰する「水曜会」に参加していた女子学生たちや、元赤瀾会の真柄・仲宗根貞代・高津多代子らが参加して、当日はキリスト教青年会館での講演会が企画された。代々木晴子・田島ひで・丹野セツ・川上あい・仲宗根貞代・山川菊栄の講演が予定されていたが、臨監の警官による解散命令で会場を追われた人びとは、自然発生的な抗議デモをおこなった。このあと、女性たちは「八日会」を結成したが、労農婦人に対する働きかけはほとんどできず、研究グループに終わった。(21) 山川夫妻が深く期待した女子学生たちは、退学、家族との離反、生活苦などで病死した。この年七月、日本共産党が結成され、堺利彦が委員長になると、真柄も党員となって、非合法の班活動をおこなった。秋、利彦が来訪した軍人に銃剣で刺される事件が起き、真柄が犯人を追いかけたことがマスコミで武勇伝扱いされた。

翌一九二三年六月、第一次共産党事件での党員のほとんどが検挙され、真柄はまもなく釈放されたが、先の軍隊赤化事件の判決が懲役四ヵ月と決まり、父娘ともに収監されるという事態になった。九月、彼らは獄中で関東大震災にあった。囚人たちは三日間獄を放たれ、真柄は仲宗根貞代と野宿して語り合った。

一九二四年、保釈出獄中の堺や山川らが解党を決議し、アメリカから帰った市川房枝たちが「婦人参政権獲得期成同盟」をつくった。真柄はその事務を手つだったりしたが、加盟はせず、山川菊栄も関心はもったものの、その運動は無産運動と合体しなければ意義はないと、ソシァリストとしての原則的立場から評論して、運動には加わらなかった。真柄の方も、同盟の主力が婦人協会と同様に中流婦人・名流婦人であることになじめず、反感を抱きがちで、運動にとび込むことができなかった。

一九二五年に普通選挙法が成立すると、無産政党結党の動きがつよまったが、その中で前年創立された「政治研究会」は、進歩的知識人による無産政党樹立促進運動の団体であった。しかし、ここに労働組合評議会などのマルクシストが入会してきて、会は急速に左傾化し、労働組合・農民組合がつくった「無産政党組織準備会」にも参加して、水平社・無産青年同盟とともにその左翼を構成した。この政治研究会に婦人部がつくられ、旧赤瀾会の山川・丹野・真柄、八日会の矢部初子・野坂竜・山内みな、さらには新婦人協会の奥むめを・新妻いとまで参加して、婦人運動の統一戦線の様相を呈した。

しかし、一九二六年末には無産政党の分裂となり、山川・真柄らは一九二七年二月に「婦人政治運動促進会」をつくり、戦線の統一をまもろうとした。第一回準備会がもたれたものの、意見の一致をみず、この年後半には無産政党別の婦人団体がつぎつぎに生まれることになった。つまり、労農党・共産党系は、丹野セツ・野坂竜・田島ひで・山内みならの「関東婦人同盟」、日本労農党系は山内とみゑ・菊川静代・織本貞代らの「全国婦人同盟」、社会民衆党系は、赤松明子・村上秀・藤田孝子らの「社会婦人同盟」がそれである。こうして、無産婦人同盟の構想はあえなく消えてしまった。

その後、真柄は、一九二八年に『労農』の婦人版発行に際して、山川・平林たい子・伊吹貞代とともに編集にあたり、さらに山川・平林らと「無産婦人研究会」をつくったが、これは九月に「無産婦人連盟」となり、無産大衆党の婦人部として機能した(22)。一二月に日本労農党と無産大衆党が合同して「日本大衆党」となったことにより、無産婦人連盟と全国婦人同盟が合併して「無産婦人同盟」となった。堺利彦は、自分が顧問になった日本大衆党から、一九二八年二月に東京市議選に立候補し、当選するが、一一月には党が分裂し、「東京無産党」を結成することになった。このかん、無産婦人同盟は辛うじて統一をまもりえた。

これより先、真柄は一九二三年一一月、出獄したあと、暁民会の高瀬清と結婚した。それ以前、堺家に出入していた作家の島田清次郎や、新人会の門田武雄から求婚されたこともあったが、真柄自身が好意をもっていたのは赤松克麿であり、赤松は吉野作造の娘の明子と恋愛するという、複雑な人間模様があった。高瀬清と真柄の夫妻は、利彦から譲られた無産社から、社会主義の啓蒙パンフレット「赤い星」シリーズを毎月刊行した。これは、質問欄を設けて、書籍・文献を紹介し、販売を仲介することもした。このシリーズ以外にも、パンフレットが何冊か刊行され、その中には真柄編『ロザの手紙』がある。もちろん、利彦も、『社会主義大意』ほか数冊を執筆している。

一九三〇年には、労働争議が多発した。浜口内閣のデフレーション政策によって恐慌は激化し、都市・農村を問わず、人びとは生活苦に喘いだ。九月に起きた東洋モスリンの争議は、労働者の大量解雇問題から起きたものだが、これを全国労働組合同盟が指導した。会社側は、右翼暴力団を雇って争議団に対抗し、いわゆる「市街戦」、街上での大乱闘までおこなわれたが、けっきょく労働者側の全面的敗北となった。無産婦人同盟は、争議支援活動として、応援演説会を開催して下足料を争議基金に寄付すること、広く争議基金を集めること、争議団家族の教育と結束に努めることを決定した。同盟員の織本貞代が前年から亀戸に住んで、女工の教育にあたっていたので、そこを同盟の応援本部とし、争議団応援演説会には同盟から織本・岩内・

真柄などが参加した。また、官憲の暴圧に対する抗議行動や、女工たちと同道してのデモンストレーションなどをおこない、真柄をはじめ三八名が検束された。同盟員のすべてではないにせよ、同盟として誠心誠意の応援をしたにもかかわらず、争議は惨敗に終わった。織本は挫折感に押しひしがれ、最左翼の共産党系運動に望みを託すようになり、真柄たちと袂別するに至った。

それでも一九三一年一月、真柄は山川菊栄の発案で、「ローザ・デー」を開催し、二月には社会民衆婦人同盟と共催して、「第一回無産婦人大会」をおこなってその司会を務め、会のあと首相官邸に申し入れに行く途中、岩内・赤松常子らとともに検束された。同じ月、堺親子は郷里の福岡県豊津に招かれ、その帰途、真柄は九州・大阪と無産婦人同盟の遊説をおこなった。三月八日の国際婦人デーに、無産婦人同盟主催の講演会で、真柄と織本は、帝国主義戦争反対、無産婦人の飢餓救済を訴えた。これは真柄と織本との、最後の共同活動であった。八月には、東京大崎の山本鉄工場の争議にさいし、指導にあたっていた関東金属労組からの要請で、無産婦人同盟から真柄・岩内らが応援に出かけ、争議団の妻子とともに宮城前で直訴デモをおこなった。真柄と岩内は検束されたが、三輪寿壮や加藤勘十の努力によって、三日間だけで釈放された。この年、真柄は同盟地方支部に赴いて演説をおこなっている。

一九三二年から一九三四年にかけて、「東京卸売市場問題」が、社会的注目を浴びた。築地に新設された中央市場の運営をめぐり、問屋を統合して単一の会社とするか、複数の会社にするかが争点で、前者は農林省・東京市が、後者は小売商組合の支持するところであった。社会大衆党市議の浅沼稲次郎、社会大衆婦人同盟が熱心に反対を唱えたが、市川房枝と金子しげりが、「婦選団体連合委員会」傘下団体を中核に、諸団体・諸勢力を糾合して、「卸売市場問題婦人団体協議会」を結成した。市議会や議員への働きかけ、ビラ撒き、講演会などをおこなった。一二月に協調会館でおこなわれた反対演説会には、真柄も弁士のひとりとして参加した。この運動は、卸売員の数は複数、買出人はセリに自由参加ということで決着をみた。

一九三二年八月には、社会民衆婦人同盟と無産婦人同盟の合併がおこなわれた。先月、全国労農大衆党と社会民衆党とが合同したことによるものであった。合同した「社会大衆婦人同盟」の委員長は赤松常子、書記長は真柄であった。新同盟は、それまで社会民衆婦人同盟がやってきた「母子扶助法制定」・「産児制限運動」を引きつぎ、婦選団体連合委員会も、母性保護法制定に取り組んでいた。共同での学習活動の結果、一九三四年九月、「母性保護法制定促進連盟」が組織され、山田わかが委員長、真柄と金子しげりが書記長になった。この年、社会大衆婦人同盟の人員は、五七七人に落ち込んでいた。独立して運動することは不可能になっていたのである。この共同活動をつうじて、真柄は市川や藤田たきの人柄を信用するようになった。「母子扶助法」は、一九三六年に「母子保護法」の名で成立し、翌年公布された。国策に沿うような内容であり、骨抜き法であった。

社会大衆婦人同盟は、無産婦人同盟時代から市川らの婦選獲得同盟を支援しており、婦選運動は無産階級解放運動と結合すべきことを主張してきた。一九三二年一月に婦選団体連絡委員会が組織されたとき、無産婦人同盟はその積極的な構成要素であった。無産婦人同盟が社会大衆婦人同盟となったのちも、毎年開かれる「全日本婦選大会」に代表を送り、帝国主義戦争・軍事費増額に反対する発言をおこなった。一九三四年の第五回大会では、開会会前に臨席の警官から、「戦争反対」ということばを使うことを禁止される中、婦選獲得同盟との共同提案で、「国際平和の実現に対し、最も有効なる婦人の協力方法如何」という議事を上提した。討論過程で岩内とみゑが、戦争協力をする国防婦人会を告発したが、中止を命ぜられてしまった。

翌一九三五年の第六回大会は、さらにきびしい抑圧のもとに開かれたが、社会大衆婦人同盟代表の平岡初枝は、いわゆる「非常時」とは国内社会情勢の危機を覆うための煙幕であり、真の危機は国内大衆の窮乏だと論じ、また、同盟が軍事費を含む予算の返上を決議するよう求めたが、否決された。

それからまもなく、戦時体制下の反動が深まる中、社会大衆婦人同盟は解散のやむなきに至った。運動から退いた真柄は、アナーキストの近藤憲二と再婚し、二人の子どもに恵まれた。真柄は一九四一年、義母のためを含む家族全員で、つてを頼って千葉県の九十九里海岸に疎開した。敵機の来襲のもと、主義者としての前歴のせいであろうが、アメリカのスパイ扱いされることもあった。ごくわずかの文通仲間が支えであったが、その中に婦選獲得同盟で知り合った、長野県松本に住む児玉勝子がいた。戦後、真柄が婦人有権者同盟にかかわるようになる仲立ちは児玉であった。真柄は、夫の長い病気を看とったり、義母の世話をしたりして多忙であり、婦選会館や有権者同盟の機関誌紙にときどき執筆する以外には、あまり社会的活動をおこなわなかった。それでも、夫が一九七〇年に死去した直後、市川のあとをうけて、一九七一年に一期だけ有権者同盟の会長を務めた。真柄が実行委員として参加した「大逆事件の真相をあきらかにする会」は、一九七一年に渋谷の寺に管野須賀の墓碑を建て、一九七三年四月には名古屋で、かつて大震災のとき憲兵に虐殺された橘宗一少年（大杉栄・伊藤野枝の甥）の墓碑に詣でた。一九七九年には、熊本の老人ホームに住む仲宗根貞代と再会した。貞代・久津見房子・山川菊栄・市川房枝など旧知の人びとの他界を見送ったのち、真柄は一九八三年三月一八日、八〇歳で死去した。市川房枝や平塚らいてう、さらには山川菊栄の華々しい戦後史に比べると、近藤真柄の戦後はごく地味であり、指導者というより脇役であった。戦前、激しく精いっぱい闘った女性の、静かで平安な老後であった(23)。

(3) 真柄と父、利彦

堺真柄の社会意識の特色であり、その中心をなすものは、社会主義である。真柄が社会主義を知り、それを正しいと思うようになったのには、父利彦からの影響がある。身近にいる人がなんらかの明確な思想の持ち主であれば、その影響を受けやすいことは言うまでもない。明確な思想とは言いがたい、家の宗旨といったものでも、それに染まりやすいのである。しかし、右翼思想の親の子がすべて右翼思想になるわけではないし、仏教徒の親からクリスチャンの子が出ることもある。いわゆる「反面教師」ということがあって、親の思想の故に嫌な思いをした経験をもつ子は、その思想に反感を抱くことになりやすい[24]。

明治末から大正にかけて、社会主義者は国賊と呼ばれ、権力のみならず民衆からも石を投げられた。真柄も少女時代、親の思想の故に他の子どもたちから除け者にされ、女学校への進学でも差別された。「嫌な思い」を数多くしたのであるから、父とその思想を嫌うようになっても、おかしくないはずである。それなのに、この子は親を信頼し、敬愛していた。父親は、他者を貧困から救い、正しい世の中にするために、あえて犠牲者になっているのだと、理解していた。女学校の高学年になって、父の書いたものが読めるようになってからは、知的に理解したであろうが、幼少のころに父親が娘に対して示した言行を、娘はちゃんと受け止めていたのであろう。利彦は、活動のために家をあけたり、妻子を顧みる暇のないことは当然あった。しかし、娘に対する心くばりを忘れることはなかった。彼は、並はずれて子煩悩の父親であった。生まれおちてすぐに母を失い、よその家で養われねばならなかった、幸うすいわが子に対する同情は深かったであろう[25]。

一九一〇年九月、二年間の刑を終えて出獄した利彦は、在監中の労働で得た所得の全額である一円三〇銭で、真柄に傘を買ってやった。これは、獄中からの手紙で約束したことの実行であった。彼は、そうした手紙の中で、わが子に親しく語りかけ、いろいろ訓えもした。人を愛し、社会を憂えるが故の思想犯として、一片の恥じるところもないという、堂々たる態度であった。しかし、利彦はリベラルであり、家庭で娘を社会主義者にするような働きかけはしなかった。もちろん、手近なところに社会主義の文献があり、出入する人たちの多くが社会主義者であった。環境による感化というべきものであったろう。利彦のもとには多くの人が集まってきたが、それには利彦の思想だけでなく、人柄の温かさに人をひきつけるものがあったからである。[26] 家出してきた女性たちが、利彦を頼って訪ねてくると、利彦は職のあっせんなど、親切に世話している。夫の正道がロシアに亡命して生活に苦しむ多代子親子をわが家に引き取ってもいる。

成人してからの真柄の社会活動は、父親と形影あい伴うようになっている。父親との絆はしかく深いものだったと言えるし、それを脱し切れない弱さがあった、とも評しうるだろう。共産党から労農派へ、その後の無産政党の分裂・統合・再分裂などでの、利彦の政治行路に寄り添っていて、問題を感じるときがあったであろう。とくに、無産政党の動向が婦人組織の行路を左右し、「上から」分離させられたり、合併させられたりすることに、一貫して婦人団体の独自性を尊重してきた真柄に、批判がなかったわけはない。しかし、けっきょく真柄は父の傘の下から出ることはなかった。[27]

かつて山川均は、婦人問題の演説会で、社会運動をしていた女性が結婚して家庭に入り、運動を捨ててしまうことを嘆いた。山川菊栄は、赤瀾会の女性たちに、夫や親の世話になり、夫や親の言葉を口移しにそらんじるばかりで、革命婦人を気どるのはおこがましいという、激烈な批判を投げつけたことがあった。第三者からみれば、菊栄は経済的に自立し、むしろ夫の活動を支えるような力はもっていたであろうが、思想的には均の理論に随順しているようにみえたであろう。もちろん、菊栄は「口移し」などではなく、十分に理解し、省察したうえで同調していたのであろうが。真柄が大変親思い、家族思いの、心やさしい女性であったことと、思想的自立の問題がどうかかわっていたか、判断はむずかしい。真柄という人は、菊栄のような理論家ではなく、むしろ情の人だったように思われる。

真柄の自己形成については、父、利彦のほかに義母、ための影響も軽視できない。この女性は、平民社で働いていたことも、社会運動に参加したこともあって、いわば父の同志であった。結婚後、さして社会活動をせず、家をまもり、真柄を養育した良き母であった。利彦が千葉に在監中、真柄をつれてよく面会に行ったというが、利彦の正しさ、りっぱさについていつも真柄に話していたであろう。必要とあれば、かなりきびしい躾もしたようであり、夫の入獄や貧乏ぐらしにたじろがない、しっかり者であった。主義者の女性のひとつのタイプである、派手で目立ちたがりやといったところのない、堅実で世話ずきの女性だったように思われる。利彦は、妻のことを「あなた」と呼び、夫婦関係では誠実であった。ためは、継母としてこのうえない女性であり、利彦はその点も見込んで再婚したのであろう。真柄は再婚したあとも義母とともに住み、その最後を看とっている。

戦前日本における婦人問題の理論的な争点は、女性の近代的権利の確立を最優先の課題とするか、近代的権利の獲得と労働者階級の解放という二つの課題を同時に追及するかということであった。これは、講座派と労農派の革命戦略の対立とパラレルというか、その婦人運動版であった。だから、山川菊栄のばあいなど、その原則的主張を常にくりかえし、むしろ労働者階級の解放、つまり社会主義革命を優先させるともみえる主張をおこなったり、「単なる」普選や婦選ではだめだと言っているかのような発言もあった(28)。山川が初めて論壇に登場した「母性保護論争」でも、児童の生活権の擁護の必要とともに、同じ原則がすでに主張されていた。赤瀾会主催の婦人問題講演会で、伊藤野枝は、新婦人協会や母権論の一派はあってもなくてもよい小ブルジョアの空論だと批判した(29)。大杉のパートナーだった伊藤の主張として当然であるが、伊藤は山川と並んで赤瀾会の顧問格であった。山川もまた、新婦人協会が平塚のオモチャである現状から脱し、運動を職業婦人のあいだに進め、けっきょく無産運動と合体しなければならない、と評している。

真柄も、山川の弟子として、最初婦人参政権運動について熱心ではなかった。新婦人協会の女性たちの出身階層や雰囲気に異質なものを感じてもいた。堺家はクリスマスを祝うようなモダーンな文化で、真柄も洋装で育てられたようなハイカラな家庭ではあったが、真柄自身は下町ふうのイキな感覚の持ち主であった。しかし、新婦人協会がその後身である「婦人参政権期成獲得同盟」となり、「婦選団体連合委員会」となった時期には、当時無産婦人同盟・社会大衆婦人同盟の中核にいた真柄は、婦選運動に熱心に参加するようになった。そもそも連合委員会は、一九三二年一月、無産婦人同盟の方から期成獲得同盟に申し入れて結成したものである。

しかし、前述したように、婦選大会でも、連合会でも、真柄たちのグループは独自の主張を展開しつづけた。要するに、婦選は無産階級の解放に結びつかなくてはならないとする、無産階級の立場からの要求であった。もちろん、他の参加団体の中には、婦人参政権が実現した暁に婦人がみな無産政党に投票したら、既成政党は困るだろうとか、「無産、無産」といばってわたしたちをいじめるのかなどと反ぱつする者たちもいた。運動内部の階級・階層の矛盾の反映であったが、無産派の方に統一運動の自覚や戦術は欠如していた、と言えよう。

しかしながら、無産派がいかに柔軟な態度をとったとしても、帝国主義戦争反対・軍事費拡張反対という高度に政治的な主張を、保守派や中立派に同意させることは無理だったであろう。むしろ、その主張を鮮明に一貫したことが爽やかでもあり、歴史的評価を受けることにもなろうが、政治的には敗北したことになる。真柄は戦後、一年間だけ婦人有権者同盟の会長を務めたが、戦前から継承される理論的・実践的課題に対して取り組むには、あまりに老いていた。

(4) 真柄と夫

真柄の最初の結婚相手である高瀬清は、一九二一年八月に結成された「暁民共産党」のメンバーであった。近藤栄蔵・高津正道・仲宗根源和などの同志である。翌一九二二年七月に日本共産党が組織されたさい、これをコミンテルンに報告すべく、党規約草案をたずさえて入露したのは、高瀬であった。一九二三年六月、第一次共産党事件で検挙された五十数名の中には、堺利彦らとともに高瀬がいる。高瀬と真柄が結婚したのは、一九二三年の年末であり、ときに真柄二〇歳であった。そのあと、無産社からの出版物で社会主義宣伝をおこない、山川菊栄の『婦人と政治』、真柄の『労働婦人問題』なども刊行されている。しかし、一九三〇年ごろから休刊つづきとなり、発行資金募集の訴えがつづく。一九三一年の初めに、「赤い星」シリーズは終刊となったらしい。高瀬と真柄との離婚は、この後のことと思われる。

再婚相手の近藤憲二は、アナーキストだったというから、真柄とは思想を異にしていたはずである。日本におけるアナーキズムの系譜ということでは、明治初期の自由民権運動にロシアの「虚無党」の志士烈女たちの直接行動が大きな影響を与えた。アナーキズムが大きな力をもつのは、渡米中にアナーキストと交流し、大きな思想転換をとげた幸徳秋水が、一九〇六年六月に帰国してからである。以後、日本の社会思想・社会運動において、社会民主主義（「議会行動論」）とアナーキズム（「直接行動論」）が激しく対立するようになった。平民社・日本社会党は両派統合で構成されていたが、内部対立はひどかった。一九〇八年の「赤旗事件」は、大杉・荒畑らのアナーキストが右派を挑発する目的で行動したことから起きたものであり、統合派の堺や山川が責任をとらされて重刑を課されたのであった。

一九一〇年の「大逆事件」では、幸徳・菅野らアナーキストが主なターゲットにされた。事件後、堺が始めた売文社には、大杉や荒畑が入社しており、マルクシストとアナーキストが同居していた。大杉・荒畑は、一九一三年七月に「サンヂカリズム研究会」を始め、『近代思想』を発行して、アナーキズムの宣伝をおこなった。大正期の労働運動の発展とともに、一時思想の急進化がみられ、アナルコ・サンジカリズムが労働組合に浸透し、反普選派は議会行動否認・直接行動主義をとなえた。信友会・正進会などの組合が、アナーキスト派の拠点組合であり、労働運動内部ではボルシェビズムとアナーキズムがことごとに対立するようになった。両派呉越同舟で組織された日本社会主義同盟が禁圧され、総同盟がサンジカリストの組合と絶縁すると、サンジカリズムの勢力は急激に衰退した。

こういう状況下に、アナーキストは、小グループあるいは個人によるテロリズムに走らざるをえない傾向が現れた。関東大震災のさい、大杉・伊藤らのアナーキストや朝鮮人が虐殺されたあと、その報復のためのテロ活動がおこなわれた。震災直後、朝鮮人アナーキストの朴烈と妻、金子文子が、天皇暗殺を計画したとして検挙された。一九二四年九月一日の大震災記念日に、和田久太郎が震災当時の戒厳司令官だった福田大将をピストルで狙撃し、逮捕された。この事件から全国的にアナーキストが検挙され、東京の数ヵ所で起きた爆弾事件や、大阪の銀行員殺害事件などの責任を問われて、古田大次郎・中浜哲は死刑となり、和田は無期懲役となった。

さて、近藤憲二は、一八九五(明治二八)年二月に丹波の山村で生まれた(30)。兵庫県氷上郡前山村字上竹田で、京都府との県境に位置する。近藤家の遠祖は、明智光秀の臣下だったというが、近藤の本家は近代に入ってから没落し、憲二の父親は役場に勤めていた。柏原の県立中学校に進んだが、理数系の科目が不得意で、成績はあまりよくなかった。三年生のとき、同盟休校に加わり、四年生のときは中国の革命に深い関心をもち、親戚の没落に同情した。中学卒業後、早稲田の文学科を目ざしたが、父親の反対で専門部の政経科に入った。安部磯雄の「都市政策」や永井柳太郎の「社会政策」によって、社会問題や社会主義について教えられた。講義を聴くのと、図書館で読書するのと、半々という学生生活であった。

一九一四(大正三)年一一月、近藤は大杉栄の論文集『生の闘争』を購読し、決定的な影響を受けた。やがて、近くに住んでいた大杉の自宅を訪ね、「平民講演」を聴いたり、月刊『平民新聞』を精読し、白山下の渡辺政太郎宅でおこなわれていた「研究会」にも参加した。一九一五(大正四)年、大杉・荒畑が『近代思想』を再刊するようになると、近藤はしょっちゅう近代思想社に出かけ、警察の注意人物になった。早稲田卒業後、早稲田先輩の生方敏郎が出していた『文芸雑誌』を手つだったり、いろいろ臨時の仕事をしたが、一九一七(大正六)年には、堺利彦の衆議院選挙の応援、衆議院の臨時雇、東京毎日新聞社の記者などを転々とした。

その後、堺利彦の売文社に入り、かたわら荒畑・山川が一九一六年に発行した『青服』を手つだった。一九一八(大正七)年夏の米騒動のさいには、自宅検束を食った。『青服』は起訴されて、荒畑・山川は各四ヵ月の刑に処された。その後、売文社は解散となって、近藤は荒畑家の居候となり、渡辺政太郎没後も渡辺家でつづけられていた研究会の世話人をし、この研究会は、大杉や和田久太郎が主宰していた「労働問題座談会」と合併して「北風会」(一九一九年)となった。北風会は、サンジカリストが結集して、労働問題の研究と指導、活動家の養成にあたった。同会は、「労働問題演説会」を開催し、『労働運動』を刊行したが、叢文閣主の足助素一から資金をもらう役目は近藤であった。

北風会は、国際労働会議に岩佐作太郎・中村還一を代表として送り、一九二〇年の第一回メーデーの企画に参加したり、黒耀会の望月桂を中心として芸術運動もおこなった。一九二〇(大正九)年一二月に創立大会をおこなった日本社会主義同盟は、大杉・荒畑・堺・山川など、アナーキストとボリシェビストの両者が参加した統一団体であったが、結成への準備、事務局としての活動、機関紙『社会主義』の編集など、同盟を下から支えたのは、近藤憲二である。当時、『労働運動』が廃刊になり、「米国伯爵」こと、信州諏訪出身の山崎今朝弥弁護士の家に留守番・居候として厄介になっていた近藤は、時間と人脈にめぐまれていた。同盟の名称も彼の発案であった。

社会主義同盟が禁止される前、近藤は、「赤衛団」結成に参加したり、赤瀾会も参加した第二回メーデーのさいに検束されたりしたが、禁止後は大杉の助手のような仕事をし、大杉・和田・近藤栄蔵・高津正道らとともに週刊の『労働運動』を発行した。しかし、同誌は資金難でまもなく廃刊になり、メーデー事件で下獄した近藤憲二は、出獄後、大杉らとともに第三次『労働運動』を再々刊し、ボル側の『前衛』と対峙して、アナーキズムの主張を打ち出した。世に言う「アナ・ボル論争」の時代に入っていたのである。近藤は、『労働運動』誌にかかわりつつ、出版社のアルスに勤めた。このかん、労働運動におけるアナーキズムはしだいに衰退し、一九二三(大正一二)年の関東大震災では大杉・伊藤野枝が憲兵隊によって虐殺された。

震災後、一時休刊していた『労働運動』は、年末に再興され、近藤も同人になった。しかし、翌一九二四年九月、大杉らの復讐を目ざして、同人の村木源次郎・和田久太郎が震災当時の戒厳司令官を狙撃する事件を起こした。近藤は被告たちの救援活動をし、かつ『大杉栄全集』の編集にあたった。大正末年、アナーキストたちは「黒色青年連盟」を結成して、争議活動の支援などをおこなったが、加盟団体間で対立が生じ、暴力的な事件まで起きてしまい、近藤は連盟から脱退した。

一九二六（大正一五）年七月、近藤は『労働運動』をいったん休刊とし、従来の新聞形式を雑誌形式に改め、ビジネスとして成り立たせようと考えた。これは一九二七（昭和二）年一月号から刊行され、他方、和田久太郎の『獄窓から』を出版した。同年二月に上海で開かれた「汎太平洋労働組合会議」に、関西労働組合自由連合から代表を送ろうとして失敗し、中国人アナーキストとの連携にも努めた。近藤はこのかん、病気になり、また図書出版にも失敗し、『労働運動』を廃刊せざるをえなかった。家賃の滞納で追い立てをくい、蒲田に転居した近藤は、平凡社の下中弥三郎に頼んで広告部に入れてもらったが、まもなく『平凡』誌失敗のあおりで解雇され、一九三一年に『大百科事典』編集部に再雇用され、一九三五年にそこを辞職し、一九三六年に「広告原稿社」を創始した。昭和初年、アナーキストは「純正アナーキズム」派と「アナルコ・サンジカリズム派」に分かれ、対立したが、近藤は前者の派に属していた。アナ系の労働組合運動も両派に分かれて抗争し、一九三四年に合同したものの、官憲の圧迫が強化されるとともに、アナーキズムの労働運動は根絶させられた。文化運動・思想運動としては、石川三四郎が「ルクリュ研究会」を開いており、近藤もそれに参加した。一九三五年には、「無政府共産党事件」で取り調べを受けたが、無関係だったので放免された。一九三六年から始めた広告原稿社の商売はうまくいかず、また平凡社に入れてもらった。近藤の母親は、一九三二年の夏に死んだが、父親が一九三六年の五月に死んだときは、真柄や子どもが葬儀に参列した。

太平洋戦争が始まってからは、隣組や警防団に入って、「町会改革運動」をおこない、食糧難に対処して野菜づくりをした。家族は千葉の蓮沼に疎開し、近藤と上の娘だけが東京に残った。荒畑寒村が「労農事件」で保釈中だったので、近藤家に合流した。近藤は目まいの発作で動けなくなり、真柄が下の子を背負って蓮沼から看病に来た。こんなことが数回あったあと、近藤の健康は回復したが、空襲によって、旧陸軍士官校跡（大本営）の傍にあった近藤家が、一九四五年五月に焼失し、近藤も蓮沼に赴いた。村の流儀に適応して生きた。近藤家の子どもは、小学校で「スパイ」呼ばわりをされていた。米軍機の機銃掃射を浴びる経験もした。

戦後、近藤は平凡社に勤めるかたわら、石川三四郎らとともに「日本アナキスト連盟」を創立し、『平民新聞』を発刊し、近藤は連盟の活動に力を注いだ。一九四七年には東京に住居が得られたので蓮沼村から戻り、近藤は平凡社を辞めた。自宅で出版を始め、「麦人社」を社名とした。バクーニンにちなんでのことである。処女出版は大杉の論文集で、『叛逆の精神』を書名とした。平凡社の支援を受けてのビジネスであったが、またも失敗に終わった。『平民新聞』に対しては、アメリカ占領軍からの圧迫があり、経営困難で廃刊し、近藤はまたも平凡社に戻った。連盟も一九五〇年には解散に追い込まれたが、翌一九五一年には「アナキスト連盟」が再建された。こうしたしつこさがアナーキストの特徴であり、組織の量的拡大や政治的成功を目標としないところに、しぶとさの源泉があるのであろう。アナーキズムの思想には検討に値いするものがあるが、憲二と真柄とのあいだの思想的ギャップは明らかである。二人のあいだにどのような思想的交流あるいは妥協があったのか、知ることができない。

近藤憲二は、その思想において一貫しており、人間として信頼できる人物であったと思われる。近藤は、和田久太郎が秋田の刑務所で一九二八年に自殺したとき、同志とともに彼の亡骸を東京にもち帰り、葬送のことにあたった。友誼に厚い人物だったのであろう。戦後、彼が病に倒れたとき、一三年間も見舞いに来た友人もあった、という。真柄が彼と結婚した理由ははっきりしないが、社会運動から身を引いたあとの家庭生活のパートナーとして、近藤には真柄をひきつける美質があったのであろう。この境遇になれば、思想よりも人柄の方が重要である。アナーキズムであれ、社会民主主義であれ、もはや活動の余地がなくなったこの時代、思いやりやさしさのある家庭をつくることが、最大の望みであったろう。それは、父、利彦との家庭生活がもっていた雰囲気である。

2　帯刀貞代の生涯と活動

〈プロフィール〉

一九〇四年、島根県生まれ。二〇年、松江市立女子技芸学校卒業。二一～二四年、尋常高等小学校で裁縫科教員。二四年四月、島根県立女子師範学校二部に入学するも五月に退学、上京。本郷のビヤホールで働いているとき、東大生、織本侃と知り合い、翌二五年三月に結婚。二六年一二月、日本労農党結成に際し、夫がそれに参加したのを機に別居して、丸菱呉服店の店員となる。二七年一〇月、全国婦人同盟の書記長、亀戸の工場地帯に住む。二八年、関東紡織労組常任書記。二九年、無産婦人同盟結成に参加、亀戸で「労働女塾」を開設、執筆活動始まる。三一年、無産婦人同盟主催国際婦人デー講演会で検束される。夏、共産主義青年同盟に加入、地下活動に入る。三二年一二月検挙され、三四年六月出獄、織本と離婚。以後、保育問題研究会・

教育科学研究会に参加するとともに、婦人問題研究所書記・理研工業厚生課・中央公論社などにそれぞれ短期間勤務。四四年六月〜一二月、警察に拘留。戦後は「婦人解放」のテーマで活ぱつな言論活動をおこなうとともに、民主主義科学者協会・児童問題懇談会・民主保育連盟・新日本婦人の会(東京都本部会長)などに参加、日本母親大会・日教組教研集会などの助言者・講師も務めた。

主著は次のとおり。『労働婦人問題』(パンフレット、無産社、一九二九年)。『これからの婦人』(世界画報社、一九四八年)。『論集・働く婦人のために』(雄渾社、一九四九年)。『現代女性十二講』(櫛田ふきと共同監修、ナウカ社、一九五〇年)。『製糸労働者の歴史』(古島敏雄らと共著、岩波新書、一九五五年)。『婦人の歴史』(玉城肇と共編著、一九五六年)。『日本の婦人』(岩波新書、一九五七年)。『戦後婦人運動史』(共編著、大月書店、一九六〇年)。『現代女教師論』(共編著、明治図書、一九六四年)。『論集・女性の生き方』(新日本新書、一九七三年)。『ある遍歴の自叙伝』(草土文化、一九八〇年)(31)。

(1) 帯刀の生涯と活動

1) 少女時代から青年期

帯刀は、一九〇四(明治三七)年六月七日、島根県飯石郡掛合村に生まれた。松江市から南方、約五〇キロの中国山地である。父親は、六年間の小学教育を受けただけであるが、若くして郡役所の臨時雇となり、一九〇二年、二〇歳で掛合村役場書記に就任し、そのかたわら、米づくりや養蚕に精を出し、のちには村の助役や隣村の村長になり、晩年には村会議員となった。帯刀の母は、少し離れた鍋山村の安食家から二一歳で嫁いできた。安食家は明治初年で二六代もつづいた旧家で、貞代の曽祖父(帯刀家)はこの安食家二六代目の当主から教えを受け、その妹と結婚したから、帯刀家と安食家とは二重の姻戚関係だということになる。しかし、貞代の祖父は病弱で、その妻は二人の男の子を残して離婚し、長男である貞代の父は女手のない家庭に育ち、一七歳で結婚した。二人のあいだに一九〇一年、長男の育郎が生まれ、四年後に貞代が生まれた。貞代は二人兄妹であり、生涯をつうじて仲良しであった。妹がひとりいたが、ジフテリアで幼くして死んだ。兄と妹は、山野を自由にかけまわって成長した。貞代は、両親からきつく叱られたこともなく、まして叩かれたこともなかった。兄は高等科二年から農林学校に進み、妹は松江市のある市会議員の家の養女となって、女子技芸学校に通学することになった。しかし、娘の手のしもやけに心を痛めた父親は、娘を養家から引き取って学校の寄宿舎に入れた。学校は良妻賢母主義で聞こえ、和服の裁縫や手芸といった科目が中心だった。

貞代が技芸学校の三年生のとき、兄が農林学校を卒業し、県庁の職員となったが、貞代が一九二〇年三月に卒業して帰郷すると、父親は村の助役を辞めて帰農し、兄も県庁を辞めて父親とともに農業をすることになっていた。それまで、母親が作男ひとりを相手に農業を担っていて、養蚕では村一番といわれるほどがんばっていた。一九一九年の景気の好況に励まされて、父親は息子とともに従事する農業に期待を抱いたのであるが、自作地は田・畑合わせて一ヘクタールにすぎず、二ヘクタールは小作に出していた。養蚕の他に、米・蔬菜・果樹・花卉などをつくったが、「二〇年恐慌」による繭《まゆ》の価格の暴落をはじめ、農産物価格の下落によって経営はいきづまり、かつ、百姓として身体を鍛えてこなかった兄が肋膜になって寝込むということもあって、帯刀家の農業経営はいきづまってしまった。

貞代は、兄の診察に来た医師の勧めもあって、一九二一年の春から鍋山尋常高等小学校の代用教員に出ることになった。翌一九二二年から、父はふたたび掛合村役場の助役に復帰し、兄も掛合村尋常高等小学校の代用教員になった。実業学校とはいえ、中等学校を子どもたちに卒業させたことで、「にわか百姓」に失敗した家族は、「月給とり」になることで没落を免れたのである。

代用教員になったとき、貞代は一六歳と八ヵ月であった。まだ肩揚げの取れない和服に紫色の袴を着けた代用教員は、学校から少し離れた集落にあった母方の祖母の家に下宿して、学校に通った。母のきょうだいは三人だったが、男二人は勤め人になり、妹は嫁いで皆家を出ており、夫を亡くした祖母ひとりが住んでいた。こんにちの農村では珍しくもない老人の独居であるが、貞代にこの村で代用教員になることを勧めた医師は、村の学務委員で県会議員でもあり、また貞代の母の長兄で教員になって家を出た人の親友であったので、安食家の状況を案じる気持ちもあったのではないかという。この小学校は父や母の母校でもあり、また、父の弟がむこ入りした家も村内にあった。祖母は自分の食糧を自給する程度の農作業をしており、孫娘を歓迎してくれたので、貞代は室の掃除をしたり、風呂の水を坂下の池から汲み上げる程度の仕事をすればよく、週末にはほとんど実家に帰ったし、のんびり読書する時間にもめぐまれた。

学校は一学年一学級編成で、貞代の受け持ちは、補習科まで含めた裁縫科と分校の「唱歌」であった。就職した年の夏に検定試験を受けて専科正教員になることができた。二年目に島根県立師範学校の新卒教員が赴任してきたが、彼は掛合小学校の卒業生で、貞代の兄の同級生かつ親友であった。この教員はいわゆる大正自由主義教育の影響下にあり、音楽の時間に西條八十・北原白秋・野口雨情の童謡や生徒・自分の作詞したものを作曲して歌わせた。新卒・初任の教員なのに、教員室ではほとんど傍若無人にふるまい、教員間にはそうとうな緊張があったという。

この教員や、やはりこの年代用教員になり、「型やぶりの先生」といわれて子どもたちの人気を集めた兄からの影響もあってのことであろうが、貞代は、純真な子どもに大臣・大将になれと教えることの矛盾や、教育につきまとう偽善やについて考えることがあり、正しいことのためにいつも苦しんでいる兄やその友人である教師に敬意を抱いていた。分校の生徒で貧しい子に筆紙を与えながら、ひとりの子どもだけを特別に扱うことはよくないと反省もした。女子教員会に出席して自主的な教員会をつくろうと提案し、ほとんどの教員から無視されたこともある。

裁縫科の教員としての地位に劣等感をもち、教師を辞めて農業をやりたいと思ったこともあるが、兄から教訓を受けて思い直し、辺地の山村の低学年の子どもを担任し、冬でも単衣でふるえているような貧しい子どもたちに、ユニフォームや給食を与えてやりたいと思うようになった。二年目の夏、軽井沢の夏期大学を聴講する兄の計画に刺激を受けたこともあり、貞代は友人とともに神戸の高等家政学院の裁縫関係夏期講習を受けることにした。彼女たちは一燈園に西田天香を訪ね、不在で会えなかったが、ここの奉仕生活の話を聞いて感銘し、宿舎は賀川豊彦の経営する児童館の一室を貸してもらった。一〇日ばかりの滞在中に、造船所の労働者がストライキで学習集会をもったのを見聞した。賀川の事務所や児童館で働いている人たちとも知り合い、キリスト者としての熱と愛に感動した。

三年目の一九二三年、兄が師範学校男子二部に入学したこともあって、貞代も本科正教員となるべく、女子師範の二部に入るための受験勉強を始めた。学習の援助を兄の友人である同僚教員に頼んで、熱心に学習をおこなった。三学期になり、この教員が父から結婚を勧められて今日結納の日であるが本人はそれを好まず、ほんとうは貞代と結婚したいと思っているのだという話を、その教員の同僚が貞代に打ち明けた。貞代はその直後、その教員に結婚の意志があることを告げ、けっきょく婚約することになった。貞代は、辺地教育への志や、そのための師範進学の希望をフィアンセに語り、結婚は二年先にということも納得してもらった。この結婚話に、父や兄は積極的でなかったが反対せず、母親は独り娘を遠くへやらずにすむことを喜んだ。

春休み、フィアンセは四国巡礼に出かけ、貞代は彼の弟の師範生が結核で危篤状態にあるのを毎日看病にいった。フィアンセにはこの弟と、女子師範在学中の妹もいた。父親は郡役所の第一書記で、実母はすでに亡くなり、後妻の継母と父のあいだに小さい弟妹が三人あり、また、離婚して実家に帰っている叔母がいた。貞代の実家よりも複雑で、明るい感じではなかった。

四月、貞代は浜田市にある県立女子師範に入学し、下宿から学校に通った。結婚は二年先と約束していたフィアンセであったが、父親のつよい要望で、結婚式を夏休みにしたいと言い出し、このことで六月には相談に行きたいという便りがあった。貞代は、結婚が現実の問題となったことにたじろぎ、教育や社会のことでもっと勉強したいことが山のようにあるのに、夫の家庭にいますぐ入ることにひるんだ。師範での教育が魅力的だからやめたくないということではなく、それはあまりにも古ぼけた感じであり、それ以外にほんとうに勉強したいことがあるのに、それが何なのかはっきりしない焦燥感があり、ただこのまま家庭に入って家族に仕え、子を産むだけの人生を予想するとやりきれないものがあった。フィアンセは新しい女性観の持ち主ではなく、自分をほんとうに生かすパートナーになってくれるかに疑問も生じた。

自分から申し入れをしての婚約であるし、破約となれば相手にひどいダメージを与えることに悩み、貞代は師範を卒業して辺地の小学校に勤めた兄を訪ね、「君がもし死ぬといってもとめないつもりだ。ただこの問題は死ぬほどの問題ではない」という助言を得、金ももらった。貞代は下宿の老婦人に手つだってもらって、米・炭・梅干・塩こんぶまで揃えて、五月九日に浜田を発ち、東京に向かった。車中で出会った「政客」ふうの男性の話術にすっかりはまり、東京へ到着すると旅館に同宿し、肉体を奪われた。翌日、彼の家にいっしょに行き、ひそかに当てにしていた賀川事務所の知人が東京にはいないことが分かったこともあり、数日間は彼の家で政治活動の手つだいをしてすごした。いっしょに働いていたアルバイト学生に世話をしてもらって、納豆売りをして生計を立てることにし、納豆屋の近所の室を借りた。

2） 上京後の労働生活と学習活動

納豆売りをしながら上野の図書館に通い、「社会」の名のつく本を借りて読んだが、八月にはひどい日射病にやられ、下痢が長く続き、仕事も休まざるをえなかった。このかん、兄に出した手紙で住所を知った父親が東京へ訪ねてきたが、貞代は父親を避けて図書館や護国寺の野宿ですごした。例の政客は市議選に落ちたあと、「旅に出たいのでいっしょに行かないか」と誘いにきて、貞代は激怒して追い返した。こんなことがあって、貞代は下宿から追い出されたので、近所の鉄道員の家に移った。妻はお茶の店を営んでいたが、貞代に、健康が回復するまで喫茶店とかレストランで働いてみたらどうかと、熱心に勧めた。貞代はかつて実家で正月や盆の来客の接待さえ苦手で、給仕さえもろくにできなかったし、外出着は質草に入っていたりで、そういう仕事は無理だと考えたが、けっきょくその気になり、学生の街ならと本郷の真砂亭という酒場兼レストランのレストランの方に勤めることにした。

ここの来客の学生の中に、貞代に宗教論を吹っかけてきた二人の学生があり、その一人が納豆売りに戻った貞代に偶然出会い、本を貸してくれたりし、また、知り合いのブルジョアの家の事務職をあっせんもした。彼は東大新人会のメンバーであり、『帝大新聞』にもかかわっていた織本侃だった。貞代は、彼やその友人たちと政治研究会のポスターはりをしたり、本所の帝大セツルメント、早稲田の建設同盟、大宅壮一夫妻などを訪ねた。貞代と織本は、織本が大学を卒業して国民新聞社に入社が決まった一九二五年三月に結婚した。

織本は木更津の小間物問屋の生まれで、一一人兄弟の末っ子だったが、母親は結核で亡くなり、一九二五年には姉二人と家を継いでいた兄とが結核で世を去った。結婚前から貞代は、これらの兄姉の看病をし、本郷の新居には父親と一人の姉が同居した。これらの同居家族と貞代の関係は悪くなかったようだが、織本の方はしばしば家族と争った。

この頃、島根の兄が教員を辞めて上京し、昼は土方夜は夜学といった生活をしていたが、織本に勧められて小学校の教員となり、外国語の夜学に通うようになった。貞代も同じ学校の初等科に通学していたが、共同印刷の大争議に出かけて見学したり、新潟県木崎村の無産農民学校を訪ねたりした。このころ、農民労働党の結成が禁止され、労働農民党・社会民衆党・日本労農党といった左派・右派・中間派の諸政党が組織されるという、無産政党の対立・抗争の時代であった。

織本は、国民新聞をはやくも辞めて日本労農党に参加し、地方のオルグ活動に出かけるようになった。織本の家族は分解し、父は帰郷し、姉は別居独立し、夫妻も別居して貞代は丸ビルの丸菱呉服店の店員になった。

一九二七年、日本労農党の働きかけで全国婦人同盟が組織され、岩内善作夫人のとみゑが委員長に、貞代が書記長になった。この年秋の府県会議員選挙、翌一九二八年二月の国会議員選挙では、織本夫妻も応援に動員された。夫妻は亀戸の労働者街に居を移し、東洋モスリンの女工たちとのつきあいが生まれた。ところが、総選挙のあと織本が結核で倒れ、貞代は市川に転居して夫の看病にあたった。ただ、生活を支えるために、貞代は関東紡織労働組合の有給常任書記となった。市川の真間から芝公園の組合同盟本部への通勤は、片道二時間を要し、書記としての仕事はなかなか繁忙であった。夫の看病や家事と仕事との両立に苦労し、睡眠時間が二〜三時間というのが常であった、という。

織本の病状もしだいに好転したのに、夫には愛人ができていた。婦人同盟の同志で、市川の家に泊り込んでいっしょに勉強したこともある親しい女性で、織本は貞代にわび、必ず清算すると言ったが、貞代は一九二九年三月に家を出た。しかし、夫に探し出されて市川の家に引き戻された。織本とのことが新聞に出るようになり、河崎なつなどの先輩たちが心配し、貞代を励ましたことに支えられて、貞代は八月にふたたび亀戸に単身で移り、女工たちの学習機関である「労働女塾」を開設した。これは、「婦人闘士の養成」を目ざしたものであるが、一週二回四時間の「普通科」（「婦人と労働組合」・「プロレタリア経済学」・「婦人運動当面の諸問題」・「科外講話」）と裁縫・手芸・割烹が内容であった。この塾を援助した多くの維持会員の中に、川崎のほか中本たか子・長谷川時雨・深尾須磨子・藤田たき・丸岡秀子・生田花代・山田邦子などの名がある。この年から貞代は、婦人労働問題や婦人公民権のテーマで、『改造』・『中央公論』・『女人芸術』などに執筆するようになり、執筆活動は途中検挙で一時中断した時期を除き、一九四〇年までにおよんだ。

一九三〇年九月、東洋モスリン亀戸工場の従業員大量首切りによって大争議が始まり、全国労働組合同盟がその指導にあたったが、結果は労働者側の大敗北に終わった(32)。同盟傘下の労働組合員が外部から応援に集まったが、何よりも寄宿舎の女工たちの自発的な闘争が激しくおこなわれた。貞代はこのとき、同盟とはかかわりをもたないようになっていたので、争議に直接コミットすることはなかった。貞代は、「改良主義幹部」について疑問をもつようになり、解放運動というのはビラ撒きや演説会で終わりになるのではなく、真剣に、腹をすえてやらねばならぬと決意するに至った。貞代が亀戸に住むようになってまもなく、織本がやってきて同居したが、彼と愛人との関係は清算されず、貞代が離婚を提案しても織本はまったく応じなかった。別居や同居をくりかえすことにほとほと疲れていた貞代は、交通事故にあって入院し、その後上諏訪の温泉で一ヵ月療養してほぼ完治した。このかん、多くの友人の支援を受けたが、とくに富本一枝の世話になった。貞代は諏訪から帰京したあと郷里に帰省した。兄はこのころ、全国農民組合島根県連合会で働いており、貞代は父母や兄に別れをひそかに告げるつもりであった。

3) 左翼運動への参加と転向

一九三二年三月、無産婦人同盟主催国際婦人デー講演会で、貞代は堺真柄とともに検束された。同じとき、兄も島根で他の全農組合員とともに検挙されている。六月、婦人子ども服仕立の店を営んでいた織本の姉が腹膜炎で寝込んだのを看病で泊り込んだ貞代は、そのまま地下活動に入った。無産青年同盟の中央機関で働き、機関紙・煽動宣伝・資料調査の各セクションを歴任したが、一九三二年一二月、日本橋で街頭連絡中に検挙され、渋谷・本富士警察署をたらいまわしされたあと、市ヶ谷刑務所の未決監に入れられた。一九三三年六月、『獄内新聞』発行を見つけられて懲罰監に収容された。そのさい、革手錠をかけられ、胸部を締めつけられた。一九三四年二月に突如脊椎が激しく痛み出し、疑似カリエスと診断されたのは、おそらく革手錠の後遺症であったろう。

懲罰監に入っているころ、生きてここを出たいという思いが萌《きざ》した。科学的社会主義への方法を探究しようという願望であった。貞代は、日本資本主義発達史研究の文献を教示してくれるよう、一九三三年二月に野呂栄太郎宛てに手紙を出している。一九三四年二月には検事に、同じく三月には予審判事に、貞代は転向の上申書を書いた。今後は絶対に実際運動はしないと誓って、六月の公判で懲役二年、執行猶予四年の判決を受けた。更生会の小林杜人が身元引受人となり、いろいろ世話をした。

仕事はアパートの管理人兼掃除婦であったが、『婦人公論』の求めに応じて九月号に「転向までの心境」を書いた。このかん、織本と正式に離婚し、河崎なつからの生活費援助を得て、丸岡秀子・石原清子と協力して近代日本の女性・子ども関係の文献目録作成の仕事をおこなうようになった。しかし、一九三六年二月ごろから貞代は多量の子宮出血に悩まされるようになり、一九三七年夏には子宮筋腫の手術を受けた。それ以後健康問題に苦しむようになった。一九三八年後半に保育問題研究会に参加し、その関連で女優の細川ちか子から生活費や住居を提供された。

一九三九年末、婦選獲得同盟の創立一五周年記念事業として設立が決定された婦人問題研究所の書記として雇ってもらったが、戦時体制の進行によって同盟は一九四〇年九月に解散された。一九四一年には理研工業の厚生課に勤めたが、健康問題で辞めざるをえず、一九四二年七月に中央公論社の嘱託となり、出版文化研究室に勤務したが、一九四四年五月には「前歴者」ということで解雇された。六月には検挙され、代々木署に二〇〇日間拘留された。何のための検挙か、貞代自身にも見当がつかなかったが、教育科学研究会のこと、とくに城戸幡太郎教授がターゲットであった。保育問題研究会は教育科学研究会の姉妹研究団体であり、浦辺史が中心であった。貞代が教科研や保問研に入ったのは、保育者を職業にしたい、良い保育者になりたいと思っただけであった。検挙されているあいだ、差し入れなどいろいろ世話をした村田和子は、釈放後病気で寝込んだ貞代を自宅で一〇〇日間もめんどうをみた。

4) 戦後の活動

戦後の帯刀の歩みについては、できるだけ簡潔に書くことにしよう。ひとくちに言えば、反体制の立場からの民主主義運動を展開した、ということになる。戦前、国家権力の強圧下に左翼運動に参加し、牢獄に閉じ込められもした帯刀は、戦後日本社会で婦人解放運動の先駆者として後輩たちから敬愛された。講演や執筆を活発におこない、諸集会の助言者・講師になった。いくつかの民主団体、とくに女性団体に参加し、役員も務めた。心臓肥大症、子宮癌の手術などで健康問題に悩まされつつ、それに耐えての活動であった。

終戦直前、中央公論社のかつての知り合いのあっせんで、ある建築事務所の掃除婦になったが、終戦によって嶋中雄作が中央公論社に復帰したことで、『婦人公論』誌の執筆という仕事にありついた。一九四六年、浦辺史に誘われて総合生活文化研究所や民主保育連盟の活動に参加したり、労働組合運動にかかわったりした。これも中央公論社時代の知り合いの縁で、一九四八年三月、『これからの婦人』(世界画報社)を刊行した。この年後半には、地方への講演旅行に招かれるようになり、広島や郷里の島根を訪れた。岩波書店労組に招かれて婦人問題について話し合ったあと、『世界』に寄稿を依頼され、また岩波新書で婦人問題を書くように勧められた。一九五〇年、民主主義科学者協会の婦人問題部会の中心だった三井礼子が帯刀を訪問し、部会内の女性史グループの研究会のテューターになることを要請した。このグループの研究成果として、一九五〇年末に『現代女性十二講』が刊行され、その後研究活動はさらに発展し、女性史関係のすぐれた著作がいくつか刊行された。

帯刀の社会的活動、つまり婦人運動とのかかわりについては、戦後まもなく民主保育連盟主催の「勤労婦人の生活討論会」や、いくつかの小さな集会で講話したあと、一九五〇年には参院選に立候補した櫛田ふきの応援で関西地方を廻り、一九五一年末には日本民主婦人協議会(一九四八年四月結成)が主催した「働く女性のつどい」の議長を務め、このとき初めて髪を染めた。一九五二年三月に、国際婦人デー中央集会で「いやなことはいやといおう」と題する記念講演をおこなった。一九五六年に、日教組教育研究集会（第五次・松山）の講師団に入り、婦人団体連合会が組織した日本母親大会にも、この年の第二回大会から助言者として参加した。一九六二年には、新日本婦人の会結成の呼びかけ人となり、その代表委員に就任するとともに東京都本部の会長となった。このポストは、一九七〇年三月に健康問題で辞任するまで務めた。

このかん、兄の長女を中学二年生のとき引き取り、養女のようにして育てた。この少女が成長して結婚すると、帯刀はその家族とともにくらした。家庭的にめぐまれなかった帯刀の老後は、姪との同居によって満たされるものがあったであろう。

(2) 帯刀の自己形成と社会意識の発達

1) 風土・自然

帯刀の生家は、島根県飯石郡掛合村だった。それは、松江市の南へ約五〇キロ、海抜の低い丘陵地とはいえ、中国山地に入ったところである。帯刀の遠い先祖はさらに奥地の備後境にある赤名村に住んでいたが、広瀬藩が松江藩から分封したさいに小藩の収奪にさらされ、郷土を離れて松江藩治下の掛合村に移入した。以来、明治維新まで約二〇〇年そこに住みついたのである。広島から松江への街道沿いに北行する、より平坦な土地への移動であったが、掛合村も赤名村同様山と川の土地であり、少女時代は兄とともに山野を自由にかけまわって成長した。

帯刀は、野生の児だったころの自然環境について、つぎのように叙述している。「春、周囲の雑木山があかね色にけむりはじめると、ところどころに鮮やかな山つつじが燃えたってくる。地上には梅、桜、桃などがつぎつぎに花開いて、やがてすもものの花、なしの花の純白にぶんぶん蜂が群れ、きらかかな太陽が万べんなくふりそそぐ。」この風景の思い出は、山里に育った子どもが共有するもので、ありふれた景色だとも言えるが、帯刀の筆は懐かしさにあふれている。彼女は小学校の帰途、通学路をそれて山越えし、山のあたたかさ、植物の豊かさに感動した。のちに鍋山村の小学校の代用教員になったときも、自然の美しさをたんのうした。山鳥を襲う青大将と闘ったり、通勤の途次道草をして登った山から中国山脈の山なみや北の稲佐の海に見ほれた。

こういう自然・風土が帯刀の心の中に育てたものは小さくなかったであろう。自然の中での生活は彼女の健康にプラスであり、彼女自身、生来のひよわな体質を改造しようとして、出勤前に庭で体操したり、家の周囲を駆け足したりした。祖母の家に寄寓していたのだが、学校までは三キロあったというのだから、これも健康増進に役立ったであろう。のちに東京へ出てからかなり苛酷な労働の日々や生活を送ったのだが、それに耐える心身を帯刀は幼少時から青年期にかけてつくったと思われる。

のちに帯刀は、夫との関係がこじれて心身ともに病み、さらに交通事故にあって大けがをしたとき、五週間の入院治療ののち、富本一枝たちの援助を受けて、信州上諏訪温泉でひと月余保養することができた。そのために、ほとんど後遺症をとどめないまでに回復することができた。その後帯刀は、洋モス争議の中で知り合った女工が上山田に帰っているのを、上諏訪から訪ねていった。露路を踏みしめて行ったこの旅のことは、帯刀に深い印象を残した。もともと帯刀が上諏訪を療養地に選んだのは、それが上山田と同じ長野県だったからであった。上諏訪も上山田も、当時はまだ素朴な温泉宿であり、信州の冬の風景は、寒気こそきびしくはあっても、寂静で清爽であったろう。帯刀はそれまで亀戸の工場街に住み、畳にたわしをかけずには住めないようなところであったから、信州の自然は彼女の心身を癒す力をもっていたことであろう。

2) 兄の存在

帯刀は二人兄妹であり、兄とは四歳ちがいである。この年齢差は、きょうだいげんかになりにくく、兄は妹をかわいがり、妹は兄を敬愛する、良い関係が生まれやすい。二人は小さいとき、いっしょに遊んで成長した。二人は二年ほど同時に「松江の学校」に在学している。兄は学校を卒業して県庁に勤めたとき、上役の影響を受けて「大正デモクラシーの思想」に近づき、妹を寄宿舎に訪ねて、ワシントンで開かれる国際労働会議に母性保護の問題がとりあげられ、この問題の顧問として日本からは田中王堂夫人が派遣されることになったが、これからは女性も視野を広くもたなければならない、と語った。帯刀はこれを聞いて、とくに心を揺さぶられたわけではないが、ことばははっきり記憶しており、のちに女性史の研究をするようになって、女性史の歩みの中での自分の学校時代の意味をはっきりと認識することができた。

帯刀のフィアンセになったのは、兄の親友である。帯刀は女教員時代、このフィアンセの勧めにしたがって、倉田百三・西田天香・賀川豊彦・吉田絃二郎などを読んだ。また、兄に勧められて、地方新聞の文芸欄に和歌や童謡を投稿し、そこの選者だった佐々木信綱とのかかわりで、『心の花』にも作歌を載せるようになった。大正期の文芸・宗教思想にふれたのは、兄やフィアンセの影響というわけである。

帯刀の出奔のさい、迷った帯刀が兄を勤務先の学校に訪ね、そのリベラルな見解を聞いて上京を決意したことはすでに述べた。上京後の居所が定まると、そのことを帯刀は兄に知らせた。兄は帯刀を追うように上京し、東京の小学校に勤務する。結婚している妹のところを訪ねて、そこに出入りしていた者から『共産党宣言』などの左翼文献を与えられた。それ以前に、兄は大杉栄やクロポトキンを読んでいたというが、『宣言』

には興味をもったようである。兄妹で、労組大会などの傍聴に出かけ、二人で労働問題について議論することもあった。

その後、兄は帰郷して全国農民組合支部の書記となり、検挙されたが、執行猶予となったのち、遠縁の娘と結婚した。戦時下は、村の農会や郡の農会の農業技術員として働き、戦後は青年たちに推されて村長となり、のちには合併した町の町長となって合計四期勤めた。初めて村長選に出たとき対立候補から「アカ」だと宣伝された。この兄は、戦争中満州旅行をして、開拓について疑問をもったという。

この兄の長女を引き取るように帯刀に勧めたのは、両親である。独り暮らしの老後を送るわが子への配慮からであったろうと帯刀は推測している。この話は、戦後帯刀が講演旅行の途次広島から島根に入り、六年ぶりに帰省したときに出た。両親はすでに家計を長男夫婦に譲り、隠居所に住んで鶏を飼育し、卵代を小遣銭にしているという悠々自適の生活を送っており、帯刀はそのことによろこんでいる様子である。

アカとか国賊とか呼ばれて排斥される娘をもったことは、両親にとって辛いことであったろう。裏切りの出奔という、田舎ではひとに顔向けできないこともした後であるから、両親の肩身も狭かったろう。その娘が、敗戦と価値観の転換によって、一躍時代の先覚者として遇され、講演旅行をするような「先生」になったのだから、さぞかしほっとしたことであろう。その娘の老後のために、ということばかりでなく、立派になった娘に孫娘を託せば孫娘にとっても幸せだろうと考えたのだと思われる。自伝における行文をつうじて、帯刀という女性の、兄思い、親思い、姪思いの心情がつたわってくる。これは、帯刀が自認している良妻賢母主義や家族主義の残滓ではなく、むしろこの人のあたたかさ、人間性として理解できることである。

3）夫、織本の影響

東京へ出奔してきたとき、帯刀には、もっと世の中のことを広く知りたいという、漠然とした向学心はあったけれども、実際に何をどう学ぶかという方向ははっきりしていなかった。納豆売りでかろうじて生計を立てつつ、上野の図書館で「社会」と名のつく本を借り出して読んだ。散漫な、あてどもない学習であった。それに対して、読むべき本を揃えて学習指導をおこなったのは織本であった。

喫茶店に勤めていた帯刀に、友人の学生とともに宗教問題で議論を吹っかけ、見どころありと感じたのであろう、翌日、貸与すべき本を十数冊も集めて喫茶店に行ったが、前夜織本たちが他の女給たちに、「君たちには分からない話をしているのだ。あちらに行け」と言ったことから争いになり、そのこともあって帯刀は翌日から喫茶店の勤めをやめていた。その後、納豆売りに戻った帯刀と織本とが再会し、交際して結婚したのであった。

織本から借りた本で、帯刀は『共産党宣言』や河上肇の著書を読んだ。結婚以前から帯刀は、織本の兄姉の看病をしなければならなかったし、結婚後も二室しかない借家で義父や義姉と同居しなければならなかった。彼らはあまり手がかからなかったし、帯刀は夜間外国語学校に通うこともできた。しかし、織本は新聞記者で生活が不規則であり、帯刀の学習を系統的に指導することはできなかったろうと思われる。このころ貞代が読んだ本は、エレン・ケイの『恋愛と結婚』、内藤吉之助訳の『家族・私有財産及び国家の起源』、『近代文学全集』、『近代戯曲全集』などであった。社会科学についての系統的学習がおこなわれたわけではない。

織本は帯刀を、社会問題に対する知的な探求者にするつもりはなかったように思われる。彼自身がジャーナリストになり、たった一年でそれを辞めて政治団体に参加したくらいだから、新人会の多数派と同じ生き方を選んだとはいえ、アカデミックなものへのつよい欲求があったとは思われない。主婦として、家事や家族のめんどうをみてもらいたいということであったろう。しかし、前述のように、彼は労働団体の集会の入場券などを入手すると、帯刀やその兄がそこへ出席するように奨めた。ジャーナリストらしく、実地で学ぶことの重要性を知っていたのであろう。実際、共同印刷の大争議を親しく目にし、女子労働者の訴えを聞くというのは、まことに得がたい体験と言うべきである。

農民組合が主導して無政党が組織され、分裂・対立していく過程を、帯刀はかなり近いところからみていた。「内側から」と言ってもよいかもしれない。木崎の無産農民小学校を訪ねることができたのも、同時代人として貴重な臨場体験であった。帯刀はのちに女性史・女性運動史の研究・記述をするようになったとき、ふたたび新潟や岡山を訪れ、かつての印象を確かめようとした。

こうした経験は、織本の妻なればこそ可能だったことであろうが、彼女は主婦としての生活にしだいに「焦り」を感じ始め、「新しい時代への胎動」に揺さぶられ、家庭を解体して呉服店の店員となることを夫に合意させた。主婦から労働者への道を自ら選択したのである。かたわら、日本労農党系の全国婦人同盟に参加し、その役員になり、普選による選挙運動の応援にも出かけた。亀戸の労働者街に移住して、女工を婦人同盟に参加させるべくオルグ活動もした。織本が結核で倒れたあとは、労働組合の常任書記となって家計を支え、労働運動にも従事するという二役をこなした。それなのに、夫が愛人をつくるという背信行為をし、彼女はすっかり打ちのめされた。

織本は、帯刀と別れて愛人と結婚しようというのではなく、愛人との関係は清算すると帯刀に言いながら、関係をずるずるつづけていたようである。二年近くも決断がつかずにいる織本を、帯刀は「気の毒」に思った、という。

織本との結婚生活について、はじめ彼からつよく追い求められ、「なかば夢中で結婚」したが、彼によって「二人の人間が心身ともにただ一つになれる世界」を知った、と書いている。その欠点も美点も含めて、人間という存在のすばらしさを知り、平凡な者同士の結びつきによって、彼をとおしてあらゆる人間への愛を呼びさまされた、とも言う。しかし、彼はしょせん男一般にすぎず、自分のためのハウスキーパーとして妻を愛していたのではないかと、帯刀は夫婦関係をふりかえっている。

織本の背信行為がなければ、そういう見直しをすることもなかったろう。してみれば、この不幸な背信は、彼女の学習の貴重な契機になった、ということになる。しかし、この個人的体験をもって男性一般を規定するのは論理的誤びゅうである。もっと誠実な、男女の真の平等を家庭的にも実現しようとした男性が、たとえ少数でも存在したはずだからである。織本にしてからが、当時の男性の多くがそうであった家父長的パーソナリティの持ち主ではなかった。帯刀が執行猶予で出獄したあと、織本の意を受けたであろうかつての媒酌人から復縁の話があったけれども、帯刀はきっぱりと拒絶し、二人が再会したうえで、帯刀の離婚を求める自由意志を織本が尊重して、二人は気持ちよく別離した。織本もまたひとかどの進歩的知識人であり、帯刀の成長のプラスになったことは確かであろう。

4) 非合法活動と転向の実相

帯刀の非合法活動というものは、無産青年同盟の中央機関の仕事であった。無産青年同盟は、一九二五(大正一四)年八月、関東地方の日本労働組合評議会(一九二五年五月、労働総同盟から除名された左派)に属する青年労働者と学生によって組織された「全日本無産青年同盟」が発端である。同じ年の八月に、農民組合が主導した「無産政党組織準備会」に、政治研究会・水平社とともに招かれたが、準備会の左右対立によって、他の共産系団体とともに排除されようとした。労働総同盟の脱退など、紛糾のあとでようやく成立した農民労働党は、結成直後に禁止されてしまった。翌年の三月に結成された労働農民党からは、無産青年同盟を含む「左傾団体」が排除された。

その後、無産青年同盟は日本共産党の外郭団体となり、共産党の指導のもとに活動を展開した。一九二八年三月一五日、「第二次共産党事件」によって、共産党員数百名が検挙されたあと、四月一五日に、労働農民党・労働組合評議会とともに無産青年同盟は結社禁止を命ぜられた。こうして、同盟は非合法な地下運動をおこなわざるをえなくなった。一九二九年四月の「第三次共産党事件」によって、共産党は大きな打撃を受け、無産青年同盟もまた困難な局面におちいった。一九三〇年一月、共産党の再建中央委員会が組織されたが、二月から半年にわたって、共産党・日本共産青年同盟・無産青年同盟・反帝国主義同盟・労農同盟に対する第四次の大検挙がおこなわれた。

一九三一年一月、風間丈吉・紺野与次郎・岩田義道らが中心となって共産党再建運動が進められ、公判闘争・選挙闘争をおこなったが、一九三二年七月には「熱海事件」で全国的な検挙がおこなわれた。この年後半には共産党指導部は不在で、一九三一年九月の「満州事変」勃発以後、無産政党・労働組合運動の右傾化、一九三二年の五・一五事件など、戦争とファシズムへの傾斜が顕著であった。共産主義運動にとってきわめてきびしい状況下に、帯刀は非合法運動にとび込んだのである。

なぜそうしたのかについて、帯刀の自伝は十分な説明を与えていない。織本の友人たちの中の共産党系の人たちから、左翼への開眼を求める働きかけが以前からあったこと、是枝恭二のような人物との交流があったこと、東洋モスリンの争議のさいの労組や組合同盟指導部の不徹底さなどが記述されているが、どうも決定的な理由が提示されていないのである。誰かに誘われたというのではなく、帯刀の方から手引きを頼んだということで、その労組出身の青年に売られて根こそぎ検挙されたらしい、という。

当時の非合法活動に参加することは、なまやさしいものではない。刑務所に入れられた帯刀は、生きてふたたびここを出られないと覚悟していたという。彼女は獄中闘争を展開するが、あえなくつかまえられて手ひどい拷問を受け、懲罰房にほうり込まれる。この房の中で、もう一度ここを出たいという願いが生まれ、つよくなって転向したというのだが、その部分の説明もクリアではない。

のちに出獄してから『婦人公論』に執筆した「転向までの心境」では、懲罰期間の終わりごろ、一枚のわくら葉が舞い込んできたことから、「実に変な気持」になり、「私はいったい最後まで没落しないでいけるだろうか」と自問したとか、懲罰期間が終わってもとの女区に戻ったとき、監視体制がおそろしく強化されているのを知って、ひどい敗北感に襲われ、同志たちに迷惑を及ぼしたことを自責したとか、闘争精神が萎えていったできごとが書かれている。そして非合法活動に投じた動機は生っ粋の純情からではなく、織本との関係を清算するための口実を革命運動に求めたこと、これまで一日も自分がマルキストだという確信をもちえなかったこと、ふぬけの状態におちいったあと、予審判事から「いのちが惜しくなったのだよ」、「も一度生きなおせ」と言われて、「ああ、も一度生きなおそう！　すっかり赤ん坊の気持になって」と、再生への意欲をもったことが記されている。

帯刀はのちにこの文章について、「苦渋に満ちた『奴隷のことば』」と釈明しているが、全部が全部偽装ではなく、何ほどかの真実を含んでいるであろう。一九三三年六月には、共産党領袖の佐野学・鍋山貞親が獄中から転向声明をおこない、党員や同調者に大きな衝撃を与えた。党員ではなく、党周辺にいただけの帯刀の転向が論理的なものではないことを咎めるべきではないであろう。

5) 理論的認識の深化

帯刀は、日本労農党系の全国婦人同盟での活動から始まって、日本大衆党（一九二八年一二月、日本労農党と無産大衆党が合同）傘下の「無産婦人同盟」（一九二九年一月、全国婦人同盟と無産婦人連盟が合同）で、堺真柄・岩内とみゑらと協力して、無産婦人の啓蒙活動や労働争議の応援などの活動をおこなうようになった。これには労働女塾の運営、東洋モスリン争議への支援なども含まれる。この活動の挫折から帯刀は非合法活動に入っていった。織本との夫婦生活の葛藤も大きな理由であった。

無産青年同盟での活動について、帯刀は「何一つわかっていないままだった」と回想している。すでに、『労働婦人問題』という小冊子を刊行していたとはいえ、その理論学習は十分でなかった。無産青年同盟の本部にいたのだから、共産党の機関誌紙を読むチャンスはあったかもしれない。帯刀が非合法活動に入った年の四月には「日本共産党政治テーゼ草案」（三一年テーゼ草案）が発表されており、これは当面の革命を「ブルジョア民主主義的任務を広汎に包容するプロレタリア革命」と規定したので、「労農派」の見解に接近したわけである。しかし、翌一九三二年五月にはコミンテルン執行委員会が「日本に於ける情勢と日本共産党の任務に関するテーゼ」（三二年テーゼ）を発表し、かつての「二七年テーゼ」と同様に「社会主義革命への強行的転化の傾向を持つブルジョア民主主義革命」が当面する革命の性質だ、とした。

こうした共産党の基本方針の動揺やその是非について、当時の帯刀がきちんと学習していたとは思われない。帯刀は検挙されたのち、獄中から野呂栄太郎に手紙を送って、日本資本主義発達史について勉強したいので、前資本主義時代や原始的蓄積過程に関する資料について教示してほしいと依頼した。この年二月、山本正美らによって再建された共産党中央が、夏までにすべて検挙されたあと、野呂栄太郎が委員長となり、宮本顕治らと党再建のために奔走していた。帯刀が手紙を送った三月には、野呂はまだ地下に潜伏していなかったろうが、当時彼は『日本資本主義発達史講座』の仕事と病気で余裕がなく、帯刀の依頼への応答を平野義太郎にたのんでいる。

出獄後、帯刀は服部之総を訪ね、日本絶対主義政権の成立について教えを乞うている。東洋モスリンの争議のさいに、闘っている婦人労働者に向かって「国賊!」と罵声を浴びせた労働者のことや、自分の中に執ように残っている良妻賢母主義の残存ということのルーツがそこにあるのではないかと考えたからであった。しかし、その後こうした学習への志向を満たしうるような境遇にはめぐまれなかった。転向者としてのきびしく苦しい状況のもと、いろいろな知己の援助でかろうじて戦時下を生きのびていた帯刀は、保育問題研究会や教育科学研究会に参加して学ぶことで精いっぱいだった。

戦争末期から戦後にかけて、「婦人公論史」を記述する方法論に悩み、女性が労働者となることで男への経済的従属を断ち切り、家父長制を克服して自立することで「プロレタリアの平等」を実現していく筋みちとして、女性史・女性運動史を描くという視点をもつようになった。帯刀が依拠した理論的文献は、マルクスの『経済学批判』の序文、レーニンの『何をなすべきか?』、「二七年テーゼ」の三つであった。また、日本資本主義発達史については、守屋典郎の諸著作に学んでいる。

戦後、帯刀の女性史研究の方法論づくりに大きな力となったのは、民科の女性史グループである。若い世代の女性研究者との交流や、『製糸労働者の歴史』刊行における古島敏雄のテューターシップ、それと塩田庄兵衛や田沼肇との交流もプラスになったであろう。帯刀は、戦後まもないころの啓蒙講演はもちろん、教研集会や母親大会でも、女性の民主主義的自覚を訴えつづけた。「二七年テーゼ」の言う、日本資本主義はその発展の全行程にわたって封建的特質を巧妙に利用したというシステムは、戦後日本社会にもある程度あてはまるし、戦後半世紀余がたち、日本資本主義がかくも爛熟したこんにちでも、市民社会としての成熟は十分とは言えず、自立した市民の形成という課題はいまだに達成されてはいない。しかし、それを阻んでいるものは、封建的遺制・前近代的心情というより、大衆社会・情報社会における自我の発達を歪曲させる諸条件、つまり家庭や社会のあり方、学校やマス・コミのようなイデオロギー形成装置、ひろく多様なヘゲモニー装置であろう。もちろん、夫婦が対等で家事労働をするような共働き家庭は増えてきているが、それは近代化ではあっても、「プロレタリアの平等」というカテゴリーにあてはまるようなものとは言いがたい。こうした現状に対して、帯刀が遺したものは、どこまで有効な遺産たりうるであろうか。それはけっきょく、講座派理論の戦後および現代日本における意義・有効性を問い返すということになるであろう。

〈注〉

(1) 藤井治枝「女子教育のあゆみから」〈奥山えみ子・藤井治枝編『女子教育』現代婦人問題研究会、一九八二年〉。
(2) 小柴昌子『高等女学校史序説』銀河書房、一九八八年。
(3) 渡邊洋子『近代日本女子社会教育成立史』明石書店、一九九七年。
(4) 同上書。永原和子・米田佐代子『おんなの昭和史』有斐閣選書、一九八六年、三六～四五頁。
(5) 実際、当時の国民生活の窮乏ぶりは悲惨な状態にあった（金原左門・竹前栄治編『昭和史』（増補版）有斐閣選書、一九八九年、一六七～一七〇頁）。
(6) 拙編『額の汗を地にそそぎ—父母の記』日本生涯学習研究所、一九九二年、一四～一五頁。

(7) 宮坂英朋『パラダイス島戦記』二〇〇二年。

(8) 小原徳志編『石ころに語る母たち―農村婦人の戦争体験』未来社、一九六四年。

(9) 堺利彦の自伝は、川口武彦編『堺利彦全集』法律文化社、第六巻(一九七〇年)に収められている。

(10) 「予は少年の時から算術には常に満点を取って来た者である。」(堺利彦「予の自伝」〈同『猫の百日咳』一九一九年〉)。中学生時代、堺はまず儒教思想に接し、ついで自由民権説にふれて、当時豊前地方の自由民権運動家だった征矢野半弥を尊敬した(高畠徹郎「堺利彦」〈同編『日本の革命思想 五』芳賀書店、一九七〇年、七四〜七五頁〉)。

(11) 拙稿「近代日本における知的青年の民主主義ディシプリン」〈同『旧制高校史の研究』信山社、二〇〇一年〉。

(12) 最初の妻が死に、真柄と別居せねばならなくなったときの心境を、堺利彦は当時主宰していた雑誌に、つぎのように記した。「予の妻は八月の末から神奈川の加藤病院に入って、九月の十八日に死んでしまった。予の女児はその前から女中に伴われて小田原に行っている。かくて予の一家は離散した。予の家庭は滅亡した。……妻に別れた男子の最も困難を感ずるのはイツでもその子の処分であるので、多くの人々は特にこの点において予に同情を寄せられた。子を預ろうと言ってくれた方も、三、四人あった。郷里なる予のめいもまた切にこれを望んで来た。しかし予はとにかくしばらくは今のままで加藤家の世話になることと定めた。ここにも予はただ自然の天分を楽しむつもりである。かくて予は係累なき自由の身となった。ああ、予の生涯にはいかなる秋が来るのであろうか。」(「予の妻の死について」〈『家庭雑誌』一九〇四年九月。『堺利彦全集』第二巻、二六五〜二七〇頁〉)。

(13) 荒畑寒村と堺真柄との交流について、寒村が述懐した文章がある。寒村は大正一〇年末、六ヵ月間の懲役刑を終えて京都の監獄から釈放されたが、出獄後、堺真柄と近藤栄蔵がともに入獄していることを初めて知ったときの所感である。「真柄嬢に至っては、僕が未決監に拘禁されて居た当時、しばしば僕の好きな芝居の絵ハガキを寄せては、獄裡幽囚の苦を慰めて呉れた。顧みればもう十有餘年の昔になる。堺君等が何かの事件で入獄して居た頃、真柄嬢はまだ五六歳の少女で、僕等が『お父さんは』などと尋ねると、必ず『カンゴク』と答へたものだ。その当年の『真ア坊』が、今は赤瀾会の活動分子として、楚囚の苦をなめて居ると云ふのだから、僕たるもの豈感慨に堪ふべけんやである」（荒畑寒村「獄を出てから」〈同『光を掲ぐる者』東雲堂、一九二三年〉）。

⒁ 大逆事件で獄中にあった幸徳秋水から堺利彦への書簡（一九一一年一月一〇日ごろ）では、つぎのように記している。「枯川兄もいつもノンキで結構です。ただしマアさんとすもうばかり取って肝心の職業の方を打ち捨てておりはしませんか。囚人根性の抜けないうちに大いに戒飭して働かせるのが良いのです。」（『堺利彦全集』第六巻、二六五頁）。幸徳は死を目前にしながら、堺の子煩悩ぶりをやゆしつつ、後事を託している。

⒂ 堺はジャーナリストだっただけあって、たしかに文章をひさいで食える能力の持ち主であり、『新潮』で「立派なユーモリスト」とか「日本一のユーモリスト」とか評されるような文章が書けた（堺利彦「猫の百日咳」〈『中外』一九一七年〉）。『実業之世界』の野依秀市が売文社の上得意で、野依は著名人の悪口を雑誌に載せる恐喝まがいの商法をとっていた。野依が新渡戸稲造を攻撃した『青年の敵』は、野依と堺の共著とも言うべきものであったが、堺は金のためにそれを書いたのでもなかった（梅原正紀「野依秀市の混沌」〈『ドキュメント日本人 九 虚人列伝』学芸書林、一九六九年、三二六〜三二七頁〉）。

⒃ この人のおおらかさ、のびやかさについては、堺が「細君と来訪した二人の友人たち、女三人の会話という場面設定でみごとに描き出している（堺利彦「人間と蜘蛛と猫」〈同『監獄学校』白揚社、一九二六年、一六〜三二頁〉）。

⒄ 以下、大正期の社会運動と堺の活動については、渡辺春男『日本マルクス主義運動の黎明』（青木書店、一九五七年）に詳しい。

⒅ 近藤真柄には『わたしの回想』（上・下、ドメス出版、一九八一年）という自伝があり、評伝としては大森かほる『捨石埋草を生きて―堺利彦と近藤真柄―』（第一書林、一九九二年）がある。

⒆ 赤瀾会の女性群像については、江刺昭子『覚めよ女たち』（大月書店、一九八〇年）を参照。著者は自ら「歴史家でも婦人解放運動家でもない」と言うが、運動関係の生存者・死亡者の知り合いを訪ねてヒヤリングをおこない、八年をかけて執筆した努力に敬意を表したい。「登場人物たちに辛くあたりすぎたことがあったかもしれない。また知らないがゆえに媚びすぎたところもあったと思う」と釈明しているが、男性に対しては正当なきびしい評価をおこない、

女性に対しては同情的に甘い批評をしているようにも思われる。もっとも、当時の社会主義運動や社会主義者に対して、不当に冷い評価がなされてきたのであるから、多少甘い評価をしたとしても、バランスの回復にはなるだろう。「主義者」の人間的情感に魅せられ、「等身大の像」を刻もうと著者は努力しているが、登場人物の自己形成過程に注目する著者の視点は、筆者と共有するところが多い。

(20) 牧瀬菊枝編『久津見房子の暦』思想の科学社、一九七五年。

(21) 山川菊栄『日本婦人運動小史』大和書房、一九八一年、一三九頁。

(22) 平林たい子は一九〇五年長野県生まれで、土屋文明が校長をしていた諏訪高女に在学中、堺利彦らの文章に接して社会主義に興味を抱き、友人たちにも影響を与えていた。修学旅行のさいにひとりの友人とともに家出、上京して堺を頼ろうとしたが、出迎えの真柄に会えず、郷里に引き戻された。高女卒業後上京し、売文社や暁民会に出入りして真柄や仲宗根貞代とも親しくなったが、アナーキストと同棲するようになってボルシェビキ派と別れた。その後、アナーキスト系の文士くずれと男性遍歴をかさね、その体験を小説にして世に出た。「文芸戦線」派のプロレタリア作家として地位を築いたころ、同棲した小堀甚二は社会大衆党の党員であり、小堀の党内の地位を重くするために、平林は小堀に金を提供し、自分も無産派の婦人運動に参加した。平林は、性的放縦の私生活を赤裸々に暴露する点で「戦旗」派のようなイデオロギー作家ではなかったが、そのイデオロギーは同棲する男のイデオロギーでつぎつぎに変わったとよく言われる。戦後、小堀の女性問題が原因で離婚するが、右翼社会民主主義の強固な反共主義者として知られ、政府の審議会委員にもたびたび登用された。林芙美子との相似性が指摘されるが、宮本百合子とは対照的であった。真柄や貞代はたい子の「最初の男」につよく反感をもち、激しく非難したことから、たい子は真柄たちと別離したのであった(倉科平『平林たい子』南信日日新聞社、一九五〇年。中山和子『平林たい子』新典社、一九九九年)。

(23) 近藤真柄は晩年、自分のことについてずいぶん卑下したことばを書いている。「私は大変出来の悪い人間である。それは十二分に自分で承知しているので、豚女、悪妻、愚母の連続の女です」(『堺利彦全集』月報2)。もちろん謙抑にすぎるが、こういう自己認識があったればこそ、戦後婦人運動の大立て者になったり、神話化される人物になることを欲しなかったのであろう。筆者が、こういうスタンスに懐かしさ、敬愛の念を感じるのは、筆者の女性観の古さを示すものであろうか。

(24) そのような例はいくらでもあるが、戦前の女性の中で江口きちのばあいが印象的である。彼女は大正初年、群馬県川場村の宿場の飲食店の長女として生まれたが、兄は白痴、父親は一〇年にわたって失踪した。この父が帰宅してからもきちは父を許すことができず、ひとりで家を守って苦労した母親に対しても、その卑屈さが嫌いで、母の苦労が理解できたのはその死後のことであった。小学校で成績優秀だったきちは、高等科を卒業してから郵便局に勤めたが、母の急死で一家を支えるために飲食店を継ぎ、父・兄・妹のめんどうをみた。土地の有力者で妻子のある男と愛し合ったが、その苦しみが主な理由だと思われる自殺をした。二六歳であった。『女性時代』誌に歌・詩・エッセイを投稿するのが生きがいだった。過酷な家庭環境に才能をもって生まれたひとりの女性の不幸な生涯に、家族関係は重く苦しいものであった（島本久恵『江口きちの生涯』図書新聞社、一九六七年）。

(25) 明治末年に堺が書いた家庭教育論でつぎのように言う。「孝とは親に対する子の義務を教えた（というよりはむしろ命令した）ものであるらしいが、僕はかえって、子に対する親の義務を考えるに急である。……同時に、もし子の権利を蹂躙してはおらぬか、……自由を束縛してはおらぬか、……自然をそこないつつあるではないかと、それを切に反省するものである」（「子に対する態度」〈『売文集』一九一二年。『堺利彦全集』第六巻〉）。

(26) 利彦の人柄が同志や友人からどんなに愛されていたかということを、山川菊栄は彼の葬儀のさい、古い同志の服部浜次が老躯で堺の棺をかつぎ、「親にはぐれた子供のように」しおれ返っていた姿で描写している（山川菊栄「ふたりのかたみ」〈同『二十世紀をあゆむ―ある女の足あと』大和書房、一九七八年、二六八頁〉）。

(27) 堺利彦は、一九二六（大正一五）年九月一五日、獄中から妻に送った書簡の中で、つぎのように書いている。「清君真柄君。この間は大ぜいいっしょで愉快だった。無産社のこと着々進捗のことと察す。来年における無産社の発展についていろいろ考えていることもある。名案山のごとし。それまでに十分キソを固めておくがいい。真柄の健康もっとも大切。病気を直すのは一つの事業だ。克己と忍耐と勤勉と努力を要す……」(『堺利彦全集』第六巻、四三六頁)。娘の健康問題をひたすら案じる子煩悩な父親の姿であり、娘婿の出版業の発展を願う舅の心情が率直に語られている。一九三一(昭和六)年、すでに三〇歳近くになっており、同志にもなっていた娘について、堺はつぎのように述懐している。「わたしの子に対する態度が、いかなる結果を事実の上にも生じているのか。わたしにも近来、おりおり、そのことを考えてみる時がある。わたしはこの機会において、今の堺真柄君がその点をいかに考えておられるかを改めてお尋ねする」(『中央公論』一九三一年三月、『堺利彦全集』第六巻、二三一頁)。堺は家庭教育において自由放任主義をとり、娘に社会主義を押しつけるようなことはなかった。しかし、父親のうしろ姿、義母の言動、それに堺家に出入りしていた人びとの思想傾向など、真柄を社会主義に導く家庭環境だったことはまちがいない。「朱に交わって赤くなる」ということだろう。土屋文明が、堺親子のことを評して、「親が三味線をひき子が踊る」と言ったと、平林たい子が述べたのを聞き、真柄は「何とも恥かしい」と書いた(近藤真柄「父に関して」〈『堺利彦全集』月報、№二、一九七〇年一一月〉)。真柄は、軍隊赤化事件で入獄したさい、弁当の差し入れ人の中に父の名をみて泣きじゃくった。のちに、「これが親子の情というものであろうと思う」と書いている。社会主義者もまたふつうの人情の所有者であることを肯定しており、「親を蹴れ」と反家族主義的な激語を放ったアナーキストとはかなり遠い境地にいた。

(28) 山川菊栄『社会主義の婦人観』(無産者大学パンフレット)南宋書院、一九二八年。

(29) 外崎光広・岡部雅子編『山川菊栄の航跡』ドメス出版、一九七九年、二二頁。

(30) 近藤憲二の自伝は、『一無政府主義者の回想』(平凡社、一九六五年)である。これは「日本無政府主義運動史」(戦前篇)とも言うべき書物で、また、「人物無政府主義運動史」であり、近藤が親しく交際したアナーキストたちのプロフィールが克明に描き出されている。しかし、運動の歴史的分析としては弱く、思想史的分析としてはさらに弱い。また、筆者の関心からすれば、妻真柄との交流をこそ読みたいのであるが、ほとんどそれにふれられていない。アナーキズム運動の同志ではなかった真柄について書くべくもなかったろう。序文を書いている荒畑寒村は、近藤が「己れを語ることは極めて卑吝」であり、「対人関係、とくに女性との交渉についてほとんど触れていないのは、はなはだもの足りない感がする」と評した。とくに、近藤の妻、真柄と小さいときから親近していた寒村にとって、不満な点であったろう。同志のことはもとより、敵対した人びとに対しても嘲罵などしないところに近藤の人柄があらわれており、文章は闊達で、諧謔豊かである。芯のしっかりした主義者の精神を明示している。

(31)　帯刀の自伝は、帯刀貞代『ある遍歴の自叙伝』草土文化、一九八六年。拙稿は主としてこの著作にもとづいて書かれている。かなり率直に書かれた自伝ではあるが、第三者として十分理解できない部分はある。

(32)　一九三〇年には、不況の深刻化によって労働争議が各地で激化したが、繊維産業でも鐘紡・岸和田紡績堺・富士紡績川崎・東洋紡績四貫島の各工場であい次いで争議が起こった。東洋モスリン（洋モス）は山梨の若尾財閥の一族が経営していたが、不況によって大倉財閥に吸収され、会社はこの年二月、綿紡部の第二工場を閉鎖し、四九〇人の首切りを発表した。第二工場従業員は激しく反対闘争をおこなったが、総同盟関係者八四人のうち一七人が復職できたにすぎなかった。その後自然退職者を含めて当初の四五〇〇人から二五〇〇人にまで従業員は減ったが、なお経営難のため会社は、第三工場四八八人、営繕部六八人を解雇しようとした。労組はストライキで抵抗し、会社は暴力団を雇ってこれに対抗し、流血の惨事となった。警察も会社側に立って弾圧し、闘争は激化した。争議団・応援団と警察隊とのあいだで市街戦が演じられるほどであったが、けっきょく警視庁の調停によって争議は収束した（大河内一男・松尾洋『日本労働組合物語・昭和』筑摩書房、一九六五年、一八六～一九二頁）。

七　胸張りて行け　面あげよ

——折井一の教育実践と教育観——

はじめに——テーマとモティフ——

本稿は、戦後に新学制が発足してからまもなく、新制の工業高校の教員となり、のちにその校長を勤めたひとりの人物をとりあげ、彼の教育実践と教育観について叙述しようとするものである。

ほんらいなら、彼の教育実践に絞って詳叙したいのであるが、それは資料の制約があって困難である(1)。しかし、彼は自分の実践について断片的ながら書き遺しているし、そもそも彼の教育観は、実践のうえに形成されたものである。教育学関係の書物を読んだような形跡はない。彼の教育観は、実践・経験からの帰納であり、それ故に確かなリアリティをもっている。

彼の教育観は、折井一という一箇の人間の、人間性の表白である。彼の日ごろの行動、生き方の結晶である。観念や理屈ではなく、生きている人間の生活の中から生まれ出たことばである。説得のための教説ではなく、自己の反省であり、希望であり、記録である。

彼の文章は、きわめて正直であり、率直である。彼は、旧制高校の卒業生であるが、高校生時代に仲間たちのスローガンであった「フランクであれ」の精神を、終生もちつづけていたようにみえる。彼は一高生活を懐しみ、そこの寄宿寮や剣道部で与えられたものに感謝していたが、そのパーソナリティはまさに旧制高校生的であった。

しかし、彼は旧制高校生の理想主義的志向を色濃くもっていたが、エリーティズムには汚染されていなかった。一高をビリから二番で卒業し、帝国大学への入学にあたって二年も浪人したという経歴が幸いして、彼は選良意識や愚民蔑視意識から解放されていた。こうした学業上の失敗を語るときも、彼にはこだわりがない。

彼の人柄や思想が、彼の人生から形成されたことはもちろんだが、家庭においては父親、学校生活では先輩や友人からの影響がつよかったように思われる。彼自身、小学校から大学までに教わった先生の中で、「特に指導をうけ、特に影響をうけた先生はない」と記している(2)。しかし、そのあとで、上のように記したことは自分の思い上がりで、いろいろな面で影響も受け、世話にもなっていると、反省の辞を補っている。人間形成にあたって、本人が自覚することなしに、多くの人間からの影響を受けるのは言うまでもないことである。

さて、筆者が本稿を記述しようと思った理由は、筆者自身ひとりの教員として、教育実践上多くの悩みと苦労とを抱えており、それらを克服するための英知を、すぐれた先人たちから得たいと熱望するが故である。筆者は折井と同郷であり、折井とは大学同窓である。また、折井とはいっぺんだけだが会ったことがあり、そのさいの彼の言説にいたく感銘をおぼえたことを記憶している(3)。再訪を約しながら果たせず、筆者が東大を退官して諏訪に帰住したときにはすでに逝去されたあとであり、またしても「風樹の嘆」をしたたか味わうことになった(4)。本稿で折井の教育観を紹介するのは、この憬仰すべき先人に対するレクイエムであり、筆者の悔悟である。

1　折井一の生涯と実績

折井は、一九一〇(明治四三)年三月一〇日、長野県の上諏訪で生まれた。家はいわゆる「大和《おわ》士族」であり、父親は職業軍人であった。父、衡は、諏訪中学の第二回(一八九六年)入学生で、同期生六七名中、上諏訪出身は九名、上級学校進学者は二五名(東大四名、早大六名など)であった。衡は、同級生の中でただひとり軍関係の学校(陸軍士官学校)に進んでいる。一年上級の一期生には岩波茂雄、同期生には永田稠・樋口長衛・野明敏治・丸茂(両角)藤平などがおり、一級下の学年には茅野儀太郎(蕭々)・藤森良蔵がいた。いわゆる諏中草創期で、校風いまだ混沌の時代であり、学校運営への生徒の参加をめぐって校長と生徒が激しく対立していた時期であった。第四期生が五年生のころには、生徒の自治権が大幅に認められ、諏中は黎明期の黄金時代を迎え、中島喜久平・藤原咲平・小平権一などとともに、衡の弟、亮が文武両道に長けたリーダーとして活躍した。

衡は職業軍人としては珍しく柔軟な思考をする人で、リベラルな雰囲気をもった人だったようである。一は、この父を懐かしむ文章をいくつか書いているが、一が大学入試に二度失敗しても叱責しなかったということし、また、高校一年生の一の手淫をたしなめたときも、ごく軟らかい口調で論理的な説得をしたという(5)。一九四一年、後備役から退役になろうとしたとき、「満州の土」たらんと志して退役延期を願い出、撫順の填薬所長となったが、部下が満人に暴力をふるうのを厳禁し、所長専属の通訳である若い満人をかわいがり、慕われた。一九三〇年に中佐で後備役になった。陸士の同級生は中将・少将になっているので、一は父親のことを「ぼんくら軍人」だと思っていたというが、出世にあくせくすることのない、世渡りのあまりうまくない人間だったのであろう。

一は、父の勤務地である仙台で中学校（仙台一中）を卒え、一高の理科に進学した。四年修了時に二高を受験し、友人数人は合格したが彼は落ちた。あとで一〇点不足のための不合格と知らされたが、模擬試験のさいにできなかった問題をそのままにしておいたところ、それと類似の問題が実際に入試に出て解けず、そのことが敗因だと認識すると、一はくやしくてたまらず、しきりに後悔したという回想を書いている(6)。

二高に落ちたおかげで一高に入れたわけであるが、一高での勉学生活はあまり成果をあげたとは言えない。数学の「こちこちの文」や、習ってもいない微積分で説明する物理の授業に悩まされ、すっかり物理嫌い・数学嫌いになってしまった。それを癒してくれる先生も友人もいなかったが、たまたま寺田寅彦の本に出会い、「頭の悪い人が科学者になるんだよ」とか、「数学は科学の言葉だから君だってわかるんだよ」と語りかけられ、「涙の出る程うれしかった」と書いている(7)。

勉強ができなかったのは、剣道部の練習に打ち込みすぎたからである。一高の撃剣部は、勝敗にこだわらず、剣の道は人間修養の道だと教える、品位の高い運動部であったが、反面猛練習で聞こえていた。朝一時間・午後二時間・夜一時間の計四時間の練習をやり、しまいには選手の小便が血で赤くなるほどであった(8)。折井が数学で赤点を取ったとき、上級生が彼をつれて数学の教授を訪ね、不成績は剣道修行を熱心にやったせいなので、なんとか勘弁していただきたいとビッテ（懇願）してくれた、という(9)。

高校三年間はなんとか無事に過ごし、卒業できたが、大学へは二年間足踏みした。父親も母親も、それについては文句を言わなかったので、折井も追いつめられることなく、一高の同級生——府立一中出身で、一高の卒業成績は下から三番、つまり折井の一席上——とマージャンをしきりにやって、浪人生活を楽しんだ。しかし、時局は満州事変勃発前後の、風雲急を告げる時代であった。

大学は工学部の火薬学科であり、軍事技術の性格の濃いところである。ここの在学中の師弟関係は「水のような」交わりであったが、牧助教授の有機化学には大いに意欲を燃やされた(10)。一九三三年の夏休み、大学の同級生二人とともに陸軍火薬製造所で三週間の実習をおこない、規律のきびしさに悩まされたが、他面で所長の安藤中佐の人間性にふれえた(11)。大学卒業後、折井は陸軍科学研究所雇員として就職し、火薬ロケットの研究に従事した。

折井は敗戦間近の六月に陸軍の技術将校（少佐）として、大阪城内の中部軍司令部兵器部付きとなった。米軍の本土上陸に備えて、ゲリラ戦用の火薬の備蓄にあたり、兵庫県の生野銀山や四国の大歩危小歩危に出張し、また陸上に落ちた磁気機雷の火薬の抜き取り方法を兵隊に指導するなどの仕事をおこなった(12)。このかん、単身赴任で別居した妻に、任務のことはおろか居所さえも告げられぬ音信不通の状態にあったという。

敗戦となり、折井は「大阪城の淀君」の気分を味わいつつ、これから何をやっていくべきかを思案した。そのさい、軍の研究所に入って八年たったころ、いつも行く紀伊国屋で買った富塚清著『技術教育』のことが思い起こされ、青少年の科学技術の教育にあたろうと決心した(13)。日本が負けたのは日本人の科学技術が劣っていたためであるから、教師になって科学技術の振興に尽くそうと考えたのである。

折井は諏訪に帰り、教師になろうと思ったが、技術将校とはいえ現役軍人ということで教職適格審査に引っかかり、「世の中が馬鹿らしくなって何もする気」がせず、時計の修繕のようなアルバイトで糊口したのち、一九四七年に日本オルガノ商会に勤め、一九五〇年にようやく長野工業高校の教師になれた。一年間の単身赴任のあと、世話する人があって諏訪実業高校に移り、四年後に岡谷工業高校の教員（化学科長）となった。二年後の一九五七年、飯田工業高校長となって、六年後池田工業高校長、さらに二年後松本工業高校長となり、四年間その職にあって一九六九年に退職した。退職後は岡谷工高の非常勤講師を七年間やり、七七年に完全引退した。彼の教員生活二七年間のうち、平教員が七年間、校長が一二年間、非常勤教員が八年間である。中年で教育界に参入した教員としての経歴は、まあ順調だったと言えるであろう。彼の学歴・実力・人格あるいは縁故が、彼のキャリア形成にどんな割合でかかわっていたかは分からないが、長野県の当時の教育界は折井のような人物を受け入れる余裕をもっていたのである。

教員としての彼の実績については、まず平教員として生徒たちにどのような指導をしたかという点であるが、彼は誠実に教育実践にあたり、生徒たちひとりひとり、とくに問題を起こした生徒に温かい配慮をし、ときには遠慮なく生徒の反省を促している。生徒たちから支持されてもいる。授業方法がとくにすぐれていたとは思われないが、その人間性は生徒から信頼されていたように思われる。このことこそが教師として最高の条件である。

校長としての彼の実績は、施設・設備の貧弱だった飯田工高の充実（近代化）に努め、農業高校から転換された池田工高では、創設期の混乱・困難を克服すべく苦労した。伝統校としての松本工業では、「中堅技術教育」から「技能教育」へとレベル・ダウンされつつあった工業高校教育に対して、創造性の開発を主張し、生徒に「技術や」としての矜りをもたせようと努力した。学業であれ、運動であれ、「一つの事に熱中し、ひたむきに追求していく」ことを生徒たちに訴えた(14)。活き作りにされた鯉が、息絶えるまであきらめず、やることがあるが故に生に執着する姿を詩にして、柔道部員たちに「精進」、つまり一意専心の精神を教えた。

彼の学校運営は、どの程度の成功を収めたのであろうか。彼の書き遺したものから、その片鱗を窺うことはできる。しかし、それを正確に評価しようとすれば、当然あらゆるエビデンスを求めて丹念な資料収集をしなければならない。残念ながら、いま筆者に与えられている条件では、そうした作業は許されない。ここでは彼の意図や願望を紹介するにとどめざるをえない。それらが注目され、学ばれるべき価値を十分もっている、と考えるからである。

2　工業高校（生）の問題状況

戦後、新学制が実施され、かつての中等学校は新制高校となった。それまでの中等教育は、中学校・高等女学校・実業学校というふうに分立していて、あたかも別種の学校の観があった。このうち中学校のみが、高校・帝大へと進学していくエリート・コースの入り口（「登竜門」）だとみなされていた。筆者が一九四四年に諏訪中学に入ったときの入学式で、校長が「諸子は日本の将来の指導者となるべき立場であるから、よく自重し、勉学と身体鍛錬に励まなければならない」といった趣旨の講話をしたと記憶している。また、戦時中、どこかの地方で各中学校の生徒が集まる公式行事があったさい、もっとも伝統ある中学校の生徒たちが、行進の先頭に立つことを主張して争いになったという話も聞いている。

六・三制によって、すべて新制高校となり、形式的平等はいちおう達成された。しかし、男女共学制や総合制高校が多かった関西地方とはちがって、長野県の場合は学校の統廃合がおこなわれずに、旧制の分別ごとに高校に移行し、各高校は従来の伝統をそのまま背負うことになった。普通高校は進学校であり、実業高校は袋小路（ターミナル）の学校だとみなされた。同じ普通高校でも大学への進学成績によって格差が生まれ、入学の難易度によって一流校から何流校までのレッテルが貼られるようになった。

実業高校間にも格差が云々されるようになり、工・商・農といった序列が取り沙汰されるようになった。高校進学率が九〇％を越えるようになると、こうした学校間格差はさらにひどくなり、ついには「底辺校」・「教育困難校」などと言われるような学校が生まれるに至った。六・三制発足時よりもっとあとになるほど実業高校の教育は困難になっていった。折井の在職中、すでにこの問題は避けてとおれないものになっていたが、折井はこの問題に真正面から取り組んだ。

折井が諏訪実業の教員だったころ、つぎのような事件があった(15)。校内クラスマッチで優勝した商学科（男子）三年のB組と、被服科（女子）一年のB組が、B組同士ということで祝勝合同コンパをやったのを、無届けだったというので三年B組の担任教師が怒り、「被服科のようなくずとコンパをやるとは何事か」と言った。これを耳に入れて、当然被服科の生徒は怒った。怒ってはいるがわけは話そうとしない生徒たちを高島公園の葉桜の下の草原に連れ出した折井は、生徒たちの口を開かせ、つぎのように話してなだめた。

「被服科だからくずだなんということはない。商業科でも卒業して会社の金をちょろまかすような人間のくずがいる。被服科だから、商業科だから、人間の価値がきまるのではない。人間としてやるべきことをやることによって、人間の価値がきまるのだ。能力の違いはあるだろう。自分のもっている力を、十分に出せばいいじゃないか。」

これは説得のためのレトリックではない。折井は商業科の担任に抗議し、彼の失言に対し、心ない言葉であるとして、無届けがいけないのであればそれをつけばいいし、他の組とコンパをやるのがいけなければそれを言えばよいと批判している。そして、「その先生は、一応あやまったが、生徒ならずとも、担任の私が忘れる事の出来ない言葉だ」と、差別意識に対する怒りを表白している。

筆者もまた学生への話の中で、大学の序列などにこだわるべきでなく、いわゆる一流大学の卒業者でも反社会的行動で道徳的な批判を浴びたり、破廉恥な行為で犯罪の被疑者となったりする者がある事実をあげ、学歴の如何を問わず人間として精いっぱい誠実に生きることの尊さを説くことがある。それはまさしく筆者の信念であり、筆者は学歴主義批判のつよいスタンスを有している。

しかし、学生たちが、「自分は一流大学卒をえらいとも羨ましいとも思わない。そういう人たちの中にも、人間的にみておかしな人がいるようなので」と語ったり書いたりするのに接すると、必ずしもその意見に同調しえないのである。非難され、批判されるような人は、一流大学卒の一部にすぎず、そうした人間が一部存在するということだけで、一流大学に入学することが否定されるわけではない。またさらに、ではそのように言う学生たちが、自分は人間的にみてまともなのか、あるいは人間的であろうと努力しているのかと言えば、必ずしもそうではないのである。上記のような一流大学生論は、下手をすれば酸っぱい葡萄的言説や、優越者に対する妬みやひがみとしてのSheide-freude（毀傷の喜び）の表現になりかねないことをおそれるのである。

そもそも実社会では、生産性あるいは作業の能率によって働く者が評価されている。出来高が問題になるのであって、精いっぱい努力したか否かではない。つまり、教育的評価と経済的（経営的）評価では、原理も手法もちがうのである。生産性の如何によって評価されることはやむをえないのであるから、それは甘受することにして、なおかつ人間としての矜りのために精いっぱい努力することの意義を学生・生徒たちに納得させることは、きわめてむずかしい。努力してもしょせんかなわない、無理だという諦めや放棄の感情は、くりかえしての挫折体験から定着したものであり、それを克服することは容易でないからである。

工業高校の生徒の実態はどうか。折井の記述によれば、家庭や学校の影響で、勉強もしないし、本を読むことも少ない(16)。しかし、カリキュラムでは基礎科目と専門科目の両方をやらねばならず、生徒の学習すべき内容は多大である。工業高校機械科のある生徒は、折井につぎのような述懐をした、という(17)。授業の時はみな内職ばかりしており、三人寄って話をすれば女の子のこと、校長と話しているとあいつは校長にごまかすっていると言われる。授業はつまらないし、勉強もする気がしない。学校がいやになった……。

しかも、工業高校出に対する企業の評価はあまり高くない。折井が会った、あるアルミ製造会社の工場長は、工業高校出がホワイトカラーに憧れて設計・製図・中央管理室などで働きたがること、黒い煙の出る電解工場をいやがること、新入者に現場の作業をやらせるとはじめのうちはみな本にばかり頼っていることなどを指摘した(18)。

折井は生徒のための就職運動で出かけた大阪の会社で、当社は大卒と中卒とがあれば十分で、工業高校出は世話ばかり焼けて中途半端だとけなされ、ある大学の教授からは、工業高校出は五年たつと役に立たなくなる、と言われた。折井は、こうした評価を全面的に肯定はせぬとしつつも、工業高校出身者がたった三年間の学習をかさに着て専門家気取りになり、普通高校出身者と給料が同じであることに不満を抱いたり、作業員扱いにされていることに不平を言うならば、先のような批判は甘受しなければならぬ、としている(19)。

こうした、多くの問題を抱えている工業高校の教員になって、折井はどのような教育実践をおこなったのであろうか。それは、生徒に自信をもたせ、やる気を起こさせようとする教育であった。技術者は創造的な仕事をする者であるから、自分で考え自ら学ぶことを身につけるべきだという考え方である。しかし、この目標を達成することはまことに容易でない。折井にとっても、それは苦難のつづく道であった。

3　折井の教育実践

(1)　原型としての向陵精神

教職に就くにあたって、折井の理想的教育についてのイメージは、彼の青春時代を彩った一高生活にあったように思われる。それは寄宿寮と運動部にかかわる一高伝統の精神である。それはひとくちにSincerity(真摯)という言葉であらわされるものであり、一意専心や、努力・忍耐を包含する概念である。一高(向陵)精神は、寮歌に表現されているとされ、一高出身者は折にふれてそれを歌い、自らを励ましている。

折井は諏訪実業の教師だったとき、修学旅行に行く担任の級の生徒たちに、一高寮歌「黎明の靄」を教えた[20]。この歌は、一九一四(大正三)年の第二四回紀念祭にあたってつくられたもので、当然擬古文体であり、諏訪実業の生徒たちにはなじめない歌詞であったろう。折井はそれを「いっしょうけんめい」教え込み、「君たちが旅先で何か困ったことがあったら、この歌を歌え。この歌を誰に教わったかと聞く人間が必ずいて、助けてくれるだろう」と言って、生徒たちを動機づけた。生徒たちは、瀬戸内海の船の上で、金比羅の山の上でそれを歌い、卒業後も折井とともに集うときは歌った。

折井が作った池田工高校歌は、「安曇の野辺に水ぬるみ　心かなしく春はきぬ」と唱い出し、折井の「口の悪い同僚が、お前のとこの校歌は、音楽的でない、寮歌調だ」と批評すれば、折井は「まさにしかり」と満悦の態である(21)。松本工高の格技室の道場開きにあたって神主は招かず、「諸君の毎日の練習でお祓いせよ」と言い、例の鯉の詩を贈って向陵精神をつたえた(22)。「流るる水に涙して　幾度血をぞすすりけん」という猛練習とともに、フェアプレイに徹することを生徒に求めてやまなかった。

(2)　授業とクラブの指導

さすがの折井も授業にはかなり手こずったようである。なにしろ教員養成学校の出身ではなく、大学で教育関係の科目も履修していない(23)。

岡谷工高の教師になったとき、「化学英語」という科目を担当するように求められ、英語の先生でないからと拒んだが、これは学科長がやることになっていると言われて、折井はやむなく引き受けた(24)。折井はそのあと、英語の小説を読む勉強を始め、学校の図書室にある対訳本を全部読んでやろうと志し、『イソップ』、『ろうそくの化学』、『ジキル博士とハイド』など、片っ端から速読した。その間、二〇年も前に買って「ツンドク」ままだったThe Life of Pasteurを取り出して読み上げた。

工業高校の定時制の三年生に、折井は化学を教えたことがある(25)。それは「問題の組」で、先生と生徒の間が荒れており、引き受ける教員が誰もいなかったため、学科長の折井がやらざるをえなかったのである。授業を始めたが、「みんなあさっての方を向いて、何かを喋っても感度はゼロ」という状態に驚きつつ、「よし、むこうがそうならば、こっちもこっちだ。乗りかかった船だから、聞こうが聞くまいが、授業は予定通り進める。できないものは、単位未認定、追試はしないつもり」で授業をやった。折井のこの授業態度は決して褒めたものではない。

大学でも、私語でうるさい教室で、喋っている学生に注意するでもなく、講義ノートをマイペースで読み上げる教員がいる。前の方に座っている、せいぜい三分の一が講義を聴いているだけである。しかし、その学生たちも、後方から聞こえてくるざわめきに妨げられて、授業には身が入りにくい。こういう超然型の授業をする教員の中には、定められた時間のあいだ義務を果たせばそれでよいのだと割り切っている者が少なくない。折井の場合は、そうではなかったろう。生徒に分かるように、いっしょうけんめい誠実にやったにちがいない。

このクラスについて、つぎのようなエピソードが記されている。あるとき、時間が一〇分あまったので、折井はたまたま図書室で借りて読んだ新着本『現代日本技術史概説』の内容を紹介し、技術屋になる者の必読書だと思うので読むべきだ、と勧めた。こういうクラスだから、誰も聞いている者はなかろうと思っていたところ、日曜日の日直をしていたら三人の生徒が遊びに来て、「いろんな先生が読書のすすめをするが一般論にすぎず、読む気になれないが、折井先生のように話してくれれば、俺たちも読む気が起こる」と語った。このことがあってから、組の雰囲気がだんだん変わってきた、と折井は書いている。「このこと」もたしかにひとつのきっかけではあったろうが、折井の誠実な授業態度が生徒たちに影響を与えたのであろう。

折井の教え方は、手取り足取りというのではなかったようである。なにしろ、技術屋をつくるには、創造性が必要であり、自分で考える力を育てなければならない。折井は、戦前、諏訪中学の地理教員だった三沢勝衛のことにふれ、柿の隔年結果についての有名な授業について紹介し、三沢が教師であるとともに研究者

であり、研究によって発見したことを教えて、生徒に驚きを与え、やる気を起こさせたことを高く評価している。(26)

しかし、現代の生徒を教えることは容易でない。折井は、今の生徒がテレビの歌手やオートバイのスピード、エレキの騒音に関心を示しても、学校の授業に興味を感じないことを指摘する。(27)工業高校の生徒が工業に無関心であり、できれば普通高校に行きたかったと思っている。そういう生徒にどう教えればよいか。折井は、教師自身が工業のことに常に新鮮な驚きを感じることがその解であるとし、この答えが簡単であって容易ではないことを指摘している。

しかし、折井は三沢ばりの「考えさせる授業」に取り組んでいる。諏訪実業の教員だったとき、理科部が結成された。(28)その研究テーマとして「便所の臭気」を提案し、臭気の到達距離と気温・湿度・気圧・天候との相関性を二ヵ月間調査し、結果をグラフにして発表した。生徒たちを動機づけるために、アメリカでは火災保険の勧誘状を送るとき、物が燃えるようなきな臭い匂いをふりかけ、読む人がその匂いに衝迫されてすぐ火事になるような気になり、保険に加入するといった話をしている。はじめはおかしなテーマだと思い、あまりやる気のなかった生徒たちも、しだいにおもしろくなり、「研究とはこんなにおもしろいものか」と思うようになった。折井は、物理・化学・生物などの各科目で、それぞれ関連のないバラバラな知識として学んだものがひとつのシステマティックな知識となり、法則となることを、自らの手足と目と鼻で発見したこと、つまり科学の研究法そのものであったことが、生徒たちの興味ややる気を引き出したのだとコメントしている。

しかし、授業というのは、そんなにうまく行くものではない。折井自身、数学の授業で分かりやすく懇切丁寧に教えると、女の子から「まわりくどくて、わかんないわ」と反発され、化学では、一年のとき先生から教わって嫌で嫌でたまらなかったが、三年生になって実習をやるようになったら、そう嫌でなくなったなどと卒業生に言われたことを述懐している[29]。

折井のエッセイに、「研究報告・教科書の棒読み的授業について」という、まことにおもしろい作品がある[30]。昔の偉い漢学の大先生がテキストを朗読するだけで説明をせず、また大学の先生がノートを読み上げるだけなのにヒントを得て、高校でも教科書を堂々と自信をもって読めば、教育効果が大きいという、実証的研究のスタイルで書かれた空想の報告書である。もちろん、これにはうたた寝の夢だったという落ちがついているのだが、この文章は、新卒の教員で不得意科目ではテキストを棒読みするだけの「教育者」ならざる「教者」(一方的授業者)に対する皮肉であり、批判である。しかし、それと同時に、いっしょうけんめい解説し、理解させようと努力しても、教科書の棒読み授業と対比して、あまり成果をあげることができない空しさをかこつ教師の苦衷を表現するものである。教師の側の主観的な情熱や意欲だけでは、空まわりに終わっても仕方がないが、いかなる名講義でも卓越した授業でも、さっぱり生徒の耳に届かないことがしばしばある。教師は、この空しさを克服して、頑強《タフ》な実践者であらねばならない。

(3) 生徒指導のスタイル

折井は技術者である。彼の研究スタイル・教育スタイルは、共通して「実事求是」である。失敗をおそれない。失敗から学べばよい、と考える。

折井は働く青年への助言として、どんな所で働くにしても、必ず仕事の記録を取れ、と教え、ことに失敗の経験から多くのことを学び取るべきだと言う(31)。記録を取ることによって、注意深くもなり、仕事に興味が出てくる、というのである。それに関連した本も読まなければならなくなり、こうした「働きつつ学ぶ」ことが大切だ、と教えている。

折井は、どんな困難な未知の仕事にも、新鮮な感覚で向かっていくのが「技術屋かたぎ」だ、と述べている。大学を出ても、大学時代に教えてもらわなかったような未知の問題に出くわすことが再三である。自分で勉強し、試行錯誤しなければならない。困難に直面して、逃げたら負けである。折井が重視するのは「ヤルキトリシティ」である(32)。

折井は、未知の問題に挑戦した実例として、自分自身がおこなった、裁判所からの依頼によるダイナマイト爆発関連の鑑定(33)、農業高校の卒業式後一ヵ月間訓練所で旋盤の勉強をした若者の話(34)、大学の電気科を出て冷凍機の会社に就職し、冷媒のフレオンの化学的研究で毎日文化賞をもらった男の話(35)などを書いている。彼はこうした話を生徒たちにして、彼らのやる気を引き出そうとしたのである。

ある工高で、文化祭にファイアーストームをやらせてくれと生徒が要求したけれども、火事ノイローゼの校長はそれを許さなかった(36)。さかんに不平を言う生徒たちに、折井はつぎのように訓戒した。火事のおそれがなければ、ファイアーストームをやってもいいということなのだから、その方法を考え出すべきではないかと。そこまで言っても、生徒たちはついに何も考え出せず、「おれには二つの案がある」と述べた折井に聞きにも来ない。折井は憮然として、生徒たちは将来の日本の技術を背負って立つ技術屋の卵のはずであるが、これは「かえらざる無精卵」ではないかと嘆いている。そして、自分の教師としての力の不足を嘆息するのである。

折井はその専門性からしても、学校や工場での安全性の問題に関心をもっている。理科の実験や学校祭での事故の多くは、科学の基本を無視したことが原因であるとして、当事者の無知を批判する。指導する教員は十分研究して生徒の指導にあたるべきだと主張している(37)。

機械科でソルトバスの実習をやったとき、食塩の高温の溶融液の中に鉄棒をいきなり突っ込んだ生徒があり、見ていた生徒が火傷するという事故があった(38)。折井校長は生徒を集め、物理の基礎的法則を想起させ、新しいものをつくり出すときには常に危険が伴うことに技術屋は注意していなければならない、と説いた。教科書で知識を注入するだけではできない事上錬磨の好機会として、偶発的事故を利用したのである。

4 折井の教育観

これまでの記述で、折井の教育観にかなりふれてきた。この節は、これまで散発的に書いてきたもののまとめというより、むしろ補遺である。すでに記述したところと一部重複はするが、折井の教育観のエッセンスとも言うべきものを端的に提示したい。

まず彼は、生徒たちをガミガミ叱りつけるような威圧的なタイプの教師ではない。校長をやったあと、岡谷工高の非常勤講師時代に、ある日の授業で生徒がざわざわし、自分の話を聞こうとしないので、折井はどなりつけようと思ったが、「怒鳴るのは苦手なので」それは止め、「よし、そっちがそうならこっちもこっちだ。試験をして点数が足りなければ、絶対に単位をやらんぞと、聞こうが聞くまいが話をすすめた」という(39)。

これは、折井が教員になったはじめのころと同様な対応である。筆者も彼と同じような心境になったことは何度もある。怒鳴ったあとの後味の悪さは、骨身にしみている。しかし、単位はやらんぞと心中息まいていても、ほんとうに実行すれば学生の半分から、よくて三分の一は単位が取得できなくなるだろう。そこで答案に何か拾い上げるべき長所はないかと、苦心の末に合格点を与えるようにするのである。おそらくこれは、大方の教員の苦労するところであろう。

さて、折井が前記のような授業をしていると、真ん中の生徒が鏡を取り出し、髪に櫛を入れ始めた。折井は「止めろ」と言おうかと思ったが、そうはせず、授業が終わってから件の生徒と廊下でつぎのように問答した。「おい、さっき鏡出して櫛使っていたな。」「はい。」「授業中は頭の中の脳味噌の手入れするならよいが、外の髪の手入れは話がわからん。そういうことはトイレの鏡でやるもんだ。」「先生、学校の便所鏡ありません。」「馬鹿野郎、学校の便所小便いっぱいたまっているだろう。それを鏡にしてやるんだ。」

これに対して生徒は「はいっ」と「いい返事をした」という。「高校生は猛獣みたいなもんで、扱い方が悪いとかみつき、扱い方が良いということを聞く」というのが、折井の総括である。満座の中で怒鳴り上げるなどというのは、下手な扱い方であろう。それに生徒・学生は猛獣――たとえ比喩的であれ――ではない。猛獣なら、飴と鞭で制御できるだろう。人間・人格として処遇するなら、根気よい説得しかないのである。しかし、この場合の折井の説得の論理はそれほど完璧ではない。授業中は学業以外のことに気を遣うな、というのは常識であり、正論だとは思うが、近ごろの生徒・学生は「ナガラ族」である。頭の内外を同時に手入れすることができ、さらに同時にやらなければ授業につきあっていられないのである。

生徒の「いい返事」は、折井の奇警な小便＝鏡論の衝撃によるものではないだろう。折井の日ごろの授業態度、そのパーソナリティに対する基本的な信頼が、生徒のあいだにあったればこそであろう。これは「扱い方」という技術論のレベルの問題ではなく、教師―生徒間の基本的な人間関係にかかわる問題である。

生徒に対する折井の眼差しの温かさは、彼のエッセイの至るところで読みとれる。とくにできない生徒や問題の生徒に対して、そうである。そうした生徒が立派に成長したり、立ち直ったりした例がいくつか書かれており、感動的である。工業高校電気科の入試に応じた、中卒後三年を経た青年の成績がビリ(四一番)で、定員は四〇人だった(40)。調査書には空白が多く、三つも年上では同級生に悪い影響を与えるおそれがあるという意見と、三年もたって志願した向学の精神を評価すべきだという意見とが教員間で対立したが、決定を一任された折井校長は彼の入学を認めることにした。当時は面接の制度がなかったのである。入学後、その生徒は洋服の仕立て屋に勤めていたあいだに、高校ぐらい出ていなければだめだと分かって志願してきたこと、また彼の弟が入れちがいに機械科を卒業していることが判明した。

入学してからは同級生とよく協調し、強歩のような学校行事にも真面目に取り組んだ。就職時、彼の年齢的なハンディキャップをカバーするために、折井は入学させた事情や在学中の様子を懇切に説明して採ってもらった。その後彼は会社からインドに派遣されるような人物になった。

折井が担任だった高校二年生が試験を欠席したので家庭訪問すると、夕刻帰ってきて、つまらないから城山へ行って寝ころんで空を見ていた、と言う(41)。折井は説教してやったが、やがて転勤で彼と別れた。彼はバイト中にぐれて退学処分になった。「退学させるばかりが能じゃない」と、折井はその処置に立腹し、彼にときどき手紙を送って励ました。彼はその学校の定時制で学ぶようになった。折井はやむなく退学させるようなばあいでも、「いつまでもお前を見ているぞ」という、母と子のスキンシップのようなものが必要だろうと述べている。

また、卒業式を翌日に控えた高校生二人がコンパでウィスキーを回し飲みしたことで、以前のことも加味されて退学処分になったという記事を読み、折井は「同じ世代の息子を持つものとして、身につまされ、膺にアワを生じた」と書いている(42)。この年ごろの若者の背伸びの行為として、つい勧められるままに興味をもつのはありがちなことであり、悪事と決めつけて目くじらをたてることはいかがかというのである。かつての旧制高校生なら、未成年での酒や煙草は大目にみられた。折井にはそのことが念頭にあったろう。もちろん、高校といっても、旧制と新制とではまったくちがったものであり、同じ扱いはできない。しかし、折井は若者の逸脱行動については寛容である。

折井は、高校で生徒を退学させるのは、その「伝染性」をおそれてのことであり、退学させたあとのアフターケアがほとんどなく、「厄介払い」になっていることを指摘する(43)。高校教師の多忙さからすればやむをえないこととしつつも、折井は、校長として退学させないことを基本方針とし、実際に退学させたケースはたった一回だけであった。

そうした折井でも、高校野球部の不祥事件についてはきびしい態度をとった。彼は県高校野球連盟の会長を務め、「清純」なるが故に高校野球を愛した。さればこそ、野球部の選手であることが何か特権であるかのように思い、暴力をふるったり、万引きしたりする者は清純でないのだからきびしく罰すべきだ、とした。彼は優勝したチームの主力選手を、成績不良の故に落第処分にした(44)。チームはガタガタになったが、彼はそれをやむなしと思っていた。

高校野球にかかわった折井の結論は、『葉隠』の筆法で「高校野球とは負けることとみつけたり」である(45)。高校野球のばあい、甲子園で最後に優勝するのは一校だけであり、他の学校はすべて負ける。勝つために練習するというのが常識であろうが、それなら、敗けたばあいはそれまでの練習は無意味になってしまうのだろうか。折井の言うのは、勝敗にこだわらず、ひたむきに練習に打ち込む姿勢が大切だ、ということであろう。硬軟バランスを得た指導が大切だというのが、折井の教育方針である。N・P・S、つまりNutrition（栄養・食）・Play（遊）・Study（勉強）が高校生の三要素であり、この三つともバランスよくこなすことによって、高校生活三年間は楽しく、充実したものになると述べている[46]。折井の教育観は、奇抜なものでも偏倚したものでもなく、良識と評すべきであろう。

目標をもたないような生徒には、ハッパをかけるより褒めてやろうというのも、教師は「教える」・「おさえる」・「育てる」・「ほめる」をバランスよくやろうというのも、折井の教育観の穏健さである[47]。鋭鋒は、それを包む袋を破ってしまう。晩年の発言としてとくに軟化したのではなく、彼固有の温かさが表出されている。

結語

ここでとりたてて総括しなければならないほど、折井の言説は難解ではない。それは真におおらかなヒューマニズム・リベラリズムであると評しえようか。また、理科出らしい素朴・明快な思考様式だと言うこともできようか。折井が慢性肝炎で入院中、同室の老爺が癌ではないかとくよくよしているのに対し、折井は、人間何の病気だろうと最後は必ず死ぬのだから、癌だけを特別扱いせず、癌らしいと思ったら身辺を整理し、身内の者を安心させてがんばるべきだ、と助言した[48]。

こういう爽やかさが折井の持ち味である。一高撃剣部の先輩であり、師範であった佐々木保蔵は、後輩たちに剣の修行をつうじて生死の覚悟をもつように教えたが、折井はその教えに忠実だったのであろう(49)。その剛毅な性格は、武士―軍人の家風・経歴に由来するものであるか、どうか。

しかし、彼は単純明快であっても、現実社会の矛盾や世間の習慣に無知だったわけではない。就職して上京する卒業生に、課長のところにおみやげをもっていけと母親に言われ、おべっかをつかうのは嫌だが、どうしたらよいかと助言を求められた折井は、つぎのように答える(50)。

自分自身は、報酬を求めて人にものをもっていったことはない。校長になったら、物をもって頼みごとに来る人がおり、自分は物によって頼みごとをきくつもりはないが、きくかきかないかのボーダーラインにあるときは、物によって絶対左右されない、とは断言できない。親戚の家を訪問するとき、おみやげの菓子を主客で食べて会話すると、気分が和やかになるときがある。物をもっていくことは何か形式的で気にくわないが、それによって影響されるのは社会通念であることを心得ておかないと、不利な目に会うことがある。入社のさいの手みやげは、おべっかということでなく、これからいっしょうけんめいやるというおしるしだと思って、もっていったらどうだろうか。

これは、思慮深く、誠実な助言である。考え方は硬直していない。生真面目な、生真面目すぎる性格の高校生への助言として、まことに適切な言説であると思われる。これも一種のバランス感覚というものであろう。

折井の言説・行動には無理がなく、いわば自然体である。教育は息の長い仕事であり、短兵急に攻め立てたところで、効果のあがるものではないということを、よくわきまえている。かつて折井は深志高校のホーム・ルームを見学し、生徒たちが読書について話し合っているあいだ、教師は座って見ているだけなのに感心し、自分のクラスもそれ式にやろうとしたが、「一高自治」式のやり方はただうるさいクラスになってしまい、他の教師から指導が悪いと文句を言われた(51)。

折井は言う。教師が分かる授業をしようと思っても、生徒に勉強する気がなければどうにもならない。しかし、勉強する気を起こさせることは、きわめて困難である――と(52)。陳腐な意見とはいえ、至言である。しかし、この困難を熟知しているが故に、折井は教育に過大な期待をかけない。彼に「効率一％」という説がある(53)。教育に一〇〇万円かけても、一万円ぐらいの成果しかなく、一〇〇人の生徒に話をしても、すべての生徒が理解するわけではない。もちろん、折井は一％に満足していたのではなく、また怠けの口実にしたのでもない。これは、高校長を辞するさいの自己評価の数値なのである。

折井は校長退職時の述懐として、最近の校長生活は毎日がおもしろくないが、年に一回か二回、生徒との交流で教師をやってよかったと思うことがあったと書いている(54)。卒業生が旧師に最初は何かと手紙をよこすが、まもなく音信不通になることについて、折井もときに立腹することがあるが、教え子が成長し、自立していくことが大切で、教師というのは忘れられてよいのだ、と大悟している。もちろん、いつまでも同級会に招待してくれるような卒業生に、折井も愛着を感じてはいる。

筆者は折井のこうした教師観・教育観に親近感をおぼえる。筆者はかつて、新渡戸稲造と矢内原忠雄ら弟子たちとの精神的交流に感銘し、それを師弟愛の理想と観じたことがあった(55)。そうしたモデルにとらわれている限り、現実の学校の中に良き教育関係をつくりだすことは不可能である。旧制高校的理念と新制高校的現実のはざまに立って、Romantic-Realist であった折井こそは、わが追随すべき先達である。彼の遺訓に

曰く、Nie den Mut verlieren!（断じて意気沮喪《そそう》するなかれ！）(56)

〈注〉

(1) 折井の言説は、彼自身がファイルしたスクラップ・ブック『万興福記』三冊に収められている。そのほとんどは新聞等への投書であるが、中には紙名の記されていないものがあり、注記の中で（？）とあるのは、筆者の推定である。また、その中から自撰して『旅愁』（近代文芸社、一九八五年）が刊行されている。

(2) 「山本教授の思い出」〈『旅愁』一〇六頁〉。

(3) 正確な記憶ではないが、一九五七年の夏、「生産主義教育論」者であった宮原誠一教授に連れられて、飯田工高に折井を訪問した、と思われる。

(4) 折井は一九九〇年に没したが、筆者の諏訪帰住はそれより二年後のことである。

(5) 「父の思い出」〈『旅愁』一五五～一五六頁〉。

(6) 「繰り返すまい同じ失敗」（投書先不明、八四年一月一九日）。

(7) 「『ビブロス』序」〈『旅愁』五二～五三頁〉。

(8) 「碁・桜・剣」〈同上書（以下、同、と略）、一九八頁〉。

(9) 「運動部のしごき」〈同、一八七～一八八頁〉。

(10) 前掲「山本教授の思い出」〈同、一〇六～一〇七頁〉。

(11) 「夏」〈同、九九～一〇一頁〉。

(12) 「井伊直弼・野球・ゲリラ戦」〈同、一六九～一七〇頁〉。

(13) 「一冊の本」〈同、一二九～一三二頁〉。

(14) 「青春」〈同、八一～八二頁〉。

(15)「葉桜」〈同、二一～二二頁〉。
(16)「ある兄弟の話」〈同、五〇頁〉。
(17)「驚きを与える教育を」〈同、一三二頁〉。
(18)「農業高校生よ自信をもて　工業高校生よしっかりせよ」〈同、八六頁〉。
(19)「農業高校生よ自信をもて　工業高校生よしっかりせよ」〈同、八八頁〉。
(20)「ある高校長の話」〈同、九三頁〉。
(21)「池田にて」〈同、七〇～七一頁〉。本稿の表題「胸張りて行け　面あげよ」は、同校校歌の第三節の第五行である。
(22)前掲「青春」〈同、八二頁〉。
(23)前掲「高校長を去るにあたって」〈同、一四三頁〉。
(24)「効率一％」〈同、一五〇頁〉。
(25)「現代日本技術史概説」〈同、一一二頁〉。
(26)前掲「驚きを与える教育を」〈同、一三三～一三四頁〉。なお、三沢勝衛については、拙著『風土の教育力』（大明堂、一九九〇年）。
(27)前掲「驚きを与える教育を」〈同、一三四頁〉。
(28)「臭気」〈同、一九～二一頁〉。
(29)前掲「高校長を去るにあたって」〈同、一四三～一四四頁〉。
(30)同、六四～六七頁。
(31)「働きつつ学ぶ」〈同、一三七頁〉。
(32)「ヤルキトリシティ」〈同、一〇四～一〇五頁〉。
(33)「生物学的電子計算器」〈同、四六～四九頁〉。
(34)前掲「農業高校生よ自信をもて　工業高校生よしっかりせよ」〈同、八六～八九頁〉。

(35) 前掲「ヤルキトリシティ」〈同、一〇四～一〇五頁〉。
(36) 「有精卵はかえる」〈同、六一～六二頁〉。
(37) 「群馬での火薬爆発事故」〈同、一八九～一九〇頁〉。『やるべき事』は必ずやれ」(投書先不明、一九七一年一月六日)。「火の点検、こまめに」(投書先不明、一九七九年二月二五日)。「火災原因の講習会」〈『南信日々新聞』一九五〇年?〉。
(38) 「ソルトバス」〈『旅愁』四二～四三頁〉。
(39) 「鏡」〈同、一五七頁〉。
(40) 「Fundamentals of Electronics」〈同、五六～五八頁〉。
(41) 「『高校中退者』の記事を読んで」〈『南信日々新聞』一九八三年一月二四日〉。
(42) 「教え子と私の触れ合い」〈同(?)、一九七五年七月六日〉。
(43) 前掲「『高校中退者』の記事を読んで」。
(44) 「二葉高校野球部がんばれ!」〈『南信日々新聞』一九八七年一一月二三日〉。
(45) 「負けて良い高校野球」(投書先不明、一九七八年八月一一日)。
(46) 「食べ、遊び、勉強を」〈『南信日々新聞』(?)一九八五年四月一日〉。
(47) 「怒るより褒めよう」(投書先不明、一九八八年七月四日)。「生」〈『南信日々新聞』一九八八年一月二五日〉。
(48) 「癌」〈『旅愁』一五九～一六〇頁〉。
(49) 「おこられる」〈同、八三頁〉。石田和外『子ゝ孫ゝ』一九八一年。
(50) 「ある生徒とのやりとり」〈同、五九～六一頁〉。
(51) 「わが高校教師物語」〈『中日新聞』一九八七年一一月五日〉。
(52) 前掲「高校長を去るにあたって」。
(53) 前掲「効率一%」〈『旅愁』一五〇～一五三頁〉。
(54) 「教師の生きがい」〈同、一八一～一八二頁〉。

(55) 拙稿「エリートの教育と大衆の啓蒙―新渡戸稲造の再評価」〈『山梨学院大学法学論集』四二(一九九九年二月)〉。

(56) 「日課念仏」〈『旅愁』一六七頁〉。

〈謝辞と追記〉

インタビューの依頼を快諾して率直にお話し下さった折井一氏未亡人の和子さん、『旅愁』を貸与して下さった子息宏光氏に深謝する。

折井家を訪問したのは九九年七月三〇日午後で、筆者はその前日の夕刻、幼稚園教諭免許状の認可問題で文部省に申請書を提出に行き、帰宅したのはかなり夜も遅い時刻であった。三〇日の夜、筆者は急に発病し、救急車で病院に運ばれる羽目になった。七月後半、文部省と「相談」するために再度上京したことを含め、校務繁多によって心身が疲労のどん底にあった。発病は、そうした無理の積み重ねの必然的な帰結であった。

八月一〜二日に松本市の旧制高校記念館で開催された夏期セミナーに、無謀を承知で出席したのは、研究発表者の一人として招かれていたことへの義務感からであった。一日の夜も二日の発表中も気分が悪くなり、妻の看護でようやく事なきを得た。

かろうじて帰宅した後も、健康状態は一進一退であった。その不安定の中で、本稿は執筆された。三〇日のインタビューの余韻がまだ消えぬうちに、と思う気持ちと、夏期セミナーで聞いた教育史学や教育社会学の研究者たちの研究スタイルに対する懐疑や不満がバネになっての記述であった。ひとくちに言えば、それらは旧制高校の歴史的遺産から正しく学ぼうという真摯さに欠けるものと思われた。それは何も研究者の道徳性の問題ではなく、学問研究の方法論上の特性に由来するものであり、客観的・実証的にして非主体的・傍観者的な近代的科学のディシプリンに忠実だということである。「そう言うお前の文章は、単なる記述と感想にすぎないではないか」という批判は、甘受しなければならないだろうが、どちらが学として有意義かの判定は、真摯な読者にゆだねることにしよう。

筆者は近年、自己の直面する教育実践上の困難に対して、何らかの示唆を与えてくれる先人の実践と言説に謙虚に学ぶことに努めている。それは労多くして功の少ない難行道であるが、故人であろうと現存者であろうと、そのような先達に対して感じうる親近と憧憬が、かかる末法暗黒の世にかろうじて生をつなぎとめる力となっているのである。

先師、上原専禄先生がかつて万感の懐いで書かれた「死者との共闘」の一念を、改めて思い知りつつある。死者をして黙せしむることなかれ。死者の平安を祈ることなかれ。わが拙き声と筆ではあるが、闘い、勝利を収めずして逝った人びとを甦らせるために、わずかに残された力を奮い起さなければならない。

八　大学における研究と教育
――畑敏雄氏の行履と言説に学ぶ――

はじめに――テーマとモティフ――

本稿のテーマは大学問題である。「大学問題」とひとくちに言っても、内容はすこぶる多様である。ここでは、問題の中でも重要な分野であると思われる研究と教育の二つをとりあげることにした。この二つで大学問題が尽きるわけではないが、この二つをとりあげれば大学問題の中心的な部分に迫ることができるであろう。

こんにち、わが国の大学が直面している課題には、まことにきびしいものがある。大学人、とりわけ運営の局にあたっている人たちにとって喫緊の問題は、受験者数の減少である。とくに、地方弱小大学では学生確保が困難であり、全国の短大のかなりの数がいわゆる「定員割れ」現象を起こしている。中央・大手の大学さえも受験者の減少をまったく免れているところは多くないのであるから、いまや日本の過半の大学は「サバイバル」の危機を迎えていると言ってよいであろう(1)。

こうした問題状況に立ち向かうべく、ほとんどの大学がなんらかの対策をうち出している。まずは宣伝の強化、入試方式の変更、卒業生就職率の向上といったところに努力が向けられる(2)。まじめな大学では、教育の改善に工夫している(3)。もっとまじめな大学では、研究の質を高めるために取り組んでいる(4)。大学の設置者・管理者側の対応としては、施設・設備の改善に目を向けてきたところが多い。涙ぐましい努力が幸いに報われたところはよいが、効果があがらず、廃校あるいはその寸前という状態に追い込まれているところもある。

時代の風潮は、大学の存立にとって冷淡、むしろ冷酷と言えるだろう。「競争による淘汰」・「自己責任の原則」というのが時代風潮である。不良債権の処理を果断におこなわなかったことで、日本経済に破局をもたらしたという廉《かど》で金融機関が責められた。巨額な公費が注入され、公定歩合もゼロに近いほど政策的に厚遇されたのに、金融機関ははかばかしく立ち直れなかった。目下危機にある大学に対しては、国の援助策はほとんどなく、「自力更生」を要請するのみである。

短大サバイバルのひとつの方途として、四年制大学への転換に望みをかけるケースが多い。しかし、これには多額の資金が必要である。国費の援助は見込めないので、県や市の補助金は不可欠である。ところが地方自治体もおしなべて財政難であるから、おいそれと金は出しにくい。中部地方のある県の短大は、四年制化を目ざして広いキャンパスに移り、そこにモダーンな校舎を造営した。ところが当てにしていた県費からの補助が得られず、安定的運営に必要な資金に欠けるということで文部省の認可が得られなかった。堂々たる施設を誇りつつ、学生募集に苦しんで今や存亡の渕に臨んでいると聞く。

長野県の場合、東京理科大諏訪短大、松商学園短大の四年制化について、当時の県当局者は大変寛容に補助金支出を約束した。さすがは「教育県」である。オリンピック後遺症とも言うべき膨大な赤字財政に苦しむ県が、教育のために金を惜しまなかった太っ腹は、まことに見あげたものである。かたや岡谷市は、豊南短大の四年制化に協力し、その立地に援助しようとしたが、市議会・市民のあいだに慎重論がつよく、短大側が市長の苦境を配慮して撤退した。争点は大学の内容は何か、それは市民益にかなうか、また、学生は集まるかであった。市議会内外でこうした問題がさかんに議論され、与党多数の議会ではあったが、市長は強行突破しえなかった。市長はまだ大学誘致に執念を燃やし、こんどは理工系大学を招こうとして県費補助を求めたが、新知事はそれに同意していない。

これに対比すると、前期二大学への県費支出の決定は、きわめてスムーズにおこなわれていた。諏訪短大には東京理科大というしっかりした親大学があり、また理工系大学という時代の社会的要請に応えうるものがあり、また同地域には他に大学がないという条件もある。松商の方には、同窓会を中心に強固な支援組織があり、県・市当局や県議会に対する大きな影響力があったであろう。補助金支出の是非をめぐって、小むずかしい議論があったわけでなく、田中新知事はそこのところを問題にしたのである。県民益という基準に照らしてシビアにそのメリットを吟味すべきだと言うのである。

四年制化は、それを存続のための唯一の方策と考える大学関係者にとっては切なる悲願であり、また立地する地域社会にとっても歓迎されるべきものであろう。しかし、長野県内であっても通学が無理で、大学の近くに下宿しなければならない地域からみれば、県外の大学と比べてとくに魅力はないかもしれない。就職のさいは、一般に地方大学は不利である。よほど内容的に特色があり、高校卒業生を魅きつけるものがなければ、こんごの存続は保証されない。田中知事がその点について問題提起をしたのは当然だと思われる。新首長というのは、概して前首長の施策に対して異議を唱えたがるものであるが、このばあいはそうした無用な申し立てではないだろう。

筆者の属する短大も、新学科増設によって存続、否、発展を目ざしているので、上記の問題はひとごとではない。幸い、わが短大は福祉系の学校として、人びとの幸福の増進のために働く人材の育成に努めてきた。短大とはいえ、そうした専門的な仕事に就くことのできる資格を付与する教育機関である。社会貢献を志向する大学として胸を張れる立場なのである。とくに長野県の保育・介護の分野で立派に働いている幾多の卒業生をもっている。このような性格の短大であればこそ、筆者自身、晩年を少しでも意味あらしめようと願って前任大学のつよい慰留をふりきってまで、あえてこの短大への就職を希望したのである。

しかしながら、福祉系の大学であればみんな立派な大学かといえば、もちろんそんなことはない。どんな大学であろうと、教育・研究の面ですぐれた実績をあげるためには、すぐれた教職員がいなければならない。教育機関は、幼児教育から高等教育まで、教職員つまり人的資本こそが最重要のエレメントである。それは、プロの野球やサッカーのばあいと同じで、有能・強力な選手を多数抱えているところが有利なのである。まさに、「教育は人なり」なのである(5)。

この比喩で言えば、学長(校長)や学部長・学科長は、監督やコーチの役割になぞらえることができよう。プロ球団で、金に飽かせて強力な選手をかき集めても、逆に、いかに名監督であろうと、コーチや選手が無力でやる気がなければ、如何ともしがたい。「勇将のもと弱卒なし」という俗諺はあるが、血気さかんな猛将のもとに能力も意欲も欠いた弱兵が群れている場面を何度もみてきた。監督と選手とのミスマッチという悲劇は、むしろありふれた光景である。

筆者は本稿で、大学の平教員としては強卒、学長としても勇将だったひとりの人物をとりあげ、その行実と言説とを紹介しようと考えている。「名選手、必ずしも名監督ならず」とよく言われるが、この人は二つの立場で良き働きを示した。筆者にとって、景仰すべき先達である。ただし、筆者はいまだかつて将になった経験がないので、将論を云々する資格はない。リーダーシップ論ということであれば、学科長とか部長とかいった中間管理職のばあいでも、まじめに検討することが必要なテーマである。しかし、以下の行論では、そうしたテーマにふれるところはあまりない。テーマを教育と研究に絞っている。

さて、筆者の大学教員生活も久しくなった。初めて大学の教壇に立ったのは、一九五九年、大学院の博士課程を満期退学したときであった。以来、四〇年余、まさに馬齢を重ねて老境に至った。経験の豊富を誇りうればよいのだが、徒らに試行錯誤をくりかえしてきた面が多い。研究の分野ではそこそこの業績を達成できたと自負しているが、教育は研究に比してはるかに困難である。研究は資料相手の仕事であり、独座してもできる。しかし、教育は学生――人間――相手の仕事である。ときには理性よりも感情が先立ち、偏見や悪意によって行動するのが人間である。齢不惑を超えた教員が、なお性的煩悩を断ち切れず、非行に及んだなどという報道に接するのだから、年歯の弱小な生徒・学生が没論理・無分別であるのは当たり前である。こういう学生に、教養つまり批判的知性を形培することが、教師の責務である。この困難な課題に、教師は真摯に取り組まなければならない(6)。

それにしても、茫々たり回首四〇年、苦辛惨澹して教学の実をあげようとしたのに、その成果のなんと乏しいことよ。人に褒められよう、認められようとしてやったわけではない。責任感と良心に促されての悪戦苦闘であった。二一世紀初年の年頭、「教育行政学の泰斗」などと言われ、高等教育研究で知られたI氏と歓談した折、氏から「学者五戒」なる警句を聞かされた。それは、学者(大学教員)たる者、「たとえ盲腸になろうとも、長と名のつく役職に就くべからず」、「雑文を書くべからず」、「他大学の非常勤講師になるべからず」

など、筆者にとってもかなり耳の痛いフレーズである。「そう言う貴君自身は、どのくらい戒をまもられたか」と、嫌がらせでなく訊ねたら、ひたすら頭をかくのみであった。国立の重要な研究機関のトップにこそならなかったものの、「次長」の要職を務めた彼に比べれば、かつて公立短大の学長になることの下交渉を受けて、これを固辞した筆者の方が、まだしも持戒の志をつらぬいていると言えるであろう。しかしながら、どう考えてみても有能な教師だったとは言えない。古稀の年に至っていかに懺悔しても、ときすでに遅い。わがこと已みぬ、と思いつつもなおこぼさずにはいられない愚痴が本稿である。

1　畑敏雄氏への景仰

顧みれば、わが七〇年の人生は常に黒板とかかわってきた。満州事変勃発の歳に生まれ、日中戦争が始まった年に信州の山の中の小さな分校に入学した。「十五年戦争」がついに終わったのは、中学二年生の夏であった。一九五〇年、朝鮮戦争が起きた年に大学へ入学して以来、そこが基本的に生活の場となった。五〇年代末から、大学の教室で黒板を背にするようになって今日に及んでいる。その長いキャリアにもかかわらず、大学教員として己に欠けるところ少なくないことをわれ自から知る。研究・教育・運営のすべての面で、わが未熟を自覚している。

かつて、師であり同僚でもあった吉田昇氏の死を悼んで、「中道の挫折はいたましいが、人生にはしょせん完結はなく、学問研究にも完成などありえない」と書いたことがある(7)。自己の学問について壮大な構想を抱かれ、他日の完成を期しておられた吉田氏の心情を察しての暗涙をもって、氏の御霊の安らからんことを祈ったのである。その氏の夭折された年齢を筆者ははるかに超えてしまった。半世紀の歳月を徒消して、学成りがたしと歎息しても、甘えた戯言としか冷評されないであろう。七〇年間の展転、このかん怠惰・消閑の日々を送ったわけではない。むしろ営々として参窮に従事し、めったに欠勤することもなかった。学政への興味は薄かったが、与えられた端役には恪勤したつもりである。にもかかわらず、成果の乏しいのは、つまるところ生来の資質・能力の薄さに由るものであろう。

天資の乏しさを補う方法は、努力のはずである。さすれば、わが努力の不十分だったことをやはり反省すべきである。単に努力したというのではだめで、何をいかに学ぶべきかが肝心なのである。良寛は円通寺の修行僧時代には、「入室非敢後　朝参常先徒」(室に入るに敢て後るるに非ず　朝に参ずるに常に徒に先んぜり)という猛烈な勉強ぶりであった(8)。しかし後に彼はそうした修行が空しかったことを悔やむようになった(9)。法華経をもっと早く識っていたら、そんな無駄な遠廻りをしないでもすんだのに、という思いである。

書物であれ、人であれ、真の英知を教えてくれる「師」に出会うことは容易でない。もし学校で学んでいるときに、そのような「生きている師」にめぐり会えたならば、それは大きな幸運である。筆者のばあい、憧れて入った中学校でその幸せを享受することができた。そもそもその中学校は、太平洋戦争の末期という苛酷な時代にありながら、明治時代からの長い伝統である自治の校風を少なからずもちこたえており、リベラルな雰囲気を保っていた。そこには、当時敵性語と言われて圧迫されていた英語について、厳格に堂々と教えて倦まなかった英語教師、万葉集には天皇賛美の歌や防人の歌以外にも秀れた抒情歌や自然描写の歌があることを教えてくれた国語教師などが存在した(10)。

また、時流を超えて、真理を探求することの永遠的な価値や、西欧には知的探求の深く長い伝統があることについて教えてくれた、哲学青年のイメージをもった教師がいた。戦後になって復員してきた教師で、かつてこの中学の地理科の教員として著名だった三沢勝衛の生涯と思想について詳細に教えてくれたひともいた[11]。その教師たちのように、学問と教育とを将来の仕事にしようと決心したのである。

大学・大学院といった修行時代にも、その後の社会生活・職業生活の中でも、恩師と呼ぶべき人びとと遇えたことに深く感謝している。その人びとも、すでにみな泉下の人になってしまわれた[12]。筆者は今や、他に師を求めるのではなく、自らが師になるべきなのである。若い人たちから求められ、敬愛される、師の名に値いする教師にならなくてはならない。その自覚は必要である。しかし、筆者は己の欠陥・非力を自認するが故に、依然としてわが師を求め、啓発されることを希求せずにはいられない。ここ数年筆者は故人の中に師を求める努力を続けてきたが、生者の中にも求めるべき師は存在するはずである。

生者の中に見出した師が、畑敏雄氏であった。かつて群馬大学における社会教育主事講習の講師として招かれたさい、前橋市内の古書店で畑氏の著書『学長閑話』とたまたま出会い、その内容に大きな感銘を受けた[13]。その後、旧制一高の同窓会が主催した畑氏の講演会で氏の講話を聴くことができ、感銘を新たにした。そこで後日、氏にお願いしてインタビューに応じていただき、また貴重な資料も頂戴することができた。本稿は、畑氏から教えられたものを踏まえつつ、大学人のあり方について自省したものである。つまり、畑氏そのものを対象にする研究というより、畑氏の言行から示唆を受けながら、われわれの当面する大学問題について考察を試みた。我田引水の罪は、われ自らの知るところである。畑氏に累を及ぼすおそれについては、畑氏におわびしなければならない。

2　畑敏雄の人生と実績

(1)　畑の少年時代

畑の出生地は大阪である。当時、父親がシンガーミシンの輸入をおこなっていた会社に勤務していた関係からであった。

彼の父親は福井県の生まれで、若いときに上京して沖電気に勤めた。家はもと武士だったとのことだが、学歴はなく、腕の良い職人であった。下宿していた家の娘と結婚し、四人の子をもった。敏雄は次男であり、兄は四歳年長であった。弟妹は幼くして死んだので、男兄弟二人が育てられた。

母親は富山県の出身で、元は庄屋の家柄だったというが没落し、母親と娘のふたりが上京して、その家に下宿していた敏雄の父と娘が結婚したのである。敏雄の母親は少女のころ、家が零落したために高等女学校に進学できなかったことを口惜しく思い、進学できた友人から教科書を借り、それを書写して独学した。

どのような方法によったのかさだかでないが、母親は看護婦の資格を得て、ある時期その仕事に就いていたらしい。母親は、自分も向学心が強かったし、また、子どもたちに対してはきわめて教育熱心であった。敏雄の父はシンガーミシン関連の会社を退職して、ミシンの製造・販売をおこなう会社を設立したが、事業はうまく行かず失敗したというから、畑の家は豊かでなかったろう。そうした家庭の主婦としては異例に、敏雄の母親は教育につよい関心をもっていた。

敏雄は少年時代を東京の駒込で過ごしたのだが、それは山の手と下町の接点というか、両方の特色が混在する地域であった。敏雄は、身体も精神も活発な少年として、遊び場にめぐまれた環境の中での楽しい生活を享受した。

母親の教育関心は、まず長男に集中的に向けられた。豊かならざる家計をやりくりして教育費を捻出した。長男は数学の才能に秀で、小学校から七年制高等学校に進学した。武蔵の第一期生であったが、七年制高校は旧制中学への入学に比べて、よりきびしく困難な道であった。

敏雄は、兄のような指導や援助を受けることなしに中学校の入試に臨んだ。武蔵も受験したが、これは不合格になった。兄が武蔵で「有名人」だったことの影響ではないかというのだが、その結果府立五中に入学した。創立時の校長だった伊藤長七がまだ在任しており、進歩的な教育理念のもとに五中は運営されていた(14)。この学校に入った敏雄は、生来の自由闊達な性格にさらに磨きをかけることになった。

夏休み自由課題研究で、江戸城をテーマとして選び、図書館で徹底的に資料を調べるとともに、皇居の回りを歩いて実地調査をおこなった。このレポートは教師から激賞され、敏雄は調査研究をおこなうことに深い興味を抱くとともに、この能力に自信をもつようになった。

敏雄の関心は考古学に向けられた。彼は考古学の専門雑誌を購入し、学会の研究会に出席するなど、まるで専門研究者のようにふるまった。学校内に考古学研究サークル、「探古会」を組織したが、教師の力も借りずにまったく自主的に動いたことを、伊藤校長は大変喜び、「しっかりやれ」と励ました。

(2)　畑の高校時代

畑は、四年修了で一高を受験したが不合格となった。同級生の何人かは一高に進学していき、その中には彼の親しい友人もいた。五年になってもあまり受験勉強に熱中したわけではなかったが、卒業時には一高に合格した。理科乙類である。彼の家からは一高まで徒歩二〇分の距離であったが、全寮制の一高であるから、彼も入寮することにした。一九三〇(昭和五)年の春のことである。

その前年は、あの世界大恐慌が始まった年であり、翌年には満州事変が起きている。つまり、当時の日本は深刻な経済不況のただ中にあり、それからの脱出のために中国侵略政策を選んだのである。一高生のあいだには、マルクス主義が広く深く浸透していた。旧制高校の多くに同じような傾向がみられたが、中学生の中にさえマルクス主義に関心をもつ者があり、五中のばあいも例外ではなかった。

一高で一年上級になった中学時代の親友が、畑にマルクス主義にもとづく議論をふっかけてきた。彼との論争に負けまいとして、畑はカントに拠ろうとした。一高に合格したあと、上野の図書館に籠り、桑木厳翼の『カントと現代哲学』などを熟読した。「三大批判書」のようなカントの著作に直接取り組んだわけではないようだが、観念論哲学の概要を把むことはできたようである。

認識論の次元では友人のマルクス主義を論破できると考えた畑であるが、東京の市電のストライキのような、現実社会で進行している諸問題については、カント的な哲学ではどうにも説明がつかないと畑は思わざるをえなかった。畑は、唯物論の優越性を承認すべきだと考えたが、そうする前に、自分自身の思考を徹底的に突き詰めてみなければならないと決心した。

学校を休んで一〇日間ほど自室に籠り、いっさいの図書を斥けて、ただ「デンケンブッフ」と命名したノートだけを用意し、「物質とは何か」といったテーマについて考えられるだけ考え、結論をノートに書き留めるという作業をおこなった。借り物ではない、自分の思想をつむぎ出すための、必死の苦闘をおこない、結果として唯物論的立場を確立することになった。もっとも、こうした孤独な思索にもまして、本郷通りの市電をすっかりストップさせたストライキを目のあたりにした体験の衝撃が大きかったという。

こうしてマルクス主義を受容し、左翼運動のシンパになった畑であるが、高校一年を修了するころ、母親が病死した。母親は重い病気で入院していたが、長男が二年も遅れて武蔵高をようやく卒業したのに、東京帝大の入試に落第したことに落胆したための死だったかもしれないという。この兄はバスケットボールの選手として有名であり、運動に打ち込みすぎて留年したのである。豪放磊落な性格で、実に魅力的な人物であったが、中学生・高校生時代の畑はこの兄とよく喧嘩し、ときには腕力沙汰にもなった。

妻に先立たれてがっくりしている父親を支えねばと考えて、畑は寮を出て家に戻った。通学生になったのだが、スポーツはつづけており、高校生生活はおおいにエンジョイした。このかん、当局の弾圧によって一高内の共産青年同盟が壊滅してしまい、畑がその再建にあたることを要請された。共青同盟員になることは、共産党員になることとほとんど同様な重罪とみなされた当時のことであるから、畑もその要請を受け入れるか否かを真剣に考えざるをえなかった。「逮捕されたとき、飽く迄守秘できるかどうか自信がないので、同盟員になる資格がないと思う」と、ひとたびは辞退したのだが、重ねての要請に承諾することにした。

「自分に対して要請されていることに、自信がないという理由で拒否するのは卑怯である」という心境になって、受諾に踏み切ったという。それは、学歴を利して立身出世していくというみちを放棄することであり、その逆に犯罪者・「国賊」として迫害される人生を選択するということである。亡き母の期待を裏切るということでもある。畑はそうしたことをすべて振り捨てる覚悟をして、左翼活動に入ったのである(15)。

といっても、機関紙を数回発行したり、『無産青年』や共産党機関紙『赤旗』の配布をしたりするくらいで、もちろん公然活動ができる状況ではなかった。バスケットボール部の友人に反宗教同盟の機関誌を郵送したところ、これが先方の家族の手に入ったためであろうか、畑は警察に逮捕され、その入手先を追及された。「本郷の夜店の古本屋で買った」と弁解して、なんとか釈放されて東京帝大の医学部薬学科の入試を受験した畑であったが、一高卒業寸前にふたたび逮捕され、強烈なテロを受けた。共青機関紙を配布していた友人の名前をひとり言わざるをえなかったことを、畑は今に至るまで申し訳なく思っている。

こうして、畑は他の同盟員とともに退学処分となった。彼は地下活動に入ろうと思ったが、組織との連絡がつかないまま、父親のはからいでしばらく房総半島の海岸で過ごし、結局他の学校に入り直すことにした。横浜高等工業学校に入学し、同級生よりは三、四歳年長であったが、彼らに馴染み、学業でも運動面でもリーダー格として活躍した。この学校がリベラルな校風だったことも幸いして、彼はここでの三年間をけっこうエンジョイしたようである。このかん、彼は左翼運動とかかわりをもたず、ふつうの学生として身を処したわけである。

(3) 東京工大の教員時代

高工卒業後、東京工業大学に進学し、かなり優秀な成績で卒業して、母校に残った。助手から専門部の助教授となり、やがて学部の助教授に抜擢された。これは同じ卒業年度の同僚の中ではもっとも速い昇進であり、彼は勤勉・有能な若手研究者として実績をあげた。軍国主義時代のことであるから、技術研究はどうしても軍事的な性格を帯びざるをえず、太平洋戦争下ではまさに軍事技術そのものの研究となった。畑は研究作業の創造性に魅力をおぼえ、研究に熱中したらしい。帝国主義戦争への加担に良心の苦しみをおぼえるといったことはなかったようにみえる。彼は研究の目的の是非について思索するよりも、研究方法の工夫に没頭し、最大の効果をあげようとする技術学的思考様式の持ち主なのではないだろうか。一高生時代の哲学の勉強も、存在論的テーマより認識論に傾斜していたことが思い合わされる。

戦後、畑は大学内における教職員組合運動に精力を傾注し、学内反動勢力と対峙して民主化闘争をおこなった。かつて、一高共青の再建を彼に要請した、一年上級の伊藤律が戦後共産党の中枢にいたこともあり、畑は戦後早い時期に入党し、以後四〇年間にわたって党員であった。学者・文化人は党中央委員会直属という制度であったが、東京工大という職場でも彼の党籍は半ば公然であった。教授会で、「共産党(員)として畑はどう考えるか」といった挑発的な発言をした「反動教授」があり、畑はそれに対して、「共産党としては……」と応酬した。

大学教員である共産党員は、自分の党籍を隠し、自分の意見を堂々と述べようとしないばあいが、筆者の周囲では多かったように思われる。党員だからということで警戒されてマイノリティになったり、党派的発言としてはじめから排斥されないようにするための用心であろう。その点、畑はきわめてオープンであり、フランクである、「快活な」陽性の党員であった。

そのころ、畑たちが伊藤律を工大に招いて講演会を開催した。演説の中で反米闘争を煽動したという嫌疑がかけられ、畑はGHQに召喚されて訊問を受けた(16)。「そのような言論はなかった」と突っぱね、最後には帰宅を許されたが、あとになって考えてみると、よくも放免されたものだと、畑は事態の深刻さを今さらのように認識する。強面に反応し、断乎として否定したことで成功したのであろう。そう言えば畑は戦前の徴兵検査で徴兵官の高級将校から、日本共産党(実はコミンテルン)の革命テーゼを知っているかと聞かれたとき、その内容を詳細に説明して徴兵を免れた。こうした危険人物を入れて、軍隊の赤化でもやられては困ると考えて忌避したのだろうと、畑は呵々するのであるが、これもあとで考えれば冷や汗がどっと噴き出るようなリスキーな挑発であろう。「こんな非国民は軍隊に入れて、根性を叩き直してやろう」と考える、強気の軍人と出くわす可能性も大きいからである。

好運な畑は、反米の咎でGHQに逮捕もされず、工大の中でも小さくなる必要もなく、むしろ大手を振って闊歩していたようである。なにしろ、時代は民主化へと向かっており、工大は新しい大学として自らを再生すべく、さまざまな革新が試みられていた。当時の学長たちはおおむね進歩的であり、畑もこれら学長を支持して大学革命の流れに棹さしていた。学長や大学首脳部としても、教職員組合や学生自治会に影響力のある畑を、自らのウイングの中に抱えていることを有利とみたのであろう。

原水爆禁止の大衆運動が始まると、畑はその運動を組織し、指導する役割を担うことになった。原水禁の代表者は安井郁であったが、彼は外国に出歩くことが多く、国内でも講演などで多忙だったので、実務は畑が処理しなければならなかった。畑は当時平和委員会にいて、そこから原水禁に出向して事務局次長の役割を担ったのである(17)。畑は前後一〇年ばかり、学内の仕事はほとんどせずに、もっぱら外部の運動に奔走した。

原水爆禁止という平和運動の歴史的意義を思えば、この推進に情熱を傾けたのは、立派な生きざまだと言えるであろう。畑は、その当時も今も、そうした生き方をしたことを少しも恥じないし、むしろ満足していると述べていた。国民の税金で養われている公務員研究者として、専門外のところで社会運動に没頭することの是非は問われるところであろう。少なくとも筆者のような小心の「専門研究者」には、畑のような生きざまは真似られない。

畑もやがて学内に戻り、科学者・教師としての職務に精励するようになった。高分子の研究に遅れて参加したのだが、この開拓されつつあった新分野に深く興味をおぼえ、全力をあげて研究をおこなった。当然一定の成果をあげ、論文のかたちをなさぬ、アイデアだけの「学位論文」で博士の学位も得て、教育方法で大きな成果をあげ、学会でも重きをなすようになった。

しかし、全共闘派の学生たちとは激しくやり合う一方で、教授会では改革派として発言したので、当然孤立することになり、大学運営を担うようなポストには就くことがなかった。研究・教育上では実績をあげたが、管理的な職務についてはあまり能力を発揮する機会がなかったようである。

畑は、東京工大退職後、群馬大学工学部に移り、そこで工大ばりの工学教育をおこない、同学部でもっとも低学力の学生が入学する学科として知られた繊維高分子工学科の学生たちの潜在的可能性をみごとに開発した。畑の教師としての力量は十分に実証されたのである。一九七五（昭和五〇）年、畑は大学学長に選出された。

畑は学長就任の感想として、「思いがけず」とか「交通事故」・「ハプニング」とか、照れのポーズを示しているが、畑のような前歴――札つきの共産党員――の学者を学長に選出した群大の教員たちのリベラリズム――知性と勇気――に敬意を表すものである(18)。畑が就任後、群馬大学の広報誌紙に掲載した文章や学長告辞を読めば、彼の人間性が躍如としており、タテマエよりもホンネで語っている。

学長としての畑の業績について述べることは困難である(19)。彼自身も多くは語らない。得々とわが実績を数えあげるような人柄ではないこともあろうが、そもそも国立大学では学部自治がつよく、学内慣行が幅をきかせており、学長のリーダーシップは制限されている。「民主的な」学長であればあるほど、独断専行をやらないものであるが、畑はまさにそのデモクラットであった。大学の民主的運営には努力したにちがいないが、キャンパスの移転・統合、学部新設などにどこまで貢献したか、筆者には分からない。それを解明するために時間と労力を費やす余裕が筆者にはない。それに大学運営の問題に筆者の関心は薄く、本稿のテーマは研究と教育の問題に集中している。畑から筆者が学ぼうとしているのは、まさにその分野なのである。こんにちにおける大学改革の最重要課題はこの分野における革新であり、運営や制度は二の次だと思われるからである。

3　大学における研究と畑の研究論

大学の大学たるゆえん、むしろ本質は、そこが学問研究の場だというところにある。大学が学問研究をしなくなったら、それはもう大学ではない[20]。大学というものが地上に存在するようになってから、大学では研究活動が展開されてきた。大学は研究機関であると同時に教育機関でもあるのだが、その教育活動で必要なものは教育内容としての知識である。学問的知識には、人文科学のように過去の時代から各世代が積みあげてきた知の遺産を継承し、再解釈をしていくような分野もあれば、自然科学のように新しい法則の発見に努める分野もある。専門分野はいちじるしく細分化され、学問の体系はおそろしく複雑化している。研究方法も多様化し、学者とひとことで言っても、その人柄もライフスタイルも人さまざまである。

大学も多様化している。研究に重点を置いているのは「大学院大学」であり、数ある大学の中には、研究をあまり重視しているようにはみえないものも少なくない。それは、たとえば教員人事において学問的業績を重視しないとか、教員の研究費を最小限に抑えるとか、研究紀要の論文の本数や頁を制限するとかのかたちで表象される。学長の選出でも、学者よりも行政家、真理探求者よりも世故に長けた通俗的人物がそのポストに就くことになる。そうした学長であれば、当然研究活動発展のために真剣に努力するはずもない。私学で言えば、理事会とかけあって研究費の増額に努力するような人物でなければならないのだが、そのような人物は必ずしも多くはない。

本来なら学長・学部長が率先して研究活動をおこない、良い論文を書いて垂範することが望ましい。校務に力を注ぐことは当然の職責であるが、多忙のあいだにも研究活動に精励してこそ、他の教員の研究への意欲を鼓舞するのである。学長・学部長の中には、自らは研究成果をほとんど発表しないのに、教員たちに向かって研究を奨励し、大学紀要への執筆を慫慂するような厚顔の徒がいる。もっとも、学長自らが紀要に論文を書かなくても、文章を発表する機会は学内外に多々あるだろうし、また、入学式や卒業式などの式辞を述べる機会もある。それらの言説の中に、多年研究に従事してきて身につけた学識・教養がおのずから流露するようであれば、他の教員や学生に真理探求への意欲を喚起することに貢献できるであろう(21)。自ら研究し、論文をつくる余裕などなく、俗務に追いまわされている学部長で、珍しく論文を発表する感心な人も稀にはいる。ただし、数人の共同製作論文のファースト・オーサーではなく、ワン・ノブ・ゼムとして加えてもらっていたのに、のちにこの論文の内容が批判されたとき、学部長としての責任が追及され、けっきょく詰め腹を切らされた例もある。ゆめゆめ名義貸しのような無責任なことをすべきものではない(22)。筆者など老昏はなはだしく、学術論文を書く緊張感を忌避してエッセイに逃れたがるような零落ぶりではあるが、他人に便乗して業績づくりをするような恥知らずになるつもりはない。

さて、畑の研究についてであるが、彼の専攻する科学分野は、筆者の窺い知りえぬところであり、その研究の内実を紹介することも論評することもできない。しかし、研究論・研究方法論として一般化された彼の言説には興味深いものがある。研究方法論では、武谷三男の三段階論を高く評価し、それに全面的賛成ではないが、有効性のあることを、高分子学の歴史的発展、コロイド学の変遷を例にして説明している。現象論から実体論へ、さらに本質論へという研究活動の発展として、高分子物性の研究はいまや非平衡の熱力学に取り組んでいるというのである(23)。

畑の研究論は、単純明快である。研究の動機はすべて「おもしろそうだから」という興味・関心に集約できるが、それも一種のエゴイズムであり、指導教官や上司から評価されたい、良い会社に就職したい、出世したいといった利己的な動機と別のものではない、とする。研究論はそこから出発すべきであり、そういう主観的な欲望を実現しようとすれば、自然の客観的法則との衝突・対立に直面し、弁証法的に解決することが要請される、というのである。欲望で眼のくもった人間には自然の真実は分からず、豊かな人間性、謙虚な心に対してのみ自然は神秘の扉を開くのであり、そのことを認識することによって研究者は自己変革をし、人間的に成長するのだというのが畑の所説である。

畑は『朝日ジャーナル』が東工大について、異端の存在を許し、それを大切にする大学だと紹介したのを引用し、大学の人間はみな異端でなければならず、反逆の精神こそが創造の母であり、大学の精神だと論じている(24)。しかし、現実の工大では行政権力という亡霊が横行しており、官僚化・サラリーマン化が進行しつつある、と批判する。アカデミック・フリーダムがもう死語化してきていて、経済成長一本やりの大企業本位のための経済政策が自然破壊の公害をもたらしたこととパラレルに、大学の精神を荒廃させる「大学公害」がひろがりつつあることを、畑はきびしく指弾する。

　こうした大学の現況に対して、ほんものの科学者であろうとするなら、いかなる権威にも盲従することなく、権力主義の大学の体制を批判し、反逆しなければならないと、畑は主張する。変革の対象として、大学という社会も巨大化していて、手をつけるのは大変であるが、まず身近な研究室という環境を良くすることからスタートすべきだとも提言している。存在を変革すべく、対象に働きかけることをつうじて自己を変革していくのが、人間の本質であり、人間は「考えるスケベエ」(九五％アニマル、五％考える輩)であるというのが、畑のリアリスティック・アイデアリズム(唯物論的理想主義)である。畑は、真理探求こそが学問の本質だという観念論から出発しない。それではタテマエに終わるだけだからである。

　いまどきの若者は生きることの意義も目的ももたぬ、価値観を喪失しているという非難に対して畑は、「いいじゃないか、そうであったって。だいたい意義だの目的だの価値だの、誰が決めるのだ。大人の尺度で、または『国』の期待する人間像などで若者を測ろうとするから、そんなグチが出るのだ。」と一蹴している。[25] こうした言説は、上述のようにタテマエ論(観念論)を排除しようとする畑の基本的スタンスから出てくるものである。

　そう言う畑が、教育基本法を感激して読み、それに真理を見出している。[26] 前文言うところの「普遍的にして個性豊かな文化の創造」にコメントして、「民族的な個性的な文化をもってはじめて、世界の普遍的な評価を受けることができるし、独創的な科学技術によってはじめて世界の尊敬を得ることができる」と述べている。第一条に愛国心についての文言が欠けているという保守派の非難に対して、教育基本法が戦前の国家主義への反省のうえにつくられており、真理・平和・文化創造を大切にすることこそが日本の国を愛する道なのだと反論している。

教育基本法はきわめて抽象的な文言で構成されており、すこぶる理念的である。それを起草した学者たちは、ドイツ観念論哲学、とくに新カント学派の人格形成論に親しんでいる者が多く、一読したのでは確かに観念的である。しかし、それは第二次大戦についての反省という、歴史的・具体的なモメントによって成立したものである。畑は、対象を空間的・時間的に固定化したり、観察者の視点を固定化したりしたら、真理を明らかにすることはできないとし、歴史的に学び、時間的経過の中で真実を把むべきことを力説する。[27] 教育基本法を正しく認識するためには、こうした歴史的パースペクティブの中で解釈し、了解しなければならないのである。了解とは、人間的な理解と共感とを言うのである。

4 畑の教育実践と教育論

畑自身が語る彼の教育実践は、なかなか示唆的である。彼は工大の研究室で、毎週「土曜会」と称する研究会を開催していた。[28] 学部の四年生から大学院生まで、研究室の成員が二班か三班に分かれ、隔週または三週に一度研究会に参加し、報告・協議をおこなうのだが、畑は指導者として毎週出席する。学年を超えたタテワリ・ゼミといった趣きであるが、各人の研究テーマは自由で、高分子化学とは限らない。「マージャン必勝法」でも「ナンパの方法論」でもよい、とされている。ただ、ふつうのゼミのように、本を読んでの報告や、数式を並べただけのものではだめで、とにかく自分の頭で考え出したものでなくてはならない。

畑の指導法は、峻厳をきわめたものである。欠席はもちろん遅刻に対してもうるさい。「言うことはありません」などという逃げ口上は許さない。「貴様、それでも人間か」と罵倒を浴びせる。ひどいことを言っているようだが、人間の本質は「考える動物」というところにあるという、畑の人間観にもとづく痛烈な批判であり、警告なのである。彼はそうした自分の振る舞いを、「ヒトラーのごとき独裁者」ぶりと評しているけれども、彼は地方への出張があっても土曜会に出席するために無理して帰京するなど、自分にもきびしかった。土曜会を大事にするということは、とりもなおさず一人ひとりの院生・学生を大切にすることを意味したのである。

小学校以来考えることのディシプリンを受けてこず、そのことに馴れていない学生たちは、最初土曜会で音をあげ、苦しむのだが、やがて思考力が発達し、学部四年生であれば卒業論文が書けるようになる。土曜会で発表してさんざんやっつけられても、根性のある学生は修正して再発表、さらに三回目の発表へと努力をつづけ、やがて学会で発表できるような論文を書き上げる者も出る。学生たちは、しだいに土曜会の意義を理解し、それに感謝するようになった。

畑は群馬大学でも、東京工大での指導法を継続した。彼が所属した繊維高分子工学科は、繊維斜陽と不況の影響のせいか、年々志願者が減り、入学者の大半が第二志望・第三志望の学生であった。工学部の中でももっともできの悪い学生とみなされていた学生たちは、畑の指導のもとで蘇った。四年次の学生は、研究のおもしろさを発見し、熱心に研究して、国際的にも評価されるような成果をあげた。畑はロンドンで開かれた国際会議で学生たちの業績を披露した。

東工大でも群馬大学でも、畑の卒業研究指導の方法は共通で、「研究計画」をじっくり練り上げることを学生に求めた。群馬大では、卒業研究の指導教官を前年秋に決める習慣になっていたが、畑は就任初年度は四月から七月までの三ヵ月間、一週間に一回か二回集中的・組織的に講義をおこない、それを受講した学生たちの反応を聞き、その興味や関心にしたがってグループ分けをやって、グループごとに毎週徹底的に討論をしてから、各人のテーマを決めることにした。

大学生の卒論執筆では、テーマを教員から与えられることもしばしばあるのだが、畑はそういうやり方を排し、テーマを学生自身が自主的に決め、その意義と目的を明確に把むようにしたのである。夏休みの合宿研究では、研究テーマと関係のない一般的・基礎的な学習をするのみで、テーマにかかわる実験は一一月ぐらいからようやく始まる。しかし学生たちは、毎晩のように徹夜して実験に熱中し、短期間に大きな成果をあげた。

考えることの喜びを知り、考える能力（学習・研究の方法）を身につけた学生は、自主的・意欲的な研究活動をおこない、すぐれた成果を収めることができるという実証である。これまでの日本の教育は、文部省の学習指導要領によって規格化された知識を教え込み、入試は限られた枠の中で選別をおこない、かくして生徒・学生の独自性はスポイルされる盆栽（凡才）教育に堕していると、畑はきびしく批判する[29]。日本の教育は、与えられた問題を解く力をつけることができても、問題の発見者・提起者を育てえないでいるという弱点を克服するために、せめて大学でだけでも自主性・主体性の回復と確立に努めなければならないというのが、畑の主張である[30]。大学教員は、学生が自ら意欲をもてるようなモティベーションを与えねばならず、研究業績をあげることだけに関心を狭めず、学生の教育に力を注ぐようにすべきだとも言っている。

以上、畑の教育実践と教育論のいずれも、十分納得できるものである。そもそも、筆者が東京大学の大学院でおこなった研究指導のやり方が、畑のものと類似していた。われわれの専門分野は自然科学でないから、実験という方法を使用することができず、注目すべき論文をとりあげて、その方法論を吟味するというやり方をとっていたが、きびしい相互批判によって自分を鍛えるという点では、畑のばあいと共通であった。

大学院のばあいは、この流儀でかなり成功したと思うが、学部ではあまりうまくいかなかった。畑と筆者の指導力の差ということになろうが、自然科学と人文・社会科学のちがいにも一因があるのではないかと言えば、卑怯な弁明になってしまうだろう。筆者の経験では、学生たちはテキストの要約をするだけで、自分の意見はなかなか言わない。テキストの真の読解力に欠け、意味を把むことができないのだから、感想を、まして批判を述べられるわけがない。

学生に問題意識や目的意志が欠如していることがしばしば問題になるが、それ以前に、読解力の獲得が必要なばあいがしばしばである。畑は、「考える人間」になることにかかわって、言葉・文章の力を高めるように努力することを学生に求めた(31)。言語こそは、人類だけがもつことのできる誇るべき文化財であり、それをとおしてものを考え、考えを深めることができるのだと解説している。

畑の立論は妥当であり、同意できる。彼は論文の形式を考えるばあいに有効な「起承転結」について教えるなど、言語能力向上のための具体的方法に言及している。しかし、こうした考察をおこなうことは、彼に求むべきものではなく、教育学の学徒である筆者の当為である。もとより、その責に任ずべく努力してきたつもりであるが、さしたる成果を収めえないでいることを恥じるものである。ここでは、筆者の実践と挫折について述べる余裕がないので、他日を期さざるをえない。

結論――補遺――

本稿の短い考察を、ここでさらに総括する必要はあるまい。さればとて、単なる紹介に終わっている前述を超えて深い考察を展開する条件(時間とエネルギー)にはめぐまれていない。やむなく、前述ではふれえなかったいくつかの問題をとりあげ、補遺とすることにしよう。

第一に、畑の研究論で十分納得できない点として、研究というのは研究者の内発的な要求に根ざすものでなければならないことには同調するが、それは単に研究者の偶発的な興味・関心に出るものであってはならず、社会的要請に応えるものであるべきだということである(32)。「社会的要請」という言葉をもち出せば、現実の社会構成・権力構造のもとでは、国家権力の要求になりやすいことを慮って、畑はそのような要請をもち出すことをあえて拒否したのであろう。とくに工学研究の分野では、社会的要請は即資本・企業の要請を意味しやすいという事情もあるのだから、彼が研究の出発点を個々の研究者の主体性・内発的動機に求めるのは理解できなくもない。

しかし、金を儲けたいとか、出世したいとかいった個人的動機は、国家権力や資本の要請を内面化したものであり、個々の研究者はそのばあい権力や資本のエイジェントになっているわけである。たとえ動機がそうであれ、研究過程で自然の固く閉ざされた真理の前に立つことで、研究者は己の人間性を取り戻さずにはその扉を開けえないとするのは、単純に過ぎ、あまりにも楽観主義的であるように思われる。きわめて利己的な動機・欲望に支えられた研究者が、金にあかせてつくられた巨大装置を使って、まるでレイプでもするように自然を拷問にかけるような所業が、あちこちの大学・研究機関で平然とおこなわれているのが現実である。

教育実践の問題についていえば、一人ひとりの学生の可能性を認め、それを大切に引き出すことが必要だという畑の考え方に同意する。しかし、個々の学生によって潜在的能力がちがっており、発現する個性にも差異があるはずで、技術教育と芸術教育とでは内容も方法も異なって当然である。同じ技術教育でも、東工大と群馬大学で効果的だったやり方が、他のすべての大学に適用できるという保障はない。

畑は、教育についてまったく素人だと言いつつも、教育にはブリンギングアップ、ティーチング、エデュケーションの三段階がある、と述べている。それは段階というより、パターンを意味し、発達の段階に適するように組み合わせることが必要だというのである。知識の注入が中心になってきた従来の教育方法をきびしく批判する畑であるが、基本的な知識をきちんと教え込むことの必要を否定などしていない(33)。

小・中・高で基礎的な学力を身につけてもらえずに大学へ進学し、そこでの学習に困難を感じ、意欲を喪失してしまうような学生に対して、どのような教育方法をデバイスすべきなのか。専門とする「接着」について啓蒙的な説明をするさいに、人間(男女)の接近や別離のことまで引き合いに出し、ときには肉体的交接にまで話を広げる(落とす)畑の話術は、学生を睡魔から奪い返すのに有効な教育的テクニックなのであろう。それが学生への媚びや下品に堕さない一線をまもっているようにみえるのは、畑の品性のしからしめるところである。しかし、このテクニックは容易に模倣することのできないものである。しょせん教育技術とは属人的であり、教師と学生という実存的人格の間主体的関係においてしか通用しないものであってみれば、一般化や類型化の試みは無意味である。教育方法研究の有効性について、深い懐疑と悲哀の中で擱筆せざるをえない(34)。

〈注〉

(1) 高鳥正夫他『短大ファーストステージ論』東信堂、一九九八年。黒木比呂史『迷走する大学―大学全入のXデー―』論創社、一九九九年。中村忠一『大学定員割れ、飛び級、独立行政法人化』東洋経済新報社、二〇〇〇年。天野郁夫『大学改革のゆくえ』玉川大学出版部、二〇〇一年。佐藤進『大学の生き残り戦略』社会評論社、二〇〇一年。

(2) 産経新聞社会部編『大学を問う』新潮社、一九九二年。

(3) 毎日新聞教育取材班『大学に「明日」はあるか』毎日新聞社、一九九八年。

(4) 浅野攝朗他編『東京大学は変わる』東京大学出版会、二〇〇〇年。

(5) 池井望・西川富雄『大学生・教授の生態』雄渾社、一九六六年。鳥羽欽一郎『大学の転落』第七章 保守的な大学人、産業能率短大出版部、一九七三年。大学セミナー・ハウス編『続・大学は変わる』第一一章 努力し、苦闘する教員、一九九五年。

(6) 大学問題検討委員会編『日本の大学―その現状と改革への提言』勁草書房、一九七九年、一八三頁。大田堯『自分を生きる教育を求めて』一ツ橋書房、一九八九年。

(7) 拙稿「未完の学問と人生」〈(吉田昇先生追悼集)『この道を』一九八〇年〉。

(8) 東郷豊治『良寛詩集』創元社、一九六二年、三四八〜三四九頁。

(9) 良寛「法華讃」偈 第九十三〈中村宗一『良寛の法華転・法華讃の偈』誠信書房、一九八七年、三三二〜三三三頁〉。

(10) 拙稿「よき師よき友」〈『清陵八十年史』一九八一年、七八七〜七八九頁〉。

(11) 拙稿「Educator's Mind」〈(牛山正雄先生記念文集)『理想の花の咲かむまで』一九八三年、二〇五〜二〇七頁〉。

(12) 拙稿「忘れえぬ師たち」〈拙著『日本社会と市民形成』エムティ出版、一九九三年、三五〇〜三六二頁〉。

(13) 畑敏雄『学長閑話』あさを社、一九八二年。

(14) 『立志・創作―五中・小石川高の七十年―』紫友同窓会、一九八八年。拙稿「伊藤長七論」〈拙著『生涯学習小論集』

山梨学院大学生涯学習センター、一九九八年〉。

⒂　昭和初期の一高における左翼運動については、つぎの文献を参照されたい。伊藤律「人生の学舎」〈学生書房編集部『若き心の映像』学生書房、一九五〇年〉。田中武夫『橘樸と佐藤大四郎』龍渓書舎、一九七五年。河合徹『回想録』近代文芸社、一九七八年。

のち、伊藤律は日本共産党の「北京機関」で働いていたとき、スパイと断罪され、中国の監獄に二七年間幽閉された。伊藤の帰国後、畑はその名誉回復を求める運動を起こし、このことが主な理由で党を脱することになった（畑敏雄『伊藤律の名誉回復を求める会』の正式発足に当たって」〈『三号罪犯と呼ばれて』創刊号、一九九五年二月〉。同「世界人権宣言と伊藤律問題」〈同上誌、第七号、一九九九年三月〉）。

⒃　畑敏雄「東京工業大学事件と伊藤律」〈『三号罪犯と呼ばれて』第二号、一九九六年七月〉。

⒄　樽谷修「対談・科学で現代を語る 六、高分子化学 畑敏雄」〈『群馬評論』一九九九年三／四月号〉。

⒅　畑敏雄「昭和町だより」（『工学部ニュース』一九七六年一月〈『学長閑話』九四頁〉）。

⒆　学長として畑が掲げたスローガンは、「群大にルネッサンスを」である。学長になったら暇で困ったとか、遊ぶのに忙しかったなどと言っているが、現場の研究者だったころに比べれば、余暇にめぐまれたのは事実であろう。

⒇　筆者は若くして教養学部学生だったころ、学友会がおこなった、大学論をテーマとする懸賞論文募集に応じて入選したことがある。当時教養学部長だった矢内原忠雄氏の考え方から示唆を得てのものだが、以来筆者は真理の探求を大学の使命とする古典的大学論を信奉している（矢内原忠雄「学問的精神と大学の使命」〈同、『民族と平和』岩波書店、一九八二年、五二七〜五四四頁〉）。

(21)　終戦直後（一九四五年一二月）に東京帝大総長となった南原繁の演述集（『文化と国家』東大出版会、一九五七年）を、東京大学前学長、蓮実重彦氏の『知性のために』（岩波書店、一九九八年）と比較すると、知性の内容については大きなちがいがあるものの、ともに傾聴に値いする講演である。二〇世紀の大学人である筆者は、もちろん前者に親近感をおぼえる。

(22) 真理探求が天職であるはずの大学教授の中に、ろくに研究論文を発表せず、ものを書けば日本語の体をなさない珍妙な文章を書く者がいることを告発する論者はいくらでもいる。それにかさねてわざわざステロタイプなもの言いをするまでもないだろう（桜井邦昭『大学教授』地人書館、一九九一年。同『大学の「罪と罰」』講談社、一九九四年。大磯正美『「大学」はご臨終』徳間書店、一九九六年。川成洋『大学崩壊』宝島社、二〇〇〇年。岡本浩一『大学改革私論―研究と人事の停滞をいかに打破するか―』新曜社、一九九八年）。

(23) 畑敏雄「科学におけるロマンチシズム」〈『学長閑話』二四〇頁〉。

(24) 同〈同上書、二六三頁〉。

(25) 畑敏雄「青年によせる」〈同上書、九八頁〉。大学教授を罵倒するような著作は、同時に当今の学生の生態についてきびしく論評している（内多毅『大学生』鷹書房、一九七九年。吉村作治『それでも君は大学へ行くのか』ＴＢＳブリタニカ、一九九二年）。しかし、畑のように、学生に親近感をもち、かつ学生に媚びたり、おもねったりすることのない論者は他にも存在する（尾形憲『素顔の学生たち』青木書店、一九九三年）。

(26) 畑敏雄「考える教師、働きかける教師」〈『学長閑話』一九三頁〉。

(27) 同「歴史に学ぶ」〈同上書、一〇二～一〇三頁〉。

(28) 同「科学におけるロマンチシズム」〈同上書、二五八～二六一頁〉。

(29) 同〈同上書、二一四～二一七頁〉。

(30) 畑敏雄「大学に教育を」〈同上書、一二五頁〉。

(31) 同「言葉を大切にしよう」〈同上書、一二六～一八四頁〉。

(32) 大学の研究教育を考える会編『大学の社会的責任』丸善、二〇〇一年。

(33) この問題は、こんにちいわゆる「学力低下」論争として、かまびすしく論議されている。基礎学力を習得させることと、思考力を発達させることとが対立的に論じられているようにみえる。一定の矛盾をはらみつつも、弁証法的に統一されるべきだと思われる（大野晋・上野健爾『学力があぶない』岩波書店、二〇〇一年。岸根卓郎『私の教育維新』ミネルヴァ書房、二〇〇一年。立花隆『東大生はバカになったか』文藝春秋社、二〇〇一年)。

(34)　教育実践の改革について考えを深めると、技術論の次元ではすまず、社会と人間、文化のありようについて、広くかつ深く考察することが必要になる。つまり、社会改革と教育改革について問題にせざるをえないのである(P・F・ドラッカー(上田惇生・佐々木実智男訳)『新しい現実』ダイヤモンド社、一九八九年。森嶋通夫『なぜ日本は没落するか』岩波書店、一九九九年。小林彌六『新しい経済学と世界観』春風社、二〇〇一年。都留重人『二一世紀日本への期待』岩波書店、二〇〇一年)。

〈補注〉

二一世紀に入ってから、大学に勤める研究者の論文偽造問題が頻発するようになった。大学間・研究者個人間の競争が激化するような政策――トップ三〇の優秀大学の育成、優秀な研究者への研究費重点配分など――が主因だとする説もあるが、研究者間のきびしい業績競争は、自然科学・工学の分野では昔から存在した。「共同研究」の問題点、つまり代表者の教授が助手や院生の研究成果を掠奪するようなボス支配体制は、大学紛争で糺断されたところである。こうした「二〇世紀の問題」が未解決なままで二一世紀におよび、グローバリゼーションによる国際的競争の激化、大学間淘汰の深刻化などの状況のもとに、矛盾が噴出しているということであろう。制度よりも個人の意識を重視する観念論のようであるが、やはり個々の研究者における、研究への動機やスタンスに根本的な問題があるのだと思われる。畑敏雄氏のような人物像は大学がまだ牧歌時代にあった二〇世紀にのみ存在しえた骨董的存在だと切り捨てるような見方、つまり先人に真摯に学ぼうとしない態度、真理探求に誠実にしたがう学問的伝統の断絶こそが、こんにちの事態を生み出した根本的要因であろう。

初出一覧・あとがき

序章　日本における教養の死と再生
（書きおろし）

一　近代日本における知的青春の悲劇――立身出世主義からの脱却――
（山梨学院大学生涯学習センター『大学改革と生涯学習』創刊号、一九九七年　原題「旧制一高の挫折者の系譜」）

二　ファシズム前期における大学自治論――河合栄治郎・森戸辰男の「大学顛落」論争――
（山梨学院大学『法学論集』三八号、一九九七年）

三　自性清浄――北川省一の行学と自己形成――
（『大学改革と生涯学習』第五号、二〇〇一年）

四　倶会一処、往還一如――林霊法の行学と実践――
（『大学改革と生涯学習』第七号、二〇〇三年）

五　女性解放運動家の生涯と実績――平塚らいてうの自己形成――
（紀尾井生涯学習研究会『生涯学習フォーラム』第六巻第一号、二〇〇二年）

六　女性社会運動家の生涯と自己形成――近藤真柄・帯刀貞代について――
（『生涯学習フォーラム』第七巻第一・二合併号、二〇〇四年）

七　胸張りて行け　面あげよ――折井一の教育実践と教育観――
（松本短期大学『研究紀要』第九号、二〇〇〇年）

八　大学における研究と教育――畑敏雄氏の行履と言説に学ぶ――
（同右『研究紀要』第一一号、二〇〇二年）

筆者に論稿発表の場を与えてくださった諸機関、とくに椎名慎太郎・永井健夫（山梨学院）、香川正弘（紀尾井生涯学習研究会）の諸氏に感謝したい。本書の各章はもともと独立の論稿として異なる時期に書かれたものであるが、それらを一巻の書籍としてまとめるにあたり、統一のために助力してくださったのは、東信堂の二宮義隆氏である。用語・表記の問題から構成にいたるまで、懇切な助言を吝《おし》まれなかった。氏の熱意と努力に謝意を表したい。しかしながら、各論稿の独立性と発表時のかたちをなるべく保持するという原則にもとづいて本づくりをしたので、統一性という点ではやや欠けるところが出てきたと思われる。読者の寛恕を伏してお願いしたい。

各章間に重複はほとんどなく、また、テーマやモティフは各章を貫通していると信じる。つまり、戦前の苛酷な状況のもとで自己形成に努めた人びとの人生と言説に真摯に学ぶということであり、そこから現代における新しい知性・教養の創造のための知恵を汲み取ろうとするものである。それがどこまで達成されたかは、読者の判断されるところであり、読者のあたたかくかつきびしい批判をいただきたいものである。大学改革について、マニュアル本の適用といった皮相なやり方ではなく、新時代の知性や教養のあり方にかんする深い探求にもとづく創造的な実践であるべきことに読者が共感していただけるなら、筆者にとって至上の幸福である。

なお、本書の刊行にあたり、下記の人びとから援助をいただいた（敬称略）。小池源吾（広島大学）・藤村好美（同）・末光義史（元駒沢女子短期大学・大雲院主）・西村俊一（東京学芸大学）。こうした人びとのご厚情がなければ、本書の上梓は不可能であった。各論稿の執筆にさいしてお世話になった人たちへの謝辞を記したものとしからざるものとがあるが、先行研究者の業績をはじめ多くの方々の援助をいただいていることは同じである。感謝の念は、遠く旧師・先輩・友人にまでおよび、はからざる余生を頂戴していることにも深謝したい。この書物の出版がいささかでも報恩の業になることを熱望する。

著　者

著者紹介

宮坂広作（みやさか　こうさく）

1931年長野県諏訪市に生まれる。
東京大学教養学部教養学科卒業。東京大学大学院（教育行政学専門課程）に学んだのち、
お茶の水女子大学・東京大学・山梨学院大学等で教職に就き、
現在、東京大学名誉教授、教育学博士。
主著は、『近代日本社会教育政策史』・『近代日本社会教育史の研究』・『高校教育改革論』・『風土の教育力』・『宮坂広作著作集』（全六巻）・『大学改革と生涯学習』等。
近著は、『旧制高校史の研究』（信山社、2001）・『生涯学習の創造』（明石書店、2002）・『生涯学習の遺産』（同、2004）・『共生の幼児保育』（日本生涯学習研究所、2006）・『消費者教育の開発』（明石書店、2006）。

自己形成者の群像―新しい知性の創造のために―　　定価はカバーに表示してあります。

2007年4月25日　　初　版第1刷発行　　〔検印省略〕

著者©宮坂広作／発行者 下田勝司　　印刷・製本／中央精版印刷

東京都文京区向丘1-20-6　　郵便振替00110-6-37828　　発行所

〒113-0023　TEL (03) 3818-5521　FAX (03) 3818-5514　　株式会社 東信堂

Published by TOSHINDO PUBLISHING CO., LTD.

1-20-6, Mukougaoka, Bunkyo-ku, Tokyo, 113-0023, Japan

E-mail : tk203444@fsinet.or.jp　http://www.toshindo-pub.com

ISBN978-4-88713-752-3　C3037